JN062285

目の見えない私がヘレン・ケラーにつづる
怒りと愛をこめた一方的な手紙

ジョージナ・クリーグ =著
中山ゆかり =訳

BLIND RAGE:
Letters to Helen Keller
by Georgina Kleege

常に変わらず、夫、ニックに――

目次

凡例

・文中の〔　〕は訳者による補足説明を表す。ただしそれ以外にも、文意に即して最低限の範囲で語を補っている。
・書籍名、雑誌・新聞名、映画作品は『　』で示した。
・ヘレン・ケラーの発話について、原文のスペルの雰囲気を伝えるために必要と思われた箇所については、そのカタカナ読みをルビで示した。
・訳出にあたっては、ヘレン・ケラーの著作の邦訳書を参考にした。

はじめに　読者のための覚え書き

私がこの本を書いたのは、ヘレン・ケラーという名の、私個人にとっての悪霊を追い払うためだ。ほとんどの人々が、不幸に直面した人間のもつ不屈の精神の象徴としてヘレン・ケラーを崇拝している。でも、私にとっての彼女は常に、私が見習うことを望みえなかった存在を意味していた。彼女は全盲で、聴覚にも深刻な障害があったが、努力の末にラドクリフ・カレッジを卒業し、多数の著書と記事を発表し、また盲人のための国際的な代弁者（スポークスパーソン）として世界中を旅することをなしえた。私も盲人だが、彼女のような全盲ではないし、また多くの教育の機会を得たうえに、彼女の時代には夢にすぎなかった雇用面での有利な立場も享受してきた。子どもの頃以来、彼女の名を始終引き合いに出されてきたが、それは自分がどれほど恵まれているかをありがたく思うべきだということを私に思い出させるためだった。そのせいで私は彼女に腹を立てていたし、彼女の生涯、とりわけ学校の教科書や『奇跡の人』のような人気の娯楽作品で目にするその生涯の説明は、真実としてはあまりにも話がうますぎると疑っていた。

大人になってから、私は彼女の物語をもっと網羅的に研究し始めた。彼女自身が自叙伝的に書いた著作も、また彼女について刊行された多くの伝記も読んだ。多くの出来事や人間関係が、これまで私がずっと信じ込まされてきたものとは食い違って見えることがわかった。だが、そこにはまた何か失われているものもあった。それはまるで、彼女が自らを人々に感動を与える象徴的な存在だと考えており、そしてその象徴であるための必要性ゆえに、自身のいかなる怒りも恐れも、あるいは悲しみも、決して表に出せなかったかのようだった。彼女のような経験をすれば、どんな人であっても、こうした感情を抱いたであろうときでさえもそうだった。このことは私に、困惑と激しい怒りとをかわるがわるにもたらした。やがて私は、自分が心の内で長い対話をしていることに気がついた。こうした出来事が起こっていたときに彼女が抱いたに違いないと私には感じられる思いや感情について、彼女に徹底的に問いかけるという対話である。私はここで「対話」と呼んでいるけれど、むろん実際には、彼女から応えが戻ってくることは決してなかった。でも、彼女は私の想像力のなかで、きわめてリアルな存在となっていた。そして、彼女が言いもしなかったことを言ったことにするという私の試みに反抗し、沈黙をもってその雄弁さを発揮してくれた。

本書では、こうした会話を一連の書簡のかたちで再現している。この一方的な文通は、ヘレン・ケラーの意識のなかに入り込むようにと読者を誘い、その生涯のうちのいくつかの重要な瞬間として私が描写したことに対して、彼女のかわりに応えてもらおうと促すものだ。事実に基づいてはいるが、これは型にはまった伝記や歴史小説ではない。そうしたジャンルの書物は、彼女をあまりにもかけ離れた存在として遠ざけてしまうことになるからだ。そのかわりに、ここで私は彼女に宛てて手紙を書いている。それによって、私たちの間にある種の打ちとけた関係を生み出し、私たちが共通してもつ経験や感情をいくらか探究することができればと望んでいるのである。

謝辞

この本のいくつかのセクションは、初出の『ジェンダリング・ディスアビリティ』（ボニー・G・スミス＆ベス・ハチソン編）および『ミシガン・クォータリー・レヴュー』、『サウスウェスト・レヴュー』掲載時の文章とはいくらか異なるかたちに改められている。本書の最初の一部を出版し、また「Blind Rage（盲目の怒り）」という原題をつけてくれたウィラード・スピーゲルマンには、とりわけ感謝の言葉を述べたい。彼のおかげで、私はこの執筆を続ける自信を得ることができた。

モーリーン・ノヴァックとベス・アイナは、このプロジェクトのための朗読者と調査助手を務めてくれた。彼女たち二人が、ケラーのすべての著作と多くの副次的資料を私に読んでくれたのだ。二人の入り混じった声が私の心の耳のなかに残り続け、ケラーの執筆した文章のなかに、彼女たちのもつ知性とエネルギーを吹き込んでくれている。

また、早い時期から本書の執筆を励ましてくれたメラニー・レイ・トーンにも感謝したい。そしてブレンダ・ブルーグマンは、着想源として疲れを知らぬ役割を果たすとともに、変わらぬ友情を示してくれた。

他の多くの友人たちと同僚たちも、この本の部分部分を読み、あるいは聞いて、様々な洞察や示唆を提供してくれている。なかでもとりわけ、ローズマリー・ガーランド＝トムソン、キャサリン・カドリック、キム・ニールセン、トム・カウザー、アン・フィンガー、シミ・リントン、スー・シュウェイク、キャサリン・シャーウッド、ポール・ロングモア、コーベット・オトゥール、リン・ブルーム、マーク・ウィリス、ジーン・スチュワート、ローリー・ブロック、そしてハリリン・ルソーの諸氏に感謝したい。ギャローデット・ユニヴァーシティ・プレスのアイヴィー・ウォレスとディアドリ・マラヴィーは、能率的かつ優雅にこの出版計画を進めてくれた。

最後になるが、夫ニック・ハウの支援と愛情抜きには、本書の執筆はなしえなかっただろうことを述べておきたい。彼は寛大にも、私たち二人の生活をヘレン・ケラーと共有することを認めてくれたうえ、在宅時にも旅行中にも、自らの強迫観念をひたすら追い求める私を助けてくれたのである。

第一章　試練についての自覚

二月三日

親愛なるヘレン・ケラーさま

自己紹介をさせてくださいい。私は作家で、非常勤で英語教師もしています。アメリカ人で、結婚していて、中年で、中流階級に属します。あなたのように盲人ですが、聴覚障害はありません。ですが、私について知っておいていただく必要のある最も重要なことは、そして私がこの手紙を書いている理由は、私があなたを憎んで成長してきたということです。ひどく無遠慮なことを、とりわけ初対面も同様であるのにお話しするのは申し訳ないのですが、死者に手紙を書く利点のひとつは、儀礼的に堅苦しくふるまう必要がないということです。それにあなたには、最初から真実を知っていただかなくてはなりません。私があなたを嫌っていたのは、あなたが私の模範とすべき人として常に引き合いに出されてきたからです。不幸をものともせず、その不幸に朗らかに立ち向かうことにおいて、あなたはそれこそありえないほどに高い基準を設けてしまったのです。「なぜ、もっとちゃんとヘレン・ケラーのようにできないの?」と、人々は常に私に言いました。あるいは、あなたの名前が出されるときにはいつも、そう言われているように感じられたものです。「自分は幸運だと思いなさいな」と皆が言いました。「ええ、確かにあなたは目が見えませんよ。でも可哀想な小さなヘレン・ケラーは、目も見えなければ、耳も聞こえなかったのですよ。なのに、彼女は決して不平などは言ったりしませんでした」

こんなふうに言われてきたのは、私だけではありません。障害をもった多くの人々は、あなたが私たちの利益に対して多くの害をもたらしたと思っています。あなたの生涯の物語が刻みつけてきた考え方は、障害とは個人的な悲劇であり、したがって文化全体としての慣習や責任の負担を通じてよりもむしろ、個人の不屈の精神と勇気を通じて克服されるべきものだ、というものです。そしてその考えが、社会全体の集団的な行動を通じて変えることができたであろう多くの個人的な問題に影響を及ぼしているのです。ただ、理由を完全に説明することはできないのですが、最近になって、あなたに対する私の感じ方は円熟してきました。ほかの人々があなたの生涯の物語を利用したからといって、それをあなたの責任に帰すべきではないと思うようになったのです。そのおかげで、私は初めてあなた自身の手による自叙伝的な著作を読むようになりました。もっと驚くべきことに、その結果として、アラバマ州のタスカンビアの町まで車で小旅行に出ることになりました。あなたが子ども時代を過ごした家「アイヴィー・グリーン（蔦みどりの家）」を訪ねるためです。そこで私が何を見いだしたかを、あなたもきっとお知りになりたいと思います。

車での旅行にはほとんどいつも夫のニックが同行しますから、今回も一緒に出かけました。私たちは、邸内をめぐるハウスツアーに参加しました。地元の英雄を記念する博物館では、そうしたツアーはよくあるプログラムなのです。ガイドは六十歳近くの女性で、おそらくはボランティアなのでしょう、明らかに用意されている原稿を暗誦しているようでした。その町について、地域について、南北戦争前の建築について、そしてさして目新しくもないたくさんの事柄について、すべてスラスラと語ってくれました。

それから、一階のひと部屋で、彼女は床のカーペットを指し示しました。誰が織ったかは忘れてしまいましたが、あなたのために特別に織られたものです。こういったことをすべて説明し終えたあとに、彼女は「可愛らしいじゃありませんか?」と言いました。私たちは、同意する言葉をつぶやきました。すると彼女はこう言うのです。「ヘレン・ケラーが一度も見ることができなかったのは、本当に残念なことですわ」。この台詞を言ったときの彼女の声には、しわがれた重々しい響きがありました。その言葉は、瞬時に私たちをとらえて、自己満足から引きずり出し、あなたが目も耳も不自由だったことを改めて思い出させました。そのために発せられた言葉であることは、すぐにわかりました。私たちは、感謝の気持ちと我が身の幸運を感じ、一人ひとりが感謝の祈りを唱えることが期待されているのでしょう。「日々目覚めるたびに、ヘレン・ケラーのように生まれなかったことを神様に感謝します」とね。

ええ、これぐらいのことは起こるだろうと、予期しておくべきでしたよ。「なぜ、もっとちゃんとヘレン・ケラーのようにできないの?」というメッセージを伝えるために、あなたの子ども時代の家以上に相応しい場所があるでしょうか? こんなことぐらい、ぐっと我慢すべきだったのでしょうが、このメッセージに対する私の憤慨はひどく古くからのもので、そしてとても根深かったので、もう無条件に反射的に反応してしまうのです。というわけで、このときの私の怒りの矛先は、可哀想な幼いあなたが一度も見ることのなかったカーペットを指し示した女性に向けられました。そこでこう言ったのです。「でも、彼女はそれに触れることはできたでしょう」

「はい?」と、ガイドは言います。「彼女が何ですって?」

「彼女には、触れることができたでしょう。触覚があったのですから。良質のカーペットをもつ喜びのひとつは触り心地でしょう。触って感じることはできるし、裸足で上を歩くこともできたでしょう。彼女には想像力もありました。誰かに説明してもらうこともできたし、それがどんな感じか想像することだってできたでしょう」

私のしゃべり方は、いかにも偏屈者のそれでした。かっとなって我を忘れつつある人の声は、ある種の震えを帯びるものですが、そのときの私の声がそうでした。ガイドが私を不信の目で見つめているのが感じられました。これが私のするつもりだったことなのでしょうか？　客を喜ばせる彼女の芝居がかった話しぶりを、私は台無しにしていたのです。ツアーに参加しているグループの残りの人々――テネシー州から来たバプティスト派の一群が、目をそらしているのも感じられました。

ともあれ、私は自らを抑え、そして私たちはツアーを続けました。ガイドが私に用心している様子がうかがえました。居間でポンプオルガンを示しながら、一瞬ためらったのです。その美しい音色をあなたが一度も耳にできなかったことについて何かを言おうとしていたようですが、この日のグループに偏屈者がいる以上、その台詞を口に出すのはやめることにしたのが感じられました。

戸口から一つひとつの部屋のなかを見渡すたびに、ガイドは、どの家具が実際にあなたの家族のものだったか、どれが当時のもので、どれがただの複製であるかを伝えることに手間をかけました。私もこうしたハウスツアーを何度も経験してきましたから、本物かどうかが常に問題になることはわかっています。でも、部屋のなかを歩き回って、何かに触れることを許してくれればいいのにと思いました。ここは、私がこれまで訪問したなかで盲人に最も親切な博物館というわけではありませんでした。点字を生み出したフランスの盲学校教師ルイ・ブライユの家では、何にでも手で触れることを許してくれましたが、ここは違います。でも、おそらくは、あなたの家を訪れる盲人はブライユの家より少ないのでしょう。

それを証明するかのように、私たちのガイドは、中央の廊下の壁に並ぶ写真の説明に多くの時間を費やしました。私にはいくらか視力が残っていますが、写真はよく見えません。ニックがどんな写真かを説明し、キャプションを読んで聞かせてくれました。七歳頃のあなたの写真がありました。あなたの先生のアン・サリヴァンが、あなたの人生のなかに入ってきた頃のものです。「可愛らしい子じゃありませんか?」と言ったガイドは、それから首を振りました。正確に言うと、彼女が本当に首を振ったかどうかは私にはわかりません。でも彼女の口調は、何の役にも立たない無駄なことに対して人々が首を振って見せるときのそれでした。あなたの容貌が平凡だったなら、もっと悲劇的ではなかったかのような口ぶりです。

この感想を声に出して言いたいという衝動を私は呑み込みました。こうした態度にはあまりに慣れっこになってしまっていて、もうこれ以上は心にとどめておくこともできないほどです。「なんて可愛らしい女の子でしょう」と人々は言うのです。「目が見えないなんて、なんと残念なことでしょう」と。明らかに、私たち盲人にとっては、美しさは意味のないことなのでしょう。私たちには鏡に映る自分の姿が見えないし、自分が部屋に入った瞬間に、男の人たちがぱっとこちらを振り向く様子も見えないのですから。この写真のなかのあなたは、襞飾りがいっぱいついたドレスを着て、巻き毛を念入りにセットしています。可愛らしく見えるのでしょうか? ニックは、下唇にある種のこわばりがうかがえると教えてくれました。ドレスと髪型の可愛らしさとはそぐわないに違いない表情を浮かべているように聞こえました。ポーズをとっているようだけれど、そのポーズにいくらか自信がないようにも見えたそうです。その歳の頃、あなたにとって写真はどんな意味をもちえたのでしょう? もっとあとになると、あなたはコツをつかみましたね。そばに掛けられた別の何枚もの写真では、あなたはいつも満面の笑みを浮かべ、瞳をカメラのレンズに真っ直ぐに向けています。

この写真の隣には、アン・サリヴァンの写真がありました。あなたがいつも「先生(ティーチャー)」と呼んでいた彼女を同じ頃に写したものです。ガイドが「愛らしい方じゃありませんか?」と言いましたが、それは例の「なんと残念なことでしょう」の口調と同じです。先生の場合の「残念」は、目や耳や何かほかの障害があったという意味ではありません。彼女の場合に残念なのは、誰かいい男の人を見つけて、普通の生活を送るのに充分なほど愛らしかった時代に、あなたの付き添い役や協力者の役を務めるために自らの人生を犠牲にしてしまったから、というわけです。またもや私としては、それは違うと議論することもできました。でも、しませんでしたけどね。

「彼女は愛らしいの?」と、ニックに訊ねました。情熱的な容貌で、燃えるように激しく見えると同時に弱々しくも見える、というのがニックの答えです。それがどんな容貌かは見当もつきませんが、その説明は、私が彼女の個性について知っていることと合致しています。ですから彼の言葉をそのまま信じました。

この時点までは、ハウスツアーは特に目新しさもないコースをたどっていました。ええ、確かにカーペットについては例の亀裂がありました。でも、ほとんどの参加者はおそらく気づいていなかっただろうと思います。ですが、ひとたび食堂に着くと、事態は奇妙になりました。ガイドはそこを、あなたの「名高い闘いのすべてが繰り広げられた、かの有名な食堂」と呼びました。あなたを「いつもの小さな暴れん坊」と呼び、先生があなたにフォークを使って食事をとらせ、最後にきちんとナプキンをたたませるために繰り広げた闘いについて物語るのです。その話を聞いていて、突如として私は、このガイドはお芝居の『奇跡の人』をまさに福音書のように崇めているのだと悟りました。家の外に出ると、「かの有名なポンプ室」がありました。あのお芝居のクライマックスシーンで、主役となる小道具です。その名高いポンプの周りが柵で囲われて、ある種の東屋のようになっていました。ですが何にも増して異様だったのは、さらに奥にある数棟の離れ屋の後ろに、常設の舞台セットと観覧席があったことです。夏になると、ここの人たちはそこで『奇跡の人』の夜間上演を行なうのです。

私がまずはっきりさせたいのは、ここのところなのですよ、ヘレン。あなたをヘレンと呼んでもいいですよね？　この一切合切に関して私が問題に感じているのはね、ヘレン、その芝居に誤りがあるということではありません。脚本家のウィリアム・ギブソンは、先生がアイヴィー・グリーンに来た最初の数週間に書いた手紙と日記から、劇中のシーンを描き出しました。事実、あの芝居の通り、一八八七年三月末のある日、先生はあなたの片方の手にポンプの水を注ぎながら、もう片方の手に「水（ウォーター）」という言葉をつづり、そしてあなたは突如として、奇跡的にも言語というものを発見したのです。あなたは手にしていたマグカップを落とし、「ウォー＝ウォー」と言いました。あなたの耳と目に障害を残した例の病気にかかる前に、あなたが覚えていた赤ちゃん言葉です。その後のあなたは、指文字のアルファベットで対話をする方法や、読み書きや話す方法を学び続け、どこから見ても称讃に値するかたちで不幸をおおむね克服し、それによって有名になりました。

私が当惑したのは、この出来事があなたの家族の間で大切に記憶されてきたことではありません。でも、それがこの家で再演されているということに、心がかき乱されたのです。いったいぜんたい世界中のどこに、個人的な生活の出来事がこんなふうに、まるで何かの儀式のように再現されるところがあるのでしょうか？　思い浮かぶのはエルサレムのことです。十字架の道です。あなたのことを聖人のように列福したい、神格化さえして嬉しがらせたいという衝動が人々の間にあるのかもしれませんが、それはとんでもなく大きな犠牲をもたらすのですよ、ヘレン、とりわけあなたのあとに続く何世代もの障害者たちにとっては。

ですが、裏庭の舞台の周りを歩く私の心を乱した一番の理由は、その『奇跡の人』は先生の物語であって、あなたの物語ではなかったということです。「先生」こそが、奇跡をなしえた人、不幸に打ち勝った人でした。「あなた」は、先生が克服した不幸だったのです。あなたは、奇跡が行なわれた場所でした。そして先生のなしえたその成果を称讃していくと、その芝居は真の事態をいくらか歪めるのです。

あなたにも、いくぶん責任がありますよ。あなたは生涯を通じて常にすぐに先生のことを、自らの教育のための最大の功労者としてきましたね。それに、食堂での闘いやポンプのシーンなど、『奇跡の人』と同じ出来事を自分の回顧録や自叙伝のなかで物語っていました。

でも私があなたの家に行ったのは、もっとほかのものを、別の物語を見つけるためでした。舞台の周りを歩いて家へと戻りながら、私は靴で地面を削って砂埃を舞い上がらせようとしました。そうして舞った砂埃を吸い込みました。あなたが残したわずかな微粒子が、まだ少しはそこにあるかもしれないと望んでいたのだと思います。言語を見いだす前のあなた自身、先生が現れる前のあなたです。そうしたあなたをそこのどこかに感じたかったのです。五歳か六歳のあなたが裏の階段の下の影にうずくまっている姿を想像しました。ひとつにまとめた巻き毛は、ひどくもつれています。顔と両手は、食糧品室からくすねてきた何か甘いものでネバネバしています。エプロンはしわくちゃになり、シミがついています。靴をはいておらず、裸足に泥がこびりついています。そんな姿を思い描くと、あなたが発散するエネルギーが感じられましたが、そこにはまた好奇心の強さと敵意の両方がありました。でも、怖くはありませんでした。絶対に怖いものではありません。しゃがんであなたに触れれば、あなたが私の手をつかむだろうとわかっていました。あなたの触り方は、おとなしいものではないでしょう。私が自分の知っている人物かどうかを調べるために、私の顔に手をこすりつけます。私の服のポケットを全部叩いて、キャンディをもっていないか探すでしょう。何も見つからないと、私の手を乱暴に押しやったり、身体をぴしゃりと叩いたり、あるいはマメで固くなったかかとで私の両脚を蹴るかもしれません。それから、私からパッと離れて、後ろの暗がりへと駆け出します。

「その子」こそが、私が見つけたいと思ってそこまで出向いた子どもです。写真に写っていた「可愛らしい子」や、愛想がよくて勤勉な模範児なんかではありません。のちに大人になったあなたは、言語を獲得する以前の経験を再現しようとして書いた著作のなかで、その子を「幻（ファントム）」と呼んでいましたね。別の名前を見つけてくれればよかったのにと思います。「幻（ファントム）」なんて、あまりに影のような存在で、弱々しすぎますよ。私の感覚では、その子は頑丈な肉体をもち、その身体が欲する要求と欲望とが濃密にからみ合った存在でした。そしてその子はある種の言語をもっていました。先生が来る前にも、あなたは身振りや合図でコミュニケーションをとることができましたし、そのなかにはまったくよくできたものもありました。あなたは、家族のそれぞれと使用人の全員と、そして家を定期的に訪れる訪問客についてのサインをもっていましたね。お母さんを表すサインは、あなたの頬を軽く叩くことでした。大好きな叔母さんを表すサインは、顎の下で想像上のボンネットのひもを結ぶというもの。お父さんを表すときは、想像上の眼鏡をかけて、想像上の新聞を読んで見せます。そしてまた、ものを示すサインもありました。典型的なのは食べ物ですが、これは小さな子どもたちの大半にとっては、食べ物が大きな関心のもとだからです。バターを塗ったパンがほしければ、手刀で空気を切って、それから指でバターを手際よく塗る動作をするでしょう。アイスクリームがほしいなら、想像上の冷凍庫のハンドルを回し、それから自らを抱きしめて、冷たさに震えて見せます。あなたの周りの人々はこうしたサインを理解して、たいていはあなたが望むものを与えることができました。ただ問題は、あなたのこの方法はとりわけ用途が広いわけでもなければ、順応性があるわけでもなかったということでした。基本的には、あなたは「……がほしい」と言うことはできましたが、より微妙なニュアンスは伝えられなかったのです。そして誰であっても、あなたの側に伝え返すサインを使うことはできませんでした。

あなたのこの身振りの方法を「言語」と呼ぶのは間違っているかもしれません。それは多分、ペットが飼い主とコミュニケーションを図るのと同様に、言語と言えるものではないでしょう。たとえば、私の飼っている猫の一匹が今、床に座って、私に向かってニャーニャーと鳴いているのは、エサがほしいからです。私が応じないと、猫は机の上に跳び上がり、私が降参して彼女の皿を満たすべくキッチンに行くまで、私のキーボードの前を行ったり来たりするでしょう。私がこうしてエサをやるから、彼女はエサをほしいときにはいつでもこうした動作を繰り返すのです。でも、これは本当の意味での言語ではありません。私のほうでは猫に何かを伝え返すために、こうしたふるまいを用いることはできません。それにまた、自分の経験が動物の経験と比較されることなどは、どんなものであってもあなたが決して好まなかったことは私もよく知っています。そして、あなたは正しかったのです。そうした類推は、視覚も聴覚もある一部の人々がいまだに私たちについて抱いている「感覚の不自由な人々」という古い時代の偏見と実に巧妙に合致するものです。でも、あなた自身も私たちのような人々のことをそう呼んでいましたよね。視覚や聴覚のような中枢的感覚の次にくる嗅覚や味覚や触覚に依存している私たちは、進化論のはしごから数段ほど下に振り落とされているかのようです。

ですが、私がここで言いたいのは、あなたは先生が来る前ですら、言語について何かしらを理解していたということです。あなたはほかの人々が口を使ってコミュニケーションをとっていることを知っていました。あなたにはほかの人々の表情を感じるために顔に触れる習慣があり、人々の口がどのように動くか、唇がどのようにすぼんだり引っ張られたりするか、そしてどんなふうにして小さな温かな息が放たれるかを観察していました。あなたはこれを真似て、家の周りを歩き回りながら誰かに会うと、自分の顎を上下に動かし、ときには音を立てていましたね。

その子に何が起こったのでしょう？　私はそれが知りたかったのです。アメリカ人の集団的な記憶として刻みつけるようにあなた自身も尽力した戯曲『奇跡の人』のなかでは、サリヴァン先生がやってきて、その子を飼い慣らし、襞飾りと巻き毛にすっかり彩られた「可愛らしい子」に変えました。ポンプの前で、先生は知識という洗礼盤であなたに洗礼をほどこし、無知無学という罪を洗い流しました。この語り口がドラマチックなシーンを生み出したし、それはまたすでに確立していた物語のよくあるパターンにも合致するものだったことは認めます。でも、それでは事実を単純化しすぎてしまいます。「水（ウォーター）」は、あなたが学んだ最初の言葉ではありませんでした。あなたはほとんど最初の日から、すでに指文字でつづって伝えるコツを学んでいました。ポンプの前で起こったことは、何かもっと微妙なことでした。ポンプの出来事は、あなたが容器とその中身について抱いていた混乱を解明するのに役立ったのです。あなたは「湯飲み（マグ）」と「ミルク」を混同しており、そして先生は、湯飲み（マグ）はほかの液体も入れることのできるものだということをわからせたいと思っていました。つまり、その液体は水や、あるいは（彼女が次にどんな液体を試してみたかは誰にもわかりませんから）コーヒーやチキンスープだったかもしれないのです。ポンプの瞬間は、ギアをシフトさせるほど奇跡的な初体験ではありませんでした。ギアは加速をもたらしましたが、あなたはすでにその同じ道を走り始めていました。指文字でつづるこの手法は、ただのゲームや手品の仕掛けではないことを、あなたはすでに発見していました。これまで使ってきたサインよりも、もっと効率的で融通のきくシステムだということがわかっていたのです。

「幻（ファントム）」と自らを呼ぶことで、あなたはその子から距離をおき、それまでのサインの手法を原始的なものとして捨ててしまいました。のちにあなたは古くから知己を得ていた発明家アレクサンダー・グラハム・ベルの影響を受けて、耳に障害のある人々が身振りや表情も用いて行なう手話法のサインランゲージの使用を批判し、そのかわりに声に出して話すことと読唇術を学ぶべきだと主張しましたね。あなたが使っていた指文字は、アルファベットをそのまま転写して単語を表すシステムのもので、身振りをともなうサインランゲージとは異なりました。今日のろう者の文化コミュニティに属する多くの人々は、これに異議を唱えるでしょう（ここで私が「ろう者」として述べているのは、「耳に障害がある」というよりも、むしろ言語学上の少数派として述べています）。ですが、あなたはすでに、この問題について多くの抗議の手紙を受けとっているだろうと思います。

　私としては、あなたが「幻（ファントム）」と呼んだ子が、その日、そのポンプの前で存在するのをやめてしまったなどとは信じられません。彼女を否定し、公然と非難することにおいて、あなたはあまりに早急すぎたと思います。なぜなら、その子は言語についてすでに理解があったからです。彼女は呑み込みの早い子だったのです。その子は、スポンジのように言葉を吸収しました。言葉が大好きな彼女は、いくら覚えても満足できませんでした。驚くべきスピードで言語を獲得していったので、ついに病気になりました。懸命に勉強しすぎて、六月になる頃にはひどい神経衰弱に陥り、医者を呼ばねばならなくなりました。医者は休むよう命じましたね。でもベッドに横になりながらも、あなたは指を動かし、自身の手に単語をつづり続け、その言葉を覚える純然たる喜びに打ち震えていました。

　でもその喜びよりももっと強かったのは、周りの人々にようやく自分をわかってもらえるということに対する強い安堵でした。ある日、ブーツに穴があいたのを見つけたあなたは、お父さんに頼んで、母違いの兄のシンプソンに新しいブーツを一足買ってきてもらいたいと考えましたね。あなたはお父さんにこう頼みました。「あたらしいブーツ、シンプソン、ばしゃ（バギー）、おみせのひと」。あなたには、電報のように簡潔な文をつづる天賦の才能と、出来事の順序や原因と結果を表す単語をどう配置するかについての直感力がありました。

あなたは、言語という考えが好きだったのです。のちに、ほかにも言語があると知ったときには、いくら学んでも飽きることがありませんでした。「*Chien*（シャン）は、フランス語で犬を意味します」と、あなたは関心を払ってくれる人たちに誰かれとなく語ったものです。「*Hund*（フント）は、ドイツ語で犬を意味します。*Canis*（キャニス）はラテン語で犬を意味します」。あらゆるものの表面をそのそれぞれの名前が覆っているものとして、あなたは言語を理解していきました。あるものがあり、そのものを表す単語があって、その多くの単語が次々に積み重なり、それが市松模様をなして蓄積し、そうしてできた単語の塔が天井にまで届くようでした。バベルの塔だとあなたは思い、歓喜のあまり一人でクスクス笑ったことでしょう。

でも、私は脱線していますね。重要な点は、あなたが言語というまさにその考えに恋をしていたということです。あなたは単に言語を習得する回路が生まれつき備わっていただけでなく、言語に対する愛情を先天的にもっていたようです。どんな先生だって、そうした愛情を教えることはできませんし、アン・サリヴァンのように明らかに才能のある先生であってすらもできません。大部分の人々が言語を便利なものとして、人間の存在にとって慎重に扱うべきものとして考えているのに対し、あなたはそれに夢中になっていました。言語に魅了されていたのです。

ですが、私がアイヴィー・グリーンで再演されているのを見たいと思っていた出来事は、あなたがどのように書くことを学んだかということでした。先生は、早くからあなたに読み書きを教え始め、手につづる言語から紙に書きとめる言語へと概念的な跳躍をしようとしました。彼女があるもの――人形ということにしておきましょうか――を手渡すと、あなたはその名を彼女の手につづるでしょう。すると先生は、点を盛り上げてタイプしたブライユ式点字の単語カードをあなたに与え、次にあなたの手をそのカードから人形へと導き、あなたの空いたほうの手にその単語をつづります。あなたは、驚くほど速くこの意味を理解しましたね。すぐに文を組み立てるようになりました。ベッドの上に人形をおいて、「人形」「ベッド」「上に」そして「ある」というカードを見つけると、正しい順番で並べるのです。「人形がベッドの上にある」というこのゲームは、あなたにとって大きな楽しみでした。先生の腕を引っ張り、最初はあなたがおいたものの実物を示し、それから一列に順番に並べたカードの文章を指し示します。みんなにも見てもらおうと、ほかの人たちも引っ張ってきましたね。両親や使用人たちや、さらには犬までも。あなたはこの楽しみに躍り上がり、うなり声を上げ、誇らしそうに自分の胸を叩いて見せました。

先生は、あなたがこのゲームにこれほどまでに没頭したことに驚きました。もちろん、書き言葉があるということには、あなたもうすうすは感づいていました。周りの人々が読書をしていたからです。お母さんは熱心な読書家でした。そしてあなたの例のサインが示唆するように、お父さんも常に新聞の前にいました。何かを読んでいるときに邪魔をすると歓迎されないことをあなたは知っていました。でも、両親の手から本や新聞をどうにか奪いとることができたとしても、二人がなぜそんなにも夢中になっているのかについては、どうしても理解することができませんでした。本は何か良い匂いがすると思いましたし、ときおりは便箋にも香水がふりかけられていました。ときに紙の質感のようなものを感じることはできましたが、そんなことよりもこれにはもっと何かがあるはずだとずっと思っていました。そしてそれが何だかわからないフラストレーションのせいで、あなたはよくページをズタズタに破いて、部屋中に紙片をまき散らしました。というわけで、先生が点字のカードで遊ぶ機会を与えたとき、その腹立たしかった謎が解決したのです。あなたは、これこそが自分がいつも必要としていたまさにそのものだと即座に悟りました。あなたは家中を走り回って色々なものを集め、それから単語カードの山から正しいカードを取り分けて並べます。「赤ちゃんは椅子に座っています」と、あなたは記すでしょう。そして「犬は地面に横になっています」と。

ある日、先生があなたの部屋に行くと、あなたはいませんでした。そのかわり、衣装ダンスの外の床に、「女の子は衣装ダンスのなかにいます」と記した点字カードの列を見つけます。そこで衣装ダンスの扉を開けると、果たしてあなたがいました。「女の子」という言葉のカードが、あなたの服の上にピンで几帳面に留められています。

このときが、先生があなたの名前を教えた瞬間でした。「ヘレン」と、彼女はあなたの手に話しかけました。「女の子は」と、あなたに触れ、それから「ヘレンです」とつづったのです。

あなたは一瞬動きを止めましたね。何かが胸のなかに染みわたりつつあるとき、あなたはいつもそうするのです。あなたは洋服に留めたカードに指で触れました。「女の子は?」と、あなたは先生の手につづりました。「女の子は女の子です」

ですが、そこで悟ったのです。「女の子はヘレンです」とあなたは繰り返しました。先生に向かって手を振って合図をしながら、こうつづります。「カード、カード、ヘレン、カード」。もしどうすればいいかを知っていたなら、じれったさのあまり指をパチパチと鳴らしていたことでしょう。先生は素早く、あなたの名前を記したカードをつくってくれました。あなたは洋服に留めていたカードのピンを抜き、床にある「です」のカードを見つけると文をつくりました。「女の子はヘレンです」。それからあなたはまるで写真にキャプションをつけるかのように、この文の上に自ら立ち、大喜びで胸を叩いて見せました。

ええ、ええ、確かにこの最後のくだりのいくらかは、まったく正確というわけではありません。いくつかの別々の出来事を合体させているし、実際にはあなたがとらなかったかもしれない行動をいくつかでっち上げています。作家とはそういうことをするものなのですよ、ヘレン。

ともかく、ひとたびあなたを書くことに夢中にさせると、先生は次に物語をつくる方法を教えました。「猫は誰かが台所でネズミを捕えて、それを箱に入れているのを見て、先生はこんな文章を書きました。「猫は箱の上に座っています。ネズミはその箱のなかにいます。猫はネズミを食べたがっています。猫にミルクを少しあげなさい。ネズミにはケーキを少しあげなさい」。あなたはまだこうした単語を全部は学んでいませんでした。でも、すぐに理解しました。ミルクとケーキをもってこようと、猛然と駆けていきましたね。そしてカードで新しい文をつくりました。「ヘレンは、猫にミルクを少しあげました」と、自らを自分でつくった物語の登場人物にしています。

長いこと、「ヘレン」は、あなた自身を指す唯一の言葉でした。人称代名詞を用いるまでに、長い時間がかかったようでした。「私（I）」という一文字のほうが、点字でも指文字のつづりでもずっと少ない努力で示すことができたというのに。でも、あなたは、固有名詞を使うことをやめようとしませんでした。ヘレン・ケラー。ヘレン・アダムス・ケラー。ヘレン・A・ケラー。「私」という一文字では、あなたが言いたいと望んでいたことの重みをすべて支えるには、あまりに薄っぺらで脆弱に感じられていたのは明らかです。

あなたにとって書くことは、あなた自身と、あるいはあなたの身体の内側にいる「幻（ファントム）」と、外の世界とを結びつけることを可能にする失われた環（ミッシングリンク）でした。書くことで、自身の内なる自我がもつ考えを紙の上に、あるいはテーブルの上においたカードの列として表すことが可能となったのです。カードを残しておけば、あとで戻ってきても、以前の心の状態の記録を読むことができます。あるいは一枚の便せんに文章を記して封筒に入れ、それを外の世界に送ることもできました。あなた自身の身体が及ぶ範囲を、あるいはあなたの家のなかという範囲を超えて、歩いたり乗り物に乗ったりして出かけられるところよりももっと遠くまで送れるのです。あとになってその手紙の返事が届くと、別の人の手によって、別の自我によって表された考えに触れることもできました。書き言葉によって、あなたは空間と時間を超えることができました。それはあなたの心を外へと拡張して、全世界を回ることをも可能にしました。過去の世界へと旅し、亡くなってから長い時間がたつ人のイマジネーションに触れることも可能にしました。おそらくは、それは未来の世界に到達することをも許し、三十年以上も前に亡くなったあなた宛てにこの手紙を書いている私という存在すらも想像できたことでしょう。

あなたの家で、私は足をこすりつけて床の塵埃を舞い上がらせようとしました。でも、そこには「幻（ファントム）」のほんのわずかなかけらすらも何も残っていなかったのだと思います。あの人たちはどんな痕跡も掃き出し、こすり流し、きれいさっぱりと掃除機で吸いとってしまったのでしょう。

自身のことを紙に書き記す方法をようやく得たときに、あなたは「可愛らしい子」でいることを選んだのですね。強い好奇心をもち、強情で臨機応変で、そして言葉を渇望していた子どもであるよりも、立派なテーブルマナーを身につけた、快活で勤勉で聖人のような性格をもった子どもであるほうを選んだのでしょう。でも、私はそれを批判すべきではありません。あなたはまだたったの七歳で、本当にたくさんの複雑さを内包するあなたという自我を表現するための洗練された手立てはもっていませんでした。それに一八八七年の時点では、小さな女の子というものが、それほどまでの聡明さや意欲をもっているとは思われていませんでした。あるいはおそらくあなたは、可愛らしくて素直な子どものほうが、あなたのメッセージを伝えるうえでより優れた媒体だと悟っていたのでしょう。でも、私にはそれを批判する権利などありません。私がこの手紙を書くために使っている私という自我のヴァージョンも、あなたが自らの著作で構築した自我がそうでないのと同様に、信頼できるものでもなければ、誤りのないものでもないのです。

アイヴィー・グリーンのあの場所で「幻（ファントム）」の痕跡を見つけられなかったので、そのかわりに記念品を買いました。彼らがあの名高いポンプから汲み上げた水を瓶に詰めて売っていないことには驚きましたよ。「ヘレン・ケラーの奇跡の井戸の水、ウォー＝ウォー」と、名づけることだってできたでしょうに。たとえば、こう宣伝することだってできたのです。「厄介なコミュニケーションの問題など忘れましょう。従順さも、身だしなみの良さも、上機嫌も、活気だって養えますよ。お宅の小さな暴れん坊を、特別な教育の宣伝ポスターにも使えるようなお子さんに変身させましょう」

私は、アイヴィー・グリーンの絵が描かれたコーヒーマグを買いました。ポンプのレプリカも買いました。鋳鉄製で、高さは十三センチぐらいです。今は机の上においてあります。何のために、ですって？　インスピレーションの源として？　言語をもっと好きになるための御守りとして？　まだ決めていません。手にとって、両手で握りしめてみます。排水口が二本の中指の間から突き出ます。重量があります。手頃な武器にだってなるでしょう。円形の平たい土台の部分に何か言葉か、ある種のサイン、おそらくは私のイニシャルを彫ってもらうといいと思います。手紙の封をする際に使うのです。ヘレン、あなた宛ての手紙にね。

重要な点は、こうしたことについて、私があなたに手紙を書く必要があると感じていることだと思うのです。今や私は、あなたの著作に目を通し、子ども時代の家を訪ね、そしてもっと重要なことには、あなたに対する私の敵意をいくらか解き放ちました。私はあなたの物語には、オフィシャルなヴァージョンよりももっと多くのことがあると感じ始めています。というわけで、あなたが気になさらないならば、あなたの人生から一、二の事件について熟考してみて、それが私をどこに連れていってくれるかを見いだしたいと思っています。

では、そのときにまた。

GK

二月四日

たとえば、あなたの幼少期の出来事について話しましょう。一八九二年の冬の話です。あなたは十一歳で、盗作の容疑で審判にかけられましたね。あなたはボストンのパーキンス盲学校の生徒、それもスター的な生徒でした。『霜の王様（フロスト・キング）』という物語を書いたあなたは、パーキンス盲学校の校長のマイケル・アナグノス氏に贈りました。物語をとても気に入った彼は、学校の同窓生向けの出版物に掲載しました。それを読んだ人々は、あなたの物語がマーガレット・T・キャンビーが発表していた物語『霜の妖精（フロスト・フェアリーズ）』によく似ていることに気づきました。学校側がそれについて問うと、あなたはキャンビーの物語は一度も読んだことがないと否定しました。先生も、あなたに読み聞かせたことはないと否定しました。パーキンス盲学校の図書室にはその本はなかったし、タスカンビアのあなたの家にもありませんでした。

たくさんの質問がなされた末、誰かほかの人があなたに読み聞かせをしたことがわかりました。三年前、あなたが指文字のアルファベットを用いたコミュニケーション方法を学び、多くの語彙を新たに習得しようといまだ努力していた時期のことです。そのため、キャンビーの物語を読み聞かせてもらったとき、あなたはその要旨だけを吸収し、それが本のなかに記された物語のひとつだと記憶することはありませんでした。ずっとのちになって、アナグノス氏のために物語を書こうと机に向かったとき、その物語があなたの記憶に戻ってきました。ごく自然に、まるで自分自身で紡いだ物語のように。

これが、この事件の説明でしたね。でも、この説明は、学校側にはまったく充分なものではありませんでした。そこで一種の裁判が行なわれました。アナグノス氏と八人の教師が、あなたを相手に徹底的に質問しました。あなたの先生は、その裁判の席からは閉め出されました。でも、彼女も実質的には、あなたと同じほどに審判にかけられていました。コミュニケーションをとる方法をあなたに教えたことで、彼女自身もある程度のレベルまで、名声を得ていました。そのため学校側は、彼女が巧妙な捏造行為を犯したりはしていなかったという明確な証拠を世間に見せなくてはいけないと感じていたのです。パーキンス盲学校が私的な、また公的な支援を得るだけの価値のある正当な教育機関であることを世間に納得させる必要がありました。だからこそ、学校はあなたを審判に付したのです。サリヴァン先生を外に待たせたまま、教師たちは二時間以上もかけてあなたを問いただしました。最終的には、学校はあなたを赦免しました。あなたのした説明は、公式の物語になりました。そして、生活はこれまで通りに続きました。

でも、必ずしも以前通りではなかったのです。なぜなら、この事件は単純な誤解以上のものだったからです。キャンビーの物語を意識的に写したわけではないということを証明するために、あなたはひどく油断のならない多くの質問に答えねばなりませんでした。「もし写したのでないならば、そのアイデアはどこからきましたか?」「それがむしろ想像力から生まれたものであり、記憶からきたものではないということを、あなたはどうしてわかるのですか?」「想像力と記憶、夢、そして現実との間の違いが、どのようにわかるのですか?」

これは心理学者や神経学者、そして哲学者に対する質問であって、十一歳の少女に対する質問ではありません。たとえ相手が、あなたのように人を喜ばせることに熱意のある子どもであったとしてもです。そして、あなたはいずれにせよ、こうした問題についてはいつもいくらか危ういところがありました。たとえば夢です。ときおり、朝、目覚めたときに心のなかにいまだ残っている夢のほうが、起きているときの生活よりも、あなたにとってはもっと鮮明だったようです。ボートに乗ってたゆたいながら、犬のライオネスに顔をなめられているとか、あるいはテーブルの上に立ってバナナを一房食べているような夢見心地が一分ほど続き、それから次の瞬間には、どこかでベーコンの焼ける匂いを嗅ぎながら、ベッドに横になっているのです。そしてそのうちのどの感覚が一番現実に近いのかを決めるのは難しいということに、あなたは気づいたのでした。

私が本当にむかついているのは、その出来事自体が、その審判、その尋問が——これをあなたがどう呼びたいかはともかくとしてですが——起こっている間中、あなたがただあの場に座って、それを受け入れていたときの態度です。私が読んだ説明はすべて、あなた自身の文章も他の人によるものも含めて、あなたは静かに冷静に、心を落ち着けて座っていたとあります。あなたは、質問のすべてに完全な文章で答えていき、震えることも、スペルを間違えることすらもありませんでした。人がもしカッとして癇癪を起こす機会があるとすれば、これはまさにそれでした。盗作の嫌疑などというまったくの狂気の沙汰は、癇癪を起こす引き金としては充分なものです。とんでもないことですよ、まったく！　十一歳の子どもが、わざと、悪意をもって、計画的に、盗作行為を犯したなどと言うなんて。この人たちはいったい何を考えていたのでしょう？　私には学生がいますが、十八歳、二十歳、いえ二十五歳になってすらも、「盗作」とは果たして何であるかについてなど、せいぜいがごく大ざっぱな理解をもっている程度です。「ここ最近は読んでいませんよ」と、学生たちは言います。「読んだことすらありません。ルームメイトがその話をしてくれたのです」とか、「ウェブサイトで見たのだと思います」とか。つまり、大学生にもわからないようなことを、十一歳の子どもにいったい誰が期待できるのでしょう。

家具をひっくり返し、二、三人の向こうずねを蹴り飛ばし、窓からものを放り投げたとしても、当然のことでした。でも、そうはしませんでしたね。あなたらしくないですもの。私が理解する限りでは（そして、重要な点は、私にはそれが理解できないということだと思いますが）、あなたはただそこに座って、それに耐え、投げかけられた質問のすべてに答えていきました。あの人たちが満足して、あなたを放免してくれるまでね。

ショックでしたか、ヘレン？　そんな挑発に直面しながらも、受け身の態度を従順に保ち、黙して多くを語らなかったのはそのせいなのですか？　自分にふりかかっていることが道理にかなった現実とは似ても似つかない様相を帯びているときに当然感じるような、ただ単純に信じられない気持ちだったのでしょうか？　でも、たとえそうであってもですよ、ヘレン、あなたは涙すら流しませんでした。審判のあとは、ええ、ベッドに伏して何時間も泣きじゃくって、死んでしまいたいと願いましたね。でも、審判の間はそうではなかった。その後、多くの方面から、支援と励ましの言葉を受けとりました。あなたの旧友アレクサンダー・グラハム・ベルは、こんないわれのない非難はまったく遺憾だと表明しました。あなたの将来の友人マーク・トウェインは、この審理委員会を「腐ったカブラ」の一群と呼んで、「尊敬に値する作家は、自分の着想が純粋に独創的なものだなどとは決して主張しないものだ」と文句を言いました。マーガレット・T・キャンビーでさえも手紙をよこし、自分はあなたが真実を言っていると信じていますよ、と言ってくれました。もちろんあなたは、こうしたことすべてのおかげで自分の潔白が証明されたと感じました。でも、事後にそう言うのはどれもあまりに安易すぎるし、今さらこれっぽっちではどうしようもないし、もう遅すぎるとも感じていたに違いありません。

あなたがその事件のことを二度と忘れなかったことを私は知っています。その後の七十七年の生涯の間、それについて考えなかった日はないことに、私は賭けてもいいです。その記憶は、どこからともなく、求めているわけでもないのに、あなたのもとに戻ってきます。机について編集者宛ての手紙をタイプしているときかもしれませんし、舞台の上に立って幼い少女から花束を受けとっているときかもしれませんが、次の瞬間には、あなたは時を超えて十一歳の自分自身へと戻るよう駆り立てられているように感じるのです。敵意と疑惑による針のむしろのような空気に囲まれて、冷え冷えとした教室に立ちながら、あなたの内なる存在は、この不当な扱いと恥辱に身もだえしているのです。

というわけで、私が知りたいのは、あなたがそれをどのように乗り越えたのかではありません。なぜなら、あなたが本当の意味でそれを乗り越えたことは絶対になかったことを私は知っているからです。私が知りたいのは、あなたがどのようにしてそれを切り抜けたかということです。あなたがショックを受けたということは疑いようもありません。でも、あなたはその場にいましたが、私はいませんでした。

たぶん、あなたは、これについてもっと率直に語ることができたし、細々とした説明をつけ加えることもできたでしょう。この問題を明らかにするためにあなたにできることがあれば、とてもありがたく思うのです。

心から、ＧＫ

二月五日

ヘレンへ

ここで手助けをしてくださいな。この出来事を理解しようと、私は悩んでいるのです。つまりは本当のところ、人はいったいどうしたら十一歳の子どもを審判にかけたりできるのでしょう。まして盗作だなんて。私だって懸命に我慢したのですが、これを論ぜずに放っておくことはできないのです。ですから、ヘレン、私に一通りの説明をさせてください。

一八九二年のことです。私に計算できる限りでは、二月の下旬か三月の初旬でした。場所は、ボストンのパーキンス盲学校。想像するに、大きな教室か、たぶん講堂で行なわれたのでしょう。講堂と言っても、観衆を招待しようとしたわけではありません。でも、審理の進行に形式的な堅苦しい雰囲気を与えたいと望んでいたのでしょう。あなたは大きな机の前の堅くて背もたれが真っ直ぐの椅子に座っていたのだと想像します。あなたに面して、もっと大きなテーブルがあります。その前にマイケル・アナグノス氏が座り、その左右に判事と陪審の役割を果たす八人の教師が一列に並んでいます。のちにあなたがこの出来事を書く際には、四人が盲人で、四人はそうではなかったと説明することになります。でもそのときには、そのことは知りませんでした。そして、その教師たちが正確に誰であったかを知ることはありませんでした。とはいえ、あなたと先生は、のちにその点について大いに推測しただろうと想像はつきますが。ともかく、問題のその日、あなたはそこに何人の人々がいたかすらも知りませんでした。

冬のボストンで、十九世紀に建てられた施設の大きな部屋ですから、室内はさぞ寒かったことでしょう。あなたの服は、ノリがよくきいてパリッとしています。あなたはその服の内側に、暖かさと寒さを同時に感じていいます。脇の下の汗のしずくがそのまま脇腹をつたって、もう腰までしたたり落ちていきます。おそらくそうなるだろうとわかっていた先生は、ノリをたっぷりきかせることに固執しました。同じ理由から、彼女はあなたの靴下をひどく強い力で引っ張り上げ、そのために爪先が靴のなかでいまだ丸まっているような感じがしていました。彼女はまた、あなたの髪をこめかみのところで特にきつめにピンで留め、両側にもう一本ずつピンを加えました。

私にはこうしたことが全部よくわかっています。なぜなら盲目の子どもがどういうものかを知っているからです。外見のイメージが重要なのだという考えが、どれほど繰り返し教え込まれるかを知っているのです。盲目の子をもつすべての母親的な存在にとって、子どもが背筋を真っ直ぐに起こし、身なりを清潔に保つよう注意することは特別な意味をもっています。「物笑いの種になってはいけませんよ。目障りにならないように」。私たちはみんな、そういう目にあってきました。あなたの先生自身もそれを経験してきていました。彼女は、誰かが手術費用を払ってくれるまで、思春期の大半を盲人として過ごしていました。その若い頃の盲目の経験のせいで、彼女は身だしなみに対して異常にこだわるようになり、自分自身同様にあなたに対しても気を配り続けました。たとえば、爪を噛む癖や、髪を気にして触れずにいられない習慣について、常にあなたに文句を言っていましたよね。

その日、あなたの髪を黒いリボンで結びながら、彼女はこう説明しました。「黒は尊敬の念を示すのよ」。あなたはいつも、ものが何色であるか、そしてその色がどんな意味をもつのかを知りたがっていましたね。黒は哀悼のための色だと思いましたが、それは口にはしませんでした。何のための哀悼なのだろうと、あなたは今、思いをめぐらしています。誰が死んだのでしょう?

そう、あなたは今、その部屋にいます。一八九二年の二月か、おそらく三月、あなたはボストンのパーキンス盲学校の冷え冷えとした部屋によそ行きの服を着て座っています。背筋を真っ直ぐに起こしています。顎をきちんと上げています。両手は前の机の上においていますが、噛んでギザギザになった爪を隠すよう、慎重に指を折りたたんでいます。通訳のために、あなたの隣に座っている教師がもう一人います。もっといい名前も思いつかないので、仮にローソン嬢と呼ぶことにしましょう。私が自由勝手につくってしまっているとしたら、ごめんなさいね、ヘレン。あなた自身の説明は、細部の多くを省略しています。彼女はどこか、そこにいるほかの教師たちと比べると地位が低い感じがします。たぶん研修生か、あるいはただの上級生だったのかもしれません。あなたは彼女がそこにいるとわかっていますが、まだ話しかけられてはいません。彼女はあなたに触れません。二人の間の空気はピンと張り詰め、よそよそしいです。

先生がここに一緒にいてくれればいいのにと思いますが、彼女はいません。右側にある扉の向こう側で待っているのです。おそらくは、苛立たしそうに行ったり来たりしていることでしょう。先生は前もって、この審理がどのようなものになるかを話してくれていました。自分一人で切り抜けなければいけませんよ。それが肝心な点なのだと、彼女は言いました。自分自身にそう言い聞かせるために、あなたは心のなかで繰り返し続けます。「ここから先生を除外するのよ」

あなたにはまだはっきりとはわかっていませんが、今日、ここで起きていることは一部には、先生のパーキンスでの生活がほかの先生たちとは違うという事実に関係があるのだと感じています。ひとつには、先生の給料はあなたのお父さんから支払われており、もうひとつには彼女は常にあなたと一緒にいるからです。ほかの教師は全員が校舎の別の場所に部屋をもっていますが、先生の部屋はあなたの部屋の隣にあります。先生は教室であなたの隣に座り、あなたの手に字をつづり、あなたを代弁して発言します。食事の席でも、ほかの先生が別のテーブルにつくのに対し、先生はあなたの隣に座ります。人々がやってきて、アナグノス氏のオフィスであなたと面会するときも、彼女はあなたと一緒です。一度、ほかの少女たちの一人があなたにこう言ったことがありますね。「私にも、私だけの先生がいたらいいのに」。あなたは、ほかの先生たちの誰かしらも、自分だけのヘレンがいたらいいのにと思っているのかしらと考えます。

「憤り」が、これを表す言葉なのですよ、ヘレン。あなたは、アナグノス氏からさえそれを感じたことがありました。彼と先生は、あなたについて、そしてあなたに対する最も優れた教え方について何回か口論をしています。当人たちは、「意見の相違」という言い方をしていましたけれどね。アナグノス氏は先生のことをずっと以前から知っていました。かつて盲目だった彼女は、ここの生徒だったからです。先生はあなたに、校長先生とはお互いに尊敬し、称讃し合っていると話していましたが、あなたはときおり二人の間には何か別のものがあると感じていました。

というわけで、あなたは一人で今ここにいて、先生は扉の向こう側の広間を行ったり来たり歩き回り、そしてローソン嬢（あるいは彼女の名がたとえ何であろうとも）があなたの傍らに座っています。彼女はあなたの左手をとって手のひらを返させると、指文字をつづり始めます。「アナグノス氏と陪審のほかの方たちは、あなたにいくつかの質問があります、ヘレン。あなたはその質問に答えるのに最善を尽くさねばなりません。真実を話すように努めなくてはいけません。ほかの人々があなたに告げたことではなく、あなた自身が真実だと知っていることを話すのです」

こうした言葉が同時にいくつもの神経にさわっただろうと想像します。彼女はなぜあなたに、よりにもよってあなたに、「真実を話すように」などと言っているのでしょう? あなたはいつだって真実を話しています。正直さは、あなたをあなたたらしめる信条のひとつです。そして、「私は嘘をつけません」「ぼくは嘘をつけません」という言い回しが、近頃のあなたが特に気にかけていたことでした。なぜなら、例の正直者のワシントンの誕生日を記念して、学校の野外劇が行なわれたのは、ちょうど一、二週間ほど前でしたからね。ですが、あなたは今、それについて考えたくはありません。今、あなたは再び、この人たちは先生に対して不公正だと感じています。ただ彼女を部屋に入れないだけでなく、この人たちは彼女のいないところで話をしようとしているのです。「ほかの人々があなたに告げたことではなく」という言い回しは、先生のことです。少なくともあなたのほうでは、この人たちが意味しているのはそういうことだと考えています。ですが、あなたはそんなことは何も言いません。単につづりを返します。

「イエス、マム。最善を尽くします」

無意識の痙攣のように、あなたは部屋の前方に向けて微笑を浮かべます。両方の口角をもち上げます。歯を見せます。頭を片方にかしげると、たっぷりとした巻き毛が前にすべり落ち、頬にかかります。あなたの微笑は素晴らしいです。たぶんいくらか無理につくったものなのでしょう、美人コンテスト向けの微笑です。そうせずにはいられないのです。人と面と向かって話すときにはいつも微笑むようにと、お母さんから言われていましたからね。でもその同じ瞬間に、今ここで微笑を浮かべるのは間違っているのかもしれないとも感じています。先生がここにいれば、こう言ったことでしょう。「今は駄目よ、ヘレン」

厳粛に、とあなたは自分に命じます。これは厳粛な場面なのよ。敬意を示さなくては。黒は敬意を示すもの。ボストンの人々は、厳粛に見せることで敬意を示すのよ。そこであなたは両方の口角を横に引いて水平に戻し、唇を閉じて歯をしまいます。ゆっくりと、厳かに、そわそわしていると思われるようなことがないように、あなたは手を上げて、流れ落ちた巻き毛を肩の後ろに戻します。

ローソン嬢が言います。「アナグノス氏は、『霜の王様』のアイデアが最初に思い浮かんだときのことを、あなた自身の言葉で話してほしいと望んでいます」

あなたは言います。「この前の秋のことです。アラバマ州のタスカンビアの私の家で書きました。実際には、タスカンビアから二十キロメートルほど離れた羊歯石切場（ファーン・クオーリー）で書いたものです。家族の夏の家がそこにあるのです。アナグノス氏のお誕生日の贈り物として書きました。お祝いを差し上げたかったので……」。「あなたに」と、そこであなたは考えます。彼に直接話しかけるべきかしら？　そのほうがより相応しく、より礼儀にかなっているのかしら？　先生がここにいれば教えてくれたことでしょう。でも彼女はおらず、そこであなたは話し始めたときの方針を貫きます。「私は、彼が私のためにしてくださったすべてのことに対する称讃の気持ちを、ここパーキンスで私が受けている教育への感謝の気持ちを示すために、贈り物を差し上げたかったのです」

小休止があります。アナグノス氏が次の質問をするのに必要な時間よりも長い休止であることを、あなたは知っています。みんなで何かについて話し合っているのに違いありません。あなたがたった今語った「称讃の気持ち」や「感謝の気持ち」といった言葉は、先生の言った言葉だという考えがあなたの心に浮かびます。あなたがその物語を書き終えたとき、先生はまさにこうした言葉をほとんど同じ文章にして校長宛ての添え状に書いていたのです。これこそが、この人たちが今まさに話し合っていることかしら？　みんなは今、その先生の手紙を前にしているのかしら？

ローソン嬢が言います。「でも、そのアイデアのことですよ、ヘレン。そのアイデアが最初に浮かんだのはいつでしたか？」

あなたには、この問いに対する答えはありませんでした。時間は、つかみどころのないものです。記憶には落とし穴があります。アナグノス氏のために何か贈り物をつくろうと決めたことは憶えています。先生にそう話したことも憶えています。彼女は、物語を書くといいと言いました。以前に彼のために書いたような、あるいは両親やクラスの友人たちのために書いたような「小さな物語」を、と先生は言いました。そこであなたは座って、「昔むかし」と書き出しました。言葉が次々と流れ出てきました。書きに書きました。次にどんな言葉をおくべきかなどと、考えもしませんでした。言葉はどういうわけだか、ただあなたのもとにやってきたのです。あなたは尖筆を点字板の上で素早く動かし、一行を満たすと、すぐ次の行にとりかかりました。ページがいっぱいになりました。やがてページの山ができあがりました。それから、「おしまい」と書き、それで仕上がったのです。ですが、あなたは、そのアイデアがいつ浮かんだのかも、どのように浮かんだのかも思い出せません。それについて考えたことも、話の筋について判断を下したり、選択肢を秤にかけたり、何か考えを変えたりしたことも思い出せません。

あなたは言います。「私は物事を説明する物語を書くのが好きです」。

あなたがこう言ったのは、アナグノス氏のためです。彼はギリシア神話が大好きで、古代ギリシアと古代ローマに関することは何であっても好んでいます。あなたがたはしばしば、こうしたことについて話していましたね。あなたは話を続けます。「私はそうした物語が好きなのです。物事を理解したり、記憶したりするのを助けてくれるからです。そして……」。あなたは突然、言葉を中断し、まるで熱いストーブに触ってしまったかのように、ローソン嬢の手から自分の手を引き抜きます。今にも、こう言おうとしていたからです。「先生が私に話してくれたのは……」。あなたは、この問題から先生を除外しておかなければいけないことを知っています。そこで、こう言います。「私は、一年の季節について考えていました。秋のことです。葉っぱはどのように色を変え、そしてどのように木から落ちるのかを」

ですが、それをあなたに語ったのは先生でした。様々な色について話してくれたのです。木の葉が落ちることはすでに知っていました。タスカンビアでも落葉はありました。あなたは、葉が落ちるのを感じるのが好きでしたね。静かにじっと立っていると、周りに木の葉がはらはらと舞い落ちるのが感じられました。落ち葉を何つかみかすくい上げて、葉のなかに顔をうずめるのも好きでした。落ち葉の匂いも、そして落ち葉を燃やす焚き火の匂いも好きでした。落ち葉をかき集めて山にすると、あなたは駆けていって、そのなかめがけてジャンプします。飛び込んだときに葉っぱが沈み込む感触も愛していました。一陣の風があなたの周りに落ち葉を渦巻かせるのも好きでした。まるで生まれたばかりのヒヨコにエサを投げてやると、そのヒヨコたちが両手の周りに渦巻くようでした。

ですが、木の葉の様々な色についてあなたに語ってくれたのは先生でした。アラバマ州では木の葉はただ単にどんよりとした黄色と茶色に変わるだけだけれど、自分の出身地のニューイングランド地方では、色々な色に変わるのだと教えてくれました。紅葉が始まると、森は赤々と燃えるような色のタペストリーになるのだとも話してくれました。それが先生の使った言葉でした。あなたは「タペストリー」

とは何かと訊ねなくてはなりませんでした。「赤々と燃えるような」という言葉については、火を知っているからわかります。木の葉は、赤や橙や黄色といった炎の色をもっていました。熱い色です。ですがこのときのことを考えると、必ず思い出されることがあります。先生が自分のもとに来る前には、どこかほかの場所にいたのだと思い至ったのは、このときが初めてだったということです。あなたは、先生がどこかからやってきたことは知っていました。先生がいなかったときのことを思い出すこともできました。ですが、その前に先生がどこにいたかについては、一度も考えたことがありませんでした。彼女がニューイングランドと赤々と燃えるような色のタペストリーについて話してくれたとき、彼女がかつて別の場所にいて、そこに帰りたいと思っているのかもしれないという考えがあなたの心に浮かんだのでした。

でもあなたは、このことを今ここで考えるのを自分に許すことはできません。先生はここから除外しておかなければいけないのだと、あなたは自分に言い聞かせます。今、先生について考えると、喉がつまり、目がヒリヒリと痛むからです。あなたは言います。「私は、なぜ秋になると木の葉が色を変えるのかを説明する物語を書きたかったのです」

ローソン嬢が言います。「『霜の妖精』という名の物語を読んだのを憶えていますか？　あるいは誰かがそれをあなたに読み聞かせたのを？」

「先週、読みました」と、あなたは言います。あなたが自分で読んだのでしょうか、あるいは先生があなたに読み聞かせたのでしょうか？　汗がもう一滴、脇の下に浮かび、それが脇腹を素早くすべり落ちます。先週はひどくたくさんのことが起こりましたよね。ひどくたくさんの質問と、ひどくたくさんの混乱がありました。誰かがあなたのためにその物語を点字にしてくれたのでしょうか、それともすでに点字になっていたのでしょうか？　あるいは、先生があなたの手に指文字でつづったのでしょうか？　あなたは空いたほうの手の指をはためかせ、物語の雰囲気を思い出そうとしましたが、思い出せません。早く、早くと、あなたは急いで考えています。なぜならこの人たちは答えを知っているはずだからです。間違ったことを言えば、彼女たちはそこにもっている本でそれを証明するでしょう。

　先週は、ジョージ・ワシントンの誕生日の野外劇がありました。あなたは「秋」の役を演じました。その記憶があなたをたじろがせます。あなたは穀物を一束と蠟でつくった果物の籠をもち、秋の葉で編んだ冠を髪につけていました。野外劇の前の晩、日曜日の夜ですが、予行演習の間に、あなたはほかの教師たちの一人と話をしていて、そして冬将軍（ジャック・フロスト）について何かを言いました。その教師は訊ねました。「誰が冬将軍（ジャック・フロスト）についてあなたに話したのかしら、ヘレン？」。あなたは、先生が話してくれたに違いないと答えました。その教師は言いました。「霜（フロスト）について、彼女はほかに何を言ったのかしら？」

　あなたは口ごもりましたね。実際に彼女から身を離しました。そう訊いたときの彼女の言い方には何かがあって、それがあなたを恐れさせたのです。あなたの手に文字をつづる彼女の指は堅く、敵意がありました。指関節と指先が、小さい鉄の槌に変わったかのようでした。彼女の言葉があなたの手のひらを痛めつけたので、あなたは急いで後ずさりしたのです。

　あとになって、あなたは先生にその話をしました。先生は何も言いませんでした。身動きもしませんでした。まったく静かに座っていました。ただ、彼女の手のひらの肉が、あなたの指から退くように感じられました。それから彼女は立ち上がって、部屋を行ったり来たりし始めました。

「でも先週より前に」と、ローソン嬢が訊ねます。「先週より前にそれを読んだか、あるいは誰かに読んでもらった記憶がありますか？」

「いいえ」と、あなたは答えます。あなたは口でその言葉の形をつくりさえしますが、それを声に出そうとはしません。もうすでに充分に悩みごとがあったので、発音を悩むどころではないのです。「いいえ」と、あなたはもう一度答えます。「以前に読んだことは思い出せません。先週読んだときには、馴染みがあるように感じられました。私の物語のことが思い出されたのです。ですが、先週よりも前に読んだ記憶はありません」。あなたは言葉を止めます。人間的な温かみの気配は室内にはありません。空気が揺れています。エネルギーが充満しています。ですが、暖かくはありません。ローソン嬢からも温もりは伝わってきません。先生は、いつだって温かいです。自分ではいつも冷え性だと言っていますが、あなたにはいつも温もりが感じられました。彼女は温もりを発しますが、自身でその温もりを感じることはできないのです。

先生が外にいて、扉の向こう側で行ったり来たりしているのをあなたは知っています。両方の靴の底を床板に強く押しつけますが、それは彼女が歩き回る足音の震動を感じたいと思っているからです。彼女の足音がどんな感じがするかは、よく知っています。そして彼女が行ったり来たり歩き回るときの震動は、あなたの両脚の骨から背骨へと走るように伝わります。あれほど小さな身体からあのような震動を生み出すことができるとは、驚くべきことです。彼女は小柄です。あなたはまだたった十一歳ですが、背の高さはほとんど彼女と同じです。彼女を抱きしめると、その皮膚のすぐ内側に全部の骨を感じることができます。でも自分自身を抱きしめて感じられるのは骨よりも肉です。行ったり来たり歩き回るときの先生は、重たいトランクや石炭の積み荷を運んでいる大男のような感じがします。怒っているときの先生は、そんなふうに歩き回ります。近頃はしょっちゅうそんなふうに行ったり来たりしていました。今も同じです。先生がそんなふうに歩いているだろうことには確信があります。ですが、今のあなたには、その気配を感じることはできません。

そして、ローソン嬢からも何も感じとれません。教師たちがそこに座っているのはわかっていますが、その部屋の正面からも何ひとつ感じとれません。とすれば、この人たちは何も話してはいないのでしょう。あなたからもっと何かを聞くことを期待しているのでしょう。あなたは、歯の間に下唇を吸い込みます。唇は荒れています。右側にピリピリした痛みがあるのは、唇を噛んでいたためです。今一度、唇を真っ直ぐにします。顎をもち上げます。「先週より前に読んだことは思い出せません。ですが、そうしたことがあったことはわかっています」と、あなたは言います。口もとがピクピクとひきつります。ほとんど微笑のようです。「それが、私たちが今日ここに集まっている理由です」

この言葉は違っているかもしれませんね、ヘレン。あなたの口に、あなたの両手に、こうした言葉を言わせているのは、私なのかもしれません。いかにも私が言いそうな類いのことです。言い訳なんて、はしょりましょうよ。この人たちに、あなたを嘘つき呼ばわりさせましょうよ。だって、この人たちは、それを証明するためにそこにいるのですから。これが私です——いわゆる「敵対的な証人」、故意に不利な証言をする証人です。でも、ヘレン、あなたはもっと素直でしょう。この人たちが自分を信じたがってくれているとすら信じていたかもしれませんね。それにあなたはいつもひどく熱心に、ひどく絶望的なまでに熱心に、人を喜ばせようとしてきましたから。

あなたは「そうしたことがあったことはわかっています」と言って、それ以上は何も言いません。

「いつ、そうしたことがあったのです?」と、ローソン嬢がつづります。

「三年半前です。八歳のときでした。夏です。ケープコッドのブリュースターでのことです。ホプキンス夫人のお宅です」。もしやホプキンス夫人がここにいるのでは、とあなたはいぶかります。素早く鼻から空気を吸い込みますが、何の匂いもしません。誰の匂いもしません。部屋はあまりに寒すぎます。寒い部屋では匂いもよく伝わりません。ホプキンス夫人も、かつてはここにいたことをあなたは知っています。この学校の先生でした。夫人はあなたの先生の先生で、そして友人でもありました。先生が初めてタスカンビアのあなたのもとに来たときに着ていたドレスは、夫人が先生のためにつくったものです。ですが、ホプキンス夫人は今は引退しており、ここを去って、ブリュースターの自邸で暮らしています。「私が初めてボストンに来た夏でした」と、あなたは続けます。「パーキンスに初めて来て、皆さん全員に初めてお会いした夏です」

もう一度、唇がひきつります。ですが、あなたはそれが微笑になる前に食い止めました。これは微笑んでいられるような問題ではありません。あなたがパーキンスに初めて来たときのことを思い出しても、この人たちは別に嬉しいとも感じないかもしれません。おそらく、あなたがしでかしたことがひどく悪いことなので、むしろここを離れてほしいと願っているのでしょう。

「あなたは、そうしたことがあったのはそのときのことだと知っているのですね」。ローソン嬢があなたの手につづります。「それなのに、そのことを憶えていないのですか？　どうしてそんなことがありえるのでしょうか、ヘレン？」

それがありえるのは、それがそうだからです。そうあなたは思っていますが、口にはしません。記憶とはそんなものです。あなたはそこにいたことを知っています。その後もそこを訪れています。そこに行けば、前にそこにいたことを思い出します。あなたはそこで色々な出来事が起こったことを知っています。でも、その出来事を憶えているのでしょうか？　あるいは、その出来事について誰かから聞いた話だけを思い出すのでしょうか？

質問は何でしたっけ？　知っているのに、憶えていないのはなぜですか？　なんという質問でしょう。こんなひどい言い草にあなたが異議を申し立てないことに、私はびっくりしていますよ。あなたは自分には憶えのない多くの物事を知っています。自分が生まれたことを知っていますが、生まれたときの記憶はありません。生後十八ヵ月で熱病を患い、熱が下がったときには目も見えず、耳も聞こえなくなっていたことは知っていますが、そのときのことは憶えていません。それもまた今ここで問題になっているのでしょうか？　知っていることをどのように知ったのかを、憶えていることをどのように憶えたのかを、何だってこの人たちはあなたが知っていると思うのでしょうか？　あなたは十一歳ですよ。あなたは、こう言うべきだったのです。「ふざけないでくださいよ、皆さん。自分の言っていることがわかっているんですか？」。でも、それはあなたのやり方ではありませんね。あなたは、この質問に答えたいと本当に思っています。自分が誠意をもって行動したことをみんなに証明したいと本当に思っています。ただ小さな女の子が、学校の運営者である立派な紳士のために何か素敵なことをしたいと思っていただけであって、個人的な利益や自己宣伝を追求した、冷酷で打算的な盗作者などではないのだと言おうとしていたのです。

考えなさいと、あなたは自分に命じます。「考えなさい」と、先生はよくあなたに言って、額を軽く叩いたものです。「脳みそを使いなさい」。ですが、それは考えるということに対するあなたの考え方ではありません。あなたはそこに脳みそがあることも、その脳みそという場所で思考や記憶や夢が生まれ、働くことも知っています。ですが、あなたにとってのそこは、物事を知る場所であるような感じはしません。あなたはものに実際に触れることで、そのものを知るのです。あなたはものをもち上げます。その表面に、その周りに両手を走らせます。あなたは手を通じて、言葉がつづられる手のひらという部分を通じて、点字の点を感じる柔らかな指先という部分を通じて、物事を知るのです。あなたが知っていることは、感触と震動として知ったものです。あなたはそれを両手で、胸で、あばら骨という音叉で、そして足の裏で感じます。舌で味わうのも、もちろんです。そして、ものの匂いも嗅ぎます。ですが、鼻を通して吸い込むと、その匂いは喉のほうへと降りていって、味になるような感じがします。匂いも味も脳みそのなかにまでは立ちのぼりません。

ローソン嬢が、あなたの腕に触れます。あなたは言います。「考えているのです」と言って、つけ加えます。「説明するのに正しい言葉を見つけようとしているのです」

それからあなたは言います。「その頃に戻ると、今知っているほど多くの言葉は知りませんでした。私が名前を言うことができたものは、触ることのできたものだけでした。水を指す言葉は知っていましたが、雲を指す言葉は知りませんでした」。あなたは空いたほうの手を上げて、頭上を指し示しました。それからすぐにその手を下ろしたのは、室内には雲がないことを知らないのだと、この人たちに思われたくなかったからです。あなたは言います。「人々が私に本を読んでくれるとき……」。あなたが「人々」と言うのは、それが先生だけではないことを示すためです。お母さんかもしれないし、ホプキンス夫人かもしれません。「人々が私に本を読んでくれるとき、すべての言葉が必ずしもわかるというわけではありませんでした。十語のうち一語はわかったかもしれません。自分で点字の本を読んでいるときですら も、すべての言葉がわかるわけではありませんでした。ときに自分の知っている言葉から言葉へと飛ばし読みをしていただけなのです」

こんなふうに認めることが、あなたにとってどれほど大きな犠牲だったかがわかりますよ、ヘレン。あなたは昔の自分自身の愚かさを恥ずかしく感じます。そのときだって、もっと多くを知っていたのだと主張できればよかったのにと願います。今そうであるように常に大スター的な生徒であったならよかったのにと思います。これがあなたにとってどれほど大きな犠牲であったかが、私にはわかります。なぜなら、私自身もそこにいたことがあるからです。私は十一歳のときに視力を失いましたが、それから長い間、見えるようなふりをして押し通しました。「読めません」とか「どこを指し示されているのかが見えません」と言うのを恥ずかしく感じていたのです。なぜって、自分がばかげて聞こえると思ったからです。

　ですが、これは、あなたが払わなければいけない犠牲なのですよ、ヘレン。あなたは以前の自分が理解不足であったことをさらけ出さなくてはなりません。それがまさに肝心な点なのです。その当時に戻れば、自分にはわかっていなかったし、理解してもいなかったと認めなくてはならないのです。

　あなたは続けます。「ときおり、人々が（先生だけではない、ということです）読み聞かせを終えたあとに、私は質問をしたものです。あるいは、もう一度その物語を話してほしいとお願いすることもありました。そして、その人たちが私に同じ物語をもう一度読んでくれているのか、あるいは別の言葉を使って物語を語ってくれているのか、そのどちらなのかは私には必ずしもはっきりとはわかりませんでした。そして、別のときには誰かしらが、かつて本で読んだかもしれない物語や、あるいはその場で思いついたのかもしれない物語を話してくれました。ちょうど……」と、あなたは空いたほうの手を宙で動かし、まるで空中から何かを取り出すかのような仕草をとって、「何もないところから、想像して思いついた話をしてくれるのです」と言いました。「でも、どっちがどっちの物語なのかも、私には必ずしも見分けることができませんでした。今は、自分で物語を読むときに、ときおり馴染みがあるように感じることがあります。そんなとき私は、それを完全に理解できる前に、誰かが私に読んでくれたに違いないと思います。そして、ときおりは、多くの物語がほかの多くの物語に似ているからだとも思います。ギリシア神話の物語のように」。もう一度、これはアナグノス氏のために言った言葉でした。あなたは彼に、二人で話していた会話をすべて思い出してほしい、彼がいつもあなたをとても褒めてくれていたことを、あなたのことを自分の特別な友達だと呼んでくれていたことを、どうか思い出してほしいと望んでいるのです。でもこのことを考えると、あなたの下唇はブルブルと震えてきます。そこで下唇を歯の間に吸い込むと、食いしばります。あなたは言葉を続けます。「私は、これがまさに『霜の王様』で起こったことに違いないと思います。誰かがブリュースターでのあの夏の間に私に読んで聞かせてくれたに違いないと思います。物語の一部が私の記憶にとどまっていたのだと思います。でも読んでもらったことは思い出せないのです」

再び休止がありました。あなたはとても静かに座っています。呼吸を荒げないように努めます。空中に何か動きを感じます。あなたが知っているその小さなさざ波は、誰かが話しているということです。ついに、ローソン嬢があなたの手をとり、こう言います。「それが起こったことだったというのは確かですか？　誰かにそう言うように言われたのではないことは確かですか？」

「はい、確かです。これが起こったことです」。あなたはためらうことなくそう言います。なぜなら、先生をここから除外しておかなければいけないからです。ですがもちろん、先生があなたにそう言うようにと言ったのです。彼女はあなたの部屋のなかを行ったり来たりして、それからあなたの隣に座って、この一切をあなたに告げたのです。言葉はいくらか違ったでしょうが、それはただ、何か物事を言うときには本当に色々な言い方があるからだけです。ただ、あなたは彼女のことを信じていました。あなたは常に彼女を信じていました。なぜなら、あなたが知っているすべてのことを知ったのは、彼女を通じてのことだからです。どうしてあなたに彼女を信じないでいることができるでしょう？　それからあなたは衝動的につけ加えます。「故意にその物語を写したわけではありません。そんなことは決してしません。それが間違っていることは知っています」。なぜなら、この人たちがあなたについてそんなふうに思いうるということに、あなたはひどく傷ついていたからです。校長先生があなたのことを、特別な友達であるあなたのことをそんなふうに思いうるのだということに傷ついていたからです。

あなたが言っていることをローソン嬢が本当に繰り返して伝えているかどうかは、自分には知る術がないのだという考えが、突如として思い浮かびます。彼女の両手はひどくためらいがちで、指文字のつづり方はひどく遅いです。たぶん彼女は単に言い換えて、要点だけを伝えているのでしょう。それにしても、このローソンという女性はいったい誰なのでしょう？　あなたは彼女の手から自分の手を引き離し、空中に文字をつづります。それからふいにやめます。あなたは先生になら、ときおり宙につづりますが、これが誰にでも理解してもらえるものかどうかには確信がありません。みんなが自分のほうを見ているかどうかすら、あなたにはわからないのです。ことによれば、みんながあなたに背を向けているということだってあるかもしれません。

あなたは当初は、今日ここで声を出して話そうと思っていました。あなたは毎日声を出して話す練習をしています。そして、そうすると、人々が褒めてくれるのです。ですがあなたは、自分の話が誰にでも理解できるわけではないことを知るようになっていました。そして今は、たとえこれまで練習してきた音のパターンを発声するのであったとしても、自分の唇や舌や喉や肺に信頼をおくことはできません。

ローソン嬢の指が、再びあなたの手のひらに触れています。「でも、それは確かですか、ヘレン？　サリヴァン嬢がそう言うようにとあなたに言ったのではないということは確かですか？」

「確かです」。先生をここから除外し続けることを、あなたは断固として心に決めています。「誰も、こう言いなさいと私に言ったりはしていません」

彼女は言います。「あなたが『霜の王様』を書いたとき、それが自分自身のつくった話だということに、あなた自身のオリジナルのアイデアだと思ったということに、絶対的な確信がありますか？」

彼女は言います。「サリヴァン嬢がその物語を書くように言ったのですか？　サリヴァン嬢がその物語をあなたに語り、それを書きとめるように言ったのですか？」

彼女は言います。「あなたはそれを憶えているのですか、それともサリヴァン嬢があなたに言うようにと告げたことをただ言っているだけなのですか？」

「その質問は前にも聞かれたし、それにはもう答えましたよ」と、私としては言いたいです。「あなたはただ、証人をいたずらに苦しめているだけですよ」と、この連中に言ってやりたいです。今の私はわざと話を長引かせているのでしょう。あなたに気を取り直してもらうために、少し時間を差し上げたいと思っているからです。なぜなら、ヘレン、あなたのことはわかりませんが、私にとってはこうしたことのすべてがいくらかあまりにも性急で、あまりにも腹立たしいことだからです。もう、かろうじてしかタイプを打ち続けられません。両手が冷たくなっています。実を言えば、震えています。あなたについてはね、ヘレン、あなた自身がどう感じていたのかは私にはわかりませんけれど、ただあなたは、自分が嘘をついていないことを証明しようとして、そして先生をそこから除外しようとして、あまりにも懸命すぎますよ。そのせいで、質問が卑劣な方向に展開していっていることに、実際のところあなたは気づいていなかったようです。あなたが先生を非難から守ろうと一生懸命になればなるほど、彼女はいっそうその非難の中心におかれるのです。そして実際にそうなると、あなたはどうなるのでしょう？

あなた自身のことは重要ではなくなってしまうでしょう。そしてそれが私には怖いのです。仮に私が百年以上ものちの後知恵から状況を見るという有利な立場にあって、しかもあなたよりもずっと冷笑的な性格をもっているとしても、そうであったとしても、ヘレン、そうであったとしてもですよ……。

　というわけで、少し時間をください。すぐにあなたのもとに戻ってきます。

午後に

　話題を戻しましょう。盗作のことです。十一歳の子どもにとって、盗作とはどんな意味をもつのでしょう？　それは写すことを意味しています。写すのは悪いことです。別の子のテストの答案用紙を写すのは（あなたに、ヘレン、それができたということではありませんけれどね）、もちろん悪いことです。でもときには、写しても差し支えないこともあります。

　七歳のとき、私は『黒馬物語（ブラック・ビューティー）』とよく似た物語を書きました。当然のことながら、違いはたくさんありました。私のヴァージョンは、七歳の子の語彙で書かれていましたし、クレヨンで描いた絵がたくさん入っていました。でも、着想はまったく同じでした。誰も私を盗作だと責めたりしませんでした。それどころかまったく逆でした。みんなは私を褒めそやしました。誰もがそれを素晴らしい、本当に創造力に富んだものだと思ってくれていました。実際には、私はオリジナルなものなど何ひとつ生み出していなかったのにもかかわらずです。そして、私にもそのことがわかっているはずだと期待されていることだと思っていました。

真似るということは、褒め言葉やその他もろもろの尊敬の念の最も真摯な現れです。ですがまた、子どもたちは写しとることで学びます。写すことは、ある種の教育学的な文脈では奨励されます。私は今、オフィスにいて、棚から七、八冊の大学用の英語の教科書をひっぱり出せますが、こうした本には学生たちが真似できるような論文のサンプルが含まれています。あなたがあまりお忙しくないようなら、ご自分で読めるように、スキャンしてコンピュータに取り込んであげることもできますよ。もちろん、こうした教科書の著者たちは、学生たちはこのサンプルの形式を真似するのであって、内容を写すのではないと理解しているものと想定しています。

実際、あなたもそういうふうに教育されましたね。もし写すのではないとしても、少なくとも比較するようにと教えられてきました。先生はあなたに、まず書くべき主題を与えます。それから、あなたの書いた作文と本や雑誌にある文章とを比べて、こう言います。「本のなかでは、何もかもがそれぞれの色をもっています。あなたはその犬が何色か言う必要がありますよ、ヘレン。茶色の犬だと言う必要があるのです」。それから先生はあなたの作文からひとつの文を読んで聞かせ、次にその本からも一文を読みます。あなたはそれぞれの文を比較して、言葉を吟味します。すると彼女が言います。「チョコレートのような茶色の犬と言うこともできますよ。それは、その犬が感じのいい、気立ての優しい犬であることを示唆するでしょう」

最初の頃は、こうした追加の言葉をいつ、どこで入れるべきかを、先生はあなたに言わなければなりませんでした。でものちには、あなたはそのための本当のコツを開発しました。アナグノス氏が古代ギリシア・ローマのものなら何でも大好きだと知ったとき、あなたは一連の作文を書きましたね。パルテノン神殿の大理石の列柱がどのように「輝かしい白色（ブリリアント・ホワイト）」であるかも記しています。あなたは、「輝かしい（ブリリアント）」

という単語にはまた、「たいへんな才気にあふれた」「たいへんに聡明な」という意味があることも習いました。あなたの友人のベル博士のような発明家は「才気にあふれている（ブリリアント）」と言われます。あなたは、パルテノン神殿がそんなふうに知性と関係づけられるのは何ともぴったりなことだと思います。あなたは、ローマは「蜂蜜のような金色の太陽の光を浴びて温まっている」とも書きましたね。太陽の光は、ときに温かいお風呂のように感じられることをあなたは知っています。ただ乾燥しているだけです。そして通常はいくらか黄色ないし金色の色合いであることも知っています。あなたは太陽の光に味があれば、蜂蜜のような味がするだろうというその思いつきが気に入っています。

誰もがこうした作文を褒めそやしました。アナグノス氏は、あなたの言葉が詩のようだと言いました。ですが、あなたがどこでそうした言語を得たと彼らは思っていたのでしょう？　あなた自身は、そうした場所に行ったことはありませんでした。そのすべてをあなたはどのように知ったのでしょう？　こうした言葉をそうした物事にあてはめて表現することをどのように知ったのでしょう？　あなたが読んだ本や、人々があなたに語ったことからではないですか。ほかに何があると言うのでしょう？

ですが、『霜の王様』は、そんなふうではありませんでした。そんなふうに技巧をこらして、連想を進めていく思考プロセスはまったくとられませんでした。あなたは、自分自身に「ここに色彩を加えなさい。そこに音を入れなさい」と命じる必要はありませんでした。ただ一切が自ずと起こったのです。あなたはある種の創造的な恍惚（トランス）状態に入り、そこから出てきたときには、その物語はすっかりできあがっていました。あなたは、そのことをみんなに説明したいと思っていました。それほどまでに流暢な言語を得ていたからこそ、頭のなかから物語の一部始終がただ自ずと流れ出し、腕を伝わってページに記されていったのであり、それは書くことの究極の到達点なのだとあなたは思っていました。

ですが、ローソン嬢は言うのです。「何かが起こったことを、あなたはどのように知りえるのですか？　そしてそれを憶えていないということがどうしてありえるのですか？　サリヴァン嬢が起こったことをあなたに話さない限りは、ありえないでしょう」

これは正しくないですよ、ヘレン。ただもう正しくないのです。この人たちは、もはやあなたに盗作について訊ねているのではありません。あなたの心がどのように働くかについて、あなたに説明するように求めているのです。そして私には、これが十一歳の子どもが知っていると期待されるべきことだとは思えません。ですが、あなたは十一歳の子どもだったから、自分ではそのことに気づいていません。あなたは、みんながいまだにあなたが嘘をついたということを非難し、嘘をついたことで先生を告発しているのだと思っています。つまり、あなたがたは食い違った議論をしているのであって、どこにもたどりつけないのです。

ですが、この人たちのほうは大人で、もっと分別がなければなりません。私は、この教師たちが肩を並べてそこに座り、そんな質問をもち出しているところを想像しようとしてみます。彼のこと、あなたの特別なお友達であるアナグノス氏のことを想像しようとしてみます。彼は長い審判席の中央に座っています。パーキンス盲学校の校長であり、責任者である人物です。実際のところ、そこにいる唯一の男性です。威厳のある容貌の男性です。頭はほとんど禿げていますが、豊かな顎ひげは丁寧に手入れされ、顎の周りに四角く刈り込まれています。礼儀にかなった地味なスーツは、古風に仕立て屋であつらえたものです。シャツはシミひとつなく清潔です。両手もまたシミひとつありません。その物腰は貴族的であると同時に思いやりがあります。

今日ここで起こっていることを、彼が好ましく思っているはずはありません。「正しいことではない」

と秘かに思っています。彼は教養もあり、思いやりもある人物です。そうでなければ、この学校でこうした地位を引き受けることにはならなかったでしょう。なかには、当時の彼はここに来ることによって、故国ギリシアが大きな混乱に陥った時代に、その故国を離れることができたのだと指摘する者もいるかもしれません。でも、それでもなお、彼はやはり思いやりのある、慈悲深い人物です。

彼はため息をつきます。長いテーブルの両側に並んで座っている八人の教師たちから伝わってくる緊張感を感じています。そのうちの誰がこの問題で中立的な意見をもっているか、誰があなたを擁護する側にいて、誰が反対する側にいるかも知っています。彼女たちの誰かが本当の意味であなたに反対しているわけではありません。結局のところ、あなたはまだただの子どもなのですから。敵意は、すべてあなたの先生に向けられているのです。全員が、この学校の生徒だったときの彼女のことを憶えています。どんな生徒だったかを知っているし、彼女のわがままと野心を知っています。なかには、彼女のそのお高くとまった鼻がへし折られるのを見たいと思っている者もいるでしょう。ねたみを抱いている者もいます。そして、アナグノス氏には、それを認めるのにやぶさかではない充分な理由があったでしょう。サリヴァン嬢はやっかいな人物で、癇癪もちでしたし、彼は常にそのように彼女のことを見ていました。彼女は機敏で、頭の回転が速く、短気で、強情で、ときに無礼でした。一度など、怒り狂った数学教師が彼女に訊ねたことがあります。「いったいあなたの脳みそは、一度でも起きていることがあるのですか、サリヴァンさん?」　彼女は答えました。「ええ、あなたの教室から出たあとには」

アナグノス氏は、自分の両の口角が上がるのに気づきました。それを隠そうと口元に手を上げ、咳払いをします。そのような不服従の行ないに、彼は常に対処しなくてはなりませんでした。一度ならず、除籍や、そのほかの何らかの懲戒のかたちで彼女を脅さなくてはなりませんでした。ですが、それにもかかわらず、彼はいつも彼女のことを好ましく思っていました。彼女の熱情が彼自身の道の妨げになるときですら、彼は彼女のその精神を称讃していました。十四歳の年に彼女が初めてパーキンス盲学校に来たときのことは決して忘れられません。盲目で、孤児で、ひどく貧しかった彼女は、この学校の後援者によってテュークスベリーの救貧院から救い出されたのでした。そのため、彼は寛大な保護者的な態度をとるようになりました。タスカンビアに行ってあなたの先生になるように彼女を選んだときには、ほかの人たちは反対しました。彼女自身の受けた教育は、その資格を与えるにはあまりに不十分だと文句を言う者もいました。なかには、彼女が特別な配慮を受けたのは、ただ彼女が特別に可愛らしかったからだと断言する者すらいました。嫉妬心が人々にそうしたことを言わせるものだということを、アナグノス氏は知っています。彼が彼女を選んだのは、先生になることで彼女が落ち着き、人生の目的を得るだろうと望んでいたためでした。そして、その通りになりました。でも彼女は、偏執狂的な情熱をもつかたちで落ち着きました。問題がヘレン、あなたのことになると、彼女はひどく怒りっぽく、猛烈に過保護になりました。自分の教育手法に対するどんな些細な疑問視にも、彼女は我慢ができません。彼女はとても若く、とても激しやすいのです。そして彼女には誇張する傾向、真実を拡大解釈する傾向がありますす。彼女がタスカンビアからあなたについて書いたあの最初の書簡類は、まったく信じがたいもののように見えます。ここパーキンス盲学校で開発された教育手法を使っていましたが、彼女があなたとともに達成したと主張していた成功率は誰もが本当のこととは信じられませんでした。「節度をもちなさい、サリヴァンさん」と、アナグノス氏は一度ならず書いています。「あなたの主張を慎みなさい。期待は控えめにしなさい。その子の進捗具合は横ばいになるかもしれませんよ」。ですが、彼自身もあなたにひとたび会うと、彼女の熱情に巻き込まれるのがいかに容易かがわかったのでした。

成功が彼女をうぬぼれさせてしまったのだと、アナグノス氏は言わずにはいられません。あなたを教育することで功績を認めてもらうのは実に簡単だということが、彼女にはわかっています。でも、そこには何かほかのこともありました。扉にちらりと目をやった彼は、彼女がその向こうのホールで行ったり来たり歩き回りながら、暖をとるために自らを抱きしめ、両手に息を吹きかけている姿を思い描きます。彼女の顔がこの四年間で劇的に変わってしまったことを、彼は認めています。彼女の目は深い眼窩のなかに落ちくぼんでしまったように見えます。これは彼女がかつて罹患したトラコーマと、その治療のための数回の手術が残した影響かもしれません。ですがその目が、やつれ果てていると同時に忘我の状態に陥っているような印象を彼女に与え、宗教画（イコン）に描かれた殉教者の聖人のように見せているのです。彼女は、あなたのこととなると疲れを知りません。そして容赦もありません。彼女があなたにあまりにも根を詰めて勉強させすぎていることに対して、アナグノス氏は一度ならず注意しなければなりませんでした。「子どもには気晴らしも必要ですよ。ときには遠足に出かけ、休みの日もとらねば」と、彼女に思い出させようとしたのです。

彼はため息をつきます。ここにいる出席者のなかには、そんなあなたの先生に対してすっかり忍耐を失ってしまい、彼女について最悪のことを信じるつもりでいる者もいます。アナグノス氏は椅子のなかで座り直します。この状況に気詰まりを感じています。心地の悪い寒さが感じられます。寒さが節々に響きます。年齢を重ねるにつれ、このボストンの冬はますます長くなるように思えます。祖国の暖かさと日光に最も思い焦がれるのはこんなときです。彼はあなたに、堅い椅子の上に座っているあなたに目をやります。彼はあなたが好きです。あなたを称讃してさえいます。むろん大人の男が小さな少女を称讃していると言える範囲でのことですが。あなたは、今は完璧な静けさを保って座っています。あなたがきわめて正しい姿勢を保っていることに、彼は目をとめます。あなたの衣服にもです。パリッとした襟とカフス、そして切り替え部分（ヨーク）の周りに襞飾りのついたネイヴィーブルーの服はとても似合っているし、この場にまったく適しています。

彼は目の不自由な人々が好きです。もう長い年月を、目の見えない子どもたちや、とりわけ少女たちとともに過ごし、その周囲で仕事をしてきました。彼女たちには、ある特性があります。少女たちが三、四人の小さなグループをつくって一列に並び、壁に手をついて壁伝いに廊下を歩いていく姿を眺めるのが彼は好きです。とても優美で上品で、小さな踊り子のように見えます。彼女たちにはどこか霊妙な、別の世界の存在であるかのような何かがあります。とても可愛らしくもありますが、それはおそらく彼女たちがとても正直で気取りがないからでしょう。彼女たちにお世辞を言うのも彼の楽しみです。廊下で二、三人の少女たちの一団に会うと、こう言います。「今日もまた可愛らしく見えるじゃありませんか！」。すると少女たちは膝を折ってお辞儀をして、両手で口を覆ってクスクス笑い、自分たちが彼を喜ばせたことを嬉しく思うのです。ですが彼女たちには、うぬぼれも虚栄心もまったくありません。

彼はあなたを見ます。あなたは、そうした子たちとは違います。あなたは人の注意を惹きつけます。そこには何か根本的な力があります。あなたがエネルギーを放射し、その磁気作用で人目を惹きつけているかのようです。子どもたちでいっぱいの部屋のなかに入ってきた部外者は、その瞬間にあなたを指して、訊ねるのです。「あの少女は誰ですか？」

「この子が名高いヘレン・ケラー嬢ですよ」と、アナグノス氏は常に言います。するとあなたは教えられた通りに手を差し出して、膝を折ってお辞儀をします。あなたは微笑を浮かべ、顔を上げて可愛らしい歯を見せます。頭をかしげると、髪が両肩へとかかり、巻き毛が柔らかな小さな山をつくります。あなたは人に喜びを与える子どもです。とても陽気で、とても魅力的です。あなたは指文字でアルファベットをつづる実演をします。どのように唇を読むことができるかの実演もします。アナグノス氏は、そうした実演の多くの機会に、あなたに彼自身の唇や喉に触れさせてきました。彼の頬のひげがどんなふうにくすぐったい感じがするかを、あなたは常に彼に話してきました。彼は今、あなたの力強く熱心な手が自分の顔をはうのを感じています。片手を上げて自分のひげをなでる彼は、まるであなたの指が今そこにあることを期待しているかのようです。

彼は、あなたを目にした人々がどんな様子を示すかをずっと見守ってきました。あなたがこうした実演をするのを見た驚きによって、大人の男たちの表情が一変するのも見てきました。そうして、あなたをあてにすることを学んだのです。最も無関心な後援者であっても、あなたの存在には心を和らげ、そして寄付金の額がたちまちのうちに二倍、さらに三倍にすら上がるのです。あなたが事業に望ましい存在であることは否定しようがありません。パーキンス盲学校は、あなたが在籍していることで利益を得てきましたし、それはただ財政面だけのことではありません。今では、世界中のこの種の施設のなかでも最も素晴らしい、また教育学的に最も進歩的な学校だという評判を得ており、パリの盲学校すらも凌ぐものになっているのです。あなたが、ヘレン、この評判に大いに関わっていたのです。アナグノス氏はあなたの奇跡的な物語を数え切れないほど何度も語っていました。なぜなら人々は、あなたについての話に飽きることがないからです。実際のところ、それが彼が『霜の王様』を発表した理由です。忙しくて、いくらか時間が足りなかった彼は、通常していたようにあなたの最新の成果を一覧にして書き出す時間をかけるよりもむしろ、あなたの書いた物語をただそのまま転載することに決めたのです。そうすれば校長評議会やほかの読者たちは、あなたの成長ぶりの具体的な例を目にすることになるからです。

今の彼は、そのことをどれほど後悔しているでしょう。

彼は今、部屋の向こう側にいるあなたを見ています。人々はあなたに惹きつけられます。光があなたに引き寄せられます。これは、あなたが例外的に可愛らしい子どもだということではありません。今日の基準では、いくらかずんぐりした子だと思われるでしょう。でも、あなたの生きた時代の基準では、あなたは見るからに剛健で、健康的だと思われていました。あなたの年齢にしては大柄です。豊かな髪が顔と両肩を取り巻いています。色白の肌は素晴らしく美しく、艶があります。淡い青色の目は大きく開かれています。ほとんどの目の不自由な子どもたちと同様に、あなたも常に両目を大きく開けておくようにと教えられてきたからです。左目がわずかに突き出ています。あなたが盲目であることの、これが唯一の目に見える徴候ですが、それはほとんど人目を引きません。今、あなたの目は、あなたの机と彼のテーブルの間の床のある一点に焦点が結ばれているようです。むろん本当に焦点が合っているというわけではありませんけれど。あなたは、実際にはそこの何かを見ているわけではありません。それはまるで何かを思い出そう、ほとんど忘れてしまったイメージを呼び起こそうとしているかのようです。同時にあなたは油断なく、何かを待っているようにも見えます。どこからか物音を聞いたあと、その音がもう一度聞こえるのを待っているかのようです。彼は二回まばたきをしましたが、再び見直してもその印象はあいかわらず強いままです。彼には、あなたがまるで考えごとをしているかのように見えるのです。

まるで考えごとをしているかのように、ですって、ヘレン。かのように、ですよ。

空想を振り払うために、彼は頭を振ります。彼自身が考えごとをしているのと同じ意味で、あなたが考えごとをしているということはよもやないでしょう。でも、彼にはその確信がありません。彼はあなたのことをどう考えるべきか決めかねています。あなたは、彼の想像力を試しているのですよ、ヘレン。彼の理性は、この考えに反抗します。あなた以前には、誰もこうした問題に対処する必要はありませんでした。あなたは彼がこれまで会ったなかで、わずか二人目の盲ろう者でした。最初は、ローラ・ブリッジマンといい、指文字のアルファベットを使ったコミュニケーションを学んだ最初の盲ろう者でした。彼女は、パーキンス盲学校の創設者である故サミュエル・グリッドリー・ハウの保護を受けていました。ハウは、アナグノス氏の高名な義父です。でも、ローラにとってのコミュニケーションは、もっと控えめなものを意味していました。彼女が学んだのは、基本的な必要性や好みを伝えることでした。「お茶にお砂糖を入れてもよろしいですか?」といったことが、彼女が言うことのできた類いのことでした。彼女は、この頃にはもう亡くなっています。三年前、ここパーキンス盲学校で、幼児期から暮らしていた人目につかない自室で亡くなりました。彼女は毎日を針仕事で過ごしていました。盲目の女性たちは、針の扱いについてしばしばとても器用です。かつて人々は、彼女の編むレース一枚に高値を払ったものでした。彼女は毎日、聖書の一節か二節を読んでいました。五時にオートミールのお粥か薄いスープを一皿食べました。それが彼女の人生でした。そして、それに満足していたようです、物事に満足した、慎み深い、かなり信心深い女性だったのです。アナグノス氏は、週に一、二回、彼女を訪ねるのを楽しみにしていました。彼女は心休まる存在でした。

あなたのようではありませんね、ヘレン。あなたは人の心を揺り動かします。彼はタイプをするあなたのそばに立ってよく様子を見ていましたが、紙面に次々に打ち出されていく言葉が、あなたの頭の内側で形づくられていく思考と結びついているという印象を受け、そのことに一度ならずも感動したものでした。ですが、それは本当のところは棒暗記や記憶の再生の問題だということを彼は知っているのです。あなたは桁外れの記憶力をもっているし、それを思い出す能力も驚異的なものです。ですがそこには、何かとても器用な奇術師のパフォーマンスを見ているようなところがあります。彼には自分の目を信じることができません。自分の目を信じてはならないことを知っているのです。でもそれにもかかわらず、なおも……。それから別のときには、彼は抽象的なテーマ、古典的な哲学や神学についてあなたと長い会話をしてきました。これを「会話」と呼ぶのは難しいです。彼は手話のアルファベットが特に上手というわけではありませんから。ですが、彼が根気良さを発揮できたときには、あなたが質問を投じ、質問に答え、また意見を磨き上げ、議論を組み立てていくのを目のあたりにして、その能力に感動したものです。自分が実際のところ、成人男性と同じほど説得力があり、また柔軟な思考力をもった人物と語り合っているように感じられたからです。

彼はこう思っています。「おそらく、今回の苦難が彼女を鍛錬することになるだろう」。それは先生のことを言っているのですが、それはまたたぶん、あなたのことをも意味しているのです。

それから、彼はまたこう思います。「これは間違っている。子どもをこんな質問にさらすなんて間違っている」

ですが、彼が何を思っているかは重要ではありません。なぜなら、彼があなたの書いた物語を発表し、それが今、公の問題になっているからです。校長評議会も、後援者たちも、一般の大衆も誰もが、彼がこれをどう解決するかを見守っているでしょう。人々はこう問いかけています。この校長が本当にひどく騙されやすいから、あなたのようにまったく目も見えず耳も聞こえない子どもがこれほど風変わりな、これほど詩情や色彩感豊かな物語を生み出せたと信じ込んでしまったのだろうか、と。人々が、彼について最悪の事態を考えるのは容易なことです。彼は自らをアメリカ人と考えるのに充分なほど、長くここに住んできました。彼が接しているのは、最高の地位の人々、最高の名家、彼自身と同じように教養が高く思いやりのある人々、彼の教養に価値を見いだし、彼がホメロスを原語で暗誦できるという事実を評価する人々だけです。ですが、彼はそうした人々の一員ではありません。彼がそうした人々の世界に受け入れられているのは、条件つきなことにすぎません。装いや作法、あるいは会話において、たとえごくわずかであっても正しいところから逸脱すれば、そうした人々の彼への評価はすぐに地に落ちてしまうことを彼は知っています。あるいはむしろ、それは彼らが実は常に思ってはいるけれど、一度も声に出して言ったことのないことを確認するだけなのでしょう。そうした人々の世界で充分長く暮らしてきたので、彼らの心の背後に抱かれている言葉を彼は感じとることができました。

ある雪の晩のことでした。通りを歩いていた彼に、居酒屋から出てきた男がぶつかってきたことがありました。その男は明らかに何らかの肉体労働者で、明らかに酔っ払っていました。男は転ぶのを避けようと、アナグノス氏の両肩にしがみつきました。男の両手が、自分の地味なオーバーコートの繊細な布地ときわだった対照を見せていたことを、アナグノス氏は今でもまだ憶えています。その両手は労働のせいでひどく荒れており、指関節は大きくふくらみ、爪はギザギザになって変色していました。皮膚はひび割れ、赤くなり、ゴワゴワとしたオレンジ色の毛がまばらに生えていました。男の服はつぎをあてられて、すり切れていました。飲酒のせいで赤くなった顔の皮膚には、オレンジ色がかった茶色のそばかすが広がっていました。鼻の骨が一度ならず折られたようで、不格好にゆがんだ腫れ物のような鼻が顔の真ん中に見えました。男は、ぐらつきながらアナグノス氏に目をやりました。帽子から、よく手入れされた顎ひげへ、そしてマフラーの上に見えるシミひとつない清潔な襟へと、男の視線はあてもなくさまよいました。男の唇がねじれ、ゆがんだ笑みを浮かべました。まるで自らを笑いの種にして気さくな冗談でも言い、それからアナグノス氏の肩を軽く叩きながら友人同士として別れようとしているかのようでした。ですが、そこで男の視力が明瞭になったようでした。彼はアナグノス氏の瞳を睨みつけました。男の両目は水のような薄い青色で、淡い色の睫毛が生えていました。それから、目蓋をぎゅっと締めつけて、両目を氷色の鋭い切れ込みのようにすると、男はこう言いました。「汚らしい、イタ公（ワップ）め」。そしてひどく強い力でアナグノス氏を振り払った彼は、縁石につまずき、勢いよく流れる排水路に落ちたのです。

今、アナグノス氏は手を上げます。まるで何かをシッと追い払うかのように、空気を払います。彼は言います。「進めてください、ローソンさん。次の質問をしてください」

二月八日ないし九日

ヘレンへ

遅い時間です。何時かはわかりません。知りたくありません。ひとつの質問が私を目覚めさせたのです。そして今やあなたに――こんな言い方をするのを許してくださいね――私の言葉を聞いてもらえるという感じがしていますから、ここでその質問をしたいのです。ですが、なかなか口にできません。とても静かです――まだ夜で、とても遅い時間なので、車の通る音も犬の吠える声もしません。わずかにコンピュータのうなる音がします。そして、タイプするとき、キーを打つ柔らかな音がします。でもタイプをやめると、何も聞こえません。あるいは、正確に言えば、限りなく無音に近いです。そして、暗いです。ほらね、ヘレン、私には何かしら見ることができるのです。漠然とですが、光や色や形がわかるし、断続的ですが動きを察することもできます。自分が見ているものを信用してはいけないし、それに頼ったり、あるいはそれを「見える」と言ってすらいけないことは知っています。あなたは、これよりもっと見ることができませんでした。あなたは自分の盲目を「白い暗闇」と描写していましたね。それはあなたが何がしかの光を感じていたことを意味しうるのでしょうが、たぶんそれはただの比喩的な表現だったのかもしれません。いずれにせよ、私は光と暗闇の間の違いを見分けることができますし、たった今、暗闇が気持ちを落ち着かせてくれるものだとわかりました。コンピュータ・スクリーンの明度を落として、光をまったく発しないようにしてみます。

ですが、こうした話はどれも要点からそれています。私は時間稼ぎをしているのです。脈拍を下げて、目まぐるしく動いている脳みそにブレーキをかけようとしています。意識を空っぽにしますが、私の頭のなかはそのことでいっぱいです。この質問が私を目覚めさせたのです。そして、その質問を振り払う手立ては、私には何もありません。

つまり、こういうことです。私が質問したいと思ったのは、こういうことなのですよ。あなた自身が、「でっちあげ」でしたか、ヘレン? 偽物でしたか? ここにこの質問をタイプしました。許してくださいね、ヘレン。これが裏切り行為であることは知っています。胃がきつく締めつけられ、気持ちが悪いです。肉が皮膚から引き剝がされていきます。でも、私には本当に知る必要があるのです。なぜなら、あなたもおりに触れて考えていたこと——いえ、おそらくは毎日、毎時のように考えていたことだろうと私は確信しているのですが、それこそが、この人たちの考えていることだからです。この人たち——五体満足で、視力と聴力をもつ大多数の人々のことです。現代の私たちのなかには「健常者(ノーマル)」と呼ぶことを好む人たちもいますが、そうした健常者たちは、確かにあなたの成果にお世辞を言い、あなたが達成したすべてのことを誉め称えるかもしれませんし、子どもたちに向けた立派な模範例としてあなたをもち上げるかもしれません。「なぜ、もっとちゃんとヘレン・ケラーのようにできないの?」とね。でもそうしたすべての言葉の裏側には、あるひとつの疑いがあるのです。たぶん、あなたは「でっちあげ」であり、「偽物」であり、「ペテン」だったのかもしれないという疑いです。ええ、先生があなたを飼い慣らしました。彼女はあなたを身ぎれいにし、あなたを従順な子にしました。握手の仕方や、カメラに向かって微笑むやり方を教えました。あなたが小さな手でジェスチャーをして、合図に合わせて言葉をつぶやくように教えました。ですが、あなたの言っている言葉として彼女が人々に伝えていることを、本当にあなたが言っていたかどうかなんて誰にもわかりません。確かに、指文字のアルファベットを実際に知っている人にあなたはときおり会っています。でも、それらは概して儀礼的な状況でした。先生があなたに役に立つフレーズのレパートリーを二ダースほど教えたということはありうることです。そして彼女には、その台詞を使うきっかけの合図をあなたに与えることもできました。

「三番よ」と、彼女はあなたの肩を軽く叩くでしょう。するとあなたは、「お会いできてとても嬉しいですわ」と、手話で言うのです。

あるいは、彼女が「二十二番」と合図します。すると、あなたは言います。「お母さまがご健勝でありますように」

あるいはもっと悪いことだって考えられます。ここに悪夢のイメージがあります。ええ、イメージです。なぜなら私の夢は視覚的な要素をもっているのです。この夢、この悪夢では、私にはひとつの身体が見えます。通常は、私が人間の身体を夢見るときには、その身体は長く伸び、ぼんやりとして、揺れるような輪郭線をもっており、まるで水中に見える体のように見えます。ですが、この身体はもっと厚みがあり、もっとしっかりして、傍若無人で重量もあります。頭は四角張っていて、首のない両肩の上に直接のっています。あるいは頭が下げられて、前方にだらりとたれているのかもしれません。私はほとんど奥行きの感覚をもっていないので、確かなところを話すことはできません。身体には小さすぎるドレスをまとっています。合っていない、と言わねばなりません。ある部分はきつすぎますし、ある部分はダブダブすぎます。どんなサイズのドレスでもこの身体に合うとは言いがたいです。十九世紀のスタイルの少女用の青いドレスです。こう説明するのは、切り替え(ヨーク)の周りに襞飾りがついているからです。少なくとも、私にはそう思えます。正確に知るためには、触れてみなければなりませんが、その身体に触れる方法はありません。袖に比べて腕が長すぎます。両腕がカフスの下までたれ下がり、それが両手ないし哺乳類の足らしきものへと変わりますが、これも説明するのは難しいです。むき出しの両腕はふくれており、手首のくびれもありません。

　これが私の目にしているものです。私が感じるのは、この身体は、実際には自分ではない何かのように見えるように仮装しているのだということです。この見せかけを行なうための、その身体をほとんど笑い物にしてジョークを飛ばすための、陰謀のようなものが感じられます。そして、その仮装は着ている者をグロテスクに、滑稽なものにしています。まるで猫が人間の赤ん坊の服を着ているようなのです。

　それから、その身体が動きます。異様に小さな、すべるような歩調で前へもぞもぞと動いていきます。片方の腕をもち上げ、手首をなよなよさせ、小指を上げています（ということは、それには指があります）。それから、全身が急に上下に揺れます。膝を折ってお辞儀をしています。これらの動作が優美なゆえに、その身体をいっそう不格好で見苦しく見せています。この身体はこうした動作を何度も何度も、毎回同じように繰り返します。そうするようにと訓練されてきたことを実行し、繰り返しているのです。毎回の繰り返しが同じであるということの何かが、私にその訓練が穏やかなものではなかったことを教えてくれます。その身体は、ジョークの一部として、大きなペテンの一部として、こうした動作をするように訓練されてきたのですが、誰もその見せかけには騙されません。

その身体は声をもっているのですよ、ヘレン。私は、その声を聞きました。こちらのほうは記憶であり、悪夢ではありません。私は台所に座って、ラジオを聞いています。母が何か料理をしていて、私はテーブルについて、クレヨンで色を塗っています。たぶん六歳で、まだ盲目ではありません。ラジオから流れた最初の声は、ジョン・F・ケネディ大統領のものです。彼は、誰かを称讃する言葉を話しています。彼の言う言葉がすべてわかるわけではありませんが、要点はわかります。大統領は、その人の知性と献身的な行為と困難に負けない忍耐力について話しています。その人のことを模範、手本、人々に励ましを与える人物だと呼んでいます。それから、もうひとつの声が聞こえてきますが、この声が私に衝撃を与えます。その悪夢を呼び起こす声なのです。太い聞き苦しい声です。喉や胸から響くのではなく、口の中にこもりすぎた声です。その声が言葉のような単位で成り立っているのはわかりますが、その言葉自体は理解できません。響きは英語のようですが、発音は間違っているし、ゆがめられているし、変えられてしまっています。「t」のかわりに「d」の音を、「r」のかわりに「w」の音を出していきます。私は理解しようと奮闘します。骨折りの結果、どうにかその言葉を理解します。「ダンク・ユウー、ミスダ・プウエジデン」は、「サンキュー・ミスター・プレジデント」と言っているのです。その声は異様です。誰かが水中で話しているかのようです。大人が枕に口をあてて赤ちゃん言葉を話しているかのようです。

私は衝撃を受け、心を痛め、憤慨すらしています。なぜならその声は、大統領が述べた称讃の言葉や、今やラジオから鳴り響いている拍手喝采に値するとは思えないからです。大統領すらも含めて彼ら全員が恥ずべきインチキに加わり、自らの身を守ることのできない、あるいは何が起こっているのかを知ることもできない誰かを、あるいは何かを、笑いものにするような悪い冗談を言っているのだと感じられるのです。自分が「裸の王様」に気づいている地上の唯一の良心のように思われるのです。

この物言いが残酷なのはわかっていますよ、ヘレン。人を傷つける恥知らずな攻撃のなかでも最も卑劣なものです。耳の不自由な友人たちがこれを聞いたら何と言うだろうかと考えると、たじろぎます。これは裏切り行為以上です。残忍で、不当です。でも、私はこれを言う必要性を、告白する必要性を感じているのです。途切れ途切れにしかタイプできません。そして、おそらくは読み返すことなく、すべてを削除するかもしれません。でも問題は、ヘレン、あなたも私もどちらもが知っているように、これが健常者の考えていることだ、ということなのです。「いったいどうやってそんなことができるのです?」という質問の背後にはすべて、こういう考えがあります。「誰かがかわりにやっているのでしょう。ええ、型どおりのことをしているのでしょう。言われたようにすることはできるのでしょう。でも、その頭のなかには、盲目の目や聞こえない耳の背後には、知力などないのです」

あなたが私にしたことが、あなたが私にもたらした問題が、あなたにわかりますか? 私たちがさらに先へと進むためには、まずは私の最悪の懸念を消さなくてはなりません。私は「私たち」と言っていますが、もちろん私だけのことを意味しています。私だけのこと、そして私が操り、コントロールしているあなたについてのこの考えのことです。そして「さらに先へ」とも言っていますが、自分がどれほど先に行けるのか、ここでしている思索が私をどこに導きうるのかについては何の考えもありません。

それでいて、ここには私に知る必要のある何かが、確かだと思えるために必要な何かがあります。私は今、コンピュータの「保存」キーを押しました。私を救ってください、ヘレン。私にこれを乗り越えさせてください。

二月九日

私が訊ねたことは、忘れてください。

二月十日

ですが、訊ねてしまった以上は、私自身の考えを説明させてください。これは疑いなのですよ、ヘレン。あなたも疑いについては知っていますよね。どんなに良いことが起こったときでも、いつもあなたの心の奥に絶えずつきまとう、あのしつこい不安のことです。学校ではこう思います。「この論文にAをもらえたのは、おまけかしら？　健常者の生徒なら、これでAをもらえるかしら？」。職を得れば、こう考えます。「この人たちは本当に私に資格があると思っているのかしら？　それとも、これはただ「積極的格差是正措置（アファーマティヴ・アクション）」に基づく雇用定員の割り当て制のおかげなのかしら？」

これが、何かいいことが起こったときの私の考え方です。悪いことが起こった日々に私がどう過ごしているかはあなたにも想像がつくでしょう。たとえば、先日、私はある学生と彼の論文の評価について議論していました。そのとき、私の心のなかに、彼がこう思っているのではないかという考えが浮かびました。「この女の人は盲人だ。なのに彼女がぼくを、ぼくの作品をどうして判断できるのだろう?」。それから私は、彼が別の教授や学部の部長にこの不満を伝えたら、相手はこう言うのではないかと考えます。「うむ、これがどういうものだかはわかっているだろう、君も。ああした人々は、普通の人々よりは頑固でなければならないのだ。欠点を直そうとしてやりすぎるというものだよ。うっとうしいと思う気持ちはわかるが、君なら我慢できるだろう。高い地位の者に伴う道義上の義務（ノブレス・オブリージュ）というものだよ」

もちろんあなたも、こうした疑いについては知っていますね。あの盗作事件は、あなたの人生でその疑いが初めて定着したまさにその瞬間だったようです。なぜなら、あの教師たちも、健常者の子どもに対してはそんなことは絶対にしなかっただろうと、あなたもわかっていたに違いないからです。もし、あなたが健常な子どもであれば、彼女たちはこう言ったでしょう。「だったら誰かがあなたにその物語を読み聞かせ、そしてあなたは物語は憶えているけれど、読んで聞かせてくれた人のことは憶えていないのですね。結構。そうしたことがどんなふうに起こりうるかはわかりますよ。理にかなって聞こえますね」。でもそれがあなただったから、見ることや聞くことは、あなたの世界に対する経験とは何の関係もないことだったから、あの人たちはそういうことにしておくわけにはいかなかったのです。

そのとき以来、疑いはあなたのもとに、あなたの周りに、あなたの心のなかにずっととどまりました。誰ももうあなたを盗作の嫌疑で再び審判にかけることはありませんでしたが、その問題は依然としてやってきました。あなたの著書を批評する人たちは、あなたが視覚的ないし聴覚的な細部の描写を用いるときは常に意見を述べていました。あなたのしようとしていたことがただ、彼らの書き言葉の規則や慣例に従って書くことだけだったときでもそうでした。あなたはその頃までには大人になっていて、そうした意見をある意味で受け流すことができました。誰であっても、くだらない批評を受けるものですからね。でも、あなたも私もわかっていることは、あなたがほかの人たちよりもずっと多くを受け流さざるをえなかったということです。

ある意味で、これはあなたが自分で蒔いた種ですよ、ヘレン。なぜなら、『霜の王様』に先生が何らかの関わりがあることをあなた自身がかたくなに否定し続けたから、それで人々はあなたをいっそう疑うことになったのです。操り人形が、操る糸など存在しないと宣言すると、誰もが人形遣いを探し始めるものですもの。

ちゃんと向き合ってくださいよ、ヘレン。声に出しては言わないかもしれませんが、どこか心の奥深いところでは、人々は私たちを完全な人間ではないと思っているのです。「あなたが知っていることをどのように知り、記憶していることをどのように記憶したのですか?」という質問を繰り返し訊ねるたびに、あの人たちは、自分たちからあなたを強く押しのけていたのです。砂地に線を引き、こう言っていたのです。「あなたは同じ種に属していません。人間であるということは、見ること、そして聞くことを意味するのですから」。私たちは、その選ばれた感覚のひとつか、あるいは両方を欠いているので、人々は私たちの脳は刺激が足りておらず、発育不全で、欠陥だらけだと思っているのです。私たちの現実に対する感覚は当然のことながら弱められており、遠く隔たれたもので、判然としないものだと、彼らは言っているのです。それに加えて人々は、イマジネーションとは何よりもまず視覚的なものだと思っています。自分たちは実際に見たことの一度もないものでも想像できると信じているくせに、私たちにそれができるとは信じていないのです。

私は何かに気づきつつあるように思うのですが、ヘレン、でも授業に行かなければなりません。もう少し考えてから、またあなたのもとに戻らせてください。

二月十一日
ヘレンへ

この問題を苦労して突き進めてきました。そして、ようやくわかったように思います。ええ、私が話しているのは、『霜の王様』事件のことです。私があなたを信じる理由は、まさにここにあります。なぜなら、脳の働き方についてのあなたの説明が真実として私の心に響くからです。

なぜかを説明するために、ここで物語自体をもう一度思い出してくださいね。

「昔むかし」と、物語は始まります。「霜の王様（フロスト・キング）」と呼ばれる王様がいました。ほとんどの王様たちと同じように、霜の王様も宝石と貴金属の莫大な蓄えをもっていました。ですが、多くの王様とは違って、彼はその富を自分の国民たちと共有したいと望みました。公平な方法で富を分配することを望んだ王様は、北側の隣国のサンタクロースの意見を聞くことに決めました。そして妖精の大軍に宝石や金貨や銅貨の入った壺をもたせ、二つの王国を分ける森を通って運ばせせました。ですが、妖精たちは森のなかで気もそぞろになりました。彼らは木々の枝のなかに荷物をおくと、木の実やベリー類を探したり、森の生き物たちと遊び戯れたりしました。霜の王様の宿敵である太陽の王様（キング・サン）は、木々の間にきらめく宝を見て欲を出し、自分のものにしたいと思いました。ですが、彼の燃えさかる両手の熱が触れると、宝石や硬貨が溶けてしまい、それが液体となってしたたり落ち、木々の葉の上で固まりました。何が起こったかを知った霜の王様は、妖精たちの不注意な行ないにひどく怒りました。ですが、葉の上の美しい色を見て、気持ちを和らげました。彼はこれが、自らの富を国民と共有するための、より優れた方法だと悟ったのです。そのとき以来、毎年秋になると、霜の王様と太陽の王様は力を合わせました。二人で霜の王様のもつ宝物の一部を溶かし、そして妖精たちがすべての木々の葉に鮮やかな色を塗っていくのです。

　とまあ、これがその物語です。誰かが一八八八年の夏にあなたに物語を読み聞かせ、あなたの潜在意識はその全体を呑み込みましたが、一語一語を完全に消化したわけではありません。では、まるまる三年がたったのち、この物語があなたの記憶に戻ってきたのはなぜでしょう？　私が理解する限りでは、二つの理由がありました。物語のなかの二つの要素があなたの脳に最初にその物語を取り込ませ、それからのちにそれを解き放ったのです。

　最初の要素は色彩です。大半の盲人のように、あなたは色彩に興味をもっています。おそらくはあなたには、視力があった最初の十八ヵ月の間の色彩の記憶がいくらか残っていたのかもしれませんし、あるいは残っていなかったのかもしれません。ですが、あなたは色彩について考えるのを好んでいます。あなたは、ものが何色であるかを、そして違う色がどういう意味を内包しているかを常に訊ねます。たとえばドレスです。触れることで色を識別することはできませんが、ひとたび何色かを知ると、あなたは布に触れて感じることのできる何かと結びつけ、フィットの仕方や、袖がどんなふうになっているかといったことと色彩とを関連づけて考えます。衣装ダンスに行って、紺色のドレスと淡い青色のドレスを見分けられます。紺色のドレスはウールで、襟とカフスにノリがきいています。淡い青のドレスは綿モスリンで胴部の周りに亀甲形の飾り襞（スモッキング）がついています。紺色のほうは、水兵たちが着る色なので「ネイヴィー」と呼び、淡い青のほうは空の色なので「スカイブルー」と呼んでいます。

あなたは、色の名がつけられたものが好きですね。スカイブルー、グラスグリーン、ルビーレッド。あなたはこうした関連づけに夢中になります。あなたはまた、炎のような赤、太陽のような黄色といったように温度や質感や匂いに関わる言葉で色彩のことを考えます。グリーンは、夏に素足で歩くときに触れる芝生のように滑らかな涼しさを感じさせ、雨のあとの松の葉のような匂いがして、ツンとする刺激と胸の躍る感じがします。青は水のように、もっと冷たいです。ただし、あなたは実際には水には色がないことを知っています。水は透明です。そして周りの色彩を反映します。青い空を映します。でもそうであっても、やはりあなたは青と水と冷たさを結びつけます。唇は寒さで青くなると、先生が言います。青のどんな色相かは言いません。霜のような青味でしょうか？

花々も助けをくれます。バラは赤く、スミレは青いです。あなたはそんなふうにもっとたくさんの詩歌があるといいのにと望みます。この言葉がまったく正確であるというわけではありません。なぜ、スミレはすみれ色ではないのでしょうか？　すみれ色は、ヴェルヴェットのように柔らかで、もっといっそう柔らかくさえありえます。そして、もっと長い毛羽（けば）やはかないうぶ毛があって、綿毛のように柔らかいです。すみれ色は、スミレの花のような、あるいはあなたの舌に特別な香りを残す野性のぶどうのような匂いがします。それは青とはまったく違います。そして、バラは必ずしも赤ばかりではありません。ある日、あなたは、白いバラの花びらが赤いバラの花びらよりも薄く、それほどしっかりした感じがしないことに気づきました。あなたがみんなにこの事実を発表すると、誰もが興奮しました。「色彩を感じられるの、ヘレン？」。ですが、あなたは絹のスカーフや木材や紙では、そのように感じることはできませんでした。できたのはバラの花だけです。

先生は言いましたね。「人々を感心させるためだけに、トリックを使うのはやめなさい」。この言葉はあなたに良心の呵責を感じさせたことでしょう。先生もまたかつては盲目だったので、こうしたトリックはすべて知っています。彼女には、あなたがどうやってその区別をしたのかがわかっていましたが、ほかの人たちには話しませんでした。

色彩。これは目に見える世界のうちで、あなたが経験したいと思っているもののひとつです。前にお話ししたように、私は色を感じることができます。そして、こう言ってもらえるとすれば、それはそれだけの価値があります。ときおり私は、花や誰かの庭のプラスチックの玩具、あるいは駐車場の車の色に目をとめて、その場で立ち止まってしまいます。コンピュータの画面の色を変えることもできます。今日の画面は紫ですが、ターコイズやオレンジ、あるいは青に変えることもできます。何時間も座ってじっと画面を見続け、脳みそを空っぽにしておくこともできます。それはほとんど身体的、ほとんど感覚的なもので、打ち寄せる波に抱かれて漂っているような感じです。

波。あなたは、波を、光の波長を理解していますね。それが色を説明してくれます。光の異なる波長が色を生むのです。一八九二年に、あなたはそのことを知っていましたか？　ですが、あなたは音の波、ヴァイブレーションについては知っています。浴槽の水面を平手で打ち、波が身体をひたひたと打つのを感じ、音とは何かそのようなものだと理解しましたね。誰かが扉をバタンと閉めると、あなたはそれを震動として胸郭に感じます。手を窓ガラスに押しつけて、雷がバリバリと鳴るのを感じます。雷が空気の静かな表面を打ち、波を起こすと、それがさざ波となって外へと放射状に広がり、窓ガラスを叩くのです。波。波長。波の周波数。放射エネルギー。

というわけで、私が気づいた要素のひとつ――それは色彩です。それから、もうひとつの要素があります――ものの移り変わり、熱力学です。温度が変わるとき、物質には変化が起こります。なぜなら、それがすべての始まりだったからです。霜のことですよ。あなたは先生に、霜（フロスト）とは何かと訊ねました。彼女は、それについてたくさんのことを話してくれました。冬将軍（ジャック・フロスト）。霜の降りる朝。先生は、それは窓を覆うレースのように見えると言いました。ですが、窓に触れたあなたは、冷たさと、そして指でこすり落とすことのできる薄いザラザラした粒状の膜のようなものを感じただけでした。でも、その粒の膜はあなたの爪にどんな痕跡も残しませんでした。味もありませんでした。なめてみるのは、先生が見ていないときを見計らわなくてはいけませんでしたけれどね。でも、このレースという説明があなたを惹きつけました。あなたはレースが好きですね。とりわけ模様のパターンが認識できるもの、たとえば花の形や鳥などの模様が編まれているときには。あなたのお母さんは、小さな糸巻きを使うタティングレースの編み方をあなたに見せたことがありますが、あなたには自分で編む根気はありませんでした。お母さんは、最も繊細なレースを編む女性は往々にして失明すると言いました。それを聞いたあなたは、悲しい気持ちになるはずだと思いましたが、なぜだか悲しくはなりませんでした。

そのため、霜はレースのようだと先生が言ったとき、これを編むことで誰が失明したのだろうかとあなたは思いましたが、訊ねることはしませんでした。先生は、霜は露のようなものだけれど、空気が冷たいとその露が氷のように固体になるのだと言います。ただ、霜はもっと細かく、もっと繊細で、表面に型紙の模様のような穴があいています。

あなたは露を知っています。夏に家の裏の野原を歩き回ると、露があなたのドレスの裾をずぶ濡れにして重くします。先生はあなたに、色々な花の花びらの上で露が玉飾りをつくる様子も、そして日光がその上に降り注ぐと、その花々が液体のダイヤモンドに浸されたようにきらめく様子も語って聞かせてくれました。

溶けた宝石。その着想は、どこからきたのでしょう?

そして、あなたは凍るということについてもよく知っています。南部にあるアラバマの家の時代に戻っても、冬になると色々なものが凍りました。凍った地面が足の下で敷石と同じぐらい固くなったとき、どんな感じがするかをあなたは知っています。それにまた、芝生が枯れてゴワゴワになり、靴の底を刺し通す小さな針のように固くなることも知っています。

もっと北のここニューイングランド地方では、冬の様子が違うことも知っています。ひとつには、こちらでは雪が降ります。氷やみぞれ、雪溶けのぬかるみもあります。こうしたものをすべて、あなたは感じ、自分の手のなかに抱えてみて、さらにはなめてすらみて、立ちのぼる匂いを嗅いできました。また、外から戻ってきた人々の衣服の匂いも嗅ぎましたね。ですが、霜は? そこで、ある朝、先生があなたを起こして服を着させ、そして外の寒さのなかへとあなたをせきたてました。とても寒かったので、肺が痛みました。庭のその場所にあなたを屈ませた先生がこう言いました。「ここよ、霜に触れてみて」。彼女はあなたの手を導いて、低いイチイの木にのせました。そこであなたは、先のとがった枝の上にしがみついている何かを感じたのです。ごくごく繊細な粉状のものがまき散らされた手触りがあって、それがあなたの指先にくっつきましたが、すぐに消えてしまって、あとには水分のそこはかとない痕跡のみが残りました。「どこ?」と、あなたは訊ねました。「どこにいってしまったの?」

それが溶けてしまったことを、あなたの手の温もりがそれを液体の状態に戻してしまったことを先生が説明してくれました。あなたには理解できました。口を開いたまま舌で雪片をとらえたことがありましたし、固いみぞれの小さな粒が両頰を打ち、それが涙のように幾筋にもなって流れ落ちていくのを感じたこともありました。沸いたティーケトルの注ぎ口に手をかざし、蒸気が手のひらにあたって液体に戻るのを感じたこともありました。湯気は最初は温かく、ふわふわとしていますが、それから滑らかになり、やがてしたたり落ちる水分となります。あなたの手は蒸気よりは冷たいけれど、霜よりは温かいのです。

　あなたは、霜がもっと長持ちすればいいのにと思います。たとえもろくともレース状のウェハースのようであれば、その両端を指で支えて、もち上げられるのにと思います。再び試してみますが、その粉状の感触はまた、触れた瞬間にほぼたちまちのうちに消えてしまいます。あなたは頭上高くまで手を差し伸べたまま、肌がヒリヒリし始めるまでその姿勢を続けます。皮膚をもっと冷たくして、霜に少しでも長く触れていられるようにしたいのです。でも、その努力は、ただ自分の指をかじかませるだけです。再び枝に触ってみると、もう何も感じられなくなっていました。先生があなたを見て笑います。かじかんだあなたの手をもち上げて自分の顔にあて、笑っている彼女の小さな温かな息を感じさせます。それから、前の通りミトンをつけさせます。

　それはいつのことだったろうと、今のあなたは思いをめぐらせています。少し前のことだったのはわかっています。秋でしょうか？　霜が降りるのは秋で、冬ではありません。ですが、今年だったのでしょうか、あるいは昨年だったのでしょうか？　今朝のことだったとさえ感じられます。記憶。記憶はいたずらをすると、先生は言います。記憶は、いまだに油断のならない観念です。その感触は今もあなたとともにあって、あなたの指に、あなたの顔に残っています。身体がコートとマフラー、そして帽子に包まれた暖かさを感じています。ですが、もし今の自分に触れようとしてみても、あなたはノリのきいたドレスを着て、綺麗に磨かれた靴をはいているだけだと気づくでしょう。そして、寒い部屋のなかで堅い椅子に座って、あなたに対して疑いを抱いている人々に対して自分の意識を説明しようと試みているのです。

ですが、私にとっては、一切がまったく完璧に明白です。誰かがあなたにその物語を読んで聞かせ、あなたは自分が知っている言葉、好んでいた言葉を自分のなかに取り入れました。あなたは色についての言葉を知っており、色と温度を結びつけました。炎のような赤。太陽の黄色。それにまた、ルビーのような赤。金色に輝く黄色。そして、あなたは、「熱い」と「寒い」を示す言葉を知っていました。熱がものを溶かし、寒さがものを凍らせることを知っていました。霜は凍った露です。露は溶けたダイヤモンドのようです。あなたの温かい手が霜を溶かし、水銀のように素早く液体に変えます。その銀色のしずくは、葉のついた茎をすべり落ち、したたり落ちる銀や金になります。気温の変化という錬金術です。秋の紅葉は、夜は寒く、日中が暖かいときに生じます。秋の紅葉は、溶けたルビーや溶けた金のように見えます。霜の降りる夜のおかげで凍ってしまった炎の色のようです。あなたは妖精についての何がしか、王様たちについての何がしかを記憶にとどめていました。おそらくは誰かがあなたに読み聞かせたどの物語にも、そのどちらかか、あるいはその両方が登場していたようだからです。そしてサンタクロースについての何かも。寒い季節の贈り物です。あなたはこうした部分部分のすべてを記憶していて、その全部をひとつの物語に変えるための、誰かがあなたに読み聞かせたその物語を再構成できるための言語を獲得できるまで待っていたのでした。

ローソン嬢はこう言っています。「あなたは、誰かが一八八八年の夏にブリュースターのホプキンス夫人の家でその物語をあなたに読み聞かせたと言うのですね。でも、誰がそれを読んでくれたか、一日のうちのいつのことだったかは憶えていないし、その出来事についてはほかに何も憶えていないと言うのですね。それは起こったことではあるけれど、起こっていたときのことは憶えていないと、あなたはどうして知りえるのですか？」

ここで靴を脱いで、その靴を連中に投げつけてほしいと思いますよ、ヘレン。なんという質問でしょう！　あなたがそこで起こっていたことを憶えているはずなんてありません。だって、その夏は新しい感動と新しい言葉でひどい混乱状態にあり、あなたはもう立っているだけでも精一杯の状態だったのです。毎日、あなたは何百もの新しい言葉に攻め立てられていました。その全部を脳みその奥底のしわにいっぱいに詰め込んだあなたは、この一切をいつか将来どう使えるかがわかればいいのにと望んでいました。

そして、その夏に得たのは、ただ言葉だけではありませんでした。新しい人々、新しい動物、新しい場所がありました。海と出会ったのは、そのときが初めてでした。あなたは、その海のことを憶えています。先生とお母さんがいつもその話をしてくれたので、憶えているのです。その話によると、あなたは海をめがけて一目散に砂浜を駆け下りました。まるで海がどこにあるのかを正確に知っているかのようでした。それから海のなかへとバシャバシャと歩いていき、水がふくらはぎの周りに打ち寄せるのに喜んで歓声を上げました。水が渦巻いて逃げ去っていったので、その泡立つ水面を叩こうとして、あなたは前屈みになりました。それから、引き波にさらわれて流れ去る砂と小石をつかもうと手を伸ばしました。そして何かを追いかけるように前へと急ぐあなたは両腕を伸ばし、真っ直ぐに白波をめがけて進んでいきます。そこでそのまま波に襲われて押し倒されてしまいました。

ですが、あなたの記憶では、波に押し倒されたという感じではありませんでした。あなたが憶えているのは、すくい上げられたという感じです。足元で、水と砂と小石が執拗に、否応なしに、勢いよく流れていくのを感じ、自分自身が前へと引きずられていくのを感じました。それから水が、大きな犬が後ろ足で立つように起き上がるのを感じました。そしてその水があなたの上で渦巻き、あなたの周りを包み込み、自らの内側へとあなたを引きずり込むのを感じました。それはまるで手のように、翼のように、魚のひれのようにあなたを覆うのです。あなたが怖がるはずはありません。なぜなら、この感覚を常に知っていたようなものだったからです。でも、自分が変形するように感じました。もはや肉と骨ではなく、何かもっと柔らかく、もっと軽く、もっと液体やゼリーやクラゲのように波打つ、何かうららかなものに変わるのです。自分自身が何かちっぽけな玩具で、それが前後へと激しく揺すられ、何度も何度も転がされているような感じがしました。まるで階段を転がり落ちるような、丘を転がり落ちるような感覚です。ただ身体を打ちつける鋭い角のようなものがないだけで、それにいつか底に到達するという感じもありませんでした。

それから、誰かがやってきて、あなたをもち上げ、乾いた砂の上へと引きずり戻しました。大騒ぎになりました。お母さんは、ほとんどヒステリックになって、あなたの両手を自分の顔に押しつけていましたし、先生はあなたの背中を強く、強すぎるほど激しく叩いていました。そして水を全部吐き出したとき、あなたはみんなを笑わせました。空中に「水（ウォーター）」とつづったのです。みんなが笑ったのは、「水（ウォーター）」があなたの最初の言葉だったからです。ひとつには、例のポンプの物語はもうすでに誰もが語っていた物語でしたし、もうひとつには、ポンプから手に注ぐ制御された水の流れと、海という根本的な水の力とを、あなたが同じ水として見なせたことがおかしかったのです。あなたはこう言いましたね。「誰がお水にお塩を入れたの?」。そして、これがみんなをさらにいっそう笑わせました。そして、みんなが笑っていたから、あなたは再びみんなからほとんど逃げるようにして、その関心をくぐり抜けるようにして走り出し、まったく臆することなく再び白波のたつ海へと戻ったのです。

なぜなら、みんなにはわかっていませんでしたが、あなたは「水」のことなどまったく言っていなかったからです。あなたは、何かもっと大きく、もっと複雑な何かを、重さや形や実体のない無重力の感覚のことを言い表そうとしていたからです。形も実体もない何かによって支えられ、そして浮かばせられるということについて、あんなにも陽気な優しさをはらんだ何かがあなたをさらって押し流し、そして自らのなかにあなたを取り込み、あなたをそれ自身の一部に今一度しようとしたときのことを表現しようとしていたのです。今一度。それが、あなたが言いたかったことです。あなたは、以前にそこにいたことがあり、以前にもこれを感じたことがありました。それは既知のものでした。水。母親。誕生の地。

ヘレン、戻ってきてくださいな。冷静になってくださいな。あなたの感覚を取り戻し、その感覚を用いて、あなた自身をあなたの身体に戻してくださいよ。今この場で。その部屋は寒いです。椅子は堅いです。あなたの空いたほうの手は、机の上におかれています。艶出し粉の層を通して木目が感じられます。指の爪をそこまで深く噛んでいなかったなら、そのすべての表面に言葉を引っ掻いて刻むことができたでしょう。それが、爪を噛まないようにと先生が小言を言っていた理由に違いありません。なぜなら、何かしらの表面に苦悩のメッセージを刻み込むために爪を必要とするかもしれないことが、いつ何どき起こるかわからないからです。

「記憶とはそのようなものです」と、あなたは言うでしょう。もしあなたが十一歳でなければ、そして記憶がどのように働くかを知っていると仮定すれば、ですけれど。記憶は今でもミステリーです。脳は物事を吸収します。あとになって、それが脳の表面に浮かんできます。誰も、何がそれを引き起こすのかは本当には知りません――知覚に関する引き金でしょうか。今この場ではないどこかにいたいという単純な願望でしょうか。そしてそれが起こるとき、その記憶は直接経験したときの感覚そのものに感じられるのです。あなたがブリュースターの浜辺の打ち寄せる波のなかを転がっていた一瞬と、パーキンス盲学校の寒々とした部屋に座って質問に答えている次の一瞬がつながるのです。さて、それで、あの人たちの質問は何だったでしょう？　あなたは、自分の考えがどこからきたかをたどることができますか？　あなたは、言語以前の意識において、記憶がどのように働くものなのかを説明できますか？

もうこれは、大声を上げて笑い出すのに充分なことでしたよ、もしあなたが笑い方を忘れていなかったら、ということですが。

もし私だったならね、ヘレン、私はどんな熱意も見せることなく、こんな審理を続けることは拒否すると思いますよ。この人たちはあなたの人間性を疑っているし、それにこの連中にはそんな権利などないのです。さもなければ、私は嘘をつきます。こう言うでしょう。「結構ですわ。自白します。告発された通り有罪です。私がやりました。最近は、以前のようには注意を惹いていないなと感じたのです。そこで、本棚からその本を取り出して、物語を写し、私の名前を入れて提出したのです」

私が嘘をつくのは、嘘に対する処罰のほうがこれよりもっと悪くなることはありえないからです。でもあなたは嘘をつこうとはしません。一部には、あなた自身はまだ真実を言うように強要されていると感じていたし、またもう一部には、あなたにそのような嘘が言えるとはこの人たちが思っていないことがわかっていたからです。この人たちは、脳がどう働くかをあなたが理解しているとは思っていませんし、ましてや説明できるなどとは思ってもいません。この人たちは、あなたが台本を繰り返しているのだと思っています。念入りにつくられた、様々な面を網羅した台本ですけれど、どれもが似たりよったたりの台本です。この人たちは、誰が質問するかは関係なく、またどんな条件かも関係なく、あなたがその台本通りに答えることを確実にするために質問を繰り返しているのです。ここで審理されているのは、先生であって、あなたではありません。あなたは単に彼女の操り人形であり、もの真似の才能のあるサルであって、それ以上の何者でもないとこの人たちは思っています。それもしかたないと、あなたは思っています。もしこの人たちが先生の生み出したものをテストするためにここにいるならば、あなたは、先生があなたとともにした仕事がどれほど素晴らしいものかを正確にこの人たちに見せてあげるつもりです。

なぜなら、先生が不正な行為で有罪と判決されれば、あなたはどこに行くことになるのでしょう？　彼女なしで、あなたはどうなるのでしょう？　そして、それよりももっと悪いことがあります。あなたなしで、彼女はどうなるのでしょう？　あなたなら、申し分なくうまくやっていけるでしょう。あなたはパーキンス盲学校にとどまるか、あるいは別の学校に行くこともできました。あなたは、どうにか生き残れるでしょう。でも先生は？　彼女がこれ以後に別の教職を得ることがないのは確実です。ほかのことをする訓練は受けていないし、素質もありません。あなたは彼女を批判することを嫌っていますが、彼女に就けると思われる類いの仕事にとっては、彼女はいささか尊大すぎるし、いささか攻撃的すぎます。一八九二年のボストンは、その上さらにアイルランドの移民の子であり、不完全な教育しか受けていない態度の悪い人物にとっては、寛大な場所ではありません。

というわけで、あなたには、これをやり通すだけの理由がいくつもあります。さらにあなたは、ローソン嬢のエネルギーが衰え始めていることに気づきつつあります。彼女は最後の二つの文で三つのスペルミスをしました。礼儀正しいあなたは、そのことに触れませんでした。でも、あなたは気づいていました。全員が疲れてきています。この人たちは何度も何度も同じ質問を訊ね続け、そしてあなたも答え続けます。あなたは十一歳です。その多感な年齢にとっては、こうした審理が非道なものである一方、その若さはあなたに有利に働きます。あなたは呼吸をするたびに活力を新たに取り戻します。一日中でも、一晩中でも、明日もう一日中でも、これを根気良く続けることができます。そして、指文字はあなたの言語です。あなたは能弁です。あなたの手からローソン嬢のふくれた手のひらへと、言葉はよどみなく流れていきます。あなたの指は素早く正確です。あなたは、より速く文字をつづります。あなたの指と指関節は、速く力強いジャブで彼女の手を突きます。遅かれ早かれ、彼女は平静さを失い、両手を挙げて、こう言うでしょう。「これ以上はもうできません。彼女を見てください！　この子が降参することはないでしょう」

その考えがあなたを微笑ませます。あなたは顎をもち上げます。背骨を真っ直ぐに伸ばします。渇いた歯から、唇を引き剝がします。もし彼女たちが、あなたを人間以下の何か、先生が生み出した異常な生き物だと思っているなら、笑みを浮かべているあなたの顔に向けてそう言わせてやりましょうよ。

あなたは言います。「私は、ヘレン・ケラーです。完全に自覚のある存在であり、まったく欠けたところのない実体であり、先生とは別の自立した存在です」

あなたは言います。「それに、私は私だと思います」

あるいは、こう言います。「C-o-g-i-t-o-e-r-g-o-s-u-m（*Cogito ergo sum*／我思う、ゆえに我在り）」

この言葉を、あなたが文字通り正確に言ったと言っているわけではありません。ですが、それがどんな言葉であろうとも、あなたはこの人たちを満足させる言葉を見いだします。私はそれでよしとします。それから、終わりがきました。質問が止まります。抗弁も休止です。あなたは両手を机の上にのせて、審判が決定に達するのを待ちます。ちょっとの間、「ありがとうございます」と声に出して言おうかと考えます。「何のための、ありがとうなのでしょう?」と、私はそこを知りたいと思います。ともあれ、あなたは自分が正しく音を発せるか自信がもてませんでした。「サンキュー」のかわりに「ダンク・ユウー」と言えば、ばかげて聞こえることをあなたは知っています。それに、それはあなたが最もしたくないことです。だって、今やこれが、あなたが公的に発する最後の言葉になるかもしれなかったのですから。

その後

あともうひとつだけ、ヘレン、これであなたを解放します。

質問をし終わった教師たちは協議しています。何について話し合わなくてはいけないのかは、私にはわかりませんけれどね。それから、あなたを赦免する知らせをもって戻ってきます。無罪だと判決したのです。彼女たちは、すべての嫌疑からあなたを解放しました。

そのときのあなたは知りませんでしたが、のちに四人があなたを擁護するように投票し、四人があなたに反対していたことを聞かされます。その引き分けを、アナグノス氏が解決しました。その数は、今のあなたには重要ではありません。あなたは立っています。椅子を机の下に押し込みます。膝を折ってお辞儀をします。向きを変えて、扉に向かいます。

自分の周りに人々がどっと押し寄せてくるのが感じられます。アナグノス氏と、あなたに味方して投票した四人です。ほかの四人はためらっているか、あるいは部屋を出ていくのかもしれません。でも、それについてわかることは決してないでしょう。わかっているのは、自分がテストにパスしたということだけです。あなたという存在が、あなたの先生のつくったニセモノだとしても、少なくとも世界がこれまで知りえたなかでは最高にすごいニセモノだということに、この人たちは満足しています。あなたがたとえ部外者たちから尋問されても、このニセモノならもちこたえるだろうと安心しているのです。

みんながあなたを抱きしめます。あなたと握手します。あなたの頭や背中や腕を軽く叩きます。アナグノス氏の顎ひげがあなたの顔をくすぐりますが、しかし今はもうこれに喜びは感じません。みんながあなたの手に「おめでとう」とつづります。あなたは微笑みます。頭を左右に傾けると、見事な髪が顔の周りに落ちてきます。あなたは言います。「私はとても幸せです。皆さんが私を信じてくださってとても嬉しく思います」。こんなことを言うあなたに、私は恐怖すら感じますよ。でも、あなたがなぜそう言わなければならないかはわかっています。それは、生き残りをかけた問題です。あなたの問題でもあり、私の問題でもあります。みんなの身体が、あなたをすっかり取り囲んでいます。その人たちが発する温かさは弱々しく、希薄で、心からのものではありません。あなたは後ずさりしたくなります。ですが、あなたはお辞儀をし続け、美人コンテスト向けの微笑を浮かべ続け、こう言い続けます。「とても嬉しいです。本当に感謝しています」。みんなはあなたを祝福するのに、そして自分たち自身を祝福するのにあまりにも忙しすぎて、あなたの顔がグロテスクな、不自然なプラスチックの仮面のように凍りついていることには気づきません。そして、あなたはだんだんと後ずさっていき、この群衆の生ぬるい、うんざりするような手からそっと抜け出そうとします。周囲の空気は冷たくて、粘り気があります。そこを通り抜けて歩くのは難しいです。その空気があなたにまといつき、その場にあなたをとどめようとします。

夢のなかを歩いているような感じがします。生ぬるいぬかるみのなかを歩いているような感じです。ようやく、氷のように冷たい扉のノブをつかみます。重い扉をぐいっと引っ張って開け、そして先生としてあなたが知っているその匂い、その温かさ、その小さくも屈強な身体の内へと飛び込みます。

みんなが同時に話しています。先生の吐く息があなたの顔にかかります。彼女が話し、笑っているのがわかります。あなたの手に彼女がつづります。「あなたをとても誇りに思いますよ。あなたは、とても勇敢でした。もう心配はいりませんよ、ヘレン。今はもうすべてが終わったのです」

この言葉に、少しびっくりします。それで手を引っ込めます。先生が自分の言っていることを本当だと思っているはずはないと思います。あの人たちの質問は今のところ止まったけれど、それはただの一時的な中断か休戦であることは先生だって知っているに違いありません。でも先生は、本当にちゃんとそのことがわかっているのでしょうか?

一瞬、怒りが再燃します。あなたはこう言いたいです。「どういう意味ですか、すべてが終わったなんて? 私がようやく通り抜けてきたこの一切のあとになって、どうしてそんなふうに言えるのです?」。なぜなら、あなたが彼女を巻き込まないようにしてきたからです。彼女を巻き込もうとあの人たちがするたびに、あなたがうまく言い抜けて、攻撃をそらし、その攻撃が自分にくるように仕向けてきたのです。「すべてが終わったですって?」と、あなたは言いたいです。「そんなことがわからないのですか? あの部屋のなかであの人たちが私にしたことが、あなたにはわからないのですか?」。あなたは何かを言いたいと思います。これまでに起こったあらゆることにもかかわらず、あなたはいまだに真実を言うのは良いことだと思っているし、真実というものが存在するともいまだに信じているからです。そして、あなたはときに言葉というものは発せられる必要があるとも思っています。その言葉を受けとめてくれる人がその場に誰もいないときであってすらも。「終わったですって？　冗談を言わないでください、先生。これはまだ始まったばかりです」

ですが、あなたはためらいます。おそらく、とあなたは思いつきます。彼女は、あなたが何を通り抜けてきたかについて本当に知らないのでしょう。ひとたび人々があなたの人間性を疑い始めると、あなたと自分たちとの間に決して壊すことのできない壁をつくり上げるのだということが、おそらく彼女には理解できないのでしょう。そして、突然、あなたはその真実から彼女を守りたいと思います。あなたにとって、世界は取り返しのつかないほどにかたちを変えてしまいました。でも彼女にとってのこれは、あなたが克服できるようにと彼女が手伝った、単なるもうひとつのハードルにすぎません。彼女としてはそんなふうに考える必要があるのだと、あなたは思ったのです。そしてあなたは突然、彼女にその無邪気さを、その自信を保ってほしいと願うのです。

というわけで、ここが、私があなたを残していかなければならない場所です。あなたを支持する群衆があなたを取り囲んだ寒々とした廊下です。人だかりは大きくなっています。もっと多くの先生がたやほかの子どもたちが集まり、その誰もが同時にしゃべり、あなたに触れ、キスをし、あなたの空いた手に指文字をつづります。あなたのもう一方の手は、先生の手のなかにあります。私には、あなたがたの手の間の温もりが感じられます。あなたの指が言葉をつづる準備を整え、その言葉が指関節をふくらませ、骨をうずかせているのが感じられます。

これからどんなことが起こるのかを教えてください。私は、ここにいます。

ＧＫ

第二章　フルボディ・コンタクト

六月二十日

親愛なるヘレンへ

最後にお手紙を書いてから、しばらくたちました。はっきりと知る術はありませんが、こんなふうに続けることをあなたも喜んでくれるだろうと感じています。というわけで、私は再び戻ってきましたよ。そして、今は新しい話題を見つけています。前回は、あなたの心について話しましたね。今度は、あなたの身体について話しましょう。

今回のテーマは、性（セックス）の問題です。ヘレン・ケラー神話のもうひとつの特徴は、あなたが性生活をもつことはなかったとしていることです。これは多くの人々が懸命に守ろうとしている神話です。あなたの伝記作者の全員がそう主張しています。あなたが一貫してたいへんに多作で、疲れを知らなかったのは、あなたが性衝動を昇華ないし抑制することによって、ありあまったエネルギーを仕事の原動力にしていたからだと、彼らは言っています。あなたが無垢で、純粋で、セックスレスだったという考えを推し進めるために、みんながたいへんな努力をしています。そうした記述をあんまり何度も読んだので、その単なる繰り返しが、かえってそれをばかげて聞こえるようにしていると私には思えます。ここまでいけば、あなただって怒るだろうと思いますが、でも、あなた自身も同じような考えを数回は記していますね。ですが、この話題についてあなたが書いた言葉を読んだとき、これは誰かがあなたにそう書くようにと促した例のよくある事象のひとつだと感じました。なぜでしょう、ヘレン？　なぜ、あなたの性に関する考えは、これほどまでに強迫的なのでしょう？　答えはいくつかあります。ひとつは、あなたを聖人にしたいという衝動からきています。盲目や難聴や、そのほかの障害は、伝統的に罪と結びつけられてきましたから、あなた自身を称讃に値する存在にするためには、あなたが完全に純潔であるという概念を推し進めなければならなかったのです。ですが、ほかにもいくつかの問題があり、そしてあなたですらも、聖人であることの代価はおそろしく法外なものだと認めずにはいられないでしょう。

私は、あらゆる人間は性生活をもつものだと主張します。そのかたちは様々に異なるかもしれませんが、それは人間として存在することの一部です。というわけで、あなたにも、ついにこれについて話す機会が訪れました。

最初から始めましょうよ。性的な知識です。あなたはどのようにして、そしていつ、性別について知りましたか？　つまり、小さな男の子たちと小さな女の子たちの間の違いや、赤ちゃんがどこからくるか、といったことです。先生は、あなたの発するあらゆる質問に答えることを自慢にしていました。彼女はあなたを何かアマチュアの博物学者のように育て上げ、常にあらゆるものに実際に手で触れて体験する「ハンズオン体験」をさせていました。ですが、あなたの叔母さんに赤ちゃんができて、当然のことながら避けられない質問をあなたがしたとき、先生は少し困りました。彼女自身の知識は大雑把なものでした。あるいはたぶん、彼女のもっていた知識は、子どもに伝えるにはむしろあまりにあからさますぎたと言うほうがより正確かもしれません。パーキンス盲学校に入る前に、彼女がテュークスベリーの救貧院で成長期の四年間を過ごしたことを忘れないようにしましょう。そこにいる女性たち、大勢の売春婦や未婚の母やその類いが、概して彼女の知識の源泉でした。そしてこうした女性たちには、目の見えない小さな少女アニーに自分たちの知恵や警告を分け与えてやる気持ちがありました。出生の現場を目撃したか、その物音を聞いたか、あるいは説明を聞いたのは疑いありません。言うまでもなく、赤ん坊をどのように授かるかの説明も聞いていたことでしょう。視力を取り戻し、教育と職を得た今の先生は、その時代のことを思い出したくはありませんでした。それにまた、先生にとって、あなたの家族の家という新しい上流階級の環境で、自分がもっている知識をどう扱うべきかを判断するのは難しいことでした。それにあなたは、先生に教えてもらったあらゆる新しい言葉を、自分の近くにいる誰に対しても繰り返す時期にありました。そこで彼女は庭の一本の木の下にあなたを座らせ、昆虫についての本を読み聞かせました。これがあなたの気を散らすことになりましたね――あなたは昆虫が好きでしたから。でもそれは、問題からそれているようでした。ミツバチとバッタが、いったいあなたの生まれたばかりの従妹の赤ちゃんとどんな関係があるというのでしょう?

しばらくして、彼女はあなたの身体のすべての部位の名を教えたかもしれません。そしてそのいくつかは、人前で使ってはいけない言葉だと、注意深く告げたことでしょう。あなたはこうした新しい言葉は秘密にしておくと約束しましたが、この名を知って以来、ときおりあなたが自身のそこに触れるとき(あなたは新しい言葉を片手でつづりながら、もう片方の手でその部位を指すのです)、なんだかおかしいような、でも同時になんだかいい気持ちがすることを、先生に話したいと感じたかもしれません。すると、彼女はそうした感覚は完璧に自然なものであって、そう感じるのはまったく問題ないと告げました。でも私は、これはあなたがたが決して交わしたことのない会話だったと思っています。あなたがたのどちらも、こうした事柄についてはすべて、あなたがたが生きた時代にそこまで先行していたとは思えません。もっとありえそうなことは、彼女がある日あなたを現行犯で捕えて、そんなことはしてはいけませんと告げ、でもなぜ駄目なのかは言わなかったということです。そして彼女がそう告げたときの態度は、おそろしく断固としていて、そしていかにも何かを隠そうとしているようだったので、何も質問してはいけないということがあなたにはわかりました。

それに、彼女は男性の解剖学的な構造についてはどう話したのでしょうか？　それについては、どんな種類のハンズオン体験を提供してくれましたか？

もちろん、子どもたちは、言葉で言われなくても、こうしたことがわかるようになります。先生がやってきて、すべてのものに名前を与える前でさえ、あなたは男性の身体と女性の身体の違いを知っていました。女性の身体のほうがより柔らかく、丸みを帯び、しなやかです。一方、男性の身体のほうはより鋭く筋張って、関節も膝も肘ももっと硬いです。あなたのお母さんは、あなたが常に婦人たちよりも紳士の訪問客を好むと記録していました。あなたは男の人たちにキスしてもらうのを喜びましたが、女の人たちがキスしようとすると逃げました。というわけで、こうした紳士がたの膝に座り、そのポケットの周りを手探りするとき、それは表面上はキャンディを探しているのですが、あなたにはほかの発見をする機会がありました。あなたは、そんなふうにとても好奇心の強い子どもでした。

八歳のとき、あなたはお呼ばれしたパーティーのことを記した手紙をお母さん宛てに書きました。「クリフトンは、わたしにキスしませんでした。なぜなら、かれは小さな女の子たちにキスするのが好きではないのです。かれは恥ずかしがり屋です。フランクとクラレンスとロビーとエディとチャールズとジョージがあまり恥ずかしがり屋でなくて、わたしはとてもうれしいです」。何と言いましょうか、ヘレン、私にはこれはいくらか男の子狂いのように聞こえますよ。恥ずかしがり屋でない男の子たちとの間で、ほかに何かが続いて起こるのでしょうか？

子どもたちは、自らの探究を徹底的に推し進めるものです。そんなことは起こらないなんてふりをするのはやめましょうよ。そうしたことはいつだって起こってきたのです。あなたは過保護な生活を送りました。それは本当ですが、周りにはほかの子どもたちがいました。男の子たちです。あらゆる類いのことが起こりえました。お医者さんごっこをしたことはありますか、ヘレン？

ないのならいいですよ。だったら、ここに想定しうるシナリオがあります。あなたはアラバマの家にいて、誰かあなたが知っている男の子と一緒です。隣の子か、あるいはお父さんの友人の息子かもしれません。おそらくあなたよりは年長で、彼自身も好奇心が強いですが、自分が探しているものについて、より明確な考えをもっています。そして、その男の子の目から見ると、こうした探究のためにはあなたは完璧な相手でした。なぜならあなたは必ずや、それについて口をつぐんでおくだろうからです。

それで、何が起こったのでしょう？　あなたとその男の子は、一緒にあたりをぶらつきました。家や大人たちから少し離れた、人気のない場所を見つけました。それから、どうしたのでしょう？　言語をもたなくても、また先生が来る前でさえ、あなたは身振りで表現する才能をもっていました。あなたがこの男の子に望んだものは、身振りで示すのには比較的簡単なことだったでしょう。あなたはどこを指し示すかを知っており、そして残りは明らかなことです。「あなたのを見せて。私のも見せるから」

でも、「見せる」ことは、あなたがたそれぞれにとっては異なる意味をもっていました。あなたのほうでは、用心深く距離をおいて見せることができましたし、彼の顔に浮かぶ表情を見る必要さえありません。その表情がどのようなものかは、私には言うことはできません。私自身も見たことはありませんから。驚きでしょうか、恐れでしょうか、欲望でしょうか？　ことによると、男の子たちは長い間あなたのことを見ていたかもしれませんよ。近所中の男の子たちが一人で、あるいはもっとありえそうなことには集団で、あなたがしているあらゆることを覗き見していたことだってありえます。浴槽にいるあなた、屋外のトイレに入ったあなた、寝る前に服を脱ぐあなた。明らかに、盲目の女性には、ある種のエロチックな神秘性があります。こちらからは見えるけれど、見返されることはないのです。それが男たちを刺激するのは明らかです。私に質問はしないでくださいね。ともあれ、あなたとこの男の子の話に戻りましょう。たぶん、女の子が意識的に自分のことを見せているときには、何か異なる種類のスリルがあるのでしょう。ですが、彼が彼のものをあなたに見せるためには、あなたが彼に触れなければなりません。もしあなたが彼に触れ、それが動いたとしたら、それはあなたをびっくりさせ、魅了したことでしょう。「どうやってそうするの?」と、あなたは知りたがります。「もう一度やって」。そしてひとたびタッチングが始まれば、それには終わりがありません。彼はタッチングを返したがりませんでしたか?あなたも彼に、自分に触れてほしいと思ったのではありませんか?

でも、この話には、あまりにも無理がありますね。時間がひとつの問題でしょう。誰かしら大人が、あなたがいないことに気づき、捜しに来るでしょう。ちらりと素早く見て、手探りする以上の時間はなかったでしょうし、それではあなたの好奇心を満たしません。やはりこれは、ヘレン、あなたの経験ではないのでしょうね。

というわけで、たぶん、あなたがそれを発見したのは、もっとあとのパーキンス盲学校でのことでしょう。相手はそこにいた盲人の男の子だったので、タッチングは同時により当たり前のことでした。なぜなら、あなたたちは二人とも、目が見える人々がとらないその方法に頼っていましたし、それに二人ともそれが得意でしたから、より特別なものになったのです。ところで、これは盲目の男性についてのエロチックな民間伝承なのですよ。噂によると、盲人たちは手の扱いがほかの人より上手なのです。指がもっと感性豊かで、もっと鋭敏です。私には知りようもありませんけれどね。盲人としたことは一度もないのです。何か私にくれるヒントがありますか?

何もありませんよね。

いいですよ。だったら、私には想像することができます。ある雨の土曜日の午後、あなたがた二人は、焼却炉の後ろの地下の貯蔵室の隅か、おそらくは空っぽの教室へとこっそりと忍び込むのでしょう。あなたがたは、意志を伝え合うことができました。たとえ聴覚障害がなかったとしても、パーキンス盲学校の子どもたちは指文字のアルファベットを知っていました。少なくとも「こんなふうに?こんなふうに?」と言うのに充分な言語を共有していたのは確実です。

咳き込むのはやめてくださいな、ヘレン、もしあなたが今していることがそれならば、ですが。ここにいる私たちはみんな大人です。こうしたことは、少年と少女の間では普通に起こることです。それが自然な人間というものです。これについて、あなたが一度も語ろうとしなかったことは認めますよ。相手の男の子があなたに話さないように言ったのか、あるいは話さないほうがいいと、なぜかあなたが直感したからでしょう。ですが、あなたのように好奇心が強くて、何でも経験することを熱望していた女の子が、知りたがっていたことを知る方法を見つけ出せなかったなどということは、私には受け入れられないのです。

少なくとも私は、合意のうえで始められ、互いを満足させ合った経験を想像する努力はしますよ。そして私がこんな想像をするのは、事実がそうでなかった場合のことを恐れているからです。おそらく、実際に起こったのは、ある晩、タスカンビアの家の窓越しにあなたを覗き見していた男の子たちの一人が、実際に窓に登って室内に入ったということかもしれません。目を覚ますと、口を手でふさがれており、ひどい重みに押さえ込まれたあなたは、乱暴な手がナイトガウンをぐいと引き上げているのに気づきます。あなたは受動的な子どもではありませんから、反撃しようとしたでしょう。どうすれば手ひどいキックをお見舞いできるか、どう嚙みついて、どう引っ搔くかも知っていました。ですが、それでも、あなたは不意をつかれて襲われたのです。それに彼があなたに何をしたいのか、自分が何を防ぐために闘っているのかもまったくわかりません。あなたは、ただ自己防衛の純粋な本能から闘っていました。ですが、彼はあなたよりも大きく、もっと強かった。そしておそらくは何かに怒っていた。あなたは彼の身体のなかの怒りが、何よりも不当だと感じました。なぜなら、あなたがいったいこれまで彼に何をしたというのでしょう？　そもそも彼は誰でしょう？　あなたは、知りたくてたまりませんでした。あるいは、おそらくは、あまりにもよく知りすぎていただけかもしれません。なぜ、知らない子だと仮定しなければならないのでしょう？　あなたの家庭内には、たくさんの男性がいました。あなたのお父さんを除いても、たとえば母違いの兄が二人いました。ほらね、私にはどんな恐ろしいことだって想像できるのです。

そして、それが一人だけ、一度だけ、一度に一人だけと仮定する理由もありません。あるいは、あなたが故郷のアラバマ州を離れたときに、それが止まったと仮定する理由もありません。パーキンス盲学校のあの人物、アナグノスについてはどうでしょう？　子どもを盗作の容疑で審判できるような男なら、何だってできますよ。盗作の汚名からは身の証がたちましたけれど、それにもかかわらずあなたがその学校にとどまらなかったのは、おそらくはこれがその理由なのでしょうか。

顔を背けないでくださいね、ヘレン。私が火のないところに煙を立てて、でっち上げているなどというふりはしないでください。あなた本人からでなければ、どこでこうした考えを得られるでしょう？　このすべてのシナリオのどこかに、何がしかでも真実に近いものがあります。そしてその誰かがたとえあなたに何を言ったとしても、それはあなたの落ち度ではありません。恥辱は、それがあなたに起こったという事実のなかにあるのではありません。恥辱は、それを話さなかったこと、彼らの秘密を彼らのために守ったこと、その秘密を恥とし続けたことから生じるのです。

ですから、沈黙を破ってください、ヘレン。私がここにいるのは、あなたの話を受けとめるためです。あなたを審判するためではありません。

GK

六月二十五日

ヘレンへ

わかりましたよ。あなたの沈黙を理解します。あなたにはもはや変えられないことを、なぜくどくどと繰り返して言うのでしょうか？　それに、あなたは、こうしたことを語る言語さえもっていないのかもしれません。生涯の早い時期には、現実を夢や悪夢から切り離すのが難しいことがしばしばありましたね。幼い頃の性的な経験がどんなものであっても、それを記述する言葉や機会を与えられていなかったなら、事態は悪化したことでしょう。起こったかもしれないどんな出来事だって、そのはっきりしない非現実的な領域にとどまりえたでしょうし、日常の生活からは鋭く線引きされ、遠ざけられたことでしょう。それにとりわけ、私に想像できるようなことなどは、何も一度も起こらなかったのだという可能性を開いておかなければなりませんよね。だって、どんなことだってありえるのですから。

　ですから、この件についてはそのままおいておきましょう。あなたが大人になってからの人生に話を移しましょうか。文書に記録された出来事と人間関係についてです。たとえば、ジョン・メイシーのことを話しましょうか。ええ、わかっています。わかっていますよ。彼は先生の夫であって、あなたの夫ではありません。ですが、一九〇五年から一九一四年頃まで（結婚の終結を正確に把握するのは常に難しいことです）、あなたがた三人は、あなたが名門ハーヴァード大学の女子部であるラドクリフ・カレッジを卒業したのちにマサチューセッツ州のレンサムに購入した古い農家で一緒に暮らしていましたね。一緒に暮らすだけでなく、一緒に仕事をし、私としては「ヘレン・ケラー・エンタープライズ」とでも呼びたい三者による共同経営事業を築き上げました。メイシーは、あなたの最初の本『私の生活の物語』を編集し、その期間にあなたが書いたほかの著作も手伝いました。彼はまた、あなたの文筆活動の代理人の役を務め、相当な前払い金や気前のいい印税の取り決めを確保することにもかなり精通していました。彼はあなたを社会主義に転向させ、貧困や労働運動、婦人参政権などといったテーマで文章を書くように励ましました。その間、先生はあなたの書き物のための調査を手伝い、あなたが公の場に姿を見せる際には通訳を務め、また金銭の取り扱いを担当しました。

　ええ、レンサムで過ごした数年は、とても幸福で実りの多い時代でしたね。あなたがそんなふうに生きたいと常に夢見ていた生活でした。あなたは、原稿の執筆と講演活動をすることで自立していました。社会改革運動で重要な仕事をしている人々とも交流がありました。知り合った人々のなかには、ジャーナリストのジョン・リードや、労働運動家のビッグ・ビル・ヘイウッド、それにフェミニストのエマ・ゴールドマンなどがいました。それにあなたは、自分の趣味に合うように改装したその古い大きな家が大好きでした。近くの草原や森や池も愛していましたね。

ですが、その年月のあなたの家庭生活の細々としたことについて、私はとりわけ好奇心を抱いているのですよ。あなたがた三人が一緒に生活と家を共有していたときのことです。たとえば、就寝の取り決めについて話してくださいますか。

この質問を投げかけたのは、私が最初ではないようですよ。メイシー自身の家族の人たちは、彼の愛情が本当に向けられていたのはあなただと思っていました。それに彼が先生と結婚する前に、ゴシップ欄で彼の名前といつも結びつけられるのはあなたの名でした。結局のところ、先生は彼よりも十一歳上で、そして――こんなことを、人はどうしたらうまく伝えられるのでしょうか？――彼女は花の盛りを過ぎていました。でも、あなたのほうは彼より二、三歳ほど若く、身体的な魅力の頂点にいました。その上、あなたと彼には共通する点がたくさんありました。彼に出会ったのは、まだ大学生の頃でしたね。ハーヴァード大学の専任講師だった彼は少年少女向けの雑誌『ユース・コンパニオン』の編集者でしたし、とりわけ詩集を発表したばかりの詩人でした。あなたがた二人は、知的な関心を共有していました。あなたもハーヴァード大学で、詩人のチャールズ・T・コープランドと哲学者のウィリアム・ジェームズの後見を受けていましたね。あなたがた二人は、ともに文学や哲学、政治について議論することを好んでいましたが、一方、先生のほうは……。あなた自身は絶対に認めようとはしませんでしたけれど、もう以前からすでに、自分が知性に関しては先生を超えてしまったことに気づいていました。結局のところ、彼女は基本的にはわずか五、六年の正規教育しか受けていませんでしたし、思想に惹きつけられるような人ではなかったのです。確かに彼女はあなたの宿題を手伝い、あなたの読むものをチェックしていました。大衆に人気のある駄作よりも、むしろ常に古典の名作を手元においておくよう確実にしていたのです。でも、あなたの側から、自分の勉強について話したことがあったわけではありません。ラドクリフ・カレッジに在学中は、すべての講義の内容をあなたの手に忠実につづってくれていましたが、必ずしも彼女自身がその内容を理解していたわけではありませんでした。フランス語とドイツ語とラテン語の教科書も読んでくれましたが（あなたのギリシア語の本は、すでに点字化されていました）、彼女自身にはそれらの意味についてはほとんど知識がありませんでした。彼女は電話機のようなもので、情報は伝達しますが、本当の意味でその内容を検討することはありませんでした。そして、彼女はそのことをほとんど気にかけていませんでした。教育を何か便利なものとして、社会的地位を示す取得物として、上流の人々が備えておくべきものとして評価していたからです。きちんとしたテーブルマナーや品位のある装いといったものと同じように思っていたのです。

ですからジョン・メイシーは、あなたにとってはひとつの天啓、天からの贈り物だったに違いありません。彼はあなたのために新しい道を、ラドクリフ・カレッジを超えた世界であなたの知性を使う道を拓いてくれました。それに、あなたは彼が好きでした。あなたがたは、様々な興味や価値観やユーモアのセンスを共有していました。あなたがたの間の知的な絆は深かった。ですから私は、それが同様にもうひとつの絆を育むことはなかったのかといぶかしく思っているのです。

私が訊ねているのは、この点です。世間がまだ彼のような「健常な」男性とあなたのように障害をもつ女性との間の結婚を受け入れる準備ができていなかった以上、あなたたち三人はスキャンダルを避けるために、そのかわりに彼が先生と結婚することに決めたのでしょうか？　あるいは、あなたがたのうちの二人が、つまりメイシーとあなたが、二人の関係や親密さ――それをあなたが何と呼びたいかはともかくとして――を、先生に秘密にしておいたのでしょうか？　あるいは、あなたと先生が彼を共有していたのでしょうか？　あるいは、彼が先生のベッドからあなたのベッドへと往復し、その真実を二人のどちらにも隠していたのでしょうか？　あるいは、ヘレン、そこには何があったのでしょう？

六月二十六日

とはいえ、お望みなら、公認の物語からそれるのはやめますね。

一九〇二年に、『私の生活の物語』の執筆を手伝うためにやってきたジョン・メイシーと出会った瞬間から、あなたは彼が好きになりました。彼があなたとあなたの作品に興味を示してくれたことが嬉しかったのです。彼がハンサムな男性だと知って、ワクワクしました。ええ、誰もが彼をハンサムだと言っています。そして、たとえ誰も彼の容貌について語ってくれなかったとしても、その事実はあなたにも明らかでした。ご承知だと思いますが、魅力的な人々というものは、実際に目で見ることができないときであっても、そのことを人に知らしめる方法をもっています。そうした人々は、疑う余地のない自信を発しているからです。というわけで、このハンサムで、聡明で、魅力的な男性があなたに興味をもってくれていることにあなたは喜びを感じました。指文字をつづるときの彼の両手の感触に好感をもちました。彼はあなたとコミュニケーションをとることのできた最初の男性ではありませんが、ほかの男性はすべて親類か、あるいは親類同然の人々でした。そうした親族は彼とは違います。あなたは、彼のつづり方の間違いのことで彼をからかって楽しみました。ですが、彼はどんどん上手になりましたね。彼は疲れを知らない話し手で、まるであなたのようでした。あなたがたは、詩と政治問題について話しました。憶えているホイットマンの詩の数節を互いに暗誦しました。彼はあなたにトマス・ハーディとトルストイとH・G・ウェルズを読んで聞かせてくれました。彼はあなたの書いたものに対して、それこそふんだんに批評をしてくれましたが、あなたはこれを評価しました。自分が本物の作家になったような気持ちがしたからです。作家は、あなたがなりたいと思っていたものでしたね。

あなたとメイシーが互いにどんどん惹きつけられ合っていることを、先生が危険だと見ていたかもしれないという考えが私には浮かびます。彼もまた、目も耳も不自由だというだけの理由で、あなたに惹きつけられる例の男たちの一人だと、先生は見抜いたのかもしれません。自分の最も好きなタイプの獲物を狙っているもう一人の性的略奪者です。そしてあなたのように二重の障害をもつ人は、とりわけ望ましい勝利のトロフィー、彼の成功ぶりを二段階跳ね上げるような存在だったのかもしれません。ですが、そうした類いの危険を感じていれば、先生ならばそんな男は追い払ったことでしょうね。彼がボストンの文学界におけるただ一人の編集者だったわけではありません。それに、彼女がしようとは思わなかっただろう最たることは、自らをあなたと彼の間に楯として投じることだったでしょう。むしろ彼女にとっては、彼があなたに関心をもったことは喜ばしいことだったのだと思います。というのも、その関心は彼女にも反映されることとでしたから。彼は、教育者としての先生の仕事を、先生の洞察力と革新性を称讃していました。それも多くの人たちが、彼女があなたとともに収めた成功は単なるまぐれ当たりか、あるいはただあなたの特別な知性のおかげだと考えがちなときにです。

そこであなたは、メイシーがそばにいるときには、先生のなかに何か違うものが漂うのを感じ始めました。彼女がいつもよりも多くの香りを身につけていること、彼が来る予定の日にはいつになくソワソワしていること、そして彼が帰ったあとには気落ちしていることに気づいたのです。二人が一緒にあなたの原稿の上に屈み込んで、頭を寄せ合っていることに偶然気づいたこともありました。低い声でささやくように会話をする二人の周りで、空気が張り詰めるような感じがしました。

「とすると、先生は恋をしているのだわ」と、あなたは思いました。読書を重ねてきたあなたは、その徴候を知っています。気づいてみると、あなたは家の周りを歩き回りながら、ずっと笑みを浮かべています。先生はイライラして言うでしょう。「何がそんなにおかしいの、ヘレン?」

すると、あなたは首を振って言います。「おかしくはありませんわ、先生」。でも、それ以上は何も言おうとしません。

あなたは、自分が仲人役を務めるのを楽しみましたね。「先生の新しいドレスに気づかれましたか?」と彼に言い、どんなドレスかを詳しく描写してほしいと頼みます。そして「あなたが素敵に見えるって、彼が言っていましたわ」と、あとから彼女に言うのです。

彼女は、否定するようにヒラヒラと両手を振ります。「ただ礼儀正しくあろうとして、そうおっしゃっただけですよ」。そうは言っても、彼女がどれほど嬉しがっているかは感じとれました。「素敵に見える……」と、あなたは思い、もし彼が自分のことをそう言ってくれたら、どんな感じがするだろうと想像します。

少しずつ、あなたはその話題を彼女にもち出しました。「結婚ですって?」と、彼女はまたもや両手をはためかせながら言うでしょう。「ばかを言わないで」

あなたは首をかしげ、そして自分には何でもわかっているのだと見えるように期待して、眉を弓なりに上げて見せます。「でも、ありうることですわ」

その表情が彼女を面白がらせました。彼女は手であなたの顔に触れ、普通の表情に戻させます。「いったいどこからこんなばかげたことを思いつくのかしら?」と彼女は言い、その思いつきとおかしな顔の表情の両方を示唆します。「いずれにしろ、私がもし結婚してしまったら、あなたはどうするの？　そんなことは問題外ですよ」

「私はもう大人の女性ですよ」と、あなたは主張するでしょう。「なぜ、そんなことが関係する……」と言いかけますが、彼女はいつもあなたを残してどこかへ行ってしまいます。とはいえ、そうした考えを彼女の心に抱かせることだけでも、自分が前進しているように感じられましたね。そこである日のこと、こう口に出します。「もし私のせいで結婚を拒まれていらっしゃるのなら、私は自分が何か恐ろしい厄災のように感じますわ」。これは、いくらか極端な言い方でした。とりわけ、彼は結婚のことなどまだ誰にも何も言っていなかったのですから。ですがあなたは、しばしば誇張こそが先生の注意を引く唯一の方法だと知っていましたね。

「もう、ヘレンたら！　彼にそんなつもりがあるとは思えませんよ……」

「でも彼はそのつもりですわ」と、あなたは言い張ります。「私にはそう感じられるのです」

そして案の定、ある日のこと、彼があなたのもとに来て言いました。「あなたに知っておいていただきたいのですが、ヘレン、ぼくがどう思っているか……」

彼が言葉をすべてつづり終える前に、あなたは手を引っ込めました。そして言います。「ええ、知っていますわ、ジョン。あなたと先生は、お互いに理想的ですわ」

彼がまたつづろうとし始め、それからためらうのをあなたは感じましたね。「先生？」と、彼はついに言いました。その名をつづるとき、彼の両手は突如としてぎこちなくなりました。「ああ、先生は、ええと、素晴らしいです。素晴らしい方です。ですが、ぼくのつもりでは……」

もう一度、あなたは手を引っ込めました。それから言います。「先生とお話しにならなければ。あなたがどう思っていらっしゃるかを伝えるのです」

「ですが、ぼくは思ってなど……」と、彼は言い出したものの、言葉を止めました。「先生ではありません、ぼくの……」

ええ、わかっていますよ。そうですね、私はたぶんここで、決して起こらなかっただろうことをほのめかしているのです。あなたときたら、どんなことも絶対に見逃さないのですね、ヘレン？ では、公認の物語に戻りましょう。公認の物語では、彼が先生にプロポーズし、そして先生は何回か断りました。彼はあなたに相談します。そしてあなたは、ちょうど先生があなたについての専門家であるのと同様に、あなたが先生についての専門家であることを理解してくれる人物がついに現れたことを喜びました。「彼女はとても複雑な人なのです」と、あなたは物知り顔で助言しました。「あなたは辛抱強くあらねば、ジョン」

それから最後には彼女も承諾し、二人は結婚しました。しばらくは、うまくいっていました。少なくとも、あなたはそう思っているようでした。レンサムの家は、面白い人々でいっぱいで、会話や新しい考え、そして文学的な活動に満ちあふれていました。彼はあなたの兄であり、相棒であり、親友でした。そして、先生は幸せでしたし、あるいはこれまでと同じぐらいには幸せでした。彼女が妊娠しなかったときには、あなたが慰めねばなりませんでした。「気長にね」と言いましたが、実際のところは子どもを授かるには高齢すぎるのだろうかとか、あるいは彼女の健康に影響を及ぼし始めている大小の様々な疾患のせいで、新しい命を支えることが肉体的に不可能になっているのだろうかと秘かに考えていました。

ほかにも緊張状態がありました。彼女の政治観は、メイシーの政治観ほどには急進的ではありませんでした。客たちが絶えず家にやってきて、彼女好みの規則的な日常の仕事を乱すことも不満でした。彼の友人たちのなかには、威張ったり、もったいぶったりした態度をとる人たちがいることにも気づきました。より急進的なタイプの人々のだらしない身なりに（控えめに言ってもですが）悩まされ、そして彼らが家に来るときには銀器をしまい込むようになりました。彼のほうでは、秩序を守ろうとする彼女の情熱を絶望的なまでにブルジョワ的だと言って非難しました。二人は、あなたについても意見が一致しませんでした。たとえば、彼はあなたの話す声を改善するよう取り組むべきだと考えていました。通常は全部の講演を通訳を通じて伝えていましたが、ときにあなたが声に出して話すと、そのほうがもっとずっと人の心を打つ、効果的な講演になるからです。彼女は最初は反対しましたけれど、例の彼女の典型的な態度を見せて、まったく正反対の極端な方向へと向かいました。あなたの声がしわがれて、あらゆる人々の神経を縮ませてしまうまで、とにかくそれに取り組むように「あなたを猛烈に駆り立てる」（彼の言葉です）ようになったのです。

またお金の問題もありました。メイシーは、稼ぐよりも使うほうが得意でした。彼はハーヴァードの教職をやめるか、あるいは「失って」（彼女の言葉です）いましたし、執筆したものはほとんど稼ぎになりませんでした。彼にはまた、費用のかかる趣味と金持ちのもつ習慣がありました。仕立て屋の請求書も、どんどん増えていくバーの勘定も、クラブの会費も、彼がボストンの市内に維持しておく必要があると考えていた部屋の賃料も、そしてついには四ヵ月にわたる彼のヨーロッパ旅行の費用さえも、あなたが払いましたね。あなたが彼のためのこうした費用を出し渋ることは決してありませんでしたが、でも先生のほうはいつだって、彼のこの好き放題に対する勘定書を最後の一セントまで正確に突っ返す準備ができていました。それに、彼のもっとボヘミアンな友人たちが居候してたかることについて、必ずしも嫌味なコメントを差し控えるわけでもありませんでした。

一方、ヘレン、あなたはまだ仲介役として、糸に通したビーズのように二人の間を行ったり来たりしていましたね。彼女の波立つ気分をなだめ、彼の機嫌をとることに最善を尽くしました。ですが、これは必ずしもそれほど簡単なことではありませんでした。ある日、あなたがた三人は食卓を囲み、政治的な議論をしていました。すると、先生が痛烈に論評します。「よくおっしゃいますこと。壮大な計画をいっぱいおもちの、お二人の社会改革者さん。しかもあなたがたのどちらも、人生でただの一日だって空腹を味わったことすらないのですから」

あるいは別のときには、婦人参政権についての議論になり、ジョンが先生にこう言います。「認めたまえよ。君がそれに反対する本当の理由は、もし投票をしてしまえば、政府が人々に対して行なっている悪行が、すべて男たちの責任だと非難できなくなるからだということをね」

二人はこうしたことをすべてあなたに対し、あなたを通して、あなたの周りで言っていたのです。たぶんあなたがたはみんな、こんなものは全部ただのジョークにすぎないかのように笑っていたことでしょう。でもあなたは、二人が話していたこうした言葉が、二人が口にしていない別の言葉を隠しているのだと感じていました。その言葉とは、二人が互いに発し合っている小さなミサイルであって、相手を傷つけ、無力にすることを意図していたのです。でも、二人が本当は何を意味していたのかは、あなたには言葉にできませんでした。そして、言葉は必ずしも問題ではありませんでした。あなたがキッチンに入ると、空気が干からびた焼き菓子のようにしぼんでいます。あなたは最初に彼女に訊き、次に彼に訊きます。「何かあったのですか?」。するとそれぞれが「何も」と言って、部屋を出ていきます。あるいは、玄関の扉がばたんと閉じるのを感じたあなたは、先生が居間でむせび泣きながら震えているのを見つけます。ときおり彼女は自室に姿を消したまま、午前中ずっと、あるいは一日中、さらにはそれ以上も部屋にこもってしまいます。ときおり、彼はまるまる何週間も出かけたままで、そして戻ってきたときにはウィスキーの匂いをいっぱいに漂わせ、そしてそのことを責められて不機嫌になります。そうしたことは、ある日、彼が最後に家を出ていくまで続き、そして彼がもう戻ってこないことは明らかでした。先生は「いい厄介払いだわ」と言い、そしてあなたはそれについて議論したいと思いました。なぜなら、あなたは彼女が間違っていることを知っていたし、彼女がそんなつもりではないことも知っていたからです。でも、同時にあなたは、これがもう絶望的であることも知っていました。

まぁ、多くのかたちで二人の結婚は、ほかの多くの結婚と違いませんでしたし、私の両親の結婚とも違いませんでした。あなたが知らなければいけないならばですが、違っていたのは、二人には子どもがいなかったという事実と、そしてあなたがいたという事実だけです。そして私は、あなたがただの仲立ちや調停者以上の、ただの目撃者や腹心の友以上の存在だったと信じずにはいられません。

六月二十七日

今日はあなたの誕生日なので、お休みをあげて、あなたをしつこく悩ますことはやめますね。

ですが私は、その男性、ジョン・メイシーにひどく好奇心をそそられていることを告白します。それで今日、図書館での仕事中に（ええ、どこからどう見ても、とてもそうとは思えないかもしれませんが、私にはあなたを悩ますほかにも、なすべき仕事があるのですよ）、いくらか調査してみました。助手にメイシーの本を探させ、二人で数冊の著書を通読したのです。次に、アメリカの学者を収録した事典から、彼についての記述を読んでもらいました。彼の学術的著作が要約されており、アメリカ文学に関する彼の理論の概説のほか、彼の社会主義と、そしてその社会主義がハーヴァード大学での彼の経歴に及ぼした影響についてが書かれていました。助手が読み上げるのを終えると、私は言いました。「それで全部?」

彼女は当惑していました。これが大学での私の仕事と何の関係もないことがわかっていたからです。「ええ、この四ページだけです」と言った彼女は索引を調べ、彼の名がほかにも数ヵ所で参照されているのを見つけてくれました。でも、あなたとの関係や、先生との結婚についての言及はありませんでした。

別の参考図書を調べることも考えましたが、ためらいました。この助手は学部から給金を得ていますから、彼女に頼めるのは私の仕事に特に関わる読書の補助だけです。私としては、彼女の業務を不正に利用しているとは思われたくありません。それに私には、彼女に読んでもらう必要のあるほかの本もあります。

でも、彼の著作『女性について』は借りることにし、別の助手に預けました。こちらは私自身が給金を払っている助手ですし、私の風変わりな読書習慣にも慣れています。この彼の著書が何かを明らかにしてくれることを期待しています。この本が一九三〇年に出版されたときに先生がどれほど心配していたかを、私は知っています。彼女とメイシーは互いにもう十五年も言葉を交わしたことがなかったのにもかかわらずです。

助手がコンピュータにこの本を取り込んでくれるまでは、しばらく時間がかかるでしょう。それから、私の考えたことをお知らせしますね。

七月十一日

さて、メイシーの『女性について』を読みましたよ。この助手は仕事が速く、それに本自体もすぐに読めるものでした。女性たちをフェミニズムから守ろうとしている分別のある男性による試み、といった体裁をとっていますが、実のところは女性批判をがなりたてる例のお馴染みの本です。一九三〇年の時点であれば、もう少し独創的に見えたかもしれませんが、今日では、どんな保守派の気難し屋だって、眠りながらまくしたてられる戯言（たわごと）といった類いの本です。最近だと、彼のような人は、「フェミナチ」という言葉を使ってフェミニズムを批判するでしょうね。それが近頃の保守派が急進的なフェミニストを軽蔑して呼ぶ呼び方なのです。

この本から私が受けたメイシーの印象は、非常に洗練されている——つまり、教養があって、よく訓練され、文学と歴史の言及にも長けている——し、それに感覚が鋭く、器用ですらある人、といったものでした。でも、彼の欠点は、まさしくその器用さだとも感じられました。彼の議論は表面的で、恩着せがましいのですよ。そして、私はこの点を、ただ口先だけで言っているわけではありません。なぜなら、私は彼に同意しないからです。彼は、自分はこれこれに「不安を感じる」といった言い方で、対立するどんな意見もさっと片づけてしまうのです。とはいえ、大部分は、彼には何か哀れを誘うところがあります。自分の学術的な著作に対する世間の評価や、政治的な仕事に対する過小評価、結婚の失敗、そしてそのあとに起こったことなど、そうした何もかもに対する苦々しい思いが感じられるのです。そして、ええ、彼は酒飲みでもありました。あなたが彼を知っていたときでも、お酒を飲んでいましたよね。そして家を出たあとの十五年にも及ぶ飲酒は、大きな損失をもたらしました。そんな彼の本は、大酒飲みの大言壮語といった特徴をもっています。つまり陽気で、それなりの路線では面白く、知的な説教といった形式を追ってはいますが、飲み屋からもち返って見てみると、実質的なものは何もないというわけです。

とはいえ、魅力的でもあります。それについては言っておかなければなりません。少なくとも、自分で自分を魅力的だと思っています。そして、自分が味方につけられると思っている女性の読者に向けて、この本を書いています。なぜなら、彼はこれまでも常に女性たちを味方につけることができていたからです。「ええ、彼は時代遅れの超保守的（ネアンデルタール）な男ですよ」と、私たちは言うべきでしょうね。「でも、キュートじゃありませんか？」って。

で、そもそも私は的を射ていますか、ヘレン？

この本を読んでいる間中ずっと、奇妙な感覚がありました。あなたたちもまったく同じだったに違いありませんが、自分が文章の行間に熱心に注意を払って読んでいるという感覚です。あなたがた三人、つまり先生とポリー・トムソン（この女性は、メイシーが出ていった頃にあなたの家庭に加わったのでしたね）とあなたが、印刷したてのインクの匂いのする本の周りに集まっている様子が思い浮かびました。一九三〇年までには、先生の目はひどく悪くなっていましたから、自分で読むことはできませんでした。そこで、ポリーが先生のために音読し、先生が同じ文をあなたに指文字でつづりました。そのため、あなたはメイシーの言葉と、その言葉を文字につづる先生の両手の感触の両方を心にとめていたことでしょう。子どもをもてなかった女性や、もとうとしなかった女性について彼は様々な言葉を記していますが、そうした箇所では先生の手がいくらか緊張したに違いないと想像がつきますし、それにまた、女性にとってただひとつの真の天職として母性愛を絶賛する章全体については言うまでもありません。

それに、女性が妊娠するためにはオルガスムを得ねばならないという神話についての、どちらかと言うと混乱した彼の議論は、先生に対するあからさまな言及のように感じられたに違いありません。あらまあ、彼は彼女のことを不感症などと言っていたのですか？　いえ、おそらく彼女はそんなふうには伝えなかったでしょうが、でもあなたがそれを自分のことだと思ったのは、あなたも否定できないでしょう。

それから、あなたについては、ひとつだけ名前を出しての言及がありました。女性のおしゃべりには、子どもに言語を教える手段として価値があると論じた章のなかでです。あなたがたがその箇所で休憩をとり、それから再び戻ってきて、その段落を熟読したに違いないと私は確信しています。そこには先生の役割に対する具体的な参照があり、そこで彼は、健常者であろうと障害のある者であろうと、このように優れた指導を得られた子どもはほとんどいなかったと述べています。想像するに、これを読んだ先生は作り笑いをしたでしょうね。「ええ、彼は私の仕事について言及しないわけにはいかなかったのでしょうよ。言語習得についての彼のすべての議論は、私のメソッドからきているのですもの」。ですが、それから苛々した気分に戻ります。「典型的ですよ」と、指で机をコツコツと叩きながら、こう言います。「私の功績を直接に認めるだけの潔さを奮い起こすことすらできないのですから」

そしてそれが、彼女がこの本について述べたすべてでした。読み終えると、肩をすくめてその本を片づけ、こう言うのです。「充分に無害ですね。それに、いったい誰がこんなものを読もうとするのでしょう？」。女性を蔑視したその本のなかで、少なくとも彼女の名前を出さないだけの礼儀をわきまえていた限りでは、彼がどんな類いの主張を開陳しようと、彼女の関知するところではありませんでした。あなたのようなフェミニストではなかったからです。

でも、あなたは、ヘレン？　あなたのほうは、これをやり過ごすのはもっと難しかっただろうと私には思えます。彼が見解を変えたことに、あなたは困惑したに違いありません。あなたが知っていた頃の彼は、婦人参政権に賛成でしたし、その理想を追って自ら現状を改革しようとするあなたを励ましてくれていました。それにまた、あなたへの彼の唯一の言及が子ども時代の初期の数年だけだったことにも傷ついたに違いありません。成人女性としての、作家としての、活動家としての、思想家としてのあなたについては何も書かれていませんでした。彼があなたを知っていた年月、彼があなたと一緒に暮らした年月については一言もありません。その間の取り決めの真実がたとえどんなものであったとしても、です。彼は確かにその本のなかで、あなたは「著しく強い精神と健康な身体」をもっていたと言っています。なぜ、あなたの身体に言及したのか、私はそこが知りたいです。あなたの身体について、彼は何を知っていたのでしょうか、ヘレン？　比喩的な表現だったのだと、あなたは言うのですね。ええ、結構ですよ。お好きなように。

でもその本を読んで、悲しく満たされない気持ちが残りましたし、あなたにも同じ気持ちが残っただろうと感じました。まだ充分には検討できていないのです。そこであなたは、もう一度読むことができたら、あるいは少なくとも二、三の重要な一節を読むことができたら、と願いました。ですが、どうすればいいのでしょう？　あなたとしては、ポリーにもう一度読んでほしいと頼むわけにはいきませんでした。彼女にはほかにするべき仕事がたくさんあったからです。そして、その本のためにポリーの時間を浪費していることを先生が知ったら、感じのいいことではないでしょう。点字にしてもらえるよう、本を送り出すことも考えたかもしれませんが、その点字の本が先生のもとに着いてしまうかもしれません。「なぜなの、ヘレン？　なぜこんなことにこだわりたいの？」と、先生は訊ねるでしょう。彼にじかに手紙を書くことを考えたかもしれませんね。おそらく、彼に手紙を書いたことはありますよね。ただメイシーは、文書を保存することにおいては最良の人物ではありませんでした。でも、いったいどう書くのでしょう？「ご本を拝読しました。そして残念に思うのは、あなたが……」。どう続けるのでしょう、ヘレン？　私にも、あなたのこの文を終えることはできません。

この本にはまったく納得がいかなかったので、今は彼の社会主義についての著作を借り出しています。彼がまだあなたの生活に関わっていた時期に書いたものです。世界産業労働組合のメンバーのことや、当時のあなたがたのサークルにいたほかの人たちについて、何か個人的な逸話があればいいと期待しています。それにたぶん、あなた自身の政治哲学について、いくらかの手掛かりを与えてくれるでしょう。

その間、あなたの伝記の一冊のなかで彼の写真を見つけました。公式の肖像写真で、正面向きの顔をクローズアップでとらえたものです。彼が二十代だった一九〇〇年頃に撮影されています。夫のニックと友人の女性に見せました。彼女は、彼がハンサムで、口元がとても感受性豊かだと言いました。ニックは、軟弱で自分本位な感じがすると言いましたが、そうした性質をメイシーの顔立ちの何かしらに結びつけることはしませんでした。私が彼について知っていることから言えば、彼はおそらく自分本位で軟弱だったのだろうと思いますし、それはおそらく彼がハンサムで感受性豊かだったからなのでしょう。

私の読書用の助手もその写真を見ています。彼がかけているメガネのことを、こう説明してくれました。「ほら、小さな丸い金属製の細縁眼鏡（グラニー・グラス）ですよ、ジョン・レノンがよくかけていたような」

私たちはまた、あなたがた三人が一緒に写った別の写真も見つけました。一九一四年、つまり三人での生活の終焉間近のものです。彼は腰掛けていて、その椅子の背もたれに後ろから先生が屈み込んでいます。片手は彼の右肩におかれています。もう片方の手は椅子の背にあります。右側に立っているあなたは、顔を下に向け、手をいっぱいに差し伸ばしています。彼の左手に手紙らしきものがあります。見たところ、先生がそれを彼の肩越しに読み上げ、それを彼があなたの手に指文字でつづっているようです。

こうしたことを助手が全部説明してくれました。彼女はこれが非常に得意なのです。ご存じの通り、目の見える人のなかには、ほかの人よりも叙述に優れている人たちがいます。私は彼女に私の指をとらせ、写真のなかのあなたがたそれぞれの姿勢を感じとれるよう、輪郭をたどらせてもらいました。すると写真に写った人々の身体の位置が、自分自身の筋肉と骨の内に感じられるのです。それから自分自身のなかで、その感覚がふくらんでいくのがわかります。事物がどう見えるかを説明する言葉は私にとって、さほど画像としてのイメージを喚起させてくれません。むしろ、ものの周りのスペースや、もの同士の間のエネルギーといった空間的なことのほうがイメージを呼び起こします。でも、あなたなら、私が言おうとしていることはご存じですよね。

つまり、私が感じているのはこういうことです。先生は今、ジョンの椅子の後ろのその場所にいて、彼のどちらかの側から手を差し伸べています。そのポーズを維持するために、両方の二の腕が緊張していますが、今、彼女が本当にしたいと思っているのは、両腕を伸ばして彼の周りをふわりと囲み、彼を抱きしめ、包み込むことなのだと私には感じられるのです。同時に、上半身を彼のほうへと傾ける彼女の姿勢と背骨のエネルギーも感じられます。その背骨はいったん上へと伸び、それから突如として彼のほうへと屈み、彼の周りでもうひとつの円をつくっています。彼女の身体が彼の周りにひとつの球体をつくろうとしているのだと感じられます。

それから、その球体の内側にいる彼が、心地良さと同時に落ち着かない不安を感じているようにも思われます。そのなかで心地良く身を落ち着けているのでもなければ、逆にそこから抜け出ようとしているのでもありません。それから、彼が差し伸べている手があります。抱きしめてくるような先生の身体を超えて、彼女がつくろうとしている球体の殻を突き抜けて、その手はあなたへと伸ばされているのですよ、ヘレン。あなたの姿勢はひどく真っ直ぐで、ほとんど硬直しているようです。奇妙なことですよね。なぜなら、人生におけるこの時期までには——何歳でしたっけ、三十四歳でしょうか？——、あなたは写真のためにポーズをとることにかなり熟達していたのですから。ですが、このポーズは、私には自然なものとは感じられません。

ともあれ、彼と彼女の二人は、一般に考えられるところでは、この手紙らしきものを一緒に読んでいます。そして、彼はあなたの手にその内容をつづっています。ええ、これは見せかけです。それにしても、気づかれないように何かを言うためには、つまり先生の監視するような眼差しの届かないところで、あなたに言葉を伝えるためには、これはなんと完璧なチャンスでしょう。彼はあなたに何と言っているのでしょうか、ヘレン？　私には、彼の指があなたの手のひらのなかで丸くなっているように感じられます。これから二本の指を開いて、「L」の文字を形づくろうとしているようにも感じられます。どんな言葉のためでしょう？「Later」という「あとで」という言葉でしょうか？　あるいは「Love」、「愛」でしょうか？

七月二十日

その男性は、あなたにとって重要でした。あなたもそれは否定できません。そして、レンサムの家で彼と一緒に過ごしたその九年か十年は、あなたの人生で最も幸福だったとまではいかなかったとしても、少なくとも最も重要で、最も成長をとげた時期でした。あなたは、夢を、今日ですらもいまだに誰かの夢であるかもしれない夢を生きていました。文学的・政治的な共同体、伝統にのっとらない家族――それにどんな名前を与えるべきかはわかりません。なぜなら、それは私の抱いている夢ではないからです。ですが、あなたはその夢を生き、あなたがた三人は愛情と仕事と、そして志を共有しました。それに一方で混乱があったとはいえ、彼がそこにいる間は決して退屈ではありませんでした。

　このことがひどく気にかかっていたので、実は私はレンサムに旅行したのです。正直に言うと、ニックと私はいずれにしろ数日の間、あなたも過ごしたあの海辺の町ケープコッドに行こうとしていました。レンサムはその途中にあるので、特別な旅行をしたという感じではありません。絵のように美しいニューイングランド地方のとても素敵な村でした。それにとても暖かくて天気のいい日でしたから、観光には絶好でした。中央の緑地から歩き始めたのですが、そこには今はあなたを記念する石碑があります。レンサムを常に自分の故郷だと考えていたという、あなたの言葉が引用されています。あなたは生涯を通して、この同じ言葉を多くの場所について言っていたのだろうと想像しますが、でもレンサムの場合は、本当にそう意味していたのだと思います。

　緑地の周辺を散歩したあと、私たちはあなたの家を造作もなく見つけました。今は何室かのアパートメントに分けられています。ボストンで働いているけれど、家の所有者になるという厄介事はなしに、近隣の小さな町で暮らしたいと考える人たち向けなのだと思います。この地所には二棟目の建物があって、一種の別館が道のずっと奥に建てられています。あなたの家と同じ様式で建てようとはされていますが、ニックによれば、その試みがすっかり成功しているわけではないそうです。二つの建物の間に、小さな駐車場と十軒ちょっと分の郵便箱があります。

　写真を比べて見ると、家の外観はあなたの時代からさほど変わってはいませんが、かつては道に面してポーチがあったのだと思います。前面の芝生は最近になって掘り起こされていますが、見たところ水道か何かの工事のためでしょう。でも、再び種を蒔けば綺麗になるはずです。素敵な花園が奥にあります。あなたが植えた多年草のたくましい種や、たぶんタスカンビアの家からもってきたお母さんのバラがいくらか残っているかもしれないと思いましたが、私にはわかりませんでした。あなたとメイシーで建てるのを手伝った石垣の一部に触れてみました。今も同じ石だろうと思うのです。

　私たちは、家の周りを何度も見て回りました。ニックは写真を撮りました。何枚か私の写真も撮ってくれましたが、太陽がまぶしくて、自然に見えるようにするどころか、笑うことすら私には難しいのです。それがなぜかはわかりません。ここが、あなたが幸福だった場所なのだと自分に言い聞かせ続けましたが、それを実感するのに苦労しました。ここで起こった出来事や、あなたが書いた本、訪れた人々のことを思い出そうとしました。良い時代のことを考えようと、自分に強いました。たとえば、あなたとメイシーはリンゴの果樹園をつくりましたね。樹に登って、果実を振り落とすのはあなたの仕事で、それを彼が拾い集めます。ですが、たいていは野生の鹿が収穫の大部分を奪ってしまいました。なぜなら、あなたがたは感傷的な都会人でしたから、鹿たちを追い払おうとはしなかったのです。

　家のなかには入りませんでした。駐車場に数台の車があったので、屋内に招き入れてくれる人を誰かしら見つけられたかもしれませんが、ある意味では、私はなかに入りたくなかったのです。自分が探しているものは見つけられないだろうとわかっていました。だって、壁や床板が私に話しかけてきて、あなたとジョン・メイシーについての真実をすべてきっぱりと話して聞かせてくれる、などということはあるわけないですもの。ここがあなたの幸せだった場所なのだとさらに自分に言い聞かせ続けましたが、その痕跡は何も感じられず、感じられたのはただその日の美しさと、その場所の漠然とした静けさからもたらされたと思しき痛切なノスタルジアだけでした。というわけで、調査旅行としては、ちょっとした失敗でした。でなければ、私は間違ったものを探していたのでしょう。

念のためにお話しすると、かつて正面玄関だったに違いない場所の上に飾り板があって、あなたと先生がかつてここに住んでいたと記されていましたよ。ジョン・メイシーについての言及はありませんが、彼の名前が今日の誰かしらにとって何かしらを意味するというわけでもありませんものね。ですが、この場所をあなたにとって重要なものにしたのはジョンだったということを私は知っています。

彼が去ったあと、この場所は変わりました。最初は、彼がいた最後の数年間の緊張状態から逃れた喜ばしい安堵があったのでしょうが、それは喪失感によってすぐに薄れたに違いありません。たぶん、そのことが私に、そこを訪れたときに感じたような気分をもたらしたのでしょう。最初のうちは、あなたはときおり彼に会っていましたし、連絡もとり続けていました。一九二九年に『ミッドストリーム（流れの半ばにて）』を出版したときには、最も愛情をこめた思いやりのある言葉でいっぱいの献辞をつけて贈呈していますね。たとえ先生と彼にはそうできなくとも、自分たち二人がある種の関係を何とか維持できたらいいのに、という願いがあってのことでしょう。

そして、ずっとのちに八十歳代になったあなたは、最後の五、六年に小さな脳卒中を患うようになりましたが、当時の周囲の人々が記録しているところでは、あなたは混濁する意識のなかでレンサムのその時代に戻り、先生とジョンと一緒に、ひどく忙しくも幸福な賑わいにあふれた日々を送っていると思っていたときがあったそうですよ。「ジョンは列車に間に合うように出かけたの？」とか、「先生が部屋にいらしたら、ジョンと私でもう一度、私の記事を修正したいと伝えてちょうだい」とか、不意にこんなことを言って、みんなを驚かせたというのです。そして、ジョンも先生も、そしてみんなで一緒に暮らしたその幸せな生活も、もうずっと前にすべてが過ぎ去ってしまったのだとあなたに告げる勇気は誰にもありませんでした。

ですが、ショートした脳みそが手当たり次第に記憶を変えていることを大ごとにとらえるのは、私には無分別なことだとも思えます。

私がどんな行動パターンにも馴染ませるのが難しいと感じている事実が二つあります。ひとつは、先生はその人と決して離婚しなかったということです。彼が別の女性と親しくなり、その女性との間に子どもすらもいることを知っていたにもかかわらずです。子どもができたことで、彼は離婚を求めてきました。そこで先生は法的手続きを始めましたが、その手続きを完全に終えることはありませんでした。あるいは、宗教的に離婚に反対だったのかもしれません。彼女自身は教義を実践していたわけではありませんが、カトリック教徒として育てられてきてはいましたから。あるいはおそらく、彼をまだ愛していたのでしょう。彼の名前をずっと保ち、彼が一九三二年に亡くなると、自分を彼の未亡人だと考えました。あるいはおそらく、それはただ不合理な悪意で、彼に満足感を与えたくないという片意地な欲望だったのでしょう。こうしたことは複雑な問題だということを私は知っています。偶然ですが、私の母も父と決して離婚しようとはしませんでした。人生の最後の二十年間、互いに話すこともなかったにもかかわらずです。母には離婚に対する宗教的な異議もありませんでしたし、父を愛してもいませんでした。母が言うには、これはお金の問題でした。母のほうが父よりもお金があったので、自分の財産を父に分けるように強いられたくなかったと言うのです。公平に見て、父が財産の分与を求めただろうというのは疑わしく思えますし、母には離婚に抵抗した理由がほかにあったのではないかと思います。私がこの話をもち出すのは、先生も同様の懸念を見せていたかもしれないと感じるからです。あなたにも、ヘレン、何か考えがありますか？

もうひとつ、私が困惑している事実は、彼が先生のあとに一緒に暮らした女性、つまり彼の子の母となった女性と関係しています。彼女のことはほとんど知られていないようで、わかっているのは女性彫刻家だったことと、そして耳が不自由だったことだけです。あなたのようなろう者なのですよ、ヘレン。この点についても、何か考えがありますか？

七月二十一日、夜半

私には、こうした事実をまとめて結論を出すことができないのですよ、ヘレン。そして今はこれが気がかりで、眠れないのです。ですからこの問題をもう一度吟味する間、どうか私の話に調子を合わせてくださいな。

たぶん彼自身は絶対に認めはしなかったし、はっきりそう言ったり、それに基づいて行動したりはしなかったかもしれませんが、彼は当初、あなたに惹きつけられていました。でも、それにもかかわらず、ジョン・メイシーは先生と結婚しました。しばらくは、すべてがうまくいっていました。それから、事態は崩壊し始めましたが、それについてはすでに私が概略を述べた通りです。もちろん緊張状態と失望はたくさんあったでしょうが、おそらくそのなかでもとりわけ彼は、先生のあなたに対する献身ぶりに嫉妬していたのだと思うのですよ、ヘレン。彼としては、自分が彼女の注目の的になりたかったのですが、すでにあなたがその位置を占めていました。おそらく、その嫉妬心から、彼はほかの女性と会うようになりました。もしかしたら、彼がボストン市内のあのフラットを必要としたことに、何かほかに理由があるでしょうか？　もしかしたら、そのほかの女性とは、あなただったのかもしれません。私は発覚の場面を想像します。「ジョン？　ヘレン！　あなたたち、何をしているの？」。それから彼女は彼を追い出しますが、離婚を拒んだのは、彼があなたと結婚するのを阻止する手段だったのでしょうか？

　さもなければ、前にも示唆したように、メイシーと先生の結婚は、そもそも彼とあなたの間の結びつきを隠すための見せかけだったのかもしれません。しばらくはうまくいきましたが、やがて彼が見せかけごっこに飽きたのでしょう。そもそも、なぜこんなことに同意してしまったのだろうと、彼は思いをめぐらし始めます。彼は近代的な思想家であり、社会改革者でした。その彼が、なぜほかの人々がどう思うかを気にしなければならないのでしょう？　それから、彼はあなたと先生の間の結びつきに腹を立てて始めます。あなたがたがそう望んだために、彼は見せかけの生活を送っているのです。そこであなたにできたせめてものことは、彼があなたの注目の的なのだと感じさせることだったでしょう。ですが、先生が常にそこにいました。何かが起こったときにはいつも、あなたはまず最初に先生のところに行くのです。そのせいで、やがてたぶん彼の憤りは疑いへと変わり、それからおそらくその疑いが確認されたのでしょう。私としては、もうひとつ別の発覚の場面を想像します。「ヘレン！　彼女といったい何をしているんだ？」

　どうしてもそこに戻り続けるのです。これについて考える人は誰でも、そこに戻ってこずにはいられません。

というわけで、これは避けがたい質問です。彼は、彼女と結婚してしばらくたってから、それを発見しなくてはならなかったのでしょうか？　あるいは、あなたがたは最初からオープンにしていたのでしょうか？　メイシーとの結婚は、もうひとつの真実を隠すための見せかけだったのでしょうか？　彼は現代的な男性で、世慣れた人でした。あなたがた二人を充分に評価していた彼は、あなたがたを守りたかったのかもしれません。あなたが子どもか、学校で学ぶ少女であったときには、それはありえることでした。その頃は、あなたと先生が親密な愛情表現を見せても、それはまあ、先生と生徒の関係として認められうるものでしたし、人々が眉をつり上げることもありませんでした。ですが、あなたが大人になっていったん世に出れば、そして二人の未婚の女性が一緒に暮らしていれば、たとえ一九〇五年であってすら、人々は不思議に思わざるをえないでしょう。多くの人々が、あなたがたの友人でさえも、あなたがラドクリフ・カレッジを卒業したのちも、なぜ先生があなたの家で暮らしているのか、なぜほかの盲ろうの子どもの先生にならなかったのかを不思議に思っていました。それでたぶんジョン・メイシーは、あなたがたのボストンでの結婚生活を世間に隠す存在になろうと自ら申し出たのでしょう。私的な覚え書きや手紙では、彼はときおり先生をビルと呼び、あなたのことをビリーと呼んでいました。なぜ男性の愛称なのでしょうか？　こうしたことをどう考えたらいいのでしょうか？

そうすることで、彼のほうでは何を得たのでしょうか？　おそらく、それは彼が好むどんな関係をも追求可能にしてくれる好都合な結婚だったのでしょう。その家では、ありとあらゆる類いの人々が、年がら年中、出入りしていましたから。他方では、これは男性に人気のあるファンタジーでもありますよね。ほら例の、男一人に女が二人です。というわけで、彼は隠れ蓑だったのですか？　あるいは、異性愛を体験する相手（彼女のための、あなたのための、それとも二人のための？）だったのですが、それはうまくいかなかったのでしょうか？　それともいわゆる三者間の関係ですか？　あるいは何だったのでしょう？

七月二十二日

目をそらさないでくださいね、ヘレン、伝記作者たちがあなたの性的問題に対してあんなにも強迫的になっているのは、あなたがレズビアンだったかもしれないという恐れからきているのです。個人的には、それは私にはどうでもいいことです。あなたを異性愛者の処女だったとする考えを維持することに私の関心はありません。あなたが誰かとセックスをしたことがあると思いたいのです。相手が彼でも彼女でも、それは重要ではありません。最も重要に思えるのは、あなたと先生がほとんど五十年もの間、完璧な愛情をもってともに暮らしたということです。あなたがそれをはっきりさせようがさせまいかを問わず、あなたと先生との関係には何かしら性的な面があったかもしれません。あなたがそれに基づいて行動したことがあるかどうかは、私には決してわからないでしょう。なぜなら疑いなく、あなたは私のところに話しにきてくれようとはしないでしょうから。そして、それもほとんどどうでもいいのです。ですから、この件については同意して、詳細を飛ばして進むことにしましょうよ。そして、先生とあなたの関係がどのような性質のものであれ、ジョン・メイシーがいた間は、その関係が変わったのだということにも同意しましょう。今一度、詳細については回避していいですよ。そしてまた、二人の結婚が終わった理由は、ある程度まではあなたと関係があったということにも同意しましょう。素晴らしい。

ほら、私たちは前進していますよ、ヘレン。

　よろしいですよね。それで、たとえ詳細がどうであれ、ジョン・メイシーがいたときには、物事は異なりました。そして、彼が去ったあとにも、物事は異なりました。彼がその場にいる以前の状況には戻らなかったとする想定のほうが、私には信頼できるように思えます。立て直しの期間がありました。あなたと先生はレンサムにとどまって、ジョンを通して出会った人々と親交を続け、またジョンが好ましくないと思っていた人々とも再び交際をするようになりました。あなたはまた、ニューヨーク州のシャトークア郡の巡回講演のために忙しくしていました。家政婦と地方巡業のマネージャー、大型の荷物持ち、そして付き添い役として、ポリー・トムソンが雇われました。彼女は、それから四十年以上もの間、あなたの家に住むことになります。それからある新しい人物の存在が、立て直しや全般的な変化のムードに加わりました。そして、不安定で不確実な状況のもつこの雰囲気こそが、何もかもが変わってしまい、また変わりつつあるのだというこの感覚こそが、ピーター・フェーガンという人物へと至る道を拓いたのです。

　そうですとも、ヘレン。私がゆくゆくは彼についての検討に至らざるをえないことは、あなたにもわかっていましたよね。あなたのような公的な人生を送ることの危険要素のひとつは、むしろ自分が忘れたいと思っている出来事ですらも公的な記録になってしまうことです。ボストンの登記所の記録には、厳密に言うと、ピーター・フェーガンという人物とヘレン・アダムス・ケラーという人物によって署名された結婚許可書のための申請書があります。

　これは事実ですよ、ヘレン。ここにはほかにもいくつかの事実があります。

一九一六年のどこかの時点で、ピーター・フェーガンは、あなたの秘書として雇われました。あなたは、少し以前から彼を知っていましたね。ジョン・メイシーの友人の友人で、同じ文学的・政治的なサークルの一員でしたから。フェーガンは、手紙類やほかの執筆のためにあなたの助手を務め、また必要な事務的な仕事は何でも担当することになっていました。先生の疲労がひどく激しいときには、講演やほかの行事のためにあなたに同行し、通訳も務めていました。

先生の健康状態は以前から問題となってはいましたが、今や結婚の破綻によるストレスのせいでさらに悪化していました。それに加え、結核とも思われる呼吸器疾患を発症していました。ニューヨーク州のサラナク湖ないしプラシッド湖に療養に行くことが決まっており、ポリーも同行することになりました。あなたはアラバマ州のモントゴメリーに住む妹のミルドレッドと過ごすことになりました。家を閉めるのを手伝うために北部までやってきていたお母さんは、そこで一本の電話を受け、それから新聞の記事を読みました。そこには、あなたとフェーガンが結婚許可書の申請をしたと報じられていました。話し合いがもたれました。間もなく、フェーガンは去りました。レンサムの家族は予定通りに分かれました。先生とポリーは、プラシッド湖でわずか数週間を過ごしただけでカリブ海のプエルトリコに出発し、翌春まで滞在しました。あなたは、モントゴメリーにとどまりました。フェーガンがアラバマ州の隣のフロリダに転居したという噂がありますが、ですが、あなたは二度と彼から連絡を受けることはありませんでした。

あるいは、ほとんどなかったということでしょうか。あなたの妹さんは、あなたがモントゴメリーの彼女の家に滞在中に、フェーガンが現れたと記録していますから。ある朝、彼女はあなたが正面玄関のところで見知らぬ人と話しているのを見かけました。若い男で、あなたの手に指文字をつづっていました。彼女は夫のウォーレンを呼び、ウォーレンは昔ながらの南部の男流のやり方で、銃を手に出てきました。いくらか興奮したやりとりがあり、そして最終的にはその男は去りました。数晩ののち、ミルドレッドは物音を耳にし、ウォーレンを起こしました。様子を見にいった彼は、困惑した笑みを浮かべて戻ってきました。あなたがまた玄関に出ていて、旅行用の服を身につけ、荷物を詰めたスーツケースを傍らにおいていたといいます。朝になっても、あなたはまだそこにいましたね。

何らかの関連がありそうな出来事のうち、唯一ほかに記録されているのは、あなたの滞在中にその家で火事があり、その火事はあなたの部屋で発生したということです。一家は避難せねばならず、消防隊が呼ばれるといったことがありました。火事は事故で、配線か何かに欠陥があったのだろうと、あなたは主張しました。ですが、あなたがおかれていたに違いない精神状態を考えると、私は何かほかのことが起こったのではないかと思っています。何かを燃やしていたのではありませんか、ヘレン――彼からの恋文やほかの思い出の品などを？　むろん、これは些細なことにすぎないのでしょうけれど。

それでも、これらはどれも事実です。こうしたいくつもの事実を普通に解釈すると、あなたのように世間知らずで過保護に育った人が、気がつくとこの若い男にすっかり心を奪われてしまった一方で、先生とお母さんは、彼の本当の姿を見てとることができたということになるのでしょうか。二人は彼のことを、出来心を起こした侵入者として、また彼女たちからあなたを奪い、あなたの収益力につけこんで、それを自分のために利用するつもりの男として見ていたのでしょう。

もちろん、彼女たちがあなたの利益を守っていると主張する一方で、彼女たちもまた実は自らの利益を守っていたという可能性もありますよ。あなたは一家の大黒柱でしたからね。あなたはレンサムの家族全員を支え、お母さんの自宅宛てにも送金をしていました。それにことによったら、ときおりはジョンにさえ、こっそりと数ドルぐらいは送っていたかもしれません。ともあれ先生とお母さんは、あなたの結婚がそうした取り決めを変え、自分たちが見捨てられることだってあるかもしれないと心配したのかもしれません。

あるいは、彼女たちはより公平な目でフェーガンを見ていたのでしょうか？　たぶん、彼が真剣であり、本当にあなたを愛していて、ドル箱としてよりもむしろ妻としてのあなたを望んでいるということは信じていたかもしれません。そうなると、彼女たちの心配は、あなた自身ということになります。家庭生活であなたがどの程度うまくやっていけるかには確信がありませんでした。それに（ここは不快な部分ですが）、もしあなたに子どもができたらどうなるのか、それも心配でした。今日でさえ、ヘレン、障害のある子がまた生まれるのではないかという可能性に、世間はワクワクしたりはしていません。あなたの時代には、進歩的な見方をする人々ですらも、よりよく物事を知っているべき人々ですらも、その考えには尻込みしたかもしれません。あなたの旧友のベル博士は、優生学運動の指導者でした。あなたでさえ、「障害を受けた人々」は、子どもをもたないほうがいいと助言する文章を数行ですが、あちこちで発表していますよね。本当にねぇ、ヘレン！　いったい何を考えていたのです？　あなたのあとを生きる「障害を受けた人々」は、いまだにそれに対処しているのですよ。たとえば、世間の人々は私に子どもがいないことを当然だと考えますが、それは私が自分の欠陥のある遺伝子を再生産したくないからだろうと考えているのです。盲目の子を産むリスクを誰が冒したいのか、と思っているわけです。私はこれまでの人生で違う機会に二度、違う女性から、もし自分の子どもが盲目になるとわかっていれば中絶すると言われました。ご存じの通り、「障害を受けた人々」に対して、人々はこんな途方もないことを言うのですよ。こうした人々は、障害のある人々に対してこんなことを言ったって、それが個人的すぎる話題とも思わなければ、鈍感すぎる言葉だとも思わないのです。ですが、私はこんな女たちと、彼女たちの礼儀作法や生殖に関わる選択について議論をするつもりはありませんでした。彼女たちが盲目についてそんなふうに感じているのなら、もし自分たちが盲目の子をもつことになったら、その子たちにとって、いったいどんな類いの母親になるのでしょう?

ですが、あなたの話に戻りますね。あなたに障害のある子ができるかもしれないと先生やお母さんが仮定していたか否かはともかくとして(あなたの状況は病気によるもので、遺伝子によるものではありませんし)、あなたが自分で子どもの世話をすることについては安心して任せられないと思っていたのだと私は推測します。赤ん坊が泣いているのが、あなたにどうしたらわかるでしょう? その子がソファーの下に転がり込んで、動けなくなってしまったとしたらどうでしょう? その子をいったいどうやって見つけるのでしょうか?

彼女たちがあなたにそう言っただろうと言っているわけではありません。議論がそこまで進んだことは絶対にないだろうと思います。彼女たちは、正確にはどう言いましたか?「ごめんなさい、ヘレン。私たちには、これは認められないわ。あなたはこの男性と結婚できないし、彼はあなたと結婚できないの。なぜなら……」。なぜなら、何でしょう? それが私の知りたいことです。彼女たちの動機が不純なものだというのが言いすぎだとしても、その動機が混乱したものだったことには疑いはありません。ですが、その混乱した理由を、彼女たちがどうあなたに伝えたのかを知りたいのです。あなたが彼女たちの言うことを信じたかどうかは、また別の問題です。

あなたが望むならば、その場からあなたを除外させてください。その議論の彼女たちの側の言い分を私に語らせてください。あなたの言葉については空白のままでいいです。不本意ですが、それで手を打ちます。

GK

七月二十三日

想像するに、お母さんはその状況を特に悩ましく思ったことでしょう。目と耳が不自由なせいで、あなたには結婚はできないと考えていたのかもしれません。そのため、この男性のことも、あるいはどんな男性のことも、娘に相応しい夫と考える準備はまったくできていませんでした。この問題については、あなたの妹とは直面することを予期していたかもしれませんが、あなたと直面するとは考えたこともなかったのでしょう。お母さんが家の正面にある談話室に一人で座って、あなたに何と言うべきかを考えようとしている姿を私は想像します。この結婚がなぜ駄目なのかを言い表すために、彼女はどんな言葉を見つけるのでしょう？　そもそも、どんなふうに話を始めるのでしょう？　でも、彼女の内面の混乱のいずれも、表面には現れません。表面は穏やかです。お母さんは、育ちの良い南部婦人のイメージそのものです。彼女は、アダムスという名をもつ最初の本家と血縁があると主張するアダムス家の一員であり、そしてそのことを誰に対しても忘れさせることは決してありませんでした。今は、火を起こしていない暖炉のそばの袖つきの小さな安楽椅子に座っています。背筋を真っ直ぐに起こしていますが、硬直してはいません。きわめて鋭敏な観察者であれば（あなたのようなね、ヘレン、もしあなたに見ることができたらですが）、彼女の眼差しの素早い動きに気づいたかもしれません。最初は窓をちらりと見やり、それからマントルピースの上の時計を一瞥しましたが、その動きはむしろあまりにも素早く、人目を気にするものでした。ですが、普通の観察者ならば、ただ中年の婦人が休息をとっていると思うだけでしょう。それから正面玄関の扉の音がすると、彼女は一瞬だけ立ち上がり、それとほぼ同時に再び腰を下ろします。その動きがあまりに急だったため、全身の奇妙な発作、全身を襲った痙攣と思えたほどです。ただ、その扉の音は、どちらかと言うと不器用な召使いがドアノッカーを磨いていて立てたものにすぎません。

お母さんは、電話の記者の声色に自分がショックを感じたのは、その矢継ぎ早の質問や声の調子の無作法さのせいもあると考えています。あなたとともに長い年月を北部で過ごしたにもかかわらず、彼女はヤンキー言葉にすっかり慣れるということはありませんでした。それは、ヤンキー言葉が耳障りで、起伏も抑揚もない響きをもっているということ以上に、その容赦のない早口と無作法さ、それに節度を欠いた過度の騒々しさに関係があります。しかも電話をよこしたその男は、ただの普通のヤンキーではなく新聞記者でした。そしてこれは電話を切ってから気づいたことですが、この記者はお母さんに、自分では認めるつもりのない何かを認めさせてやろうと決心していたのでした。彼女の夫の大尉（キャプテン）ももちろん新聞人でしたが、まったく異なるタイプの人でした。彼は自分の社の記者たちに常に礼儀作法の規定を訓示しており、とりわけ女性に話しかける際の礼儀を厳しくしていました。ですが、この記者は、そのような敬意はまったく示しませんでした。実際のところ、今になって思うには、彼の無礼な態度は、彼女にショックを与えることによって引用価値のある言葉をうっかり口に出させてやろうとする意図的なテクニックですらあったのかもしれません。

お母さんは、もっと多くを語ることもできたでしょう。というのも、あなたの家にフェーガン氏を入れることにすっかり賛成していたわけではなかったからです。今、そこに座っている彼女は、自分が不賛成であったというこの事実にある拠り所を得ています。当初は、異議があることを口に出して言いさえもしました。フェーガン氏の政治的な見解は、メイシー氏よりもさらに急進的ですらありましたし、それに加えて、そもそも彼を最初に推薦したのはメイシー氏だったという事実もありました。でも、サリヴァン嬢（お母さんは、「メイシー夫人」と呼ぶことに慣れることは決してありませんでした）に対する敬意から、お母さんはこれまでこの点について明白に批判したことはありませんでした。ですが今や必要が生じれば、それをもう一度言っておこうと強く決意を固めています。それは「だからそう言ったでしょう」とあとから言うというよりはむしろ、「私を責めないで」といった気持ちでのことです。彼の政治観とそのほかの交友関係を別にしても、この規模の家庭内に若い男性を入れることは、そしてヘレン、あなたと手話を交わすといった類いの絶え間のない触れ合いを許すことは、お母さんにはあまり好ましいこととは思えませんでした。でも、お母さん自身が彼をひどく嫌っているというわけではありません。実際のところ、彼はむしろ魅力的で、疑いもなくきわめて思いやりにあふれ、礼儀をわきまえた人物だと感じていました。その礼儀正しさは、ある人たちからは時代遅れと見られるだろうと思われるほどのものでした。ここ数ヵ月の家庭内での、また旅行に際しての彼の存在は、これまでとは異なる雰囲気を、より自然で快活な混沌さをはらんだ賑わいを生み出していました。とはいえ、だからといって、警戒心を抱いたお母さんが不意に部屋のなかへと歩み入るのをやめたわけではありません。そんなふうに突然入った部屋で、お母さんはあなたの傍らにいる彼を、そして杯のような形をつくったあなたの手のひらのなかにつづる彼の指を目撃します。それに、一度などは（もちろん、お母さんは、このことをサリヴァン嬢に認めようとはしないでしょうが）、ある午後の遅い時間に庭に座っていたときに、あなたがた二人が花壇の間を歩いている様子に目をとめたことがありました。たわいのないおしゃべりをしているあなたがたの手が触れ合い、それからあなたは手を伸ばし、彼の唇と喉に触れました。彼が何かの花の名前を言うのを感じようとしていたのでしょう。その様子を見たお母さんは、夢心地の気分になりました。そして（この部分については、自分自身にさえも認めないでしょうが）、見知らぬ通行人であれば、この若いカップルを見て、こうした身振りを生まれたての愛の無邪気な発露だと解釈するだろうと思い、ほとんど嬉しく感じたのでした。

ですが、今日、お母さんに最も衝撃を与えたのは、ヘレン、あなたです。ようやくその記者の電話を切ると、彼女はあなたを見つけに行きましたが、何を言う気にもなれませんでした。あなたはいつもの場所にいて、タイプライターに向かい、手紙の返事を書いているところでした。ときおり起こることですが、仕事にひどく没頭していたあなたは、最初はお母さんの存在に気づきませんでした。彼女はあなたの顔をじっと見下ろし、馴染み深いあらゆる特徴を細かく確認していきましたが、あなたの表情からはいかなる徴候も見つけられないことに気づいてショックを受けたのです。お母さんが探していたその徴候を、ほかにどう呼ぶことができたでしょうね、ヘレン？　それはね、「欺き」の徴候だったのですよ。でも、あなたはいつもとまったく同じに見えました。電話をよこした新聞記者が全部間違っていたのではないかと思いをめぐらしましたが、これはもちろんお母さんの希望的観測でもありました。あなたがこれを母親に秘密にしておけたことが、そもそも何かしらの秘密を守ることができたということが、お母さんにはほとんど耐えがたかったのです。外の世界とつながるために他者にひどく依存している以上、あなたには、ほかの人たちの知らないあなた自身の内面に何事かを保っておくのは不可能だと思われていました。だからお母さんからは、思わずこんな言葉が出たのです。「この子は嘘をついている。私のヘレンが、私に嘘をついているのだわ！」――不快な初体験ですが、大半の母親たちが子どもが三歳のときに経験し、そして乗り越えていくものです。今、一人で談話室に座ってこの思いをもう一度反芻し、その言葉をもう一度口に出すと、動悸が高まり、喉元からむせび泣きが漏れてしまいそうです。ですが、その瞬間に扉がすごい勢いで開いて、サリヴァン嬢が入ってきます。

ゆっくりと、ほとんど男性のように大股で部屋を闊歩する彼女の姿を見ると、お母さんはいつもまごついた気分になります。お母さんが背筋を伸ばし、むせび泣きを呑み込み、そして気持ちを鎮める間も、サリヴァン嬢はこちらへとずんずんやってきます。そのとき一瞬、この女性に初めて会ったときの驚きを思い出します。もう三十年ほど前のこと、列車から降りたサリヴァン嬢は、プラットフォームを大股で歩いてきました。背骨をひどく真っ直ぐに起こしたその姿を見ると、内に隠れた骨格の構造はいったいどのようになっているのだろうかと好奇心をかき立てられたものでした。お母さんには、そのヤンキー娘を好きになる準備ができていました。季節外れの厚いウールのドレスを着て真っ直ぐに立つ小柄な姿を見て、胸がいっぱいになりました。貧しい、でも勇ましいこの娘を自らの保護下において、友として、相談相手として、そして姉がわりとして接することを想像しました。

ですが、駅で握手を交わした瞬間、その勇ましい娘はお母さんを超えて、いえ、お母さんを通して別のものを見ていました。単に内気であるとか社交面で不器用であるとかいうのではなく、まったく無礼なやり方でした。彼女の態度は、こうした儀礼的な行為などは無視して、すぐに仕事にとりかかりたがっていることを示していました。彼女の無頓着さは明らかに、自分が引き受けている仕事にとっては、お母さんはほとんど無関係だと考えていたことを意味していました。ケラー夫人は、ただの「母親」にすぎないのです。ケラー夫人にできる最善のことは、邪魔にならないようにしてくれることだけでした。

この人にはまだあのときと同じ態度があると、お母さんは気づかずにはいられません。そして、その観測が恐れをかき立てます。同じ瞬間に、その初日のほかの出来事も思い出します。その新参者の外見を夫が見たときの目つきです。「なぜ、あの人たちは、わざわざこんな可愛らしい娘を送ってくる必要があったのかしら?」と、そのときのお母さんは思ったものです。そしてそのときのそうした思いが今もまたお母さんの気持ちをさらにしぼませるのです。

もちろん、先生はもはや美しくはありません。歳月が彼女からそれを確実に取り上げたか、あるいはむしろ彼女の上に別のものを積み上げました。中年女性によくあるように、彼女は贅肉をため込んできました。ですが、先生の場合、その贅肉はもっと不自然な膨張、全身的なふくらみのように見えます。一方でその間も、あなたのほうは、その過酷な人生のもとでも元気に活躍してきました。絶え間ない文通やほかの執筆を続けていましたし、新しい人々と知り合い、会談や講演や歓迎会に参加するといった流れが常にありました。でも、そのあなたの活躍の一切が彼女を消耗させ、干からびさせたのです。彼女の目は、今では常に悩みの種です。絶えず目を細めて見るために、目の周りの皮膚に深いシワが刻まれています。余計な体重がありすぎて、それが動作を損ないます。ときおり、足首がひどくはれ上がるため、部屋を横切るにも足を引きずってやっとのことで歩けるぐらいです。天気の悪い日には、ありとあらゆる関節が痛みます。そして今では、呼吸器についてのこの新しい不満があります。ですが、今のように怒ると、彼女には人を驚かす何かが、息を呑ませるような何かがあります。なぜなら、人々が彼女を見るときに気づくのは彼女の顔や身体ではなく、そこに命を吹き込むエネルギーだからです。今、彼女を見つめるお母さんの目には、幾重にも蓄積されてふくれあがった脂肪の層がシワや白髪と一緒に一層ずつ剝がれ落ちていき、三十年前に背筋を真っ直ぐに起こして立っていた小柄な娘の生き生きとした身体が悠々と歩み出す姿が見えるのです。

それからお母さんは、先生が手にしている新聞に気がつきます。彼女はその新聞をお母さんの向かい側の肘掛け椅子に放りますが、それはまるでたった今、読み終えたばかりのその新聞には、興味のあることなど何ひとつ載っていないことがわかったと言っているかのようです。新聞に手を伸ばそうと、お母さんはゆっくりと立ち上がりますが、急に手を止めます。そこに載っている内容が恐ろしく感じられたからです。というわけで二人の女性は、まるで初めて出会ったかのように、今一度、互いに顔を見合わせます。帽子をとって髪を軽くなでつけたサリヴァン嬢は、ヘアバンドのなかにピンを刺し戻すと、挨拶の言葉もなしに、ちょうどアイヴィー・グリーンに最初に着いた日と同じように、今一度こう言います。「それで、ヘレンはどちらですか?」

お母さんは答えません。ただ、新聞をとって開きます。「すべてそこに書かれていますよ」と、サリヴァン嬢が疲れたように言います。ちょっとの間、暖炉にもたれかかった彼女は、それからまた床を行ったり来たりし始めます。

お母さんは、肘掛け椅子に沈み込みます。短い記事を見つけますが、紙面に目の焦点を合わせることができません。ただ、その紙面を顔の前にもち上げて、少しほっとします。そのおかげで、サリヴァン嬢が扉へ、暖炉へ、そしてまた扉へと行ったり来たりする様子を見ずにすむからです。でも、足音は聞こえます。これほど健康を害していると思われている女性が、壁をまさにガタガタと鳴らせるほど、一足一足をこれほど力強く踏み鳴らせることに、またもや驚かされます。

お母さんは、萎縮しないようにしようとしています。先生用にあらかじめ考えておいた語り口を思い起こそうとしますが、うまくいっているとは言えません。「憶えておいでかもしれませんけれど、私はいつも疑いを抱いてきました。若い男性をこの仕事に従事させ、……雇うということについての、良識や社会的妥当性ということに……」

ですが、サリヴァン嬢は聞いておらず、ただ歩き回っているだけです。でも、今は部屋の真ん中に立ち止まっています。まるでお母さんがそこにいることに初めて気づいて驚いたかのように、まばたきをしながらこう言います。「ほかの新聞を確認することは考えていませんでしたわ。でも、どの新聞もみんな、今ではこの話を知っていると思います」

動揺しながらも、お母さんの心には、ただ新聞を買うためだけに、サリヴァン嬢が駅までわざわざ歩いていく必要は本当のところはなかったのに、という考えが浮かびます。使用人の誰かを使いに出すこともできたでしょう。確かにここの使用人たちは烏合の衆で、訓練もされてなければ経験もないと、お母さんは思います。それでも、一人ぐらいはきっと、こんな単純な仕事なら任せてもよかったでしょうに、と思うのです。とはいえ、自分で行くというのはまさにサリヴァン嬢のしそうな類いのことです。自らの憤りをあおるために、敢えて自らを苦しめるのです。もう一分もすれば、こうした骨折りゆえに呟き込み始めることでしょう。

「私たちがまずすべきことは、その新聞社の誰かを呼んで、記事の撤回を印刷させることです」とサリヴァン嬢は言い、再び歩きながら何事かをブツブツとつぶやいています。それから足を止め、向きを変え、渋い顔でお母さんを見下ろします。「正確なところ、その記者に何とおっしゃったのです?」

「ええ、息を呑む間もほとんどありませんでした。私は……」。お母さんは、自分の声のなかにむせび泣きのような動揺した響きが高まっているのを感じます。甲高いヒステリックな震え声になっているのです。「すぐに電話を切りました。そうと気づいたときにはすぐに……何かを認めることも、否定することも何もしていません。相手はもう一度電話を掛け直してきましたが、電話を受けるつもりはないと告げるようにポリーに命じました」

「良かった」と、サリヴァン嬢が言います。お母さんは褒められたことに誇りを感じ、頬が赤らむのを感じずにはいられません。それから、その感情は刺々しい憤りにとってかわられます。この女性は、自分を、あなたの母親であるこの自分を褒める権利があると思っているのだということへの憤りです。結局のところ、自分はここの生徒ではないじゃないかと、お母さんは思うのです。ですが、サリヴァン嬢はもう自らのもの思いにふけりながら、顎に手をあてています。「正解ですよ。ということは、相手には実際の裏付け証拠はないということですね。ただ結婚許可書のサインがあるだけで、そんなものは偽造もできます。それに、ほかの誰かだったということだってありえます。確かに、ヘレン・ケラーは、さほど珍しい名前ではありませんし。それに、そうした場所の事務員はひどく注意深いというわけでもありません。一日に百組ものカップルを目にしているに違いありませんから」

その言葉が不意に止まります。お母さんは彼女に目をやり、それから彼女が見ているほうを見ます。そして二人は一緒に、ヘレン、あなたが階段をすべるように降りてくる姿を見つめます。あなたがいつ何時でも降りてくるかもしれないことはわかっていたのに、そこにいる姿を目にしてショックを受けたかのようです。二人は同時に、あなたを目にして、あなたの姿を目にして、あなたがどれほど愛らしいかを目にして、息もつけないほどの気持ちに打たれているのです。綺麗なわけではありませんよ。母親でさえ、すぐにそれは認めるでしょう。ですが、あなたには品があります。あなたには常に品がありました。人々の視線を惹きつける品格です。そしてその品は、今着ているドレスによっても高められています。通常の昼どきに家のなかで着る服よりも新しく、もっと装飾的です。わずかですが、髪もいつもより念入りに整えられているようです。あるいはたぶん、湿った空気が流れ落ちてきた二、三房の巻き毛を渦巻かせ、顔の周りをふんわりと縁取っていただけなのかもしれませんけれど。

彼女たちは、これまで注意を払っていなかったにしても、そう長くはなかったにしても、あなたはここ何週間もそんなふうに見えていたのにもかかわらずです。講演旅行に出ている間は、気づかなかったのは無理のないことです。ツアー中は、身だしなみを整えるよう期待されているからです。ですが、帰宅したあとですら、あなたは異例なほど外見を気にかけ、一日に四回も五回も訊ねていましたね。「私、ちゃんとして見えるかしら？　髪型は大丈夫？　この手袋はこの帽子と合っている？」。彼女たちが突如として気づいたのは、あなたが誰か男性のために装い始めていたということです。自分が視覚的に魅力的で、愛らしく見え、相手にとって目の保養になるように努力をし始めていたのです。

部屋のなかをすべるように歩いてくるあなたを見つめながら、二人ともそれぞれに、いつもと異なるあなたのふるまいの数々を百個ほども思い出します。たとえ些細なことでも、どれも直ちに警戒心を働かすべきことでした。食が細くなっていたし、笑みを浮かべることが多くなっていました。彼女たちのことを、いつもよりもっと度々抱きしめていました。友人たちへの手紙の愛情深さは、あふれんばかりになっていました。しきりに犬たちを抱きしめるようになり、犬が逃れようとキャンキャンと吠え立てるまでやめようとしませんでした。

部屋を横切ってきたあなたは、二人のそばに立ちます。お母さんは、サリヴァン嬢があなたを見つめている様子を見つめています。何の前触れもなく、彼女のその姿の何かしらがお母さんの母性本能を刺激します。ですが、焚き火に近づきたがるヨチヨチ歩きの幼児を母親が遠ざけようとするのと同じ類いの本能です。ですが、自分が言葉をはさむにはもう遅すぎるということをお母さんは知っています。

あなたは先生の近くに立ち止まります。わずかに鼻孔を広げ、ゆったりとした口調で言います。「もうお出かけになったのですか?」

「ええ」と、先生はあなたにつづり、お母さんのために声に出していいます。「新聞を買いにいったのです。どちらかと言うと、痛ましいニュースがありますよ」

「痛ましいニュース」という言葉は、ほとんどあなたたちの間の暗号のようです。悲劇への準備ができるように、彼女はいつもその言葉を用いるのです。彼女がその言葉を使ったのは、あなたが十歳のときに最初の飼い犬のライオネスが死んだことを、そして十六歳のときにお父さんが亡くなったことを伝えたときでした。ですが、あなたの心はどこかほかの場所にあります。「どんなニュースです? ヨーロッパからのニュースかしら? 戦争が……?」

「いいえ、我が国のニュースです」と、彼女は言います。「国内ニュースですよ。誰が結婚しようとしていると思いますか?」

あなたがまず考えたのはジョンのことです。正式に離婚が成立していないのは知っていますが、誰かほかの女性と関わり合いをもち、法的問題に決着がつく前に噂が流れるにまかせるというのは、いかにもジョンらしいことでしょう。彼がビザンチン風の離婚法とブルジョワ的な道徳について演説を一席ぶっているのを想像することだってできます。これがほかの人々についての話でありさえすれば、笑い出さずにはいられないような演説です。ジョンが再婚したのだわ、とあなたは思います。でも誰と? 彼の名がこの家で語られなくなって久しいので、あなたはためらい、ただこう言います。「誰が結婚しようとしているの?」

先生が言います。「あなたですよ、ヘレン」

彼女の両手からぱっと引き抜いたあなたの両手は、今はまるまる二秒間、両脇にだらりとぶら下がっています。それから片腕をさっともち上げて胸にのせると、あなたは顔をゆがめ、驚きを沈黙で表す道化の仮面のような表情を浮かべます。口はぽかんと開いています。眉を上げたせいで、まぶたもひどく上がり、両方の眼球が眼窩から危険なまでに突き出ています。グッド・トライですよ、ヘレン。でもね、身振りには研究が必要です。あなたはこれまでその正しい身振りを一度も目にしたことがなかったから、あの二秒間の躊躇がすべての感情を明らかにしてしまうことを知らないのです。あなたの演技はひどく説得力に欠けているので、お母さんですらこう言わずにはいられません。「信じられないわ。この子がこんなふうに私たちを騙そうとするなんて」

もちろん、こうしたことにあなたはまったく気づいていません。あなたは例の一種の喘いだようなポーズを中断して、先生に訊ねます。「私が、誰が結婚しようとしているのだと思っているのです?」「誰と」と、先生は反射的に文法を訂正し、それから答えます。「ピーター・フェーガンですよ、もちろん」

「ピーター!」と声に出して言いますが、それはむしろ「ピー=ダー」のように聞こえ、そしてそれもあなたの申し立ての助けにはまったくなりません。あなたの脳は、足踏み水車を無限に回すようにめまぐるしく働きます。足踏みを上下に精一杯動かしていますが、どこにも到達できません。あなたがたは、こうしたことについて話し合っていましたね。つまり、あなたとピーターは、このニュースを彼女たちに伝える最善の方法を相談していたということです。あなたも、色々な伝え方の予行演習をしていました。ですが、先生とお母さんのほうが先に自分たちで気づいてしまう可能性は、あなたがたのどちらの心にも一度も浮かびませんでした。

あなたの心中のこうした動きは、いくらか表だって見えるものもあったのかもしれませんが、私にはわかりません。二人とも、あなたの顔を注視しています。お母さんにとっては、あなたが偽りを推し進めようとしていることがいまだに信じられないからですし、そして先生のほうはあなたが慌てるのを見たいからです。最後に、先生はあなたの手をとります。先生が断固としてこう言うときの新しい緊張感を、あなたは感じます。「何が起こったのか話してちょうだい、ヘレン」

ところがあなたは、誰をも、自分自身すらをも驚かすような行動に出ます。あなたは空いた手を上げ、まるですべての指に小さな鈴をつけているかのように宙で振り鳴らしながら言います。「ばかばかしい。ただのばかげた間違いですわ」。それから先生の手を振り払うと、ワルツを踊り始めて部屋中を回ります。あちらこちらの小さな品々に指で触れ、テーブルランプの下のレースを平らにならし、花束をふんわりとふくらませます。こんなふうにあだっぽく否定するという注目に値する演技をあなたが繰り広げるのを、二人は驚嘆して見つめています。

先生は言います。「こんなふうに否定するなんて考えてもいませんでしたよ」

お母さんのほうは、こう言います。「私のベイビー！」

その声の調子のなかにあった悲しみが、先生を振り向かせます。「今は感情的になっている場合ではありませんよ」と、彼女はぴしゃりと言います。

椅子のなかで座り直したお母さんは、もみくしゃになったハンカチーフで両目を軽くはたきます。「では、どうするのです？」と、静かに訊ねます。

「ただ単に、この件について彼と対決しなくてはいけないだけです」

一方、あなたは部屋中を踊り回ることをやめています。お母さんの椅子の少し後ろに立ったあなたは、二人が自分のことを話していると知っています。もはや隠しおおせない空気の流れを感じているか、あるいは二人が言葉を発しようとするときの息の匂いを感じているからです。一方の肘を暖炉の上にもたれかからせたあなたは、自分は何も気にしていないのだという印象を与えようとするポーズをとりながら、いまだ時間稼ぎをしています。空いたほうの手で、屈託のない、でも軽率な質問を空中につづります。「何を話していらっしゃるの?」。それから手を下ろしたあなたは、お母さんが容易に手を伸ばせる位置にその手を待機させます。

ですが、二人は答えません。お母さんはその空中のつづりを見ていないし、先生はわざとあなたを無視しています。おそらくは、自分の怒りを抑えておける自信がないと感じているためでしょう。それに、なぜ彼女たちが答えねばならないのでしょう? だってあなたは、彼女たちが何を話しているかを知っているのですから。

あなたはあの奇妙な呼吸音の混じった喘ぎ声を放ちます。軽い笑い声のように聞こえることを願ってのことですが、そのせいで二人はともにあなたに目をやります。それから、あなたはお母さんの手をとってつづります。「フェーガンさんと私? ばかばかしいだけですわ。彼はそんなことは決してしません……ありえません……。彼は誰かほかの人と婚約したのです」

「何ですって?」と、お母さんはあなたの言葉を声に出して繰り返したあとでこう言います。

「ええ、彼は私にそう打ち明けてくれました。誰かと婚約したのですが、秘密にしておかなくてはいけないのです。その若い女性の家族が認めていないからです」

こうした言葉がいったいどこからやってきたのか、あなたにはまったくわかりません。列車の旅で暇をつぶすために、ポリーがあなたに読み聞かせるのを好んでいる例のロマンス小説からきたのかもしれないと思います。あなたは、そうした物語に本当の意味で注意を払ったことは一度もありませんが、基本的な話の筋はちゃんとわかっていると思っています。どちらかの側に賛成しない家族が常にいて、いつだって秘密を守る必要があるのです。お母さんはこうした雑誌を自分でもときおり拾い読みしているので、この説明を信じてくれることをあなたは期待しています。

「ほかの娘と婚約しているですって？」と先生が言い、鼻を鳴らします。眉を弓なりに上げ、お母さんにこう言います。「「そのほかの娘とは誰なのです？」と、訊ねてください」

「私には言えません。約束したのです……」と、あなたは答えます。

先生はうめき声を上げ、前へと歩み出すと、あなたの手をとります。その手を自分の顔にあて、あなたが彼女の唇を読むことができるようにしてから、ゆっくりとはっきりと発音します。「ですが、記者は、その許可書にあなたの名があるのを見たのです。あなたの名前ですよ、ヘレン」。それからあなたの手を放り出すと、お母さんにこう言います。「おわかりでしょ、彼が彼女に何をしたのか！」

お母さんは、今やすっかり赤面しています。両頬に両手を押しつけて、こう言います。「ああ、大尉（キャプテン）がまだ生きていらっしゃれば」

この嘆きに対して、先生は実際に両目をグルグル回して見せ、それから繰り返します。「この件については、ただ私たちが彼と対決せねばならないだけです。おそらく彼もそれを待っているのでしょう。最初は否定するでしょうけれど」。疲れたようにため息をついた先生はあなたを見つめ、言葉を続けます。

「効果を狙ってね」

その口調がお母さんをさらにいっそう不安にさせます。「どういう意味です？」

「私が言っているのは、そういう男たちには決まった台本があるということです。最初は否定し、そして告白し、それから……」。いかにも軽蔑したという嫌悪感を見せながら、彼女は眉をひそめます。

「それから、何です?」と、お母さんは喘ぎ声をあげますが、訊ねるのすら恐ろしそうです。あなたは、二人の間にいまだ立っています。嘘をつくのにしくじったために、今は進退窮まった状況にあることを知っています。先生の身体から激怒が噴出しているのが感じられます。というわけで、気づいてみるとあなたは、安全を求めてお母さんのほうへとじりじりと身を寄せています。先生のほうは、あなたを真っ直ぐに凝視しています。その両目は赤々と燃え立っているか、ギラギラと輝いているか、あるいは強い感情のあまりに突き出ていることでしょう(目にできることであれば、どんなことでもしていそうです)。顎を硬直させ、唇をきつく結んでいます。それから、彼女は再びお母さんを見ます。「恐喝ですよ、もちろん。ある種の支払いをあてにしていることでしょう」と、彼女が言います。「一回限りであることを望みますね。それと、一生涯の年金でないことも」

「何ですって?」と、お母さんは喘ぎます。「フェーガンさんが? まさかそんなはずは……」

あなたはお母さんの手に手を伸ばし、訊ねます。「先生は何とおっしゃっているの?」

お母さんは答え始めますが、指の動きはためらいがちです。お母さんのつづりが流暢でないことにあなたはいつも忍耐強いですが、今のあなたは突如としてその忍耐を失い、先生がいるとわかっている方向へと飛んでいきます。脇に降ろされた彼女の手をもち上げると、質問を繰り返します。あなたの指の関節と指先が彼女の乾いた手のひらを激しく打っています。ですが、答えはありません。あなたの手を押しのけて、お母さんと話します。「もちろんです。ほかに何があるのです? ほかに何を望んでいると言うのです?」

「何をおっしゃっているの?」と、お母さんが言います。彼に疑いを抱いているにもかかわらず、そんなことはできないと信じずにはいられないのです。

「何をおっしゃっているの（ホワット・アー・ユー・セイイング）？」と、あなたもまた声に出して言いますが、それは「ホワッド・アー・ヨー・ゼイイング？」と聞こえます。

二人に無視されたあなたは、再び手を先生のほうへと伸ばします。ですが、また押しのけられます。子ども時代にあなたを罰したいと思ったときにそうしたように、先生は背を向け、大股で離れていってしまい、それから長椅子の上に身を投げ出します。その動作の勢いに導かれたあなたは、あとを追います。あなたも横に腰を下ろしますが、彼女のほうではあなたから逃れるように両腕を組み、両手を腋の下にしっかりとはさみ込んでいます。不屈のあなたは彼女の顔につづります。「わかりました。本当です。私たちは婚約しています。私は彼を愛しているし、彼は私を愛しています。私には幸せになる権利があるし、愛する男性と結婚する権利があります。私を止めることはできません！」

ですが、先生はあなたのつづろうとする両手をひらりとかわし、上半身を左右に揺すりながら依然としてあなたごしにお母さんと話を続けます。「ほかに何を望んでいるというのです、ああした男が？　ほかのどんな理由でここに来たのでしょう？　私たちを利用するために、食い物にするために来たのですよ」。頭を後ろにさっと引いた先生は、一音節ほど苦々しい笑い声を立てます。「まさか、その記者が自分でこの一件を発見したなどとは思わないでしょう？　もしフェーガンが本当に結婚するつもりだったのならば、ただヘレンをどこかに連れ去ったことでしょうよ」。先生は握りしめていた片手を出し、宙で指を振り動かします。「いいですか。その記者は、たれ込みを受けたのですよ。これは警告です。沈黙を守る代価として、支払いを期待しているのだと私たちに知らせるためのフェーガン流のやり方です。彼が連中に話すことのできる話を考えてみてもご覧なさいな、もし私たちが……」

そこで不意に、何か新しい音が先生の喉から漏れます。お母さんが見ると、手で口を覆っているのがわかります。驚愕を表現するには、先生としては珍しい仕草です。立ち上がった先生は、お母さんの椅子の後ろに素早くやってきて、こう言います。「まさか……ヘレンは……？」。言葉が思うように出てきません。口ごもり、咳の発作の寸前といった様相を見せますが、それから自分を無理矢理に落ち着かせると、椅子の背もたれに片手をのせます。囁こうとするかのように、いったんはお母さんのほうに屈み込みますが、すぐに背筋を伸ばして、はっきりとこう言います。「医者に相談する必要があるでしょうか？」

お母さんには、最初はわけがわかりませんでした。これっぽっちも思ってもいないことでした。それから、お母さんも喘ぎ声を発し、二人はともにあなたを凝視します。そこに座って、いまや両手を膝にのせているあなたを。そして、二人ともに、あなたが階段を降りてきたときに見たその品格に再び気づきます。今、あなたは動揺していますが、それにもかかわらず、彼女たちには依然としてそれが見えます。あなたは実際のところ、光輝いています。頬も紅潮しています。ですがそれだけではなく、あなたの頭の周りには、あなたの全身の周りには、何か光輝くものがあります。二人の思考はめまぐるしく回転します。先生は月数を数え、そして選択肢を比較検討します。銃をとって、その男に誠意のある行動をとるよう強いたほうがいいのでしょうか、それとも……？　一方、今や頬に涙をつたわせているお母さんは、幼少時に熱病にかかる以前のあなたを、幼かったあなたの身体の溌溂とした愛らしさを思い出しています。彼女の両腕に、胸に、痛みが走り始めます。

赤ん坊ですって？　やれやれですよ、ヘレン、赤ん坊とはねぇ！　あなたが私に言おうとしなかったのは、このことなのでしょうか？　自分がなぜこの可能性を見逃しえたのか、まったくわかりませんよ。ですが、この話題について深く考えてきた今となっては、一刻一刻について考えぬいてきた今となっては、ええ、確かに、ほかに何が考えられうるでしょう?

夕刻に

私としては、妊娠に関連した可能性を、あるいは赤ん坊がいたという可能性すらも考慮しなくてはなりません。「ヘレン・ケラーの隠し子」。大衆紙向きの見出しになりますね。というわけで、ここに筋書きがいくつかあります。私が正解に近づいたら、教えてくださいね。

(1)あなたは、次の冬か春のどこかの時点で赤ん坊を産みました。月数の計算ができますからね。この推測を支える事実もいくつかあります。あなたはモントゴメリーの妹さんの家でその数ヵ月を過ごし、その間、公的に姿を表しませんでした。充分に分別のある医者を見つけることもできたでしょうし、あるいはもっと良い方法としては、謝金のためなら喜んで口を閉じておける地元のお産婆を見つけることもできたでしょう。あるいはたぶん、お母さんと妹のミルドレッド以外は誰の立ち合いもないところでお産をしたかもしれません。合併症がなければ、問題はありません。赤ん坊というものは何千年もの間、専門的な医療扶助なしに生まれてきています。その後は、ミルドレッドがその子を預かり、自分の子として育てるのでしょう。もちろん、これは前もって計画されていることです。何もかも計画のうちです。ミルドレッドがお腹に何層にも詰め物をして床につき、訪問客を断る一方で、あなたは自分の寝室に隠れていたのです。

（2）あるいはたぶん、ミルドレッドがそれを望まなかったか、あるいはできなかったのでしょう。あなたは愛情深い性格をもっていることで有名ですから（まあ、その愛情深さがそもそもの問題をもたらしたのですが）、おそらく成長していく子どもから真実を隠すことはできないだろうという恐れがあったのです。そこで、子どもはほかのどこかに送られることが決められます。たぶん、そうした手配をすることにも、身元を隠すことにも、一切の記録を空欄にしておくことにも慣れている私立の目立たない施設が選ばれました。そしてたぶん、これはあなたの同意なしになされたのでしょう。最後のりきみのあと、あなたは自分の身体の一部だったものが引き剝がされたように感じました。両脚の間から誰かがそれをもち上げる前ですらも、スベスベとした新しい生命がのたうつのが感じられました。ですが、そちらのほうに手を伸ばした瞬間、誰かがあなたの背中を支え、また別の誰かがへその緒を切り、同時に別の誰かがその子を包むと、さっと連れ去り、外で待っている誰かに渡してしまったのです。その子をどこに連れていったのでしょうね、ヘレン？　あなたも知っているのでしょうか？　みんなは、子どものいない裕福な夫妻のことを話して、あなたを慰めました。子どもに望みうる限りのありったけの愛情と恵まれた生活を与えてくれる夫妻です。たぶんあなたはその話を聞いて安堵するか、あるいはもっと容易に真実となりえそうな考えに対する楯としてその話を用いたことでしょう。なぜなら、あなたの身体を離れたその赤ん坊は、古い毛布に包まれて洗濯物用の籠に入れられ、どこかの公共施設の戸口の階段におかれるということだってありえたからです。それは教会とか警察署とかの戸口の前で、毛布にはメモが一枚だけピンで留められており、無学な粗雑な筆跡でこう書かれているのです。「私の赤ちゃんをお願いします」

（3）あるいはたぶん、出産の瞬間には、あなたには意識がなかったのでしょう。しばらくたって目が覚めますが、その前に何かを吸引させられていたため、意識は朦朧としていたし、混乱状態でした。そして気がつくと、先生が厳粛な態度であなたの手にこうつづっているのです。「赤ちゃんは死んだのよ、ヘレン。死産だったの」

（4）あるいはたぶん、赤ん坊は本当に死産だったのでしょう。

（5）あるいはたぶん、妊娠は早期に終わったのでしょう。突然の痛みがあり、思わず屈み込んだあなたは身体を二つに折ります。すると重心がずれ、足元の床がすごい勢いで迫ってきます。両脚が崩れ落ち、両膝がカーペットのなかへと沈み込みました。それから、体内で何かが壊れ、そしてそれがあなたをあとに残していってしまうという感覚がありました。

（6）あるいはたぶん、ほかの手段で妊娠を終えたのでしょう。先生は、その方法を知っていました。テュークスベリーの救貧院で成長期のあの四年間を過ごしたことを思い出しましょう。そこでは女たちが語り合い、自分たちの秘密の知識を共有しています。その処置の説明は若き彼女を戦慄させ、「自分には絶対にしないわ」と誓わせたかもしれませんが、その一方でその話には注意を払っていたことでしょう。彼女は生まれつき現実的な人でした。将来使えるように、この情報を胸のなかにしまっておいたことでしょう。

（7）あるいは、たぶん、それはあなたの考えだったのでしょう。ええ、あなたは結婚許可書にサインをしましたが、おそらくはあとで考え直したのかもしれません。あるいは、先生やお母さんが彼を追い払うことをあなたに納得させ、彼は去りました。あるいは、彼は赤ん坊をもつことまで考えておらず、こちらが頼まなくても去っていったのかもしれません。そこであなたは言います。「夫なしに赤ん坊だけで、私はどうすればいいの？　先生は確か……」

(8) あるいは……。モントゴメリーで、あなたの部屋が火事になったあの夜、あなたは本当は何を燃やしていたのですか?
(9) あるいは、何でしょう、ヘレン? 何でしょう?

七月二十四日

ですが、もし本当に妊娠があったとしても、それが中絶でも流産でも、実際に出産予定日までいったとしても、私が確実なことを知ることは決してないでしょう。私は可能性を考慮に入れているだけです。ですが、今は、そのままにしておくことにします。

そして今、このことを考えるのをやめてみると、私の想像していたこの状況があまりにメロドラマ的にすぎたことに気づきました。もちろん、あなたがその男にひどく恋をしてしまい、夢中なあまり無分別なことをしでかすだろうと憶測することで、私はあなたの権利を侵害していますよね。世間知らずで、感受性豊かで、ロマンチックなヘレン。いつだって感情と興奮によって駆り立てられ、容易に導かれてしまうし、容易につかまってしまう大らかな性格のヘレン。そんなヘレンが自分に何がしかの関心を払ってくれた最初の男に惚れ込んでしまった、などと言っているわけですからね。

それにまた、その出来事についてあなた自身が書いたどちらかと言うと慎重な説明をよく読み直してみて、あなたに最初に向き合ったのはあなたのお母さんだけであって、先生と二人一緒ではなかったことに気づきました。そしてお母さんは、そうしたことについて騙されやすい人ではありませんでした。

彼女は、フェーガンのことが好きではありませんでした。最初から彼の意図を疑っており、先生が彼を雇ったことを、メイシーとの別離が先生の判断を損なわせた確かな徴候として見ていたのです。

というわけで、新聞でその記事を読んだお母さんはあなたの部屋に突進し、新聞を振りかざします。あなたは、窓のそばに座って髪を梳いています。扉が激しく開いた衝撃とお母さんらしくない重々しい足取りに飛び上がります。彼女が紙を振り立てる微風を感じとり、それから新聞紙のお馴染みの匂いを嗅ぎわけます。その匂いのほうへ、それからお母さんの手のほうへと手を伸ばして訊ねます。「何でしょう、お母さま?」

両手がひどい興奮のせいで震えているので、お母さんは最初は言葉をつづることができません。あなたは唇を読むために顔のほうに手を伸ばしますが、お母さんは頭を後ろにぐいと引きます。それから、ようやくあなたの手をひっつかむと、こうつづります。「いったい何をしていたの、あの……あの生き物と、ヘレン?」

「生き物?」と、あなたは言います。驚いたふりをする必要はありません。生き物? あなたはお母さんの言葉が意味しているものの手掛かりを求めて、最近の記憶をたどりますが、何も思いあたりません。

お母さんはあなたのそばの窓際のベンチに倒れ込み、そしてあなたはと言えば、新聞が立てるカサカサという音の振動を感じています。お母さんが新聞を平らにならし、それを折って開き直しているのでしょう。不器用に新聞をもった彼女は、関連する文をあなたの手につづります。何か不快な生温かさが、自分のなかから外へと広がっていく感じがして、それがあなたの身体を風船のようにふくらませていきます。あなたはお母さんを非常に深く愛していますが、あなたが彼女に答える必要があるのを最後に感じてから、もう長い年月がたっています。あなたの人生には、お母さんには理解できないことがきわめてたくさんあります。あなたの政治的な意見は彼女を怖がらせますし、先生の結婚後も先生と生活をともにし続けることにしたあなたの決心は、お母さんの道徳的な想定のすべてにたてつくものでした。あなたは、忍耐強くあろうとします。世代間にそうした緊張が生じるのは当然のことです。ですが、いざというときに、あなたの行動や決定がお母さんの意見によって支配されることは、もうまったくありません。

ほかになすべきことがないので、あなたは微笑みます。「ばかけていますわ」と、あなたは言います。「ただの間違いです」

お母さんの両目は新聞のコラム欄をじっと睨みつけていましたから、今や単語がグルグルと回って見え始めています。「そう書いてあるのですよ、ほら、ここに。その記者は現に許可書を見て、あなたのサインを見つけたのですよ。事務員とだって話しています。彼は……」

「間違いですわ」と、あなたはもう一度言います。それから櫛を膝の上に落として、お母さんの手をさすりながら話しかけます。「フェーガンさんと私？　ただのばかげた間違いです。新聞がどんなものかはご存じでしょう。記者たちがどれほどしばしば間違った情報を得るかもご承知でしょう」

「忘れないように言っておきますけれどね、あなたのお父さんも新聞社の人でしたよ」と、彼女はピシャリと言います。「私はばかではありませんよ、ヘレン」

彼女の指の緊張感から、あなたは間違ったアプローチをとってしまったと悟ります。「それはわかっていますわ、お母さま」と言い、とてもゆっくりと、何とかお母さんをなだめようとしてつづります。あなたの指は、彼女の手のひらから感じとれる速い脈拍を落ち着かせようと努めています。「私が言っているのはただ、記者たちはときおり、そうであるべきほどには信頼できないことがあるということです。

フェーガンさんについて噂があることは知っています。彼はこの家に住んでいますし――もうどれほどがたつでしょう――今年の初めからでしたか？　ですから自然なことですわ、誰かが飛躍して……」

多くの娘たちのように、あなたも母親を見くびっています。彼女はあなたの言葉がとぎれていくのを待ちますが、それからゆっくりとつづり返します。「でも、あなたの署名が証明書にあるのよ、ヘレン。偶然の一致なの？　偽造だと言うの？」

「私にはわかりませんわ」と言うあなたの手は、苛立ちを見せ始めています。ため息が出ます。あなたの心は、すでに悩みごとでいっぱいです。今のあなたに最も無用なのは、この種の悩みの種です。どんな記者だって、こんな話を流すのは、たいしたニュースがまったくない日だったからに違いないと、あなたは思います。そして、あなたとフェーガンがただどこかに駆け落ちをしていれば、そしてあなた自身が最初に望んでいたように、どこかで治安判事を見つけて結婚していれば、こんなことは決して起こらなかっただろうにと思います。でも彼のほうでは、自分があなたを誘拐したと訴えられることを心配したのです。皆からの祝福を得たいとあくまで望んでいたのも彼でした。あなたがたのどちらも、報道機関が関わってくる事態を予期していなかったのは本当にお気の毒なことです。「間違いですわ」と、あなたはうんざりしたようにまた繰り返します。あなたの場合、ごまかすということにはまったく想像力が働かないので、そこで自分がついた唯一の嘘に固執してしまうのです。「私の名前がどうして証明書に書かれているのかはわかりません。ただの間違いです」

お母さんは、今ではあなたを注視しています。あなたを、自分の娘を見つめています。三十六歳になってもいまだ生き生きとして若々しく見えるあなたは、淡いブルーの部屋着を着ています。髪が柔らかなスカーフのように身体の前に流れ落ちています。顔色からは何もうかがえません。あなたはいつもの表情で、穏やかに、わずかに微笑んでいます。そのことがお母さんの怒りを再び再燃させます。でもね、ヘレン、なぜ微笑なのでしょうね。少なくとも、いくらかの不安や懸念や何かしらを見せることぐらいはできたでしょうに。でもそうではなかったから、お母さんは不意に立ち上がり、こう言います。「そうね、確かめてみましょう。私自身で彼に訊ねてみます」

あなたもまた立ち上がり、お母さんの手をしっかりと握って、その場にとどめようとします。「駄目ですわ」。あなたがたじろいだのは、ここで自分が起こしたゴタゴタを彼が知ったときに、自分が感じるであろう当惑をとっさに想像したからです。ですが、これはそもそも誰の落ち度なのかとも思います。あなたの望んでいたやり方を通していたならば、二人はすでに結婚できていたことでしょう。「彼はいませんん」と、あなたは急いで言います。「出かけています。十一時まで戻ってきません」

「何ですって?」と、お母さんはくるりと振り向き、あなたと向き合います。全身がブルブルと震えています。「あなたと話をするために、もうここに来たのですか? あなたはまだ着替えさえしていないじゃないですか!」

「お母さま、お願いですから」と、あなたは言いますが、失望を抑えることはできません。「今は一九一六年ですよ。お母さまの少女時代とは違います。この頃では、れっきとした社会慣習に……」とつづりますが、あなたの指は弱々しくなっていきます。この会話を別の議論にすり変えて、母親の古風な道徳心の問題にはしたくありませんし、もうこれ以上ごまかしたくもないのです。

それに、お母さんもこれ以上あなたの嘘を望んでいません。「いいわ、では先生に」と、彼女が言います。「この一切合切について先生がどうおっしゃるか確かめましょう」。そして、あなたの手から自分の手をぐいっと引き抜くと、部屋から急いで出ていきます。お白粉の香りと怒りというかすかなスパイスが後ろにたなびくのが感じられます。

あなたもそのあとをついていきます。先生の反応も恐ろしいですが、でもそれよりも、むしろ下手なことをしでかしてしまった自分自身にもっと苛立っています。「お母さま、お願いですから！」と懇願しますが、声に出た言葉は何か「ムド＝ター、プウィーズ！」のように聞こえます。発声するための充分な息がこめられていなかったからです。

先生はまだベッドに横になっています。そこでまる一日を過ごすのでしょう。折りたたんだ布を目の上にのせています。ブラインドとカーテンを引いて日光を遮り、ランプをひとつつけてはいますが、光を弱めるためにシェードの上に茶色いショールをかけています。空気は湿っぽく、メンソールと樟脳と、そして彼女が自ら調合した生薬やら万能薬やらといった無数の薬品の匂いで目眩がしそうです。

あなたがたが部屋に入ってきたときの騒動を耳にした先生は、難儀そうに顔から布をもち上げます。

「いったい何事です？」と言う彼女の声は弱々しく、不満げです。

家庭内のほかの誰もと同じように、お母さんも先生のこの新しい病いに怯えを感じることがあります。それが新しいからというわけではありません。ただ、この最新の病いの発症は、何かそれ自体に芝居じみたところがあったからです。あなたは戸口でお母さんのすぐそばにいて、そのためらいを感じます。そこでお母さんの手をひっつかみ、急いでつづります、「お母さま、お願いです。こんなばかげたことで先生を困らせてはいけません……」。ですが、すでにはずみのついていたお母さんはその勢いのまま、あなたの手を振り払います。頭上高くに新聞をかざして振り回します。パリっとした紙がカサカサと音を立てます。それから、大きく弧を描くようにその新聞を振り降ろすと、先生の膝の上に放り落として言います。「さあ！　ご自身で読んでください。独身の男をこの家に入れれば、こんなことが起こるだろうと、あなたに言いましたよね」

先生はお母さんをじっと見つめます。それから、ゆっくりと苦しげに、まるで大理石をもち上げるかのように新聞をもち上げます。空いた手でナイトテーブルを手探りします。「読むには……」と言う彼女の声は、喉にこもってかすれています。「眼鏡が……」

お母さんは、薬瓶の間に埋もれた眼鏡のほうにとっさに手を伸ばします。ですが、あまりにじれったかったためにまた新聞を取り戻し、ナイトテーブルのランプのスイッチを入れます。それから自分で記事を声に出して読み上げると、その新聞を再び先生の膝に落とします。前の身振りの繰り返しですが、ほとんど勝利感を誇示するかのようです。

お母さんのこうした身体の動きや、重苦しい空気のなかで新聞が立てる微風から、あなたはこの事態をすべて追っています。どうしていいかわからないままベッドのそばをうろうろして、それから脚の片側をマットレスに押しつけ、感じとれる限りのあらゆる動きを感じとろうとします。

先生は、重々しくため息をつきます。「ヘレンは何と言っているのです?」。それから先生がマットレスを軽く叩いてくれたので、あなたは喜び勇んでそばに座り、手に質問をつづってもらおうとします。

あなたは例の偽りの笑いのような奇妙な喘ぎ声をひとつ発し、二人をギクリとさせます。それから「ばかげていますわ（イッツ・シリー）」と声に出して言いますが、それはまた「イッツ・チリー」といったふうに聞こえるのです。

先生はベッドのなかで重たげに動きます。眼鏡を見つけ、新聞をもち上げ、自分でもう一度読みますが、文字を追うためには痛々しいほどに目を細めなくてはなりません。彼女の動作を実際に目にできるお母さんにとってすら、永遠とも感じられるほどの長い時間がたったのち、先生は荒い鼻息を出して、それから顔の前に新聞をもったまま、声に出して読み上げます。「ケラー嬢のサインは、盲目の人々によって一般に用いられる生硬な四角い書体で書かれていた」。新聞を下ろした先生はお母さんに向かってまばたきをし、説明します。「おわかりでしょう？　ヘレンのはずはありません。ヘレンのサインは生硬ではありません。私にはわかります！　私たちは、あれほどたくさんの練習を積んできたのですから」

あなたの訓練に対するいかなる批判も自分への侮辱だと感じるのは、先生の典型的な特徴ですからね。あなたの手につづりながら、先生は声に出して言います。「この記事にあるようなことは何もありませんね、ヘレン？」

「ありません」。あなたはそうつづり返し、口でもこの言葉を発します。でもね、先生が怒っていないことを喜ぶあまり、あなたは彼女に話をすることになっていた計画を忘れていますよ。その計画では、先生の心配を取り除いてから、婚約の承認をもらうことになっていました。「少しずつ進めるのですよ」と、ピーターは言っていましたね。少しずつヒントを与えていき、結婚したほうがあなたの利益になる点を数えあげていき、それと同時に彼のもつ多くの長所に触れ、そうすることで徐々にこの結婚という考えが先生自身の考えだと思うようにさせる計画でした。それをこんなふうに全否定してしまったことで、事態を自らより難しくしてしまっただけなのだということを、あなたは今や悟ります。なぜなら、こうなったからには、自分が嘘をついたことを白状しなくてはならないからです。

「ほら、そうでしょう？　ただのばかげた間違いですよ」と先生は声に出して言いながら、あなたの手にもつづります。「あとでフェーガンさんに電話をさせ、撤回の記事を載せさせましょう。おそらく、記者は解雇されるでしょう」。これを聞いてあなたの胃がギュッと締めつけられます。罪のない人があなたのせいで職を失うかもしれないと考えると、ほとんど叫び声を上げそうになります。先生がそう言った理由は、そこにあったのかもしれません。彼女は、あなたを一心に見つめています。指の付け根のふくらみは、あなたの手のひらの皮膚の変化を測っています。彼女は続けます。「ヘレンは、こんなに重要なことで嘘をついたりはしません。そうでしょう、ヘレン？　あなたは私に決して嘘をついたりはしないでしょう？」

微妙な緊張感が先生の指に生じているのが、あなたには感じられます。あらゆる音節を強調するように、彼女はゆっくりと力を込めて言葉をつづっていきます。一分前にあなたをすっかりふくらませていたあの奇妙なガス状の生温かさは、今やすっかりしぼんでしまい、恐れという薄ら寒い戦慄へと凝結しています。この女性とほぼ三十年の間、ほとんど絶え間なく一緒に暮らしてきたあなたは、彼女の様々なムードを全部知っていると思っていました。ですが、これはあなたにとって新しいものに感じられます。初めての危険なものです。

先生のもつ多くのムードをそうよくは知らないお母さんですらも、彼女の声の内にあるその何かに気づいています。最初にちらっと先生を見て、それからあなたに目を移し、また彼女へと戻します。「では、あなたはヘレンを信じるのですね？」と、お母さんは自信なさそうに言います。

「もちろん、信じますとも」と、先生が言います。「ヘレンは私に嘘をついたりは決してしません」。この言明の繰り返しを聞いて、あなたは手を引っ込めたくなります。でもそうできる前に、先生はあなたの手首をつかまえて、羽根布団の上に押しつけて身動きできないようにしています。

お母さんはこの動作に気づきますが、それが何を意味するのかまではわかりません。先生の顔を見て、目を合わせようとします。ですが、先生の側の注意はすべてあなたに集中しています。あなたは完全に動けなくなっています。身体は不自然な角度で先生のほうに屈み、そしてあなたの手は彼女の手にしっかりと押さえ込まれています。この様子をすっかり見ていたお母さんは、自分が閉め出されているように感じますが、これは彼女が実にしばしば感じていることです。自分が除外されている、あなたと先生の間の絆の強さのせいですっかり消し去られてしまっている、という感情です。この頃までには、もうこれにすっかり慣れてはいますが、いまだに腹が立ちます。咳払いをして、こう言います。「そう、あなたは信じるのですね……」

先生は空いたほうの手を上げ、お母さんに沈黙を促すと、その上げた手で煙をあおぐかのように空気をさっと払います。「今は、私たちだけにしていただいたほうがいいでしょう」。その命令的な言い方は、いまだにお母さんを苛立たせるものですが、その苛立ちの理由はたぶん、それにどう立ち向かっていいかが自分には決してわからないという、まさにその点にあるのでしょう。「ヘレンと私で、今からこの件について話します」

お母さんは口を開き、そしてまた閉じます。向きを変えて出ていこうとしますが、もう一度振り向いて、先生に向けて指を振り回します。「私は、あの男にこの家から出ていってほしいのです。彼が何をしたか、あるいは何をしなかったかは、私にはどうでもいいことです。これはただ正しくありません。出ていってほしいのです」。それから歯をくいしばって忍従の表情を見せたお母さんは部屋を出ていきます。

二人の間でどんな言葉のやりとりがあったかはわかりませんが、扉が閉まったのを感じたあなたは、今はもう先生と二人きりだということを悟ります。と同時に、先生はあなたの手を放して、枕にもたれかかります。一瞬、あなたは完璧に途方にくれています。彼女のこの新しいムードが、あなたには理解できません。そのムードを理解したと思うやいなや、それは溶けて、あなたの指をつたってしたたり落ちてしまうのです。本当に、自分を信じてくれているということがあるのだろうかと、あなたはいぶかります。でも、そんなことはありえません。先生は待っているのです。どんよりとした空気が、何かを期待して待つムードに満たされています。そしてあなたは、先生のほうから最初に話し出すことはないことを知っています。一秒、それから十秒、そして二十秒と待ってみます。ですが、待つことにかけては、自分より先生のほうが優れていることはわかっています。あなたはついに、彼女の手を見つけて言います。「どうやって知ったのですか?」

「イアンが話してくれました」と、彼女は静かに言います。イアンは、コックとして雇っているロシア人の少年です。あなたの家庭内のスタッフを構成するのは不適任者ばかりで、慈善事業のたまものとも言うべき趣ですが、彼も今のところはその長いリストに連なる一員です。そのような風変わりな家庭のために働く気持ちのある有能な手伝いを見つけるのは難しいので、あなたがたが雇うメイドはすべて赤ん坊を連れているか、あるいは赤ん坊を産もうとしているのだと、あなたも思うようになっていましたね。運転手はタイヤを換えることができず、車をバックさせることにも迷信深いです。イアンの英語はほとんど理解できませんし、彼の料理も同様に食するのは難しいです。ジャガイモやキャベツをゆでるぐらいは上手にやりますが、ほかの料理をつくろうという気持ちはほとんどありません。ですが、彼は先生に対してとても献身的です。彼女を「私の女主人（マイ・マダム）」と呼び、見かけるといつもお辞儀をします。彼女は彼を面白い子だと思い、彼の英語も料理の腕も向上していると主張しています。

「イアンが?」と、あなたは言います。

「ええ、あなたとフェーガンが一緒にいるところを見たと言うのです」

一緒に、とあなたは考えます。この「一緒に」は、何を意味しているのでしょう? 正確に、イアンは何を見て、そしていつ見たのでしょう？　鍵穴から覗いたのでしょうか？　こんなふうに考えると、苛立ちの小さなさざ波が広がります。ピーターは目も耳も健常な人です。イアンが近くに潜んでいることを見逃したとき、彼は何をしていたのでしょう？　あなたがこう考えている間も、先生が言葉を続けます。「ですが、私は私の目の真ん前でまさに起こっていることを、イアンに教えてもらう必要はありませんでした。私は盲目ではありませんよ、ヘレン。彼がどんな目つきであなたを見ているかは気づいていましたから」

これは、あなたの不意をつきます。何かゾクゾクするような震えが生じますが、それは忍び笑いのような何かです。自分が再び少女に戻ったように感じます。ソワソワとした多感な少女で、あなたが実際にそうだったことは一度もないタイプの少女です。その少女は、彼が自分を見ていたときの眼の内に、先生が目にしたのはいったい何だったのかを話してほしいと強く願っています。彼の顔には、彼の眼には、正確にはどのような表情があったのでしょう？　彼がどう思っているかを、そこまで確信をもって先生に知らしめた表情とは、いったいどのようなものだったのでしょう？

先生は、そうしたことをどう叙述するかを知っています。先生は、描写することにかけては実に豊かな才能をもっています。そして、先生自身が言うように今は盲目ではありませんが、かつて盲目だったことがあり、したがって盲目の人々が一番知りたいと思っているのは何なのかを正確に知っています。だからこそ、あなたは彼女に訊ねたい、細々としたことを聞き出したいと切に願うのです。

ですが次の瞬間には、心を鬼にして自らのその熱望を諦めます。先生がどんなふうに取り引きをするかをあなたは知っています。これは、あなたに必要以上のことを認めさせるための罠です。彼女はこの話をあなたの前にちらつかせますが、その誘惑には抵抗しなければなりません。

それで、あなたは質問をしないままとどまります。ため息をついて、こう言います。「先生が考えていらっしゃるようなことは何もありませんわ。あなたに何も告げずに私たちが逃げようとしていたなどということはありません。私たちはただ、あなたの健康を心配していただけです。心をかき乱したくなかったのです」

彼女の鼻から激しく息が吹き出されるのを感じたあなたは、彼女が嘲るように鼻を鳴らしながら、こうつづっているのだということを思い知ります。「ええ、それは見事に心をかき乱してくれましたよ！」

先生は、あなたに休みを与えてはくれません。ついさっき、そんなことは何日も前から知っていたと言いながら、今はそのニュースにショックを受けたふりをしているのです。あなたは再びため息をつきます。「重要なのは」と、あなたはむしろ自分自身のためにきっぱりと言います。「私が先生に自分で説明したいと望んでいたということです。母や新聞が関わってくるとは思ってもいませんでした」

「だったら、正確なところ、何を私に説明しようとしていたのです？」と彼女は訊ねますが、その手は苛立ちでこわばっています。指の付け根の骨張ったふくらみが荒々しく突いてくるので、そのたびにひどく強い痛みに襲われます。「あなたがこの男にどれほど狂ったように恋をしているかを？　彼なしでは生きていけないかを？」。彼女はあなたの手に言葉を叩き込みながら、あなたを嘲り、あなたの手のひらを嫌味たっぷりに汚しているのです。それで、あなたは手を洗いたいと思います。

さて、これは今のあなたが最もしたくないことなのですが、気がつくと、かつて彼女が愛について語ってくれたことを思い返しています。もう何十年も前に、あなたがまだ子どもで、こう訊ねたときのことです。「愛とは、太陽のようなものではありませんか？　雲から現れた太陽の光が肌や髪を温め、そして緑の木々や草を真っ直ぐに成長させるようなものではありませんか？」

すると彼女が言いました。「いいえ、ヘレン。愛とは雨です。雲が太陽を覆うときの涼しさです。それは新鮮な空気の匂いと、乾いた地面に最初の雨のしずくが落ちたときに生じる独特の匂いであり、そして激しく飛び散って大地を潤すいっぱいの雨粒なのですよ」

そのときのあなたは知りませんでしたが、この愛の定義のやりとりは、あなたがた二人の間の根本的な違いを明らかにしています。あなたは恩恵を受けた子どもでした。日のあたる家があり、召使いたちがいて、綺麗なドレスを着て、子馬と子犬たちも飼っていました。ロマンチックな理想主義をもつ贅沢が許される立場にありました。愛とは、思いやりのこもった世話であり、奇跡を起こす力をもった素晴らしいものに違いないと信じることができました。ですが彼女は、早くから苦難に満ちた人生経験を積みながら育ってきました。彼女が少しでも愛という概念を心に抱くことができたならば、それはより厳しい種類のもの、苦労して手に入れた生き残りの問題でしかありえなかったのでしょう。

愛、とあなたは考えます。あなたが今一番したくないことは、その古い議論を蒸し返すことです。ですが、その子どもの頃の会話の思い出は、あなたを優しい気持ちにさせます。あなたは彼女の手をとって、自分の両手のなかに抱きます。知る限りの穏やかなつづり方で言葉を形づくります。「愛が問題なのではありません、先生」

私は、これがあなたに言うことのできた言葉だったと思っています。あなたは今はもう大人の女性で、感傷的な子どもではありません。あなたにはまた分別も思慮深さもあります。あなたがこの男性について感じていたかもしれないこと、あるいは感じていなかったかもしれないことが、必ずしもあなたの計画を導き出したというわけではないでしょう。

先生は再び鼻を鳴らします。「あなたたちがそれについて話していたのではないと、私が信じるだろうと思っているの?」

あなたはただ肩をすくめます。肩をすくめた意味は、「私たちが何を話していたかは、重要ではありません」ということです。

あなたが何も言わない以上、彼女は続けます。「ああ、ヘレン! 彼があなたを望んでいるのは、あなたがそんなにも得がたい存在に見えるからだけだということがわからないの? ひとたびあなたを手に入れれば、彼は飽きてしまい、あなたを捨てるでしょう。男たちがみんなそうするように」

この言葉は意図されていた通りに、あなたの心を傷つけました。今この瞬間もあなたを傷つけていますが、これから来たるべき何年も何十年もの間も、傷つけ続けることになるでしょう。彼女がそれこそ瞬時にして、この男性も、あるいはほかの男性も、あなたに対して本当に心からの感情を抱くかもしれない可能性など決してないのだと、却下したからです。誰かが実際に本気であなたを愛してくれるかもしれないことを、誰かがあなた自身をあなた自身として望んでくれるかもしれないことを信じるのは、本当にそんなに難しいことなのでしょうか? 握りこぶしをつくったあなたは、指を引っ込めることで彼女との接触を絶ちます。ですが、あなたは彼女を怒らせたくないし、それに今回は話をそらさせたくもありません。あなたとピーター・フェーガンの間にあるものも、あるいはないものも、彼女にはまったく関係ないのです。あなたは手の緊張をゆるめ、静かにつづります。「私たちが結婚することには、実際的な理由がたくさんあります」

「実際的な理由?」と、彼女は激しく返してきます。「正直に言うと、ヘレン、あなたはひどく世間知らずです。もちろん、彼には実際的な理由がありますよ。彼は何者です? 何者でもありません。彼にとっては得ることばかりでしょうよ」

これには微笑を浮かべずにはいられません。「まるで、私がたいそうな女相続人みたいじゃありませんか」と、あなたは言います。「もし彼の望んでいたものがお金なら、もっとはるかにいい方法がありましたよ」

「私にそんな口調はとらないで！」と彼女は言いますが、それはあなたの論理に降参したくないときに、彼女がいつも口にする言葉でした。「あなたは突出した著名人ですよ。演説者としても引く手あまたです。ほかの講演者たちがもらう講演料に関して、彼の意見を聞いたことがありますよ。「もちろん、もし我々がもっと鈍感で、先方の要望にもっと応じようと思えば、もっと……」」

あなたは彼女の手をひっくり返して、言葉をさえぎります。「先生、彼はそんな人ではありません。彼がそんな人ではないことはご存じでしょう」。それから言葉を止め、そして彼女があなたを本筋から外れさせようとしているのだと感じます。「私たちは互いに理解し合っています」と、あなたは最後に断固として言います。「確かにあなたに相談しませんでしたが、その理由は……」

「私に相談しなかったその理由は、私が反対するのを知っていたからですよ」と、彼女は結論づけました。彼女の両手は、真新しい紙と同じぐらい乾いています。彼女は一つひとつの文字を、一番最初にあなたにアルファベットを教えたときと同じように正確につづります。「そして」と、彼女はよりいっそうゆっくりと、そしてよりいっそう慎重に言葉をつけ加えます。「あなたには、私が反対するのは正しいのだとわかっているのです」

彼女がこのような態度をとるとき、あなたは怯えを感じます。あなたはその怯えを、漠然とした吐き気として、そして頭皮の下のキリキリとした痛みとして感じます。ですが、彼女が思っているよりも、あなたはタフです。あるいはもっと正確に言えば、彼女はあなたがどれほどタフかをよく知っていますが、ときおりそれを忘れるのです。なぜならあなたは通常は、平和を守ろうとする傾向がより強いからです。「あなたが反対しているのは結婚ですか?」と、あなたはゆっくりとした慎重な身振りでつづっていきます。「それとも、彼のことですか?」

彼女は、この問いにギクリとします。彼女の手の小さな震えとして、それが感じられます。良い質問ですよ、ヘレン。彼女がそれに率直に答えるためには、何事かを認めなくてはならないでしょう。なぜなら、この会話の背景には、もう一人の男性ともうひとつの結婚があるからです。ジョン・メイシーと、彼と彼女が結婚したこと、そしてそれがあなたの人生にとってどんな意味をもっていたかということです。ですが彼女は、訊ねられた質問に答える必要も、あるいは二人がともにそこにあると知っている言外の意味に気づいている様子をあなたに見せる必要もないと思っているようです。彼女は、ただこう言います。「私が反対しているのは、あなたがこのようなかたちで私たちの生活にこの部外者をもち込むことができると思っている、という事実に対してです。前もって知らせるという普通の礼儀すら払うこともせずにね。私は使用人たちから、そして新聞の記事から、これを知らなければならないのですからね!」彼女の指は、今や小刻みに震えています。あなたは、彼女が震えるふりができることを知っています。事実、あなたは今もそう疑っています。ですが、ふりであろうが、本当であろうが、これはいい徴候ではありません。彼女は、こんなふうに興奮してはいけないことになっているのです。彼女の呼吸が短く、浅くなっているのが感じられます。彼女の循環器は状態が悪く、心臓も良くありません。「先生」と、あなたの手が彼女の両手に語りかけます。「もしもう少し時間をくだされば、お話しできたのです……」。その刹那、あなたは両手を回し、彼女を自分の胸に抱きしめたいと切に願います。あなたは、愛情表現として、そんなふうに人をしっかりと全身で、いわばフルコンタクトで抱きしめたいと思う人ですね、ヘレン。言葉で伝えられないものを伝えるために身体で触れ合うことの力に、それほどまでに信頼をおいているのです。まず彼女の手をさするか、髪を梳いてあげるか、オーデコロンを使ってこめかみをマッサージしてあげるかして、そのあとでこの問題について穏やかに説得をしたいと心から望んでいるのです。

ですが、あなたには、この議論がどこに向かおうとしているかがわかっています。あなたは長年にわたってこの女性と充分に議論を重ねてきたので、遅かれ早かれ、彼女が自分の秘密兵器という手段に訴えることがわかっています。それはあなたには応えられない、そして抗弁もできない彼女の側の一方的な声明です。そして、案の定、それはやってきます。彼女はまるで王位に就くかのように背筋を伸ばします。そしてあなたの手のなかの彼女の手は、言葉をつづるというよりはむしろ、電気ショックを与えるようなメッセージを伝えてきます。「あなたのために私は人生を犠牲にしてきたのに、これがあなたの私に対する報い方なのですか?」

この言葉を彼女があまりに何度も、そしてあまりに多くの異なる状況のもとで言ってきたため、あなたはいつかこれに慣れるだろうと思っていました。ですがその言葉は、どんな反応の仕方も閉ざすものでした。「犠牲にして」と「報い」という言葉が、特に容赦のないものです。その言葉があなたの手のひらに深い溝を刻み込み、そこにある柔らかな神経を激しく打ちます。

彼女は、もう一度言います。「あなたのために私は何もかもを犠牲にしました。何もかもですよ。私がいなければ、あなたはどうなっていたのです?」

心臓が大きくふくらみ、激しい動悸が肋骨を打ちつけるのが感じられます。鼻の後ろの骨洞が締めつけられるのを感じます。喉に涙の味がします。涙――あなたが今最もしたくないのは、泣き出すことです。気をしっかりもつ必要があります。きっぱりと言う必要があります。彼女が何を犠牲にしたかは知っていることも、そして彼女の「私がいなければ、あなたはどうなっていたのです?」という質問は、あなたが絶えず自ら考えていることなのだということも。あなたはどうなっていたのでしょうか? あるいはもっと肝心な点は、あなたはこれからどうなるのでしょうか? なぜなら、それが今の問題だからです。あなたは三十六歳です。彼女は五十歳で、そして体調が思わしくありません。彼女の目が良くなる方向へ向かうことは決してないし、何度手術を受けても同じことです。そして頭痛があり、失神の発作があり、神経の痙攣があります。そして今は、この新しい呼吸器の疾患があって、これは結核かもしれないし、そうでないのかもしれません。このどれもが、良くなることはないでしょう。あなたは彼女の重荷を軽くするために、ほかの人たち、つまりポリーやお母さんを、そして今はピーターを動員しようとしてきました。でも、常に先生が、あなたではなく先生が、その人たちのすることに必ず間違いを見つけるのです。彼女は、すべての校正を自分ですると主張し、誰かほかの人が二度の校正を終えたものですら譲りません。ひどく不平を言うようになり、執拗に人のあら探しをするし、過度に神経過敏です。誰からでも、どんな些細なものでも、何か軽蔑を受けたと感じると、それだけでひどいむかっ腹を立てます。こうしたこともまた、どれも少しも良くなることはありません。というわけで、あなたが彼女なしでどうしていくかという問いは、あるいはこの怒りっぽく、扱いにくい新たなヴァージョンの彼女とこれからどうやっていくのかという問いは、絶えずあなたの気がかりになっています。

そして、まさにこの問いを考えていたその日、ピーターがあなたを見つけたのでした。タイプライターの前に座り、建前としては新しい講演の構成を組み立てているようでしたが、実のところあなたは、まさにこの問いを心の内で何度も何度も思案しながら座っていただけだったのです。

すると、彼が言いました。「想像で言うのをお許しください。でも、あなたは悲しそうに見えますよ。ケラーさん。何か問題でも？　何かぼくにできることがありますか？」

こう言ったときの彼の手の優しさに、あなたは気持ちをとても動かされました。あなたは彼がそう言ってくれたこと、気づいてくれたこと、その純然たる事実に感銘を受けたのです。なぜならほとんどの人々は、ただあなたの健気な快活さや、絶え間なく顔に浮かべた微笑みだけを見て、まるであなたにはこの世に心配事など何もないかのように見ていたからです。あなたは、自分の周りに何か温かくて豊かなものが湧き上がるのを感じましたね。海の引き波のように、それはあなたを前へと、彼の方へと押し流し、彼が示してくれたその思いやりに降参するようにと強いてくるのです。そこであなたは、これを否定しなければと反射的に思う気持ちと格闘して応えます。「ええ、悲しいのです。先生のことが気がかりです。これから起こるだろうことを心配して……」

まるでその言葉のつづり方を知らないかのように、あなたは「心配して」という言葉のところで躊躇しました。あなたは、ほんの少しでもネガティヴなことを表明するのにまったく不慣れでした（そして今も不慣れです）。ですが、彼はあなたにその文を終えさせませんでした。まるであなたの心の内を実際に知っていたかのように。「わかっていますよ」と、彼は言いました。「気がついていました。そして、ぼくもまたそれについて考えてきました。そしてあなたに知っていていただきたいのですが、ケラーさん、あなたはぼくを頼りにできるということをご承知おきいただきたいのです。あなたのために喜んでしたいことが本当にたくさんあります。あなたの執筆だって、もっとお手伝いができます。講演会で通訳もできます。ぼくにできることは……」

彼はあなたより若く、あなたに対してどこか畏敬の念をもっています。結局のところ、あなたは有名人なのです。あなたを見るために人々は講堂を埋め尽くします。大統領や名高い作家たち、傑出した聖職者たちとも文通をしています。彼はあなたのために、そうした人々からの手紙を読み上げます。その日、彼のその恭しい敬意は、あなたには嬉しく感じられました。主人を心から愛する若々しい犬を思い起こさせましたね。「ええ、あなたのお仕事は、大きな助けになっています」と、あなたは言いました。「ですが、ただ仕事だけではないのです」と、彼は言いました。「ケラーさん……ヘレン……」。それから、彼の言葉というよりも、彼の一方の手があなたの手首の内側の敏感な肌の上を柔らかくすべる感触のせいで、彼がもう片方の手でつづっている言葉の意味は失われてしまいました。「ヘレン、知っておいていただきたいのですが、あなたはこれを一人でやりぬく必要はありません」

それから、あなたの心の内では、彼に先んじて考えが進められました。あなたは、すでに心のなかで先生宛ての手紙をタイプしていました。なぜなら、文章にして書くほうが常にうまく自分を表現できることを知っているからです。「これは先生が考えていることとは違います。先生から離れようとしているわけではありません。私たちにとって、これがずっと一緒にいるための方法なのです。ジョンとはうまくいかなかったことはわかっています。でも、この男性とならうまくいくはずです。そうなるとお約束します。それが私にとって、あなたの世話をし、あなたに休息をとってもらう方法なのです。こんなにも長い年月の末、あなたの払ってくれたすべての犠牲のあとで、幸せに暮らしてもらうための方法なのです」。あなたは、この「犠牲」という言葉を自分のほうが先に使おうとさえ計画していました。そうすれば、彼女があなたに対してその言葉を使えないからです。

これがその計画でした。でも、今はそんな自分自身のことが笑えてしまいます。ばかげたことをしたものだと思います。まるでこの女性を相手に、本当に何かを計画できると思っていたかのようです。それでもあなたは、これまで考えていたことのいくらかを、今ここで何らかのかたちで言うのです。彼が「あなたを愛しています」と言ってくれた事実と、あなたもまたその同じ言葉を彼に返したかもしれないということは、注意深く省きます。あなたはただの人間です。一度に何人もの人を愛することもできますし、本当は愛ではないかもしれない何かを「愛」と呼ぶこともできます。誰でもそうであるように、あなたの動機も曖昧ですし、あなたの欲望も、これまで「あなたを愛しています」という言葉を言ったことのあるほかのいかなる人間の欲望と同じほどに複雑なだけです。

あなたは今、愛をめぐるあの古い議論を蒸し返そうとはしていません。ただ、目の前にある問題に対する実際的な解決方法として、その事実を提案しようと決めています。うまくこれを機能させることができる、すべてのバランスを保ち、誰もを幸せにできると確信しています。「何もかも彼に説明しました」と、あなたは言います。「彼は私たちの間がどのようなものかを理解しています」。あなたは一分間に百語の言葉をつづっています。彼女が何かしらを応える前に、その手のなかにすべての言葉を記そうと必死だったのです。「彼は理解しています。受け入れています。自分が決してそうなれないことを知っているのです。私にとってあなたが……」

「ジョンとうまくいかなかったことが、なぜこの男とならうまくいくというのです?」と彼女は言い、ついに彼の名前をもち出します。「ジョンとの間で起こったすべてのことを考えれば、もっと分別をもつべきです。あなたが私に彼と結婚するようにと奨めるのを、そもそも私は許すべきではなかったのです」。あなたはこれにたじろぎます。またもや、すべては自分のせいなのだということが突如としてわかったからです。「ジョンとの結婚は、最悪の間違いでした。私たちが……」

「でも、私たちはその間違いから学んできました」と、あなたは言います。「ジョンのときの問題は、私たちが充分に正直でなかったということです。ピーターは違います。彼は事態を理解しています。私は彼を信じます……」

突如として、彼女の手が引き抜かれ、そして腰の下のベッドが激しく振動します。咳き込んだ彼女の熱を帯びた不規則な息遣いと、発作のせいで痙攣する身体の揺れが感じられます。両腕を絶望的なまでに激しく動かした彼女は片手であなたの肩をつかみますが、すぐに離します。手際よくナイトテーブルに手を伸ばしたあなたは、山と積まれた薬瓶から小瓶を選び、それから彼女が折りたたんで額にのせていた布を見つけます。瓶の栓を引き抜いて、中身を布の上に注ぎます。ガスが涙腺を刺激しますが、息を殺したあなたは先生の鼻と口にその布を押しつけます。彼女を近くに引き寄せ、空いた手で彼女の喉をさすりながら、痙攣の発作がなんとか過ぎ去るのを待ちます。

あなたはこうした処置の一切を落ち着いて、専門家のように行ないます。あなたがたの議論は、今ではいつもこんなふうに進みます。かつての彼女は、議論がこの段階まで達すると、自らの言葉を検閲する能力を一切失ったものでした。彼女はひどく憎しみに満ちた、相手を傷つける残酷な言葉を言うことができましたから、あなたのほうでは、言われたことを後のちまで憶えておかないようにすることを学んだのでした。彼女は、あなたを泣かせることができました。死んでしまいたいと思わせることも、そもそも自分の人生のなかに彼女などやってこなければよかったのにと思わせることもできました。ですが、嵐が去ると、いつも詫びて、髪を軽く叩いてもとの状態に戻すと、こう言うのです。「なぜ、こんな悪い心持ちに陥ったのかわからないわ」。でも今では、何もかもが違っています。今では、咳の発作に陥るか、あるいは頭を抱えて左右に揺らし、大気をつんざくように高い嘆きの声を発するので、あなたは顔の骨でその振動を感じられるほどなのです。

あなたを操るために先生が様々な疾患を使っているのだと、そんなふうにあなたが非難していると言っているわけではありませんよ。ただ、あなたは、これが彼女と一緒の人生のかたちなのだという事実を受け入れているのです。彼女の手が、あなたの手に触れます。あなたは彼女の顔から布を外します。彼女はあなたから布をとり、きちんと折りたたみます。あなたはナイトテーブルの所定の位置に小瓶を戻し、ほかのどの瓶も倒れていないかを注意深く確認します。あなたは膝の上で両手を組みます。眉をひそめ、唇をきつく結びます。あなたのなかの一部は依然として、自分が抱いていた計画を彼女に理解してもらえると思っています。機会を半分だけでも与えてくれたなら、説明することもできるはずです。でも、それからあなたはため息をつき、手を彼女の手へと伸ばして言うのです。「どうしたらいいか言ってください、先生」

「あなたがしなくてはいけないのは」と、彼女が言います。「それは無理だと彼に言うのです。何を言うかは重要ではありません。彼を愛していないと言いなさい。彼の人生を破滅させたくないのだと言いなさい。好きなことを何でも言いなさい。それは重要ではありません。それから、お母さまとモントゴメリーに行くのです」。お母さんのことを言われて、あなたの手が飛び上がります。それを感じた彼女が言います。「ええ、あなたのお母さまは問題になるでしょう」。あなたの手のひらのなかでトントンと指を打ち、しばし考えていた彼女がこう言います。「こうしましょう。今のところ私たちは、あなたとフェーガンの間には何もないというふりを保つことにしましょう。さもなければ、お母さまは自分が何らかの行動をとろうと考えるでしょう。あんなに興奮する彼女は見たことがないと言わねばなりませんからね。それからあとで、モントゴメリーで適当な時間をおいたのちに、真実を話せばいいでしょう。何もかも告白して、そしてお母さまには、その告白を自分があなたから引き出したのだというように感じさせなさい。自分がより必要とされていると感じてもらえるでしょうから。私に関しては、私は何も知らないというふりを続けましょう。あなたは、私に対して真実を言うのを控える立派な節度をもっていたふりをするのです。彼女は、私が知らないことを自分が知っているのを、いつも好んでいますから」。いくらか不安を見せながらも、あなたはこの一切を受け入れます。お母さんに嘘をつくのは嫌なことです。それにこれまで見てきたように、あなたは嘘をつくことがあまり得意ではありません。もっともらしく見えるように告白を装えるだろうかと考えますが、うまくいく確信はありません。それに、その計画は必要以上に複雑なようです。でも、あなたは、それについてつべこべ議論するほど愚かではありません。

彼女は続けます。「だから、あなたとお母さんはモントゴメリーに行き、そして私はポリーと一緒にプラシッド湖に向かいます。彼は、どこでも好きなところに行けばいいでしょう。間違いなく、彼は抗議するし、手紙を書いてよこすでしょう。でも、返事を書いてはいけません。もしその手紙を読まなければいけないのであれば、読んでもいいですが、あとで燃やさなくてはいけません。最終的には、彼もあなたを煩わすのをやめるでしょう。永遠に待てる男などいませんからね」

「彼なら待つわ」とあなたは思いますが、それは言いません。「彼は私を待ってくれるわ」。そう思うと、虚勢をはったその言葉が、止める間もなく彼の身体について憶えている感覚を呼び起こします。彼はとても優しくて、とてもためらいがちで、ジョンとはまったく違うとはいえ、彼自身のやり方でゾクゾクするところがありました。これは不公平だと、あなたは思います。記憶は薄れるものですし、とりわけあなたは、自分の計画をすべてうまく進められただろうことがわかっているからです。それを諦めねばならないのも、彼女のために犠牲にしなくてはならないのも不公平なことです。でもあなたは、この考えを振り払って訊ねます。「でも、あなたはいつ……私たちはいつになったら……?」

「大丈夫ですよ」と、彼女は言います。「とにかく彼を追い払いなさい。終わらせるのです。すっかり終わったと確信したら、どうするかはそれから決めましょう」

この彼女の言葉に、あなたは脅しを感じます。彼女は実際のところ、あなたがたが二度と再会しないかもしれない可能性を開いて見せているのです。あなたは、こうした脅しが普通に生み出す恐怖に衝撃を感じてさえいます。でも、まだ先のこととして、その衝撃はいくらか弱められています。それにしても、これだけ長い年月をともに過ごしてきたのですから、こんな終わり方ではない喧嘩ができたらよかったのにと、あなたは願います。こう言えたらよかったのにと思います。「私を脅す必要はありませんよ、先生。あなたも私もどちらも、私たちは常に一緒だろうということを知っているのですから」。確かに、それこそがあなたの人生の根本的な真実です。あなたと先生は、常に一緒にいるでしょう。それがなぜなのかは説明できないし、あなたがたにとって、それが一番いいことなのだと確信をもって言うことさえできません。ですが、それはひとつの事実であって、それは常にそうなるのです。

しばらくして、彼女の手があなたの手のなかで動き、こうつづります。「私がこれを乗り越えるためには、長い時間がかかるでしょう」。彼女の指が、あなたの手のなかでぐいぐいと動きます。まるで、すねた男の子が缶でも蹴っているかのようです。でもそれは、根拠のない脅しではありません。確かに長い時間がかかるのでしょう。そして、それがどのようなものになるかを知るために、あなたは千里眼をもつ必要もありません。モントゴメリーに島流しにされている間、あなたは毎月毎月、気をもみながら待ち続けなくてはならないでしょう。妹との生活は、たとえば教会の行事やお茶会や園芸クラブといった善意に満ちた、でも偏狭な地方かたぎの気詰まりな生活であり、あなたはそこで辛い思いをすることになります。先生のほうは予定通りにプラシッド湖に出発しますが、すぐにほかの病人、あるいはほかの病人の貴族的な家族の一員から侮辱を受けたと感じることでしょう。あるいはたぶん、そこの医者の一人が彼女の患いは実は結核ではないと示唆するのでしょう。怒った彼女は荷物をまとめて旅立ち、よりにもよってカリブ海のプエルトリコくんだりまで向かうでしょう。ですが、そこの暖かい太陽と湿気をはらんだ風が奇跡的な治癒をもたらします。彼女はあなたに長い手紙を何通も書き、プエルトリコを彼女の「喜びの島」と呼びます。そして異国の風景がもたらす快復力や、フレンドリーな地元の人たち、そしてポリーの思いやりのある看護といったことについて書いてよこします。ですが、いつ帰るかという計画については何も言及していません。こうした手紙の行間を読んだあなたは、どの行間も自分にこう言っているのだと悟ります。「これが、私が本当はもちえたはずの素晴らしい生活ですよ。私があなたのために何を犠牲にしてきたかをご覧なさいな」。この主張はもちろん滑稽です。なぜなら、熱帯での彼女の優雅な生活のために勘定を支払っているのは、あなたなのですから。ですが、あなたはそのメッセージを受けとります。この別離の延長が意図しているのは、彼女なしの生活がどのようなものになるかをあなたに教えるためなのだということをあなたは知るのでしょう。そのメッセージは、あなたの日々の活動のルーティンワークのなかで決まり文句のように繰り返されます。美しく生けられた花束に称讃の言葉を求められるたびに、赤ん坊への愛撫を求められるたびに、ケーキの味見を求められるたびに、彼女が直接に語ることのなかったそのメッセージは、あなたの手のひらに刺さった棘のように、あなたの指に伝わる痙攣のように、あなたのもとに戻ってくることでしょう。「これが先生のいない私の人生なのですね」と。

あなたは、見込み違いをしていたのですよ。あなたが自分でこの計画を思いついたということが、どれほど彼女を傷つけることになるかを過小評価していたのです。彼女がさらに年を重ねるにつれ、あなたはこのことを心に銘記しておかなければならないでしょう。今、あなたは両手に彼女の手のひらを押しつけ、その両手の間で彼女の手を締めつけます。それから、彼女の顔に触れるために手を伸ばします。ですがあなたはそこに、三十年前の彼女の顔を感じます。まだ幼いあなたが彼女の決めた規則に何か違反したとき、彼女はしかめた顔をあなたに触らせることで、自分が同意していないことを見せようとしました。それがどんなふうだったかを、あなたの手は憶えています。「ヘレンは悪い子です。先生は、悲しいです」と、彼女はあなたの手につづったものでした。そしてこれは、彼女があなたになしえた最悪のことでした。平手打ちするか、お尻を叩くかするよりももっと悪いことでした。あなたが言葉を学ぶ以前に始終していたどんな闘いよりもはるかに悪いことでした。あなたは自分が完璧に無力であることに気づき、彼女の顔をもとに戻したいと必死に願いました。彼女の顔の線を和ませ、再び笑みを浮かべさせようとしました。「先生、うれしい」と必死になってつづり、言い張り、嘆願しました。「先生、うれしい」。そして彼女が望むことは何であっても、その通りになるようにしようとしました。自分がしたどんな誤りも正そうとしました。

彼女はどのようにしてあなたにそうさせたのでしょう。今のあなたは、不思議に思います。どのようにして彼女は、あなたにとって自分自身を、人間が互いにとって一般にそうであるよりもはるかに重要な存在になしえたのでしょうか？　母親、恋人、我が子――比べられるものは、ほかには何もありません。今、あなたは彼女の手のなかに再び自分の手を戻して言います。「ええ、わかっています。わかっていますわ」

第三章　ポンプを駆動し続けて

十月十五日

私は何をしようとしているのでしょうね、ヘレン？　おそらくは、あなた自身もこの問いかけをすることにうんざりしていることでしょう。あなたが発表してきたあらゆる言葉と、あなたについて書かれたあらゆる伝記を読んできたことも、そしてヘレン・ケラーをめぐる雑学（トリビア）的な知識のさわりを語ることで、友人たち全員をうんざりさせてきたことも充分に悪かったと思っています。でも、今や気づいてみると私は、あなたの人生に起こった出来事の背後にある真実を推測することに、そして本当のところは何が起こっていたのかを考えることに、もうすでに果てしない時間を費やしてしまっています。既知の情報から推理し、行間を読みとり、徹底的にフィクション化しているのです。

でも自己弁護をすれば、ほかに私に何ができるでしょう。事実に基づいたあなたの人生の記録を読んでみると（あなた自身による記録も、ほかの人が書いたものもです）、あまりにも多くのことが欠落しています。そのギャップを埋めて、点と点をつなぐ必要があると思うのです。ですが今、自分の書いたものを読み返してみると（すべてを書きとめるのに、この夏のどれほどの時間を費やしたかはほとんど信じられないほどですけれど）、私が追い求めていたものが真実だったとしても、その真実にいくらかでも近づけたかどうかには疑いを感じています。

ところで、あなたの最も近年の伝記作者が、あなたとピーター・フェーガンが性的関係をもったかもしれないという可能性に触れていることを知ったら、あなたもきっと嬉しく思うでしょうね（あるいはたぶん、思わないのでしょうか）。その理由は、左翼寄りのあなたがたのグループ内では、自由恋愛に加え、ヴィクトリア朝的な社会の道徳観に対する反抗心が支持を集めていたからです。ですがこの作者自身は、あなたが誰かと性的な関係をもったかもしれないという可能性を否定しています。ジョン・メイシーでも、先生でも、あるいはほかの誰であってもでしょう。

あなたの性生活のことが私の頭からどうしても離れない、というわけではありませんよ。実際、あなたがもっていたかもしれない性的な感情がどうであれ――それがメイシーでも、フェーガンでも、先生でも、誰に対してであったとしても――肉体的に表明されることは決してなかったかもしれないという考えを、私自身は受け入れることができます。そういうことだって、ままあります。人は自分のもつすべての性衝動を行動に移さなければならないわけではありませんからね。私がこの点にこだわっているのはただ、誰も彼もが恐ろしげに諸手を挙げて「ヘレン・ケラーだけは違う……セックスなんて！」という態度をとる状況を中和するためです。私が言いたいのは、つまり誰かがあなたの権利を守らなくてはいけないということなのです。

私が困惑しているもうひとつの点は、あなたの伝記作者たちもほかの人々も、あなたがこうしたことについて言ったり書いたりしたことをすべて絶対的な真実として受けとめているということです。あなたが話をつくったり、ごまかしたり、さらにはすっかり嘘をついていたかもしれないという可能性を認めようとはしないのです。たとえば、一九二九年の回顧録『ミッドストリーム』に記されたA・G・ベル博士との有名な会話がありますが、そこで彼はあなたに結婚すべきだと言っていましたね。「私にはこう思えるのだがね、ヘレン、友情以上に大切な愛というものが君の心の扉を叩いて、なかに入れてほしいと請う日がくるに違いありませんよ」。するとあなたは、こんなふうに応えていますね。愛などというものは、「私には手を触れることのできない一輪の美しい花のようなものです。でも、その花の香りが、その庭をまさに喜びそのものの場所に変えてくれるのでしょう」と。

何よりもまず、こんな言い方、まさか本気ではないですよね、ヘレン？　ええ、わかっています、わかっていますよ――かつての人々は、今日の人々よりもずっとそうした話を上品にしたものです。それに出版用の対話を魅力的に脚色したとしても、それは作家の特権だとあなたは考えていたのでしょう。でも、それを脇において見てみると、そうした効果を狙って何かしらを語るのも、もちろんもっともなことではありますけれど、でも同時に私には、あなたは実は何かを隠していたのかもしれないという考えが浮かぶのですよ。たとえばあなたは、先生とジョン・メイシーとともに一種の三人婚（メナージュ・ア・トロワ）のかたちで暮らしていたことを隠していたのかもしれませんし（ベル博士とのこうした会話は、二人の結婚に際しても交わされました）、あるいは、先生との関係の本質を隠したいと望んでいたのかもしれません。ベルは老人でしたから、彼には受け入れがたく、また心を痛めることになる事実から彼を守りたいと思っていたのかもしれません。あるいは、こんな対話は実際のところはなされておらず、あなたが創作したものだったのでしょうか。……でも、だとしたら何のためにでしょう？　誰かが抱いていたかもしれない疑いを止めるためでしょうか？　あるいは、ベルは、生物の遺伝構造に関わるかなり悪意に満ちた優生学者的な信条をもっていましたから、その悪しき記憶を和らげるためでしょうか？　あなたには、多くの理由がありました。

ですが、私は先走っていますよね。私が言いたいのは、こういうことです。あなたについての私の基本的な不満は（とはいえ、私たちはこれまでにとても多くのことを一緒に乗り越えてきましたから、私の不満も以前ほどにはさほど差し迫ってはいませんけれど）、ヘレン・ケラー神話と関係があります。常に明朗で、決して不平を述べることなく、不幸に打ち勝とうと健気にふるまい続けるあなたという神話です。楽天主義と人間の不屈の精神の象徴としてのヘレン・ケラー。感動の源としてのヘレン・ケラー。ほかの人たちがあなたの人生の物語を利用することに対して、あなたに責任を負わすことはできないと主張なさるかもしれませんね。ある程度までは正しいですが、それはあなた自身がその神話の創造にそこまで大きな役割を果たしていなかった場合だけです。言い換えると、私は今、一人の作家として、あなたの仕事について議論したいと思っています。あなたが書くことを通じて生み出した自我のことや、自分のしたことを記すあなたの動機といったことについて語るということです。

これが、今、私が取り組みたいと思っていることなのですよ。

十月十七日

数ヵ月前にすでに指摘したように、先生があなたに与えた最も大きな贈り物は、手話用のアルファベットよりもむしろ文章を書くということでした。そのとき、あなたは七歳で、自らを紙の上に表す喜びを発見しつつありました。なんという喜びだろうと、あなたは思いましたね。自分が刻むこれらの印が、私を、私の考えを、私の経験を、私の個性を表すなんて、と。そして、その自我がどのように表れるかを自らが大きく制御できるということを、あなたはすぐに学びました。物事をどのように言葉で表すか、何を含め、何を含めないか次第で、その自我は根本的に異なるかたちをとることができるのです。といっても、子どものときのあなたが、あるいは大人になってからのあなたが、実際には真実でない何かを一度でも書いたことがあると私が思っているというわけではありませんよ。ただあなたは、自分が心のなかに理想として抱いていた自我を形づくるための言語を巧みに扱う方法を理解していたのだと、私には思えるのです。

あなた一人でできたわけではありませんね、もちろん。あなたの背後には、あなたの肩越しに覗き込んでいる先生がいました。彼女はあなたの前のページを指さし、言いました。「ここにはカンマが必要ですよ」とか、「この文には動詞が必要ですよ」とか、「この段落は意味をなしていませんよ。前に書いたところから続いていません。ここはカットしなくては」。こうしたことすべてについて、彼女にはそうする権利があったのはもちろんです。結局のところ、彼女は先生だったのですから。文法と構文の規則をあなたに教えるのは彼女の仕事でした。でも彼女はまた、あなたが組み立てていたその自我に、自らも多くのものを賭けていました。あなたは彼女の業績であり、彼女の創造物でした。あなたとあなたが自らを叙述する方法によって、彼女には得るものが多くあったし、証明できることも多かったのです。彼女は、母親の死や父親の放蕩、救貧院で過ごした年月、慈善事業によって受けた教育など、波瀾万丈の過去をもっていました。あなたは彼女の最後のチャンスであり、唯一の希望でした。ですから、彼女にとっては当然ながら、ただあなたの教育をなしえたということだけでは充分ではなかった。最初に彼女が見いだした獣のように野蛮な子どもを、完璧な天使のように愛らしい子に一変させなくてはならなかったのです。たゆみなく勤勉で、絶え間なく快活な子どもに変えることで、あなたを観察するあらゆる人々を心から驚愕させなくてはならなかったのです。彼女はこんなふうに言いましたね。「この文はひどく風変わりに聞こえますよ。消してしまいなさい」。そして「ここの言葉遣いは、あまりに子どもっぽすぎますよ」

あなたは「子どもっぽいわ、だって私は本当に子どもなんだもの」と思いました。だけど、肩をすくめ、どのみちそれを変えるのでした。先生はいつも正しいと信じていたからです。

そして、それは先生だけではありませんでした。『私の生活の物語』を編集したジョン・メイシーは、あなたがすでに発表していたエッセイをただまとめて時系列の語り口の書籍にアレンジする以上のことをしましたね。

あなたがた三人が、ハーヴァード大学の彼の散らかった職務室の机の上に屈んでいる様子が目に浮かびます。あなたは、その仕事にワクワクしています。この快活でハンサムで（誰もがそう言っています）、きわめて男性的な人物に、あなたの散文を編集するというきわめて個人的な仕事に携わってもらうのは、とてもスリリングなことです。彼があなたの手に文字をつづるたびに（彼は毎日どんどん流暢になっていきます）、あなたの肌はうずき、頭はフラフラし、そのために彼が何を言っているのかには、ほとんど集中できません。それに先生が彼の周りにいるときの様子もあります。あなたは彼女の椅子の後ろに立って、わずかに微笑を浮かべています。彼女の髪から立ちのぼる新しい香料を吸い込み、あなたのために文字をつづってくれる彼女の手に何かこれまでになかった身震いがあるのを感じます。二人が前へと屈むときには、顔と顔がほとんど触れんばかりになっていることにも気づきます。そのせいであなたは、本来はそうであったかもしれないよりも、二人の意見にもっと従順に、もっとおとなしく従いがちになっています。

ジョンが言います。「三章の終わりのこの部分をもっとふくらませる必要がありますね」

「ふくらませる?」と、あなたは問いかけますが、それは彼の意図しているところに確信がもてないことと、彼に触れられるのが好ましく感じられるという二つの理由からです。

「ええ、つまり」と、彼は言います。それから言葉を探しながら、あなたの手のひらの上で指をさまよわせます。「ふくらませるのですよ。もっとディテールを加えるのです。あなたは読者に対して、第四章でサリヴァン嬢が到着するための準備をさせたいはずですよ」

「でも、私の言うべきことはこれですべてですわ」。あなたは、力なく抵抗します。「ベル博士が父にパーキンスに手紙を書くように告げたのです。父はその通りにして、それで先生が来ました。これが起こったことのすべてですわ」

先生は、あなたの両手がつづる言葉を見つめています。それからあなたの手をしっかりととらえて、こう言います。「とにかく試してみて、ヘレン」。そこであなたは部屋の隅にあるタイプライターのところに行って、新しい段落を打ち出します。

戻ってくると、二人は結末により近い章へと進んでいました。ジョンがあなたにこう言います。「このあたりには、いくらか説教くさい口調になっているところがありますね」

先生も同意して、あなたに言います。「小公子のような語り口ですよ」。二人の笑い声が空中にさざ波のように広がるのが感じられます。あなたがむっとしたのは、二人が束になって自分をいじめているような気がするからです。それにまた、あなたはその『小公子』の本が好きだったからです。小公子は、あなたの少女時代の役割モデルの一人でした。

先生に向かって、ジョンが声に出して言います。「二十章のこの部分、文学は分析すべきものだと語るこの大言壮語の部分をどう思われますか？　二年坊主が気取っているけれど、まだ未熟という感じが少ししませんか？」

彼女がこの言葉をあなたの手に繰り返すと、あなたはこう思います。「ええ、もちろんその通り未熟だわ。だって私自身が本当に二年生なんだもの」

先生は首を左右にかしげ、それから言います。「たぶん、そこは残しておくべきでしょう。そのほうが、もっと真摯に見えるでしょうから」

「でも、良くないものなら、消すべきじゃないかしら?」と、あなたは訊ねます。良いことが肝心なのだと、あなたはいつも思っていました。ただ良いだけでなく、優れていること、成績ならばA+、百パーセントです。先生は、この「もっと真摯に」などという考えをいったいどこからもってきたのでしょうか? 結局のところ、あなたがのちに大学を「優等の三番（クム・ラウデ）」で卒業したとき、それが「優等の二番（マグナ・クム・ラウデ）」でも、「最優等（スンマ・クム・ラウデ）」でもなかったことを、あなたに決して忘れさせまいとするのは彼女なのですから。

すると、彼がまたもや『霜の王様』の一件を話題にもち出します。「あなた自身の説明をここに含めれば、もう誰もあなたに対してその話題をもち出すことはできなくなりますよ。でも、そのことに触れなければ、またパーキンスの誰かしらがその話をもち出すのは確実だと言ってもいいでしょう」

「私は入れたくありません」と、あなたは言います。

一瞬ののち、先生が言います。「たぶん、メイシーさんが正しいでしょう」。あなたはビクッとして、彼女から身を引きます。昨日は、先生はあなたの側の味方だったのです。「それについては書きたくありません。考えるのすらいやなの。これは私の本です。決めるのは私のはずです」

「そんなメロドラマのような態度はとらないで、ヘレン」。彼女はあなたの言葉を声に出してジョンに伝えることなく、こう言います。「あなたのすべきことは、ただ事実を書くことだけですよ」。それからジョンに微笑みかけ、今度は声に出して言いながら、あなたに同じことをつづります。「メイシーさんは、プロの編集者です。間違いなく最善のかたちをご存じですよ」

「あるいは、独立した立場の論者として、ぼくが詳細を書くこともできますよ」と、彼が言います。そうして、実際にそういうことになりました。彼は図書館に行き、例のマーガレット・キャンビーの本『霜の妖精』を借りてきます。すると今度は先生が、保管してあった書類をひっくり返し、あなたが点字でつづった『霜の王様』のボロボロになった古い原稿を見つけてきます。彼女がまだそんなものをもっていたことに、あなたは驚きましたね。こんなにも長い間、なぜとっておいたのでしょう？　彼女がジョンにその物語を読んで聞かせると、彼は机を叩き、嬉しそうに笑い声を上げます。「ヘレンの物語のほうが、ずっといいですね。もっと簡潔で、説教臭さも少ないし」と、彼は言います。「出だしの北極熊についてのあの描写も、氷河王（キング・グレイシャー）についての部分も、素晴らしいですよ！」

先生は、こうした言葉を全部あなたの手に繰り返します。あなたが依然として動転しているのが見てとれたからです。でも、彼の称讃もあなたの慰めにはなりません。「みんなはただ、そこは誰から盗んだのだろうと疑うだけでしょう」と、あなたは言います。

あなたを慰めるのは、彼があなたについて書いてくれたことです。彼は、あなたの教育、あなたのスピーチ、あなたの文体、あなたの個性をそれぞれの章にして、長い「補足解説書」をつけてくれます。さもなければ、とても薄い本になったであろう書籍を豊かにするためです。彼の解説は心を奪う本当に素晴らしいものだと、あなたは思います。第一に、この知的でハンサムな男性が、しかもさほど長い知り合いですらないあなたについて、これほどたくさんの観察をしてくれていたという事実に対する感激があります。ですが、それ以上に、彼の手によるあなたの生き生きとした描写が、あなた自身による描写をもっとふくらませ、その魅力を高めてくれていることが嬉しかったのです。彼は、あなたをもっと機知に富んだ存在として、感傷的なところがいくらか少なく見えるように描写してくれていました。

そしてまた、ジョンが先生の昔の書簡類と日記の抜粋を本に含めさせてほしいと先生を説得しようとしたときのことがあります。あなたは、彼と先生との間で繰り広げられた微妙な交渉の様子を面白がっていますが、そこには先の『霜の王様』をめぐる攻防に対するほとんど仕返し的な気持ちもうかがえるようですよ。あなたが書いたすべての手紙と、幼い頃に書いた可愛らしい走り書きも含めて全部を本に入れることについては、先生も喜んで同意していました。もし先生が秘蔵していなければ、お母さんがとっておいたのでしょうが、先生はお母さん同様の愛情をこめて、すべてを保管していたのでした。先生は、これは自分自身の過去の記録でもあるのだと主張していましたね。ですが先生は、自分が書いたものについては用心深いです。こんなふうに言うのです。「それは駄目です！　これではあまりに尊大に感じられますもの。それにこちらは、あまりに軽率すぎますし」

「いや、そんなことはありませんよ」と、彼が甘言を弄します。「あなたの興奮が伝わりますよ。ご自分に誇りをもっているのがわかりますし、それはただそうあるべきことなのですよ。これによって読者は、その瞬間の直接的な感覚を、こうした出来事が起こっていたときにあなたがどう感じていたのかの実感を得るのですよ」

記されていた出来事のほとんどは、あなたもよく知っていることです。食堂での闘いや、ポンプのシーンなど。誰もが繰り返し語っている物語です。それから、さほど馴染みのない話もいくらかあります。あなたが忘れてしまった人々の名前や旅行のこと、そして記憶に残っていない訪問や出会いなど。こうした報告書を今になって読むことも、そして彼女が報告書に書いていたあなたのことが、あなた自身には憶えがあったりなかったりすることも、何か奇妙な感じがしたものです。

先生の日記の抜粋を引き渡してもらうためには、さらに多くの闘いがあります。彼女は彼に部分部分は読んで聞かせるのですが、彼自身が読むことは許しません。日記に手を触れることさえ許しません。あなたも、これについてはよく知っていますよね。先生が日記を書いているのを最初に発見したときのことを、あなたは鮮やかに記憶しています。たぶん八歳ぐらいだったでしょう。あなたは訊ねました。

「何を書いているのですか?」

「ただの考えよ」と、彼女は答えました。「ただ、今日について考えたちょっとしたことよ。私たちが一緒にしたことのね」

「読んで聞かせて」と、あなたは言いました。

「駄目よ」

この返事はショックでした。彼女があなたへの読み聞かせを拒絶したことは一度もありませんでした。先生に一貫して期待できたことは、彼女が常に読み聞かせをしてくれることでした。「読んで聞かせて」と、あなたは言い張りましたね。先生が何か誤解をしたに違いないと考えたのです。

「駄目よ」と、彼女はもう一度言い、あなたの手を穏やかに押しのけると、書き物を続けました。

この拒絶にひどく驚き、またひどく困惑したので、あなたは以前ならそうしたであろう反応はとりませんでした。ページをビリビリに引き裂くことも、彼女の手からその冊子を奪いとることも、インク壺をひっくり返すこともしませんでしたね。困惑しながらも、唯一あなたにできたのは、問いかけることでした。「なぜ?」

「なぜなら、これは個人的なものだからですよ」と、彼女は言いました。

あなたにはこれに返す言葉はなかったし、これ以上続ける質問もありませんでした。個人的な? その言葉の意味は知っていましたが、今、その言葉によって彼女が何を意味しているのかはわかりません。

あなたと共有しようとしないことで、彼女に書かなければいけないどんなことがあるのでしょうか？　あなたがたは、あらゆる瞬間を一緒に過ごしています。二人で一緒にしたことについて書いているのだと、彼女自身も言っていたではありませんか。ではなぜ、それをあなたから隠したいのでしょう？

そういうわけで、その日記は以来長らく、あなたと先生の間の「緊張感」とまではいかなくとも、少なくともあなたの側から見れば困惑の源でした。あなたは、彼女が日記をつけ続けていることを知っています。どのアパートメントや家に引っ越しても、彼女がそれをどこにしまっているかをあなたは正確に知っています。ときおり、一人のときに彼女の部屋に入り、日記帳の上に両手をおき、ページを開いて紙面に指を走らせることすらもします。彼女のペンが残した筆圧を感じ（彼女は筆圧の強い文字を書くのです）、インクの匂いを嗅ぎ、文字に覆われたページとまだ空白のページを数えます。ジョンが引っ越してきたあとしばらくは、それを彼に見せて自分のために読んでくれないかと頼むことも考えます。でも、それが裏切りであることは、あなたにもわかっています。

もっとずっとのちになって、先生についての本を書くことを考えているとき、あなたはその日記を読んでくれないかと彼女に頼むことになります。最もさりげない調子でその質問を言葉にし、あなたがまだそれに対して子どものように熱烈な好奇心を感じているふりを注意深く装います。ですが彼女は何の説明もなしに、きっぱりと拒絶します。

そして、ある奇妙な一日に、あなたは先生が暖炉の前に座っているところに出くわします。彼女に触れると、膝の上に日記帳がおかれています。その日記帳からページを順番に引き裂く彼女は、紙をくしゃくしゃに丸めて火のなかに投じていきます。

「何をしていらっしゃるの？」と、あなたは訊ねます。

「誰にも読んでほしくないことがあるのよ。私がいなくなったあと、人々がこれを印刷物にするようなことは望んでいないの」

先生の希望に対して、自分がそんなに軽率だろうと思われていることにあなたは傷つきます。あなたは彼女の手首を握って言います。「そんなことは私が絶対にさせないことはご存じでしょう。何か個人的なものを印刷物にさせるなんて、私が誰にも許さないことはおわかりでしょう」

あなたの手から自分の手をねじって抜きとった彼女は、次の一枚を引き裂いて炎に投じます。「あなたには制御できないかもしれないわ」と、彼女は言います。

これが起こったのは、いつのことでしょうか？　そして、どこでのことでしょうか？　レンサムでしょうか、そのあとに転居したニューヨーク州のフォレストヒルズの家でのことでしょうか？　私は、どこでこのエピソードを読んだのか憶えていないのです。調べなければならないですね。あなたがこうしたことをどこかで書いているのはわかっているのですが、ただこの会話自体は、すべて私がつくったものですけれどね。

ところで、ヘレン、ほぼ五十歳になるまで、あなたが先生の人生に起こった出来事を知らなかったことに私はびっくりしましたよ。基本的な概略は知っていましたね。農場で幼少期の数年を過ごしたこと、母親が亡くなり、視力を失い、弟のジミーが亡くなり、保護を受けてパーキンス盲学校へ送られたことなどです。彼女はまた、父親が家族を捨てたことや、テュークスベリーの救貧院での恐ろしい出来事のいくつかをほのめかしさえしていました。でもあなたが聞いた話は大雑把なもので、それにあなたはその一切について、本当の意味で質問をすることは一度もありませんでした。私が思うに、子どもはみんな、両親やほかの大人たちの幼い頃の生活を想像することはなかなかできないものなのです。あなたにとっての先生は、一八八七年の三月三日に初めてアイヴィー・グリーンに到着するまではこの世に存在しない人でした。のちになって、あなたが充分に成長し、もっと好奇心をもつようになったときに気づいたのは、彼女は控え目に言っても、自ら進んで自分のことを語るタイプの人ではないということでした。個人的な質問は避けて通るか、話をそらすか、あるいは答えることをきっぱりと拒絶していましたからね。ですが、あなたがもっと粘り強く訊ねなかったのは、私には奇妙なことだと感じられます。それはただ、平和を守るためにあなたがとった、あの一連の態度のひとつだったのでしょうか？

それから、一九二〇年代の後半のある日、突如として彼女は、自分の早い時期の人生の物語をあなたに知ってもらう必要があると宣言しました。若い編集者のネッラ・ブラディ・ヘニーがあなたがたのサークルに入ってきて、先生の伝記を書くことに関心を示したときです。先生は、あなたに真っ先にその物語を聞いてほしいと言いました。あなたですら、これは奇妙なことだと感じたに違いありませんよね、ヘレン。ネッラは、あなたがたの友人でした。自分の人生のその時期について書いてほしくないと先生が思ったのなら、そうネッラに告げればいいだけでした。その時期については、いつも新聞記事やインタビューに載せてきた、衛生的に取り繕った概要があるのですから、それをそのまま印刷したらいいだけではないですか？　ネッラが先生に関するスキャンダルを掘り起こそうとしていたわけでもあるまいし。ねぇ、そうですよね？

典型的な芝居がかったやり方で、先生は家に二人だけになるまで、その話をするのを待ちました。犬たちさえも別の部屋に行かせました。それから、あなたのそばに座って、その物語を語ったのです。

何かディケンズが書いた物語のようだと、あなたは思い、すっかり心を奪われました。そして、これですっかり合点がいきました。こうした初期の心の傷（トラウマ）と数々の喪失がどのように彼女の個性を形づくったのかについて、あなたは理解しました。とはいえ、心の奥底では、なぜこの特定の瞬間に、この話を聞かせてくれたのだろうと考えていたに違いありません。その話が伝記作者にどんな印象を与えるかを試す前に、その効果をあなたで試してみているような感じがしました。そう感じていたとはいえ、あなたがその物語について実際に何か偽りがあるとか、彼女が嘘をついているとか思ったというわけではありません。その可能性もあるのではないかという考えが私の心には浮かびますが、あなたの心には浮かびません。そして彼女は、あなたからの返答を望んでいるようにも、また返答を必要としているようにも見えませんでした。むしろあなたが感じたのは、彼女はただ予行演習をしているのではないかということでした。こんなにも長い年月がたったのちに、ついにそれを語る言葉を見つけることが、そして自身の秘密を公表することが、どれほど難しいかをただ前もって確認するためです。

こう考えていくと、そもそもなぜこの話が秘密にされなくてはいけなかったのかが、あなたには不思議に思われます。そして彼女が話を終えたとき、あなたは、誰もがさらにいっそう先生を称讃すると思いますわ、と言いましたね。彼女が初期の人生をどのように乗り切ったかをすべて知ったことで、自分が先生に対する称讃の気持ちをいっそう強めたのと同じように、というわけです。

これに対して、彼女は何も言いませんでした。疲れ果て、力尽きたようでした。手が椅子の肘掛けから力なく落ちています。それから、素早く鼻を鳴らす彼女の熱い息が感じられました。確かめるために顔に触れることはしませんでしたが、唇を固く閉じた例の表情を浮かべているのだろうと、あなたは思いました。その表情が意味するのは、こういうことです。「おやおや、ヘレン、人々はあなたがいつも望んでいるほどに心が広いわけでも、思いやりがあるわけでもないのですよ」

十月十九日

でも、先生の物語がここでの私たちの関心事ではありません。問題はあなたの物語です。そしてまた、作家としてのあなたがその物語を生み出すために払った自覚的な努力です。でも、ヘレン、前にも言ったように、あなたが自らの生涯について書いたものを読むときはいつも、私は行間を読むことを強いられているように感じます。あなたには想像力がありますから、どうして私がそんなふうに感じるのかはきっと理解してくれることでしょう。そうだと認めてくださいな。ときおりあなたは、私がそうするようにと誘いかけてさえいますよ。たとえば、ここにメイシーの結婚の破綻についてあなたが書いた文章があります。

メイシー氏は、私たちのもとを去ることを考えていらっしゃいました。奮闘することに疲れていらしたのです。彼が去りたいと望まれるようになったのには、たくさんの理由がありました。ですが、その当時がどれほど苦しく緊張に満ちていたかは、ただ大まかに書くことができるだけです。深く心を動かされた状況をのちに再現することほど難しいことはほかにないと私には思われます。時間というものは常に、私たちが経験したことの大部分の実体を分解し、それを頭のなかの抽象的なものへと変えてしまうのです。心を刺すような細々としたことの多くは、それをもう一度述べようと試みても、なかなかうまく述べることができません。過去の感情を取り戻すこと自体が難しいだけではなく、ある態度の意味を明確に説明することも、あるいはその態度が他者に及ぼした影響を描写することも、ほとんど同じように難しいのです。そうしたことは、いわばいまだ考えがまとまらないか、あるいは逆に結晶化してしまって、その当事者たちにとってさえ、今では別なもののように見えるからです。私には、私たちの生活に影響を及ぼした人々がもっていた微妙な動機の数々を正確に分析することは不可能であるように思えます。なぜなら、物事を分析し、それを表現する創造的なプロセスは、それが起こったときの状況をまざまざと保ったまま、もう一度それをすっかり組み立て直すことはできないからです。植物学者が花を解剖すればバラバラになった花がもう花ではなくなるように、感情を分析すれば、それはもう感情ではなくなります。レンサムの時代を振り返るとき、その思い出は私の想像のなかに現れ、感情という霊気（オーラ）に包まれます。様々な言葉や出来事、行為が私の記憶のなかで混ざり合い、複雑な感情を呼び覚まし、そしてその多くの感情の連鎖が喜びと痛みをともなって心の内で打ち震えます。ですから私は、当時のこうした経験を細々に分けて解明しようとは思わないのです。

基本的に、あなたはただ、このことについては書くつもりはないのだと宣言しているのですね。それはあなたの権利だと思いますが、では、そもそもなぜ言及するのでしょう？　あなたはあまりにも多くのことをほのめかしています——「深く心を動かされた状況」「心を刺すような細々としたこと」「感情」「態度」「影響」「微妙な動機」とほのめかしながら、でもあなたは何ひとつ明確には述べません。ですが私が思うに、結婚の破綻を目撃したことのある人は誰でも、それに対してかなり確固たる考えをもつものです。そして、ジョンが疲れていたという「奮闘」があります。どんな奮闘なのでしょう？　健常者であれば、あなたのように目も耳も不自由な人と一緒に暮らすことに対する奮闘を意味しているのだろうと憶測するでしょう。でも私は、あなたが言っているのは、先生と一緒に暮らすことに対する奮闘、あるいはあなたと先生の二人と一緒に暮らすことに対する奮闘なのだろうと推測します。それとも……？

もうひとつ驚いたのは、その時期の思い出は、破綻の思い出ですらも完璧に否定的なものではなかったとあなたが主張していることです。あなたは「喜び」についても語り、それがただ「痛み」だけではなかったと言っています。こうした言葉の裏には先生の存在があるように私には感じられます。あるいはむしろ、彼女の存在をあなたが意識しているのだと感じられます。あなたは二種類の読者に向けて書いているのです。世界の向こう側にいる未知の読者たちと、あなたの著述が世間に発表される前に、そのすべてを読む先生という読者です。世間に向けては、あなたはこうした出来事について、自分には感じていたことがあるのだと言葉で表明したいと思っています。それは先生の感じていたこととは違うものですが、でも先生への忠誠心から、あなたは具体的に述べるのを差し控えるのでしょう。ですが同時にあなたは先生にメッセージを送り、こう言っているのです。「その破綻をどう感じたかについては、私たちの間に違いがあったことを私は忘れてはいません。あのときに感じたように、私は今もまだ感じています。何も変わっていないのだということをどうか知っておいてください」

彼女はこうした言葉を読みとったのだろうと、私は想像します。彼女がその言葉を読みとっていると、あなたも気づいていたと想像します。それでも彼女は何も言いません。彼女が何も言わないことに注目したあなたは、その彼女の沈黙の意味を、あなた自身が望むかたちで解釈しているのだろうと、私は想像します。

ですが、ここでは、私は孤立無援な状況です。私たちは何について話していたのでしたっけ？　ヘレン・ケラー神話と、その神話を生み出すに際してあなた自身が果たした役割でしたね。でしたら、作家としての、とりわけ自叙伝の作者としてのあなたの作品を見てみましょうよ。

しばらくは、年代記に固執しましょうね。あなたは二十三歳のときに『私の生活の物語』を出版しました。人々はこの本を気に入りましたが、あなた自身は不満足に思っていたように私には感じられます。その題名にもかかわらず、この本はあなたの教育についての物語にすぎず、あなたが言語を習得したところから、ラドクリフ・カレッジの初年度までしか触れていません。先生にとっては、そしてほかの人たちにとっては、あなたの教育はそれ自体が目的でした。なぜなら、世界中の大半は、あなたのような人を教育することは不可能だと思っていたからです。ですが、あなたはまだたった二十三歳です。人生はまだ始まったばかりだと思っていました。自分の教育は目的にたどりつくための手段であり、どこかへ、たとえば作家としてのキャリアといったところまで自らを導いてくれるものだと信じていました。また、あなたは詩も書いていました。執筆のかたちで取り組みたい社会的・政治的な関心もたくさんありました。こうした執筆活動が、自分の受けてきた教育を優れたかたちで利用することになるのだと、あなたは理解していましたし、ある意味でそれが他者への助けになればいいと望んでいました。

ですが、多くの人々は、あなたを真の作家として考えることがなかなかできませんでした。というのも、それが本当にあなた自身の考えなのか、そのオリジナリティに疑いを抱いていたからです。批評家たちは、あなたが視覚や聴覚に関わる言及を行なうと、不平をもらしました。目に見えるものや物音に、あなたが直接にアクセスすることはできないからです。あなたの書いたものは、せいぜいが単に先生との協働制作によるものか、あるいは最悪の場合は、ただほかの人が書いた作品にあなたの署名を入れているだけではないかと、彼らは提議しました。一九〇八年には、『私の生きる世界』(あなたの著作のなかで私が一番好きな本です)を書きましたが、これは一部にはこうした批判に対する応えとして執筆したものでした。そこであなたは現象学的なアプローチをとり、毎日の経験について記しています。触れるということがあなたにとって本当のところはどういう意味をもっているのか、匂いをどんなふうに解釈するのか、あなたの見る夢はどのようなものなのか、などなど。あなたはまた、情景や音声を表す言葉について、ほかの感覚の経験と類似するものとして、どのように結びつけて考えているかも説明しています。たとえば、異なる色彩をそれぞれに異なる匂いや質感と関連づけるといったことです。そしてまた、自分には、視覚や聴覚にまつわる言語を使う権利があるとも断言しています。なぜなら、目と耳が不自由な人の経験を表現するための特別な語彙は存在しないし、たとえそのような語彙を発明できたとしても、それは目も見えるし耳も聞こえる読者には理解できないだろうからです。あなたは、『私の生きる世界』が自分自身について書かねばならない最後の本になることを、そしてその本が、あなたの将来の著作を読者に理解してもらう助けになるような、ある種の解説書として機能してくれることを望んでいました。

ですが、不平家たちは自分たちの主張に固執し、あなたの言葉を取り締まり、疑いの声を上げ続けました。

私にはよくわかります。先日、友人に私のエッセイを見せたところ、彼女は冗談めかして、私が目の見えるふりをして「やり過ごしている」と言って非難しました。なぜなら、このときの私は、テレビのコマーシャルや視覚的なディテールに触れていたのですが、自分には見ることができないことについては言及していなかったからです。ですが、私はその文章で盲目について書いていたのではありません。実のところ、自分自身のことを書いていたのですらありませんでした。読者は、私が盲目であることを知っている必要もありませんでした。たとえ自分で見ることができなくても、私はそのテレビ・コマーシャルを理解していました。ですから、「盲目の私にはこのコマーシャルを実際に見ることはできませんが、それについての聴覚的な印象はきちんと得ています。それについては、ちゃんと目の見える人物によって確認してもらいました」などといった註釈をほどこして、エッセイの話の腰を折るつもりはありませんでした。

別の例もありますよ。私が読んでいる本について話していたところ、友人がこう言いました。「それは、聞いているということじゃないかしら？　本のテープ録音を聞いていたということじゃないの？」もちろん、文字通りの意味では、友人の言い分は真実です。一般的に言って、私は大部分の読書を、聴覚を通じてしています。ですが、ただ単にそれを読んでいるということを意味する場合には、「これこれの本をテープで聞いている」とか「これこれの本をスキャンしてコンピュータに取り込み、電子音声として聞くことができる」などと敢えて言おうとはしません。たまたま用いているアクセス方法を具体的に述べるのは、その特定の手法について何か言うべきことがあることを意味しています。耳で聞いている（あるいはブライユ式点字で触れている）という事実が、私の理解を著しく変えるような場合です。ときおり、そうしたこともありうるとは思います。でも、大半はそうではありません。

それは、目が見えないからといって、「あとでお目にかかりましょう」というかわりに「あとでお近くに行きますわ」などと言ったりしないようなものです。人々は、いったいどれほど文字通りの考え方をするものなのでしょう。

十月二十日

でもあなたは、文字通りの考え方どころか、もっと悪いことに直面しましたね。あなたが政治的な問題、つまり社会主義や婦人参政権、人の生殖に関する権利といったことについて執筆を始めたとき、批評家たちは別の理由であなたを攻撃しました。彼らは、あなたの周りの人々、つまりジョン・メイシーや先生があなたのためのゴーストライターを務めており、他者に頼って暮らしている無防備で可哀想な小さなあなたを利用しているのだと考えました。あなたのもつ障害ゆえに、あなたは当然ながら自分自身では、そのような意見を形成することはできないからだと言うのです。あるいはさもなければ、目と耳が不自由な人は当然ながら知性も損なわれているから、そうした人がそのような意見をもちうるという事実こそが、まさにその意見が間違っている証拠なのだと彼らは言いました。あなたは、そうした批判に対して最善を尽くして応じました。「私は、有罪であると主張します」と、一度、あなたは書いています。「私が盲ろう者であるという告発に対してです。私には、考えるための訓練を受けた精神をもっているという長所があります。それこそが、私自身とほとんどの人々との間の違いであり、違うのは私の盲目とその人々の視力ではないのです」。これはいい応えですね、ヘレン、虚勢と挑戦に満ちています。盲ろう者であることについても、自身の受けた教育についても、そして視聴覚に関わる言語を理解して自ら用いる方法についても、あなたはもう充分に語ってきたと感じていました。あなたは、次へと進み、自分が興味をもっているほかのすべての主題について執筆することが自分にも許されるべきだと思っていました。ですが、問題は、目も耳も不自由ではない人々にとっては、あなたの目と耳が不自由であることを避けて通るのがどれほど難しいかを、あなたが過小評価していたことでした。考えるための訓練を受けていようがいまいが、目が見えず、耳も聞こえない人の精神を想像しようとすることに、彼らはあまりに大きな困難を感じていたのです。

しばらくは、この天の邪鬼の役割を私に演じさせてくださいね。そして彼らの視点から、あなたの著作を見てみましょう。あなたの日常生活について想像するに際してはやっかいな点がたくさんありますが、そのひとつは、あなたが自分に情報を伝達してくれる他者に依存しているということです。あなたの身の周りの状況を描写し、またあなたと直接に意思疎通ができない人々の言葉を通訳してくれる人が必要だということです。この点から生まれる可能性は、その他者があなたの言葉を誤訳したり、間違って引用したり、要約したりする（意図的か、そうでないかはともかくとして）かもしれないということであり、またあなたに対して誤った情報をもたらすかもしれないということです。というわけで、ある出来事について書くとき、あなた自身は、自分が起こっていると思っていることを正確に説明していたのかもしれませんが、ですがそれが本当に正しいかどうかを自分で独自に確かめる方法はないわけです。言い換えると、間接的な情報を、まるでそれが直接の経験であるかのように提示していたことになります。

議論のために、無作為な例を出しますね。『ミッドストリーム』の「降参する」というタイトルの章であなたが記録したもうひとつの出来事です。一九一三年の春、あなたと先生が大実業家のアンドリュー・カーネギーのニューヨークの屋敷を訪ね、彼があなたに贈りたいと考えていた年金について討議したときの話です。この会談について書いたときのあなたは、単に会話の概要を述べるだけではありませんでした。彼の言葉とあなたの返事をいくつも引用し、先生を通じてのみ知りうることのできた多くの情報を書き記しました。ですがあなたが書いたことのどれほどが実際に起こったことなのか、あなたは明確に絶対的な確信がありますか？

検討してみましょう。

まず第一に、この会談はどこで行なわれたのでしょう？　場所についての言及がないことに私は目をとめました。ですが、言及する必要もないのだろうと思います。というわけで、そこは図書室だったと憶測します。アンドリュー・カーネギーという人物は図書館と結びつくからです。

自分が図書室にいることを、あなたはどうやって知るのでしょう？　扉の前で迎えてくれた召使いが「カーネギー氏が図書室でお目にかかります」と言ったからでしょうか。先生がこの言葉をあなたの手に繰り返したか、あるいは単純に「図書室に行きますよ」と告げたからかもしれません。あるいは、アンドリュー・カーネギーは図書館と深いつながりがあるので、彼にとって訪問客を迎えるには図書室が必然的な場所だったからでしょうか。

ですが、直接に実感としてわかったことはありますか、ヘレン？　ここまで記したことはどれもただの間接的情報で、伝聞です。ただ、図書室には独特の匂いがありますから、あなたならそこが図書室だとわかったことでしょうね。本の匂いを嗅ぐことができます。革製の表紙や紙や羊皮紙、あるいはインクや糊の匂いを嗅ぐこともできます。活字が印刷された本は、点字の本とは異なる匂いがします。活字本が読めないからといって、それはあなたが活字の本に馴染みがないということは意味しません。結局のところ、人々はいまだ印刷された本を用いて、あなたに読み聞かせをしているからです。あなたは、先生やジョンと同様に、かなりの数の活字の本を所蔵しています。

さらに、そこが天井の高い大きな部屋だということもわかります。あらゆる盲人と同様、空間を感じることができるからです。大きな部屋では、空気は異なったふうに動きます。温かな空気は、天井まで上がります。天井が高ければ、たとえ屋敷内の暖房がよく効いていても、頭のあたりの空気は冷たいものです。カーネギーがこの部屋にやってくる前に、おそらく先生はあなたに室内を歩き回ることを許し、広さを実感させたでしょう。おそらくあなたは、カーテンなどのファブリックに指をはわせ、室内の装飾品を優しくなで、テーブルの上の品々に手を触れてみたことでしょう。実際のところ、あなたも記しているように、あとでカーネギーは、素晴らしい装飾箱のコレクションを見せてくれることでしょう。彼が図書館を建ててあげた多くの町や都市から彼に贈られたものです（「見せてくれる？」——きっと健常者の読者が異議を唱えますね。けっこうです。ではここでは、彼があなたの両手にそうした箱をもたせ、また触れるだけではわかりようのないことについては、先生に描写するように頼んだ、と言いましょう）。こうしたことに加え、床には大きな豪華なカーペットが敷かれていることを、その上を歩いてみたあなたは足の裏で直に知ります。高価なカーペットは、安いカーペットよりもずっと大きく、またより厚みのある傾向があります。その色と模様を先生が描写してくれたかもしれませんし、してくれなかったかもしれません。あなたは、靴のなかで爪先をクルクル回して薄い靴底に押しつけながら、このカーペットの上を裸足で歩ければいいのにと思います。

先生は今この場所で、現れたカーネギーの容貌をあなたに描写するでしょうか。あるいは、宿泊先に戻るタクシーのなかで話すよう、その描写をとっておくのでしょうか？　これは盲目の人がよく経験することのひとつです——つまり、説明はあとまで待つということです。私もニックと晩餐会から帰る道すがら、ほかの客たちの容貌や主催者の家の特徴についてよく訊ねます。そうしたディテールを、その催しについての私自身の経験にあとから加えるのです。のちにその催しを自らの記憶のなかから思い起こすときには、ニックが教えてくれた情報がその記憶の一部になっています。まるでそれが実際に起こっていたときに、私自身がそれを意識していたかのようにです。

でも、これがどういった感じかを、あなたに話す必要はありませんね。それにあなたは、「ああ、カーネギーさんがどんなご様子の方か知りたいわ」などと考えながら、そこに座っていたわけではないでしょう。ほかのことを考えていたからです。社会主義的な傾向をもっていたにもかかわらず、自分はお金持ちの人々の屋敷の雰囲気や匂いが好きだということに、あなたは思いをめぐらせています。ゆっくりした動きで頭の向きを変えると、匂いを深く吸い込むことができます。異なる匂いの流れを嗅ぎ分け、それぞれの匂いを別々にゆっくりと味わいます。本の革の匂いがします。家具の艶出し剤の匂いがします。ここでは、レモンオイルと蜜蠟が使われていて、とても心地良いです。誰かが紅茶を運んできます――オレンジペコのようですね。その香りを追っていくと、広間からライラックの香りが漂ってきます。大理石の玄関ホールの丸いテーブルの上に、ライラックを生けた巨大な花瓶があり、あなたはその香りを狂喜して吸い込みましたね。でも、先生は、その花に触れさせようとはしませんでした。このライラックの香りに、あなたはとりわけ注目しました。ニューヨークでライラックを目にするにはあまりにも季節が早すぎますから、どこか別の土地からわざわざ運ばれてきたか、あるいは温室栽培に違いないからです。今、この香りの痕跡がだんだんとかすかになっていくことで、最初にあなたが感じた喜びに対して、何か悔やまれる気持ちがし始めます。あなたにとっては、季節外れの花の香り以上に巨大な富をまざまざと顕示するものはほかにないからです。

先生とカーネギーは、いくらか雑談をします。先生はときおり一語か二語、あなたの手につづってくれます。「天気は……。私の健康は……。彼の健康は……。カーネギー夫人は、とても残念なことに……急な約束で……よろしく伝えてほしい……」という具合に、会話のだいたいの流れを教えてくれるのです。この時点では、会話のすべての言葉をあなたが知る必要はありません。あなたはすでに、人の話の実に多くの部分が紋切り型なものであることを学んでいましたし、むろん先生には全部の言葉をつづる能力があるとはいえ、それを実際にするのはあまりに疲労が大きすぎるという事実も受け入れていました。

二人はあなたの講演や、作家としての著作についての話題に入り（あなたは、講演者としてのキャリアを始めていましたね）、それゆえに先生の通訳はより徹底したものになります。カーネギーは、あなたの講演会にこれまで一度も出席していませんが、ほかの人々から報告を聞いていました。「どんな演題ですか？」と、彼は訊ねます。

先生がこの質問をあなたの手につづると、あなたは答えをつづり返します。たとえ先生自身で答えられる質問でも、きちんとこの手順をとります。「『幸福』ということです」と、彼女は答えを声に出して伝えます。

「ええ、ええ」と、彼が言います。「素晴らしい演題です。まさに我々が今日必要としているメッセージです。憂鬱や悲しみはもう充分です。もし世の人々が幸福だけを求めていれば、世のなかにはいくらだって幸福があるものですよ」

先生はこの言葉を全部あなたの手に伝えます。そう望めば、彼女は一分間に百語近くをつづれるので、彼の話をあなたが受けとるのに遅れが生じることはほとんどありません。あなたは言います。「彼は私の『楽天主義』を読まれたことがあるかしら？　サイン入りの本を一冊、彼のコレクションのためにお送りします、と伝えてください」

彼女は人差し指であなたの手のひらをこすります。このサインは、「適切ではない」あるいは「今ではない」のどちらかを意味しています。あなたは、この却下を受け入れます。ほかに選択肢はないからです。声に出して言葉を言おうとすることもできましたが、今日は発声練習をする時間がなかったので、自分の声に自信がありません。

あなたの標準的な講演について、先生がカーネギーに説明をしています。講演中の話の大部分を語るのは先生の役割です。通常は、あなたの受けた教育と先生自身の教育法の詳しい説明をすることで講演会を開始します。次に、二人で指文字のアルファベットの実演をします。それから、あなたが声に出して「幸福」についてのスピーチを暗誦し、それを彼女が朗々たる声で繰り返します。聴衆のうち、あなたのスピーチを理解できないと思った人々のためにです。そのスピーチが今ではより明白に政治的な内容を帯びてきていることについては、彼女は言及しません。たとえば、この頃のあなたは、工場の労働条件や児童の労働について話すようになっています。

カーネギーが言います。「たいへん興味深いものです。実に感動的です。ええ、教育の価値については、いくら語っても語りすぎるということはありませんからね」。それから突如として眉をひそめます。「ですが、先週の新聞で読んだこれはどうしたことでしょうか？　ヘレン・ケラーが——社会主義者に？　確かに見出しになっていましたよ。ケラー嬢がローウェルの例の工場の暴徒を支援して書いたと言われている手紙から、何かばかげた言葉の引用がありましたな」。彼は先生に向けて脅すように指を振り回しました。「もしこれが本当に真実ならば、彼女を私の膝にのせ、お尻を叩いてやりますよ。そう伝えてください」

先生はこの声明を一字一句通訳し、それからつけ加えます。「彼の表情を見せてあげたいわ、お行儀の悪い老人だこと」。それから、注意を促します。「微笑を続けて」

一方で、先生は震えを帯びた笑い声を立てます。「まあ、カーネギーさんたら！」

あなたが先生に言います。「社会主義者の理想は彼自身の理想からも遠くないと、彼に伝えて。彼だって、人間同士の兄弟愛や国家間の平和を、そして万人が平等な教育を受けるべきだということを信じていらっしゃるでしょう。それはどれも社会主義者の信条でもあるのです」

先生が彼に話し始めるまでに少し中断があります。両手がまだ先生の手に触れていたので、あなたはそのことに気づきます。そこにはあるこわばりがあります。話しているときに彼女の腕に生じるこのこわばりは、もう何年も前にあなたが見分けることを学んだある兆しです。先生がときおりあなたの言葉を言い換えたり、要約したりしなければならないことをあなたは知っています。そしてそれが、今の彼女の中断の理由なのだろうと思います。ついに、先生は少し首をかしげて、信頼にあふれた笑みを浮かべます。ですが、先生はこう言うのです。「新聞がどのように物事を違えて伝えるかはご存じでしょう、カーネギーさん。ヘレンは、確かに容易に誤解されてしまう考えをたくさん心に抱いています。ある人々はそれを社会主義だと考えるかもしれませんが、本当のところは、それは他者に親切にしたいというヘレンの願いにすぎないのです。ご存じのように、ヘレンは生まれながらの慈善家です」

先生がこう言っていることをあなたが知れば、裏切られたと感じることでしょう。ですが、先生は、自分が何をしているのかよくわかっています。カーネギーもまた、あなたを知るほかの人たちと同様に、あなたの示している社会主義的な信条はジョン・メイシーの影響だと考えているのだと、先生は感じているのかもしれません。自分の結婚をめぐる問題について多くの噂を聞いているのだろうとも、感じているのかもしれません。カーネギーが「メイシー夫人」とも「ミス・サリヴァン」とも、どちらの呼びかけも慎重に避けている様子に先生は気づいていました。そして、もしカーネギーがその噂を敢えて確かめようとしないのならば、先生としては、少なくともメイシーの政治観から自身とあなたを遠ざけておくのが最善の策だろうと考えているのかもしれません。

そうした考えが心の内にあるのか否かはともかく、カーネギー自身はメイシーのことは除外しています。額にシワを寄せた彼は、再び先生に対して指を振りながら、有無を言わさずこう言うからです。「世間がそんな誤解をしないように確実にするのが、あなたの仕事ですよ」。そこで扉が開き、振り向いた彼は娘のマーガレットを認めます。実にタイミングのいい中断です。おかげで、先生の顔に浮かんだ表情を見ずにすみました。先生は、自分の役割を人にあれこれ指図されることを、すんなりと受け入れたりする人ではありませんから。

カーネギーは、満面の笑みを浮かべながら娘を紹介します。「マーガレットは我が家の慈善家ですよ。この子は、いつも私の耳元で、誰かを幸福にしてあげなくてはいけないわとささやく良い妖精なのです」先生がこれを通訳すると、あなたは言います。「慈善ですって！　慈善活動とは、間違った条件のもとで人々が生きなければならないことに対する、痛ましい弁解ですわ」

「そんなことは絶対に伝えませんよ！」と、先生の指は噛みつくように返してきます。彼女が伝えないだろうことはわかっていましたが、あなたとしては何かを言うべき、異議を示すべきだと感じたのです。

あなたは、カーネギーが申し出てくれた年金をすでに何回か断ってきました。一九一〇年以来、彼はあなたに年金を受けとるようにと強く奨めてきましたね。その申し出を礼儀正しく断るたびに、あなたは自分は最善を尽くして自らの生計を自ら立てるほうを好むのだと説明してきました。ほかにも理由があったのはもちろんです。彼は充分に好人物なようですし、様々な土地に図書館を寄贈するという彼のプロジェクトゆえに、あなたも彼を称讃しています。ですが、彼が何者であり、どのように財産をつくったかを考えると、その彼の施しを自分が受けるというまさにその考えをあなたは憎むのです。社会主義についての考え方に断絶があったこともまた、助けにはなりません。

ですが、こうした怒りの感情を維持するのは、あなたには難しいです。もう一瞬ののちには、あなたはお茶のトレーから漂ってくる心地良い香りに負けてしまいます。カーネギー嬢とその装いについて、先生が描写してくれたらいいのにと願います。でも、あとまで待たねばならないことはわかっています。彼女が勧めてくれたティーカップを受けとったあなたは、それを手にすることに喜びを感じます。その陶磁器はこのうえなく滑らかで軽く、カップの持ち手はとてもエレガントなカーブを描いています。紅茶の花のような香りを吸い込んだあなたは、完璧な世界では、誰もが素晴らしい陶磁器をもつ喜びを知っているのだろうと考えます。あなたの手のなかに、先生が警告を発します。「ケーキは一切れだけですよ、ヘレン。食い意地が張っているように見られたくないでしょう」。ですが、彼女が体重のことを心配しているのをあなたは知っています。そう言えばいいのにと思いますが、何も言いません。そのかわりに、声に出してカーネギー嬢に「サンキュー」と言いますが、それは「ダ＝アンク・ユー」と聞こえます。

カーネギー嬢は、あなたに手渡そうとしていたケーキ皿をまだもったままでした。でも、ギクリとした彼女が、それをあなたの膝の上に取り落としそうになったのが感じられました。あなたが声を出して話せることに驚いているのだと、あなたは思います。多くの人々がそうなのです。でも事実は、あなたの声にショックを受けているのですよ、ヘレン。今日のあなたの喉には、何か異様な深さがあります。浴槽のお湯が配水口へとゴボゴボと呑み込まれていくような音に聞こえるのです。

カーネギーは、恐怖の表情を浮かべてあなたを凝視しています。「人前でも、そんなふうにさせているのですか？」と、先生に訊ねます。

先生は神経質にあなたをちらっと見て、それから彼に微笑みます。「ヘレンは、今日は発声練習をする時間がなかったのです。人前で話すときには事前に念入りにリハーサルをします。彼女の声は必ずしもわかりやすいというわけではありませんが、聴衆はとても感動的だと思うようですわ」。こうした会話については、先生はあなたに何も言いません。あなたはと言えば、ケーキを食べるのに忙しいようです。それに、あなたがスピーチについてとても敏感に反応することは、先生にもわかっています。彼女が最も避けたいのは、あなたがすね始めることです。彼女はカーネギーに最高に魅力的な微笑を見せます。そして「ヘレンの話す声を発育させるように奨めてくださったのは、ベル博士でした」と言い、この高名な発明家の名をお墨付きとして用います。「ベル博士が確信していらっしゃるのは、ろう者がすべきことは……」

「ベル博士ですと！」と、カーネギーはあざ笑うように、先生の言葉を遮ります。「ええ、ええ、あの人物は天才です。それは否定しませんよ。ですが、彼の見解は、必ずしも健全であるというわけではありませんからな」

「彼は何とおっしゃっているの？」と、あなたは先生に訊ね、フォークを休めます。

「ベル博士について話しているのよ」と、彼女は言います。あなたは小さな喜びの声を上げ、顔をカーネギーのほうに向けると、無邪気に微笑します。

カーネギーはこれを見て、先生のほうに振り返ります。「慎重にしなければいけませんよ。彼女の声は、つまり……。あなただって、彼女が滑稽に見えるようにはしたくないでしょう」

先生は頷きますが、何も言いません。こうした批判を聞いたのは初めてではありませんし、もうこれには飽き飽きしています。ですが、今ここで口論するほど彼女は愚かではありません。そのかわりに、カーネギー嬢に注意を向けて、いくらか念入りに賛辞を述べます。「……何もかもが素晴らしいですわ。とても美味しゅうございますし、本当に申し分ありませんわ……」。そうしながらあなたに対しては、こうつづります。「お嬢さんに微笑を送って。お父上の右側にいます。あなたから見て十一時の方向よ」

首を正しい角度で回したあなたは、微笑を浮かべながら頷きます。「彼女はどんな装いをしているの？」と、あなたは先生の手に訊ねます。

「パリ仕込みの最新のものだとしても、驚きませんね。でも、くつろいではいません。むしろ乗馬をしているかのように見えますね」。先生はこう描写しますが、どちらのコメントも本当のところ助けにはなりません。声に出して、先生が言います。「ヘレンは、これまでこんなに美味しいケーキを味わったことはないと伝えてほしいと言っていますわ」

カーネギー嬢はあなたのほうに身を寄せて直に応えようとしますが、ふと動きを止め、父親に目をやり、次に先生を見ます。それから背筋を真っ直ぐに起こし、これまでになく狼狽を見せ、そして最後にこう言います。「ありがとうございます。どうか彼女に「ありがとう」と伝えてください。つまり、お迎えできてとても嬉しいという意味です。彼女に伝え……」

そこでカーネギーがさえぎります。「こうした講演会の入場券はいくらにしているのですか？」

「一ドルと、いい席については一ドル五十セントです」と、先生が言います。

「高すぎる、それはあまりにも高すぎますよ！」と、彼は言います。「五十セントにすれば、もっと儲かるでしょう。せいぜい七十五セント、それより高くては駄目ですよ」

先生からこの助言を伝えられると、あなたは彼のほうを向いて微笑を浮かべます。ですが、実は少しむっとしています。この人は、自分には一ドルの価値もないと言っているのでしょうか？　ですが、先生のほうは興味をもっています。前に身を乗り出します。「本当でしょうか？　どうしてそのようなことが？」

彼が説明します。「百人の人が一ドルずつ払う場合と、二百五十人が五十セントずつ払い、さらに五十人が七十五セントずつ払う場合とを比べれば……」と、ポケットから出した手帳に数字を走り書きして見せます。二人は、どんな宣伝活動をすればいいか、どんな会場が相応しいかについても話します。最後に、彼が結論づけます。「あなたがたは、労働者たちを引き寄せたいのでしょう——女性店員や事務員や工員たちなど、自らを向上させたいと望んでいる類いの人々を。それが、あなたがたが呼びたいと望んでいる観衆です。そうした人々が、自らが手にしているものに感謝の気持ちを抱くように、そしてあの労働組合の悪党どもの影響を受けたりしないようにさせるのですよ」

「今度は何ですか？」と、あなたはいくらか苛立ちながら訊ねます。彼女がこんなにも長く会話を伝えてくれないことを、不快に感じているのです。本当は、今日はジョンにも一緒に来てもらいたいと思っていました。そうすれば二人でかわるがわるに通訳することもできたからです。でも、先生はそれを望みませんでしたし、カーネギーのような人たちに対するジョンの見解を考えれば、彼のほうでもおそらく拒絶したことでしょう。

「ただ、あなたの講演についてもっと話しているだけですよ」と彼女は言い、思慮深そうに彼に頷いて見せます。指文字をつづる様子をカーネギーが見つめているのを認めた彼女は、こう言います。「ヘレンはあなたがくださったご助言にとても感謝していますわ」。それから軽く笑って続けます。「こう言わねばならないのは残念なのですが、ヘレンには、ものの値段についての意識が実はまったくないのです」

これは本当ですよね、ヘレン。彼女がこの言葉をあなたの手のひらにつづったとき、あなたはわずかにたじろぎますが、それでもそれは本当だと認めねばなりません。あなたは、お金については世間知らずです。簡単に得られるものは、失いやすいものなのです――まあ、必ずしも、そんな諺通りでもないかもしれませんけれど。ともかく、あなたはお金のことはあまり考えません。でも、それはごく当然なことです。成長期のあなたは、何かに不自由したことは一度もありませんでした。それに、ラドクリフ・カレッジを卒業して以来の数年間は、たとえ収入が不安定だったとしても、いつも誰かしらが現れて、印税の小切手や講演料で切り抜けられるようにしてくれていました。

カーネギーも先生の笑いに合わせて笑います。「ええ、若い人たちに共通の欠点ですね」と彼は言い、からかうように見せかけの非難の眼差しを娘に投げかけます。「この娘にも、お小遣いがいったいどこにいってしまうのかを言ってもらいたいと思っているのですがねぇ、それがどれだけ大変なことか」。マーガレットは顔をひどく赤らめますが、何も言いません。彼は続けます。「若い時分の私の収入についての考えは、一年に千五百ドルぐらいのものでしたよ。それだけあれば、自分と両親が食べていくのに充分だろうと思っていたのです」。彼は大声で笑いながら、しきりに首を振ります。「考えてもごらんなさいな！　一年に千五百ドルですよ」

具体的な金額が口にされたことで、先生は緊張して警戒心を高めます。お金が、彼女にそうさせるのです。千五百ドルという金額は、彼女の心のなかでは即座に具体的なものに変わります。一定量の食料品、何巻もの布、何重量かの石炭、何時間も使える電気、あちこちに行ける何枚もの鉄道乗車券、大量の靴の皮革。彼女の想像力は、こうした日用品を壁のように積み上げて、かつて味わった究極の貧困状態の脅威と自分自身との間に防御壁をつくるのです。その脅威は彼女にとってはある意味でリアルなものですが、ヘレン、あなたにとっては一度もそうはなりえないものです。なぜなら、人生の初めの十四年間、先生は実際にその脅威のなかで生きてきたからです。彼女にとって、その脅威には名前があります。テュークスベリー救貧院という名です。その記憶は彼女にとっては、今この瞬間に目の前にある何よりももっとリアルなものです。たとえば、この素晴らしく贅沢な部屋よりももっとリアルなのです。豪奢なファブリックや稀覯書や温室栽培の花々でいっぱいのこの場所が、何の前触れもなしにまるで煙のように目の前で消えていき、記憶のなかに残っているあの別の場所の悪臭と喧噪にとってかわられるのです。いまだ彼女の鼻孔は、人々の排泄物や不潔な身体から漂う悪臭や、飲み込もうとするとヘドをもよおすような貧しくもしみったれた食べ物の臭気でヒリヒリしています。彼女の耳には、辛い労働に従事している未婚の母親たちの不平不満や、その未熟児たちが立てるか細い泣き声、そしてスクラップ同様の鉄の簡易ベッドがきしる音が今も響いています。老いも若きも遺骸はその簡易ベッドにのせられて、死体収容場へと運ばれていくのです。

先生のこうした面をあなたはすべて知っていますか、ヘレン？　カーネギーの屋敷を訪れたのは一九一三年のことですから、彼女の初期の人生の物語の一部始終をあなたはまだ知りません。ですが、お金のことが常に彼女の心にかかっていることは知っていますね。たとえどんなものに遭遇しようとも、彼女がそのものの金銭価値を即座に頭のなかで計算できることも知っています。あなたにとってのケーキの味は、お母さんが焼いてくれるケーキや子ども時代の誕生日パーティーといった楽しい思い出を呼び起こすものです。でも先生の場合は、頭のなかにそれをつくるための材料のリストを生み出すのです。一ダースいくらの卵がいくつで、一パウンドいくらのバターや砂糖が何オンスになるか、といった具合です。そして彼女のそうした計算は、物価の高いニューヨーク市における価格や、こうした大邸宅の割高の諸経費を換算した調整も組み入れます。あなたもまた、彼女を緊張させたのが、この千五百ドルという具体的な金額の言及だったことに気づいています。なぜ千五百ドルなのでしょうと、あなたは怪しみます。なぜ、五千ドルではないのでしょう？　カーネギーがあなたに申し出ていた年金はその金額なのに。そしてこうしたことについて考えながら、あなたは椅子のなかで身体をこわばらせます。

ここまで考えると、私も不思議に思います。いったいあなたは、自分が今日ここに何をしに来ていると思っているのでしょうか。あなたはすでに数回にわたってカーネギーからの年金の申し出を拒絶してきています。ではなぜ、今日、その人物とわざわざ話しに来たのでしょう？　そのお金を誰かほかの人か、あるいはほかの慈善事業に使ってほしいと頼むというような、何か思いついたばかりの計画をもってきたのかもしれないという考えが今の私には浮かびます。たぶんあなたはその思いつきについて先生と話し合い、彼女もあなたに同意したと思っていたのでしょう。でも今この瞬間、あなたには、先生のほうでは異なる計画があってここに来たのだという考えが浮かびます。

そのせいで、あなたもまた緊張しています。そして、先生が次に話すであろう言葉に警戒しています。ゆっくりと先生の腕に手を沿わせ、肩の上にのせようとします。指文字ではなく、彼女の唇を読む準備ができているという兆候です。そしてカーネギーの側では、あなたがた二人の間に何かが起こっていることに気づいています。彼は愚かな男ではありません。事態をうまく把握できなければ、これほどの財産を蓄えることはできなかったでしょう。あなたがた二人が今日ここに来たのはなぜなのかを、彼もまた考え始めます。彼からの年金の申し出はまだ有効です。それを議論しに来るためのどんな必要性が生じているのだろうかと考えます。おそらく、今のあなたは年金を受けとる気があるのだけれど、プライドが邪魔をしているのだろうと結論づけます。一瞬、それが容易になるように、あなたを助けてやろうかと思います。「では、年金を受け入れる決心がついたということですね」と言って、机に行き、さっと小切手を切ることだってできました。ですが、何かが彼をためらわせます。彼はあなたがたのことをほとんど知りませんが、それでもあなたがた二人の間の緊張は、何かほかの原因からきているのだと感じます。娘のマーガレットでさえ、何かを感じているようです。父も娘も、先生からあなたへと目をやり、それから再び先生へと目を戻します。最後に彼は咳払いをして、不自然な笑い声を発しますが、それはあなた以外の誰もが彼に目をやらずにはいられないような笑いです。それから、彼が言います。「「幸福」とはねぇ、なるほど！　ええ、講演にはきわめて素晴らしい話題です。これ以上のものはありませんな。私が常に言っていることですが、惨めさはそれこそ空気のように至るところにあるけれど、上機嫌には金を払うほどの価値がある、ですよ」

あなたは再び手を下ろして、この言葉を先生につづってもらいます。口もとをピクつかせたあなたは、こうつづり返します。「金を払うほどの価値？　でも、大した額ではないでしょう。彼はたった今私に、幸福についての私の講演は、五十セントの価値しかないとおっしゃったばかりですもの」

あなたの言葉を伝える前に、先生は少しためらいます。彼がこれをどう受けとめるか自信がないからです。でも、それを聞いた彼は膝を打って笑います。「これはいい。彼女には覇気がありますね。それは認めますよ」。この陽気な調子で事態を保とうとしているかのように、彼はこう続けます。「それで、幸福のためのケラー嬢の提言はどのようなものですか？」

先生は、オリジナルの「幸福」のスピーチからあなたが何か決まり文句的な部分を引用するだろうと期待しています。彼女の期待がわかっていながらも、あなたはこう始めます。「私を幸福にしてくれるのは知識です。私たちのこの偉大な大地のすべての工員と坑夫が享受できるのは……」と、ここであなたは自分の周りを示唆するように空いた手をさっと振りかざし、そして続けます。「あなたがたが得ているこんなにも莫大な利益のうちの、ほんのわずかばかりの小さな取り分です」

あなたのつづりを声に出して伝えるにはわずかに遅れが生じるために、先生はその「享受できる」という言葉のところで、なんとか通訳を止めることができました。あなたの手から自身の手を瞬時に引き抜いた先生は顔をしかめます。自分がそう口に出して言うように仕向けるのを、あなたに自らが許してしまったことに苛立っているためです。それから一瞬カーネギーに視線をやった彼女は、自分の不意の反応をあなたの身振りを真似るかたちに展開させ、こう結論します。「享受できるのは、偉大な文学がもたらしてくれる啓発です」

「ええ、ええ、文学ですね！」と言う彼は、安堵したように彼女の口調を繰り返します。「文学！　人間の最も大きな業績です。「文学には、獰猛な野獣をなだめる魅力がある」ということですね」

今や、指を振って見せるのは先生の番です。「お間違えでいらっしゃると思いますわ、カーネギーさん。その引用は、音楽のことだと思いますけれど」〔ウィリアム・コングリーヴ『嘆きの花嫁』〕

「間違っているですと！　この私が？」。彼は娘に向けて命じるような身振りをとります。「急いでおくれ、マーガレット、私のシェークスピアはどこだろう？」

瞬時に立ち上がった娘は、慌てて部屋を走っていき、棚から難儀して大きな本をとり出します。この慌ただしい動きを感じたあなたは、先生の手へと手を伸ばします。「よく知られる句の引用元をあてるゲームの準備をしているのよ」と、先生が説明します。

「彼に何とおっしゃったの？」と訊ねますが、答えはありません。たぶん、あなたも答えは期待していないし、あるいは答えてほしいと思ってすらいないでしょう。詳しく説明する時でも場合でもないからです。

そういうわけで、あなたがたはみんなくつろいで、記憶力をめぐるこの風変わりなテストに専念します。カーネギーは、一フレーズか二フレーズほどを暗誦すると、マーガレットを部屋のあちこちへと走り回らせ、棚から次々に本をもってこさせます。

彼は引用します。「慈悲は強いられて施すものではありません……」〔シェークスピア『ヴェニスの商人』、ポーシャの言葉〕

「冗談をおっしゃっているに違いないわ」と、あなたは先生に言います。「誰だって知っているもの。ベル博士がいつもどんなふうにこの言葉を暗誦しているか、彼に伝えて」。ですが、カーネギーが先ほどベル博士について述べた意見を思い出した彼女は、このコメントを加えることは差し控えます。

カーネギーは言います。「人は自分の手の届くところよりももっと手を伸ばすべきだ」〔ロバート・ブラウニング『アンドレア・デル・サルト』〕

「ああ、もう何なの！」と、あなたは言います。「こんな簡単な問題、人をばかにしているのかしら」

カーネギーはまたこう言います。「忘れるなよ。ウォーリックを害した者が、そのままですんだ試しはないのだぞ」

「あらまあ、驚いたわ」と、あなたは先生に言います。「まったく見当もつかないわ。ウォーリックって誰？」

カーネギーが言います。「幸福についてのスピーチをするなら、これはどうだろうか。「……大気は喜びの花と咲き」。素晴らしいじゃないですか？　大気、花、喜び。誰の言葉かわかりますか？」

「シェリーのようですね」と、あなたは言います。

先生は顔をしかめます。シェリーは十九世紀のフランスの詩人ですが、いずれにせよ先生は、確信のないまま「シェリーです」と伝えます。なぜなら、あなたのほうが彼女より読書家だからです。「はずれ！」と、カーネギーが勝ち誇ったように言います。「ロバート・インガーソル〔十九世紀アメリカの自由主義運動の指導者〕ですよ。異国の地の空にアメリカの国旗が翻っているのを見たときに、「大気は喜びの花と咲き」と感じたと述べたのです。実に素晴らしい感想だと思いませんか？」

「もちろん、言葉自体は純然たるシェリーの句だわ」と、あなたは言います。「インガーソルはただ、自身の愛国的な目的に合うように訳しただけよ」

先生はあなたの説明を受け入れますが、カーネギーに向けて声に出して答えたのはただ「ええ、本当に！」だけです。

「彼女が知っておいたほうがいい言葉がもうひとつありますよ」と、カーネギーが言います。「彼女は南部の出身ですからね。これはどうでしょう。「アメリカ大陸の上空には、二つの国旗が翻る余地はない」」

「インガーソル」と、あなたは言います。

「当たり！」。彼は、あなたの手を軽く叩きます。「分別がおありだ。私にはわかりますよ」

「見事な推量ね」と、先生がつけ加えます。

彼女の手のなかで、あなたは自分の手をピクピクと動かします。それは、肩をすくめるときのあなたのやり方です。「推量じゃないわ。彼はインガーソルのことばかり考えているようですから」と、あなたは言います。「ロバート・インガーソルのことを社会主義者と呼ぶ人たちもいると、彼に伝えてください」。でも、彼女が伝えないだろうことは、あなたもわかっています。

というわけで、これは、カーネギー嬢が申し訳ないけれど歌のレッスンに行かなければならないと、暇（いとま）を告げるまで続きます。娘の父親のほうは、これを機に腕時計に目をやります。あなたにさえ、彼があなたと先生も暇を告げる時間だと思っていることが感じとれます。

「さて、お寄りくださって嬉しく思いましたよ」と、彼が言います。「あなたがたとお目にかかるのはいつもとても愉快なことです。妻も私も、いつもあなたがたのことを一番に考えていますからね。これだけはもう一度申し上げたいのですが、ケラー嬢がいまだ自活してやっていきたいと考えていることは、私もあっぱれなことだと思っていますよ。もちろん、私の申し出はまだ続いています。ですが、独立独歩や自発性――こうしたものこそが、アメリカを偉大にした美徳ですからね」。彼は両の手のひらを膝にあて、立ち上がる準備を整えていますが、そこで先生が少しも動こうとしていないことに気づきます。

彼女は、申し訳なさそうに微笑みます。「ええ、そうなのです、ヘレンはきわめて理想主義的です。そしてきわめて自立心があります。彼女にできる範囲では、ですが」。こうした言葉を彼に話しながら、彼女はあなたにはこうつづっています。「彼の申し出は今も続いていると言っています。彼は応えを期待していますよ、ヘレン」。あなたは応えません。今や前方へ乗り出し、声を低める彼女は、ほかに話を聞いている者など部屋に誰もいないにもかかわらず、彼にも前に乗り出すことを促しています。「問題は、ヘレンがものの値段に対して必ずしも現実的な観念がないことなのです」

ですがあなたには、こうつづります。「彼は、こう伝えてほしいと言っています。運命は、あなたとともに暮らす者たちに対しても、あなたの負う重荷を負わせているのですよ。自分のことばかりではなく、そうした人たちのことも考えなければいけませんよ、ヘレン」

これを聞いたあなたは、微笑むのをやめます。その言葉は、棘となってあなたを刺します。その熱いうずきが腕をはい上り、あなたの胸を撃ちます。これに応えたいと思います。ともに暮らす者たちにとって、自分がどれほどの重荷であるかを最もよく知っているのは自分なのだと言いたいと思います。ですが同時に、あなたは先生という人を知っています。彼女の心がどのように動くかがわかっています。ここに来るのが彼女の考えだったこともわかっています。あなたの顔は赤くなり、それから青ざめます。彼女の手にあなたは言います。「彼は本当にそう言ったのですか?」

返事はありません。彼女の手は動きません。彼女の手のひらの肉は、あなたが触れても動かず、冷たいままです。そこであなたは言います。「私とともに暮らす人たちは、慈善を受け入れることの屈辱と偽善について、私の考えを共有してくれていると彼に伝えてください」

カーネギーは、まだ前に身を乗り出したまま、依然として先生の顔を見つめています。彼の目には、彼女の顎が突然こわばり、眼球が揺れるのが見えます。理由はわかりませんが、彼はこう訊ねるのをほとんど恐れています。「彼女は何と言いましたか?」

不意に立ち上がった先生は、あなたを引っ張り、自分と同じように立ち上がらせます。それから彼のほうを向いて、あの驚くべき甘やかな微笑を向けたものですから、彼のほうではちょっとの間、立ち上がることができません。そんな彼に、先生はこう告げます。「彼女は、よく考えもせずにあなたの寛大さをお断りすることは望んでいないと申しています」。そして彼の手をとると、再び彼のほうに身を寄せて、秘密を打ち明けるように言います。「ただ、時間の問題だと思いますわ」

そしてもちろん彼女は正しいのです。あらゆる場合と同じように、このときもまた正しいのです。このときから一年ちょっとが過ぎた頃、メイン州のバス市のあるホテルの部屋である出来事が起こり、それがあなたの心を変えることになります。先生が体調を崩し、病状がかつてなく悪化します。実際のところ、ひどく具合が悪くなった彼女は失神してしまうのです。意識を取り戻させることができなかったあなたは、部屋から助けを求めに急ぎます。ですが、馴染みのない通路で迷ってしまい、行ったり来たりしても、なかなか階段が見つかりません。ロビーにいた夜間の従業員はあなたが誰かを知らず、あなたが盲目で耳も聞こえないことが理解できません。あなたの気も狂わんばかりの動作と支離滅裂なつぶやき声にひどく慌ててしまって、あなた自身がある種の発作を起こしているのだと思います。ようやく何とか落ち着きを取り戻したあなたは、身振りに加え、吸取紙に言葉を殴り書きすることで、助けを必要としているのは先生なのだと伝えることができ、そこでようやく医者が呼ばれます。

先生はもちろん快方に向かい、そしてその翌日には汽車に乗って、レンサムの家に帰ることもできます。ですが、あなたはこの出来事に狼狽し、不安になり、多くの面で自信を失います。先生にとってあなたがどれほどの重荷であるかについて、あなたは新しいかたちで理解します。重荷だったことは、これまでだって常に知っていました。でも新しい点は、先生が自身で受けるに値すると思っている補償を得るために、どこまでするかということを認識したということでしょう。先生は、あなたが執筆や講演で稼げる額以上のものを、もっと多くの補償を、もっと多くの助けを、もっと多くの安心感を必要としています。先生には、自らの過去との間にもっと確実な防御壁を築くことが必要なのです。そこであなたはカーネギー氏に手紙を書き、彼の後援を謙虚に受け入れることになるのです。

十月二十六日

でも、これもまたもうひとつの脱線にすぎません。どうか、こんなことを言う私を許してくださいね。とにかく、私はある醜い可能性をここに記しています。ええ、先生があなたを騙して、人々の言葉を変えてあなたに伝えたり、事実を曲げたり、物事を伝えなかったりといったことを故意にしたかもしれないという可能性です。ですが、このことはまた、あなた自身がそれを無視しようとしていた可能性でもあります。あなたは先生を信用していましたね。先生を信用していたのは、それまでも常に先生を信用してきたからです。彼女の言葉も万事その通りに信じていました。なぜなら、彼女の言うことが正確か否かについて問いかけ始めたら、その問いには終わりがないからです。ましてその動機について問いかけ始めたら、なおさらのことです。だからこそ、人々は結局のところ、これを「盲目的な信頼」と呼ぶのです。

ですがここにはまた、何かもうひとつ、別の視点があります。目も耳も健常な人たちのなかには、あなたが単に彼女の言葉の受動的な受けとり手にすぎないと憶測していた人もたくさんいます。ですが、そうした人たちとは異なり、先生自身は、自分があなたに語ったことを超えて、あなたが世界にアクセスしてきたことを知っていました。彼女は自らの経験から、人が鋭い観察力をもつためには、必ずしも目が見える必要はないことを知っていました。そして、あなたのことを充分に長く知ってきた彼女は、あなたがとりわけ人と人との間の言葉のやりとりのより繊細なニュアンスを聞き分けられることも知っていました。あなたが人の表情を見ることも、声の調子を聞くこともできないのは本当ですが、あなたには感じることができました。多くの手掛かりがあり、そのなかでもとりわけ空気の流れの変化を感じることで、周囲の人々の緊張の高まりやそのゆるみが伝わってくるのです。彼女の言葉を読みとることに、つづりをする彼女の手の動き方や体温からその意味を解釈することに、あなたがどれほど精通しているかも彼女は知っていました。ですから、たとえ自分がそう望んだとしても、あなたを騙すことができるかどうかについては、先生自身も疑いをもっていたかもしれません。

もう一点あります。あなたと人生を共有するという特殊性に対して彼女がどれほど順応しているかという点を、私としては軽視するわけにはいきません。あなたが彼女から情報を受けとるのに慣れているのとちょうど同じように、彼女のほうもあなたに情報を伝えることに慣れていました。あらゆる出来事を、彼女はその進行中にずっと描写し続けていました。そしてその実況中継を充分に長く続けてきたので、それは彼女の第二の天性となり、もはや必ずしも意識的にコントロールできなくなっていたのです。正確な情報の流れのスイッチを切ることは、それほど容易ではなかったでしょう。

それに、先生があなたに対してあまりに強い影響力をもちすぎていると感じている友人たちがあなたにはたくさんいることを、彼女は承知していました。ですから、彼女がもしあなたを騙したりして、あなたがそれに気づいたら、必ずやそうした敵たちが介入してきて、彼女は自活を促されることになったでしょう。

それであなたは、先生の言葉もほかの人たちの言葉と同じようにどれも正確だと信じていました。信じることは、物事を真実にすることができるのです。

十月二十八日

あなたについて私が目下のところ最も気に入っている物語がひとつあります。漠然とですが、私たちが議論してきたことに関係する話です。とっても早い時期、おそらく先生が来た最初の夏のことです。ということは、あなたはたった七歳で、まだ言語を獲得していく途中でした。先生は、色々な仕事と職は靴をつくりました、などなど。するとあなたが訊ねました。「誰が私をつくったの?」

この質問にどう渡り合えばいいかがすぐにはわからず、先生は躊躇しました。ですが、何かを言わなくてはならなくなる前に、あなたのほうが自分で自分の質問に答えて言いました。「私、知っているわ。写真屋さんが私をつくったの」

あなたは、つい先頃、みんなで出かけた家族旅行のことを言っていたのです。はるばるメンフィスへと出かけ、みんなでその町の一番いい写真スタジオで家族の肖像写真を撮ってもらったのですが、あなたの時代には、写真家が肖像写真を「つくる」という言い方をしていたので、あなたもその慣用句を使ったわけです。ですが、別の意味で、あなたは正しかった。確かに写真家が、あなたをつくったのです。あなたがあんなにもうまく写真に撮られたという事実が、あなたをあなたにしたのです。あなた自身が知っていたのか、あるいは先生が知っていて教えてくれたのかはわかりませんが、イメージというものがどれほど重要かが、あるいはあなたの発するメッセージがあなたのイメージをともなったときにどれほどいっそう強力なものになるかが、あなたにはわかっていたのです。あなたはカメラの前でポーズをとるのが好きでしたね。必要なのは、どちらに顔を向けるべきかを誰かに教えてもらうことだけでした。私は、あなたが著名人たちの顔を触れているところを写したああした写真がどれも好きです。人々の唇の動きをどのように読むことができるか、あるいは感触を通じてその人がどんな容貌かを知ることができるか、それを実演している写真です。ところで、ヘレン、あなたは、そうした方法を実際にとっていると私が耳にしたことのある唯一の盲人でした。あれは一種の策略だったのでしょうか? 私たちの誰もが気づいているように、盲人とはそうするものだと健常者が期待していることに、あなたもまた気づいていたということでしょうか。あるいは、そうやって触れることで、あなたは実際に何かを得ていたのでしょうか？　いずれにせよ、あなたはいつだって、一緒に写真に映ったほかの人たちの姿をぼやけさせてしまおうとしているかに見えます。あなたにその必要があったというわけではもちろんありません。大勢のグループ写真のなかでさえ、あなたの顔は、最初に人目を惹く顔です。あるいは、人々が私にそうだと教えてくれます。カメラは常にあなたを愛しており、それは人生の後半になってですらそうでした。あなたの最後の写真も依然として、最初の写真の特性の何がしかをもっていました。そこでも、あなたはカメラに向かって微笑んでいます。偽りの髪、偽りの歯、偽りの眼ですが、それでも素晴らしいのです。

スポットライト。カメラ。ヘレン・ケラー。

十月二十九日

そして、この話題が、差し迫ったあの主題へと私を戻らせます。ヘレン・ケラー神話は、いったいどのように始まったのか、そしてその神話がそれ自体をどのように不滅にしえたのかということです。ヘレン・ケラーのイメージ――今では、それも意味しているのだと思います。ええ、あなたは、ほかのことについて書こう、フリーランスの作家として、また公的な知識人として、キャリアを積もうとしていました。ですが、あなたの書いたものが本当にあなたの書いたものなのかという人々の疑問と、あなたの政治観に対する当惑のせいで、そうしたかたちで生計を立てることがますます難しくなっていきました。称讃すべきことに、あなたは可能な限り長くその努力を続けましたね。でも、三十代半ばになる頃には、あなたの初期の人生の物語が、あなたにとっては真に需要のある唯一の財産だということが明らかになりました。それが、一九一八年にあなたの物語をハリウッドへともっていき、映画『救い』に関わることをあなたに促したのです。

あなたがたがハリウッドにいるところを想像するのが、私は好きです。あなたがた三人、つまり先生とあなたとポリー・トムソンが、あなたがたの東海岸的な品格と知的傾向を携えて西海岸に出向くのですからね。私は、先生もそこでの滞在を気に入っていたと想像します。ひとつには気候が好ましかったでしょうし、講演旅行というヘトヘトに疲れる仕事のあとに訪れるハリウッドは、休暇を過ごすような感じがしたことでしょう。

カメラの後方で、屋外の、何か天蓋のあるしつらえの下に座っている先生の姿が思い浮かびます。当時はまだ、屋外の自然光のもとで撮影をしていました。彼女はセットのほうを向いて座っています。セットは、木の床板と布に描いた背景幕やベニヤ板でつくられた構造物です。先生は、キャンバス・ラウンジチェアに座って手脚を伸ばしています。肘の位置に小さなテーブルがあって、台本とその日に入った書き換えの原稿、そして背の高いグラスに入った飲み物がおかれています。彼女はハリウッドが好きです。誰もが、彼女を感じよく扱ってくれます。彼女自身がスターのようにふるまうので、感じよく接するのです。下っ端たちの誰一人として、本当のところは彼女がここで何をしているのかは知らないのですが、彼らはみんな、彼女のスターのようなふるまいに本能的に応じています。五分か六分おきに、若者がグラスを満たしましょうかとか、何か食べ物をおもちしましょうかなどと申し出にやってきます。

正直なところ、彼女は映画というものを高く評価してはいません。チラチラ揺れる白黒のイメージに目が痛みますし、始めから終わりまで通して見たごくわずかな映画は、彼女の意見によれば芸術的な深みに欠けています。そして、無声映画を見るのは、難聴に加え、色盲でもあるようなものだというあなたのコメントが、先生の映画に対する考えの決定的な要因となりました。

それに、彼女は映画界の人々のことも高く評価していません。誰もが充分に親切で、概して魅力的で、見かけ倒しではあるものの身なりもそう悪くはありません。ですが、子どもっぽくて、軽薄に見えます。彼らには会話がないし、中身もありません。ただし、チャップリン氏だけは除きます。彼女は、チャップリンが好きでした。彼はあなたがた全員を昼食に招待し、そして彼女と楽しく長いおしゃべりをしました。彼女は、チャップリンと自分が同じような環境の出だと感じていました。はっきりと話したわけではありませんでしたが、彼の内に類似するものを感じたのです。チャップリンは、真の窮乏と苦しみを知っていた人でした。

チャップリンと彼女は、彼の映画について少し話しました。彼女の側は、そうした映画を高く評価してはいません。彼のコメディは魅力的ではあるけれど、あまりに軽すぎると思っています。でも、実際にそう言ったわけではもちろんありません。チャップリンの側は、自分はコメディを通じて、最も幅広い大衆の観客に届けることを望んでいるのだと説明していました。映画は大衆のための芸術だと、彼は言いました。先生は、彼が彼の映画によりシリアスなメッセージを込めようとすべきだと提案し、彼もそれに同意したようでした。

彼女が理解し始めたところでは、映画のもつ問題は、あらゆる決定が委員会によってなされるということでした。毎日、脚本家やプロデューサーたち、財政面での後援者たちといった大勢の人々が、その前日の仕事を拒絶するためにやってくるように見えます。彼女は『救い』の制作者たちが開くこうした会議のすべてに参加していますが、それでもその映画のなかに何が入れられ、何が外されるのかを思い出すのは難しいときがあると認めざるをえません。

これまでに、あなたの初期の人生のシーンの撮影は終わっています。子役があなたの役を演じました。アイヴィー・グリーンに先生が到着した場面や、彼女があなたと闘いを繰り広げたいくつかの場面がありました。ポンプのシーンもです。先生は、自分の役を演じる女優が好きではありません。その若い女性は、どちらかと言うととり澄ました感じで、口やかましい女教師のようです。先生は、チャップリンにこう言っていました。「今の私をご覧になってもご想像もつかないでしょうけれど、当時の私はむしろ可愛らしいと思われていたのですよ」。すると彼は微笑み、何か親切な言葉を言ってくれました。

ひとたび初期のシーンが完成すると、中期について多くの議論がありました。基本的には、あなたがラドクリフ・カレッジにいた時期のことです。問題は、あなたが言語を学んだあとには「物語」がないということのようでした。「恋愛相手はどこにいるのか?」と、何人もの脚本家が不満を言い続けました。先生としては、不運なピーター・フェーガンの事件について何も漏らすつもりはありませんでしたし、ジョン・メイシーについては言うまでもありません。しばらくの間、彼らは求婚者を発明することも考えましたが、その考えは諦めました。最後に、誰かがあるファンタジーを創造することに決めました。別の女優が演じるあなたが、読んでいる本のなかに入り込んで白昼夢を見るというものです。あなたは文学に恋をしていたわけです。先生は、こうしたシーンの撮影現場のひとつを目撃しています。なんと、あなたがギリシア神話の英雄オデュッセウスに恋をしているという場面です。ですが彼らは先生に、これは映画の観客が期待する類いのものなのだと納得させました。問題は、今や脚本全体が急激に寓話(アレゴリー)の方向へと進んでいるということです。昨日のシーンでは、流麗なローブを着た、どちらかと言うとはかなげな若い女性が演じる「知恵」と、屈強な若い男性が演じる「無知」が、幼いヘレンをめぐって争いを演じていましたが、そのヘレンを象徴するのはバスケットに入れられた人形でした。先生も寓意のもつ心情は称讃していますし、抽象的な概念を視覚的なイメージへと変換することの必要性は理解しています。でもやはり、事態が手に負えなくなりつつあることを心配せずにはいられません。

前方のステージへと注意を向けると、あなたとポリーが監督のプラット氏と話しています。あなたは、カメラが回っている間に彼と意思疎通を図るためのシステムをつくり出していました。カメラの横に立つ彼に足を踏み鳴らしてもらい、床板を通してその振動を感じとるのです。一回の足踏みは「右を向いて」、二回の足踏みは「窓のほうに歩いて」を意味するといった具合です。今、あなたがた三人は、一続きの場面の立ち稽古をしています。プラットがあなたにどう演じてほしいかを説明すると、ポリーが彼の言葉を手につづります。先生の見たところでは、セットはフォレストヒルズのあなたの家を表したもののようです。そのシーンのなかで、あなたは左手からセットに入り、右手の窓の近くまで部屋を横切り、スタンドにかかっている鳥籠と遭遇することになっています。あなたの日常生活を見せることを意図した一連の場面のひとつです。先生が理解するところでは、ここで大切な点は、あなたが家具にぶつかることなく部屋を横切ることができるということですが、それができればまったく大した芸当です。というのも、そのセットは目立って家具であふれかえっているからです。大きなダイニング・テーブルのセットがあり、その上には、十二人用の完全なディナー用食器の全一式がおかれています。足載せ台つきの肘掛け椅子があり、植木鉢台の上には、いくつものシダの鉢植えがのっかり、アップライト・ピアノも一台あります。

リハーサルが終わると、全員がセット内から立ち去ります。プラットが「カメラを回せ」と叫びます。

そして、一分後には足を一回踏み鳴らし、あなたに始めるようにと告げます。扉が開き、あなたが部屋に入ってきます。奇妙に見えるわ、と先生は思います。例の恐ろしく青ざめたメイクアップをして、金髪のかつらをつけているからです。でも、映画のなかのあなたが自然に見えるためには、明らかに必要なことなのでしょう。彼らが選んだ簡素なプリントドレスは充分に引き立って見えますが、パステルピンクの色はあなたには若すぎるとも感じられます。ですが同時に、彼らは自分たちのしていることがよくわかっているのだとも思います。少なくとも、あなたはとてもほっそりとして見えます。カメラで撮られると、人は太って見えるものだと繰り返し言われてきたので、あなたも体重には気をつけていましたからね。

二秒ほど戸口で立ち止まっていると、プラットが床を二度踏み鳴らしたので、あなたは動き始めます。家具の迷路をすいすいと通り抜けると、窓のそばで立ち止まります。窓にかかっているのは、先生が悲惨なほどに派手で安っぽいと思っているカーテンです。プラットからの次の合図を受けて、あなたはカーテンを横に開き、飾り帯を上げます。それから後ろに下がると、舞台奥の側のあなたの手が鳥籠に触れます。カメラに横顔を見せたまま、両手を鳥籠の外側にはわせたあなたは、それが何であるのか、あるいはなかに何がいるのかを見分けようとしているようです。プラットがまた何度か足を踏み鳴らすと、あなたは鳥籠から一歩離れてカメラに顔を向けます。そうしながら両方の手を頬に押しつけ、唇を開き、目をまん丸くさせ、言葉に言い表せないような苦悶の表情を見せます。

「カーットー!」と、プラットが叫びます。カメラマンはクランクを回すのを止めます。扉が開き、ポリーがいまだ鳥籠のそばでポーズをとっているあなたのほうへとやってきて、顔に押しつけられたままの片方の手をとってこう言います。「彼は、止めるようにと言っています」

「今のは何です？」と、プラットが訊ねています。

「彼が望んでいることです」と、あなたはポリーに答えます。

「ぼくは、悲しく見えるようにしてほしいと言ったのです」と、プラットは文句を言います。「怯えた表情ではなく。相手は、ただの無害な小さなカナリアですよ。なのに、まるで人食いトラがいるとでも思っているようじゃないですか」

ポリーは、叱責されているのが自分であるかのように手で口を覆います。それから、自分の任務を思い出して、あなたに監督の言葉をつづります。あなたがた全員がハリウッドに到着して以来ずっと、ポリーは恒常的な緊張状態におかれてきました。あなたがた三人のうちで、彼女は唯一本当に映画に注意を払っている人物です。それに、どちらかと言うとスターに魅せられています。人気俳優のダグラス・フェアバンクスに紹介されたときには、ほとんど気絶しそうでした。

あなたのほうでは、ポリーの臆病さを忘れています。そこで、こう言います。「これがどんなカナリアだと想定されているのかが、私にはわかりません。私たちはカナリアを飼っていませんもの。私が飼ったことのある唯一のカナリアは、七歳のときのカナリアだけです」

「どうか、サー」と、ポリーは小さな声で言います。「ケラー嬢は知りたいのです……つまり、彼女は、今はカナリアを飼っていないと言いたいのです。それで彼女は……」

「これはシンボルです」と、プラットがさえぎって言います。ため息をついて、大げさな疲労感を示します。それから鳥籠に触れて言います。「鳥は、彼女が囚われの身であったことのシンボルです」。次に窓を差し示します。「窓は、彼女が教育を通じて見いだした自由の象徴です。こうしたことは全部、もう説明したと思っていましたがね。もう一度やってみようと伝えてください。今度は、彼女はただ悲しそうに見えなくてはなりません。鳥籠のなかに囚われた鳥がいるのを識別し、自由になりたいというその鳥の願いを認めてやるのです。彼女にそう言ってください。自然に演じるように、と」

再び、ポリーはためらいます。この瞬間にも、誰かがパフであなたの顔に白粉をはたき、また別の誰かがあなたの襟を真っ直ぐに整えています。ポリーはあなたを扉の向こう側に再び導きながら、彼の言ったことを繰り返します。プラットの言葉の要点だけは、なんとか伝えることができます。

「どのような囚われの身なの?」とあなたが訊きます。「いつ起こったことだと想定されているの? 自然に演じるって? これが象徴的なことだと考えられているとしたら、どうして私は自然に演じるべきなの? 彼はどちらを望んでいるの?」

離れたところに座っていてさえ、先生にはあなたの動揺を感じとることができます。この映画が向かおうとしている方向に、映画の計画の全体に、あなたが満足していないことを先生は知っています。彼女の側では、この映画の計画がどうして自分たちにもたらされることになったのかがよく思い出せません。今回ばかりは、彼女が始めた計画ではなかったのです。基本的には、この計画は図らずも転がり込んできたものでした。ある匿名の財界人が代理人をフォレストヒルズによこし、計画を説明しました。「ヘレン・ケラーの物語を銀幕に」と、彼らは言いました。待遇についてもすでに考慮されていました。多額の前金と、総売上げに対する寛大な利率の謝金の申し出がありました。先生には、純益ではなく、総売上げについて要求するのが重要なのだと考えるだけの実質的な知識がありました。映画に対する好みはなくとも、ハリウッドでなしえる巨額の富については耳にしていました。たとえこの映画が単に控えめな成功に終わるとしても、賢明な投資をすれば、あなたがた三人が来たるべき数年を暮らせるほどの金をもたらしてくれるでしょう。

とにかく、それが計画でした。彼女が本当の意味で考慮していなかった唯一のことは、その映画そのものでした。映画というものに注意を払っていないので、彼らがあなたの物語に対してどんなことをしうるかという点については、本当のところ何の考えも抱いていなかったのです。映画の制作には、ある程度の自由が認められるべきだということは彼女も認めています。言語による表現よりも視覚的な表現を用いるためには、ある程度の様式化が必要です。ですが、彼女は今、物語があなたにコントロールできる範疇からすり抜けつつあるのを感じ始めています。すぐにでも、彼女のほうから何かを言わなければならないかもしれません。

ですが、もう撮影が再び始まっています。あなたはまた、実にやすやすと部屋を横切ります。ですが今度のあなたは、鳥籠に触れるときに顔を空のほうへと向け、それから空いた腕を上げると、手の甲をゆっくりと両目にはわせます。まるで凝固しつつある涙をぬぐうかのようです。

「カーット！」と、プラットが叫びます。「いったい何なのです？」。台本を地面へと投げつけた彼は、激怒して振り返ります。先生を見て、再び訊ねます。「これは何なのです？」

彼女はため息をつき、それからラウンジチェアから難儀そうに立ち上がります。こうした身振りをあなたがいったいどこから思いついたのかといぶかりながら、重い足取りでゆっくりと歩みを進め、ステージにいるあなたと合流しようとします。もう何十年も昔、あなたに初めて会った日のことを思い出します。あなたは会ったばかりの彼女の帽子をひったくると、自分の小さな頭の上にポンとのせ、部屋の隅にある姿見の前に立って、頭を左右に傾けて髪を整え、入念におめかしをしていました。そんなふうに装うことを、あなたはどのように知ったのでしょう？　あなたにとって、鏡はどんな意味をもちえたのでしょう？　ほとんどの盲目の子どもたちと同様に、誰かと近しく接触することをあなたが常に好んでいたことを先生は知っていました。その対象は、たいていはお母さんでしたが、あなたはほかの人たちの身体の動きも追いかけ、再現することができました。ただ、そのときに先生を驚かせたのは、ちょうど今の演技と同じように、当時のあなたも人々のそうした動きを誇張して見せ、それをメロドラマ風のお芝居へと高めていたことでした。

ステージ上のあなたのそばにたどり着いた先生は、ポリーを脇に押しのけます。「ほんの一分だけ私にください」とプラットに言い、最高の微笑を投げかけます。

彼女は、あなたの手をとります。あなたの指が一文字を形づくる前にさえ、そこに神経質な困惑があることが感じとれます。それからあなたの手は、一分間で二百単語もつづります。「私たちはカナリアを飼っていません。彼がなぜ私たちがカナリアを飼っていると思っているのか、私にはわかりません。あなたがあの最初のクリスマスに私に一羽をくれて以来、カナリアは一度も飼っていません。ティムのことを憶えていますか？　あのとき私が鳥籠から彼を出してしまい、猫に食べられてしまったのです。監督が考えているのはそのことですか……？」

彼女は何も答えずに、あなたの手を黙らせます。震えている指を丸めて握りこぶしをつくらせ、それをあなたの脇腹に押しつけます。彼女に触れられて、あなたはリラックスします。安心して、落ち着きます。それから、彼女は両手であなたの顔に触れます。慎重に指をはわせ、あなたの表情を形づくります。口の両端を少し下げさせます。それから眉を上へと押し上げ、額にシワが現れるようにします。頭を片方に傾けさせ、それからまた反対側に傾けて、一番いい角度を見つけようとします。そうして自分のその手仕事を注意深く検討します。粘土でつくった彫刻を評価する女性彫刻家のようです。そしてプラットのほうに振り向くと、「これでどうでしょう？」と訊ねます。

彼は両腕を高く突き上げ、それからそれをストンと両脇に落とします。「それですよ！　それこそが、ぼくが最初からずっと言っていたものですよ」

あなたの腕を軽く叩きながら、彼女が言います。「彼が望んでいるのはこれだけよ、ヘレン。ただその顔だけ。あなたは鳥籠に触れる。その表情をつくる。それだけでいいのよ」

そしてそれでよかったのです。もういくつかのテイクが必要ですが、最終的にはあなたはうまくやります。それから、彼らはセットをたたみ、次の場面の準備を始めます。あなたは新しい衣装に着替えるために連れていかれ、ポリーが同行します。先生は日陰の避難所に戻って、飲み物をもう一杯求めます。

またもうひとつの脚本会議が始まります。二、三人の脚本家と制作進行、そして財政面の支援者の代理人たちが集まって、「寝室のシーン」についてプラットと協議します。そのシーンはもともとは、映画のドキュメンタリーとしての内容を満たすために考え出されたものでした。あなたが寝る準備をするのを観客たちも見たいだろうと判断されたのでした。つまり、盲目の人が目を閉じて眠るかどうかを、自分たちの目で確かめたがっている、ということでしょう。先生は、微笑を浮かべながらこのときの話し合いを思い出します。衣装係の助手が、あなたの着るナイトガウンとローブを見せにやってきます。先生は慎重に衣装を点検します。ガウンは襟が高く、長袖です。ローブはシンプルなサテンのラップ式です。すべてがとても上品で、当を得ています。彼女は再び微笑み、このシーンについて話し合ったときにチャップリン氏がどれほどおかしかったことか、と思い返します。彼は自分が登場して、寝室の窓に登り、あなたの秘密の求婚相手の役を務めようと申し出たのです。「連中は、恋愛相手がほしいと言っていましたよ」と彼は言い、偽りの好色さを装って眉を上下に動かしました。それからテーブルの上の花瓶から花を一輪引き抜くと、コミカルなバレエのような振り付けで食堂の周りを飛び跳ねました。

ですが、今や先生は、自分の目の前に現れた何十人というエキストラの大群に当惑しています。明るい日の光のなか、目を細めて群衆を見つめる彼女は、これは寝室とは別の場面に違いないと思います。台本のほうに手を伸ばしますが、誰かがもち去ってしまっていました。そこで目を細めて眺めながら、エキストラが出てきそうなシーンを思い出そうとします。ですが、この群衆がどういう人々を想定しているのかを判断するのは難しいです。見てとれる限りでは、労働者風の服を着た者たちがいます。つなぎの作業服姿でツルハシをもち、正面にライトのついたヘルメットを被った男がいます。それからクワを手にし、胸あてつきの作業ズボンとギンガムシャツを身につけ、麦わら帽子を被った男もいます。さらに、なんら特徴のないボロボロの服を着た大勢の人々がいます。付けひげの調節をしていた白髪の男は、長い杖に寄りかかりながら、ラッパを耳にはさみます。不格好な帽子と色眼鏡をつけた長身の痩せこけた若者は、足を引きずりながら行ったり来たりしつつ、ブリキのカップと白い杖を振り回す練習をしています。数人の舞台係が、少年の片脚をひもで縛って、その足がボロボロの服の下に隠れるように手伝ってやっています。松葉杖を与えられたその少年は、よたよたと歩き回ります。メイクアップ係の女の子たちは群衆の間を歩き回りながら、顔や手にすでにほどこしていた青白いメイクアップの上に灰色の粉を振りかけていきます。先生が想像するに、これは苦役による汚れと、貧困生活の煤(すす)を表すよう意図しているのでしょう。

それからあなたが現れます。長く流れるような白いローブをまとっています。前日の「知恵」役の女優が着ていたものとよく似ています。ポリーが一緒で、そしてヘアメイク係があなたの髪の上にヴェールのようなものをピンで留めています。あなたはとても魅力的に見えると、先生はつくづく思います。その白いローブが、垢で汚れたエキストラたち全員と強いコントラストをなし、あなたをいっそう際立たせているのも好ましく感じられます。とはいえ、そのヴェールは、いくらかあなたを修道女、あるいは看護婦のように見せています。それから、彼女はそうした想いからさっと我に返り、困惑を思い出します。

「プラットさん」と、彼女は礼儀正しいながらも、有無を言わさぬ調子で呼びかけます。「プラットさん、少しよろしいでしょうか。思うに、私たちが撮ろうとしているのは……」

ヘアメイク係が仕事を終えると、あなたは指で衣装に触れ、ポリーに訊ねます。「私は何を着ているの？　これは私のナイトガウンということ？」

ポリーは指関節を吸い、それからあなたを注意深く吟味します。「そうは思えませんわ」と、あやふやに答えます。「私が思うに……それは何か……むしろ中世風で……」

「中世風？」と、あなたが言います。「私が思っていたのは、私が……」と、悩みをさらにいっそう深めたあなたは、指を動かすことすらほとんどできません。泣くことだってできそうでしたが、メイクアップを台無しにすることについては、すでに彼らはあなたをひどく神経質にさせていました。あなたはメイクアップが嫌いですね。汗をかくからです。だいたい、なぜメイクアップをしなくちゃいけないのでしょう？　それに、なぜ髪を覆わなければいけないのでしょう？　あなたは美しい髪をしています。誰もがいつもそう言っていました。あなたは精神力を総動員して、気さくな良い人であろうと努めていますが、あまりにも無理な要求をされています。そのうえ、彼らは今あなたに、たとえどんなものであろうとも、こんなばかげた衣装を着させたがっています。「中世風！」と、あなたはもう一度言い、足を踏み鳴らします。「こんなものは着ないと彼らに言って。嫌だと言って……」。そこで突如として動きを止め、立ち尽くします。注意は足元に向けられます。そこから予想外の振動が感じられるからです。鼻孔がふくらみます。ポカンとした表情で、感覚を集中させます。あなたは言います。「馬なの?」

「馬については何も聞いていませんよ」と、同じ瞬間に先生が言います。ですが、馬はそこにいます。大きな白い生きた馬で、エキストラの群集の間を、轡を引かれてやってきます。

「何も心配ありませんよ」と、プラットが言います。「完璧に安全です。仔羊のように大人しいですから」

「そういう意味ではありません」と、先生は日光に目を細めながらその動物を見つめます。アイルランド人を祖先とする彼女は、馬体を判定する能力にプライドをもっています。そして、弱視の彼女にさえ、これはむしろ残念な見本だと言うことができます。餌を与えられすぎて、反応が鈍くなっているように見えます。メイクアップ係の女の子たちの一群が今やその馬のための仕事に取り組み始め、役者たちに振りかけていたのと同じ煤だらけの粉をはたいていますが、今回は、脇腹と肩が筋骨逞しく見えるよう、影をつけて輪郭をはっきりさせようとしているようです。これを見ながら、先生は唇をすぼめます。映画のなかでは、確かにこの細工も機能するかもしれないとは思います。ですが、彼女の目には、この動物は単なる特大のポニーのようにしか見えないし、今ではそれがいくらか埃まみれになっただけのようです。「安全の問題を気にしているわけではありません」と、彼女は言います。「ケラー嬢は、乗馬にはきわめて熟練しています。私が言っているのはただ、私たちが撮影しようとしているのは……」

「すべての悲しみの母ですよ」と、プラットが言います。「おわかりでしょう、フィナーレです。大団円です」。彼は、ここハリウッドでは誰もがいかにもやりそうなやり方で、両手の指で四角いフレームをつくって言います。「ヘレン・ケラー、すべての悲しみの母。彼女こそ、盲人とろう者、足の不自由な人々、そして虐げられた大衆を輝かしい未来へと導くのです」。そして彼は、東の方向を向いて大きく腕を振りかざします。きっと、その輝かしい未来を指し示すためなのだろうと先生は思います。

ですが、先生がこの進行に異議を唱える前に、プラットは大股で立ち去り、いくつもの指示を叫びながら歩みを進めていきます。

その間、彼らは馬の上にあなたを乗せていました。マントがあなたの衣装に加えられ、そしてそれがあなたと馬の周りを優美に覆います。プラットがすべての悲しみの母と輝かしい未来について説明する間、ポリーはあなたにその言葉を繰り返そうとしています。あなたは幸せではありません。「何(ホワット)なの?‥」と、問い続けます。声に出して「ホワード」と言いさえしますが、それはポリーの手がすべり抜けてしまって、つづりが届かないからです。ようやく手を握れたあなたが訊ねます。「これはいつのことと想定されているの？　例の夢のシークエンスのひとつなの？　これは……?‥」

ですが、今やポリーは連れていかれてしまっています。撮影のリハーサルが始まるからです。上手に足を引きずって歩くために、片脚に特大の重りつきの靴をはいたエキストラの一人が、馬を前方へと導きます。あなたを乗せた馬はドタドタと前進し、そして虐げられた群衆は足を引きずりながら、あるいは手探りをしながら、あなたの後ろを進みます。馬の腹革はひどく大きく、その上でバランスを保つのが難しいのがわかります。でもあなたは、できる限りしっかりと両膝を締めつけることで、何とかサドルの上にとどまることができます。

今や、馬は出発点に引き戻されつつあります。あなたの衣装にさらに多くの調整がなされます。彼らは、どうやらあなたの脚を見せることを望んでいないようです。いくつもの指示が、エキストラたちに向かって叫ばれます。

誰かの助手とおぼしき若者が二人、先生の椅子の近くに立って、この様子を注意深く見つめています。

その一人が、両手を上げてつくったフレームのなかにあなたと馬を入れて見ます。「もっと馬がほしいな」と、彼が言います。「少なくとも三頭は」

「ギャロップで走らせなきゃいけないな」と、もう一人が言います。

「ギャロップですって?」と、先生は警戒心を抱きます。「ギャロップ!」

今や小休止がとられ、プラットは虐げられた人々や障害のある人々をあなたの周りに配置し直します。ほかに選択肢がないので、あなたは自らを落ち着かせます。ですが心の芯の部分ではいまだに不安ですし、ひどく憤っています。この人たちは自分に、あまりに多くのことを求めすぎていると感じています。ええ、あなたは挑戦を楽しむ人です。それこそが、あなたの人生の一部始終です。もしこの人たちのうちの誰かがあなたの本を一冊でも読む気になってくれていたなら、彼らにもそのことがわかったことでしょう。不幸に打ち勝つこと、それがあなたのなすことです。ですが、今回はあまりにひどすぎます。彼らは、あなたに充分な情報を、これを続けていくのに足る情報を与えてくれていません。あなたは、ポリーと映画を見にいったことが数回あるだけで、ただそれが何であるのかがわかっていないのです。ポリーは、シーンの合間合間にト書きや台詞を記してくれる「タイトル」画面の文字は読んで聞かせてくれますが、その間の純粋な映像部分で何が起きているかを語るのは忘れてしまうため、あなたはただ中身が切り詰められた印象を得るだけです。先生は、スクリーン上で明滅している光に催眠効果があると言い、そしてあなたは彼女が正しいに違いないと思います。小さな子どもたちは明滅している蠟燭を何時間も飽きずにじっと見つめるものですが、そのことを聞き知っているあなたは、目の見える人たちは大人になってもその性向を失わないのだろうと憶測します。あなたがポリーに同行するのは、人付き合いの一貫です。ときには本を持参し、座席に座って暗がりのなかで読書をすることもあります。あなたには、舞台の演劇はわかります。劇場に行くのは、映画館とはまったく異なる感じがします。ステージ上の役者たちと観客の間の相互反応からくる、ある種のエネルギーがあります。芝居の演技も理解できます。あなたと先生は、学校で読んだ本の場面をよく実演したものです。でも、これは？　ある一瞬には、カナリアに触れてそれを識別していますが、次の瞬間には中世風の衣装をつけて馬の背に乗っているのです。こんなことが意味をなすのでしょうか？　これは物語を語る方法では絶対にないと、あなたは思います。あなたには、これ以上のものが、前後関係や筋書きや何やかやが必要なのです。

その馬は、全身をピクピクとひきつらせています。あなたは本能的にその首を軽く叩き、声をかけます。「どうどう、いい子ね」。空中のさざ波が、周りの地面に立っている人々の存在が感じられます。おそらくは、笑い声のさざ波、そしてあなたの話し声に対する驚きのつぶやきのさざ波でしょう。馬の首の上に屈み込んだあなたは、こう言います。「しぜぇんに（ナチュウウェル）〔自然に（ナチュラル）〕演じるように」

今や突如として、周りに立ちのぼる笑い声の温かい波が押し寄せてきます。これがあなたを喜ばせます。あなたは人々を笑わせるのが好きですが、その機会にはめったに恵まれません。講演会はとても真面目で厳粛ですし、パーティーや歓迎会で人々があなたに期待しているのは、カリスマ的で感動的な人物であって、コメディアンではないのです。

でも馬のほうは、その笑いをそれほど喜んではいません。馬が突然に頭をゆすったため、あなたは手綱を落としてしまいます。それから、馬が三回、地面を踏み鳴らします。

「三回足を踏み鳴らすのは、窓を開ける合図」と、あなたの脳みそが伝えてきます。この考えにあなたは微笑みます。これを声に出して周囲の者たちに話すことも考えますが、この観客たちが前のシーンの間もそばにいたかどうかに確信がありません。サーカスの演技では、馬が調教師の質問に応えて蹄（ひづめ）を踏み鳴らしたり、頭を振ったりするのだと、誰かが説明してくれたことをあなたは思い出します。あなたは今、それに関わる何かを言って、この出来事を笑い飛ばしたいと思います。ですが、どうすればこの思いつきに焦点をあて、簡潔でぴったりな言葉を考えられるかがわかりません。それに今は、誰かが何かをあなたの手に押しつけています。長く冷たい金属製のチューブで、片方の先にいくにしたがって幅が広がり、先端が円錐形になっています。それを指でたどっていくという努力のせいで、額にシワができるのが感じられます。あなたは衝動的にこの表情を誇張し、頭を片方にかしげ、空いたほうの手で耳の後ろを掻きながら、声を出します。「これは、なぁに?」

再び、あなたは笑い声によって報いられます。天蓋の下でこの一切を耳にしている先生は、その笑い声の耳障りな調子が気に入りません。この笑っている人たち全員の質(たち)の良くない外見が、衣装とメイクアップのせいなのはわかっていますが、それでも不安を感じます。立ち上がりながら、片側に離れて立っているポリーを見つけると、あなたのもとに早く戻るようにと身振りで示します。それから自分は重い足取りでプラットのほうへと向かいます。

プラットは、衣装のいくつかについての最終的な仕上げを監督しつつ、パターンを変えてキャストをグループ分けし、カメラのファインダーを通してその効果を確認しているところです。今は、最終的な指示を与えようと、一堂に沈黙を求めています。それからこう告げます。「カメラが回ったら、ケラー嬢がラッパを吹き鳴らす。それが、世界中の障害や苦悩を受けた人々を招集し、あとに続くようにと呼びかける合図になるんだ」

ポリーにつづってもらうことで、あなたはこうした言葉を受けとります。群衆があなたに注いでいる視線が感じられます。そこであなたは満面の笑みを浮かべ、それから慎重に一音一音を発声します。「イエース、つ・づけ(ファ＝ワォ)、わがこえがきこぉえるのなら(イフ・ユー・キャン・ヘヤ)!」

一時休止があります。みんながその言葉を理解しようと苦労していたからです。それからあなたの周りの全体に、興奮した笑い声の大歓声が巻き起こります。その歓声の高まりの底流には、「彼女は、「続け(フォロー)、我が声が聞こえるのなら(イフ・ユー・キャン・ヒア)」って言ったんだよ」というつぶやきがありました。

先生は今、プラットの横にいます。彼はあなたを睨みつけていますが、それは彼が望んでいる深刻なムードをあなたが損なっているからです。「静かに!」と、彼は叫んでいます。「テイク・ワンの位置について。位置に!」

先生はと言えば、彼の袖に触れています。「プラットさん、本当に異議を申し上げなければなりませんわ。このシーンに尊厳があるとは思えませんし、それに私たちは……」

彼は手を振って彼女を追い払います。「これは完璧ですよ。完璧な終わりです。あなたにもわかりますよ」。それから振り向き、ばらばらに広がったエキストラたちに指示を叫びます。

自分の得ている反応を心強く感じたあなたは昂揚し、小道具のトランペットをもち上げて唇にあてると、両頬を空気でふくらませ、できる限り激しく吹き鳴らします。誰もが驚いたことに、そのトランペットは音を発し、どこか濃霧号笛のような暗く長い音色を立てます。あなた自身は、頭蓋骨のなかにうずく感覚として、またあばら骨の下部に響く振動としてそれを感じます。あなたはもう一回息を吸い、もう一度吹きますが、今度の吹き方はさっきよりももっと激しくさえあります。

今や、馬が身体の下で動くのが感じられます。今度は、ぎこちなくぐらつきながら前進するのではなく、また思わず知らずのひきつりを起こしているのでもありません。頭を下げ、背筋を弓なりにして、それから頭をぐいっと後ろにもっていくと、後脚で立ち上がり、前脚で地面を蹴ります。あなたは放り出され、その馬の体の上をすべり落ちていくのを感じます。そこで両脚をしっかりと締めつけたあなたは、馬の首にしがみつきます。あなたの動作の重みのおかげで、馬は再び身体を下ろします。背中を曲げて後方へ跳ね上がり、前脚を踏み切ると、ギャロップを始めます。一瞬、あたりは凍りつき、驚愕した全員の鼓動が聞こえるほどです。それから、呆然としたエキストラの群衆が駆け出し、大急ぎで馬とあなたを追いかけ始めます。

騒ぎが収まったとき、先生はまだ監督の袖をつかまえています。少し離れたところから、みんなが口々に上げる歓声ともう一巡する笑い声が聞こえてきます。それで、あなた方全員が、この撮影エリアと次のエリアを分けている低いフェンスのところで止まったのだろうと推測します。充分に馬のことを知っている先生には、たとえどんなに低いフェンスであっても、太りすぎのポニーが背中にあなたを乗せたまま飛び越せることは決してないという確信があります。安心した彼女は、すまなそうな微笑を顔につくって、プラットのほうに振り向きます。彼はと言えば、あっけにとられて口もきけないといった顔を返してきます。ですが、その目には靄がかかっていたので、先生を見ているわけではないようです。「信じられない！」と、彼は喘ぎます。涙が一滴、目の端に浮かび、頬をつたって地面に落ちます。「今のをフィルムに撮っていれば……」

十一月二日
ヘレンへ

あなたも、この話は気に入ると思いますよ。

今日、私は会議に出ました。身体に障害がある人々によって書かれたテキスト、あるいはそうした人々について書かれたテキストを、参考文献リストとして編纂する会議です。耳にされたことがありますか？今では「障害学（ディスアビリティ・スタディーズ）」と呼ばれる分野があるのですよ。もともとは、その言葉は、障害をもった人々に関係する法律や医療、社会福祉、教育、そしてその関連分野の学問を呼ぶために用いられていました。今は、歴史や文学における取り組みも含むようになっています。とにかく、私たちのこの委員会の仕事は、私たちが提案している新しいコースのために、参考文献リストを編纂することでした。そして、しばらくは、すべてがスムーズに進んでいました。ところが、そこで突如として私は、自分が「ヘレン・ケラーのものはどこにあるの？」と言うのを聞いたのです。「自分が言うのを聞いた」という言い方をしているのは、それは実は私が言おうと考えていたことではなかったからです。私はあなたのことを心にかけながら会議に参加していたわけではありません。それで、自分があなたの名前を口にしたとき、私自身もほかのみんなと同じくらい驚いたわけです

それから、私はもう一度言いました。「ヘレン・ケラーのものはどこにあるのです？　ヘレン・ケラーが書いたテキストも、ヘレン・ケラーについて書かれたテキストもひとつもないじゃないですか。何ひとつ」。そしてこれが、私がそう言ったときの言い方でした。以前にもお話ししたことがありますが、ときおり、ある種の特殊な響きが人の声を満たすことがあります。そしてその響きは、それを耳にする誰に対してもこう思わせます。「こいつは偏屈者だ。頭のおかしな人なのだ」。それがこのときに起こっていたことだと、私にはわかっています。なぜかと言えば、そのときの静寂ゆえです。あのシンとした振動するような静寂です。私の声の調子の激しさが空中からすべての音を吸いとってしまい、存在しない

もの反響とでも言うもの以外には、あとに何も残さないような静寂でした。

しばらくして、私自身が沈黙を破りました。『奇跡の人』さえ挙げられていないし、ましてや『救い』もないではないかと指摘したのです。あなたの映画『救い』が完全に失敗し、ほとんどの人が耳にしたことさえないのは本当です。ですが、リストに挙げられていたほかの映画のことを考えると、『救い』と『奇跡の人』のどちらか一方は含まれるべきだと私には思えました。それから、私は言いました。「問題は、このアメリカで障害の問題を語るときに、ヘレン・ケラーに触れることなく、どうしてそれを語ることができるのかが私にはわからないということなのです」

また、沈黙です。でも今度の私はその沈黙に注意を払い、それが単に物音がしないだけではないのだと理解しました。私の言葉の耳障りさが人々のなかの何かを硬直させ、抵抗しようとする壁を生み出しているのです。そこにいた誰もが何らかの障害者だったということは、言っておかなければなりませんね。彼ら彼女らの各々が自分自身のあり方で、私の発言に対して自らを遮断し、あなたに対して障壁を築いているのだと、私にはわかったのですよ、ヘレン。この人たちの全員が、私が感じているのと同じように、あなたのことを感じているのだとわかったのです。あるいは、「私が感じていた」と言うべきでしょうね。というのも、私が今この話をあなたにしている理由は、私にとって物事がどう変わってきたかを、この一件が示すことになると思っているからです。

みんなのこの沈黙が刺激となって駆り立ててくれたので、私は奮い立ちました。ええ、続けに続けましたよ。あなたの著作の題名をスラスラと暗誦し、あなたの映画について、ヴォードヴィルについて、慈善事業の資金の調達者としての仕事について話しまくりました。結着をつけるために、こう言いました。「つまり私たちの誰であっても、もしヘレン・ケラーがいなければ、どこにいることになったのでしょう？　自宅にいられれば、幸運な人でしょうね。残りの者は施設でしょうか。おそらくは、ごく早い時期に、惨めさに打ちのめされていたことでしょうよ」。ええ、私はお説教をし、威嚇し、そして騒ぎ立てていたのです。それから、こう結びました。「つまり私たちは、別に彼女に同意する必要はありません。彼女を好きになる必要もありません。ですが、彼女もこの議論の一部になる必要があるのです」ちゃんと説得しましたよ。委員会は、二冊の書籍を加えました。『私の生きる世界』と『ミッドストリーム』です。ほかの本を推すこともできたと思いますが、ときおり人は成功を収めているうちに、そこでやめなくてはいけないことがあるのです。

私の状況がどんなかを、あなたにも知っておいていただいたほうがいいと思ったものですからね。

夕刻に

何が起こったのかを、あなたも知りたいですよね。何が変わったのでしょう？　私も、まさしくこの同じ質問を一日中ずっと自分に問いかけていました。そして、今でも、自分にその答えがわかっているかには確信がありません。

その会議に出ていた人々のなかには、私の言葉を「なぜ、もっとちゃんとヘレン・ケラーのようにできないの？」という、例の昔ながらのメッセージの繰り返しにすぎないと受けとめていた人もいるかもしれないと思います。子ども時代の私たち全員を憤慨させてきたのと同じメッセージです。変わったのは、そのメッセージがどこからきたものなのかを、私が疑問に思い始めたことなのだと思います。つまりそれはある程度は、あなたからきたものだと、私は今も信じています。ええ、あなたを完璧に放免してあげようとは思っていませんよ。でもあなたには、ほかにもいくつものメッセージがありました。そしてその多くが、失われてしまったのです。

正直なところ、私は作家として、もう一人の作家のために議論していたのだと思います。人々が今日あなたを批判したり、あなたについて議論したり、あるいは逆にあなたを忘れてしまいたいのなら、それはあなたの書いたもの全体を通じてすべきなのであって、あなたの何か理想化されたイメージを通してすべきではないのです。だってそのイメージは、あなたの創造したもののごく一部にすぎないのですから。それに、あなたの作家としてのキャリアが邪魔された理由が、あなたを盲目的に崇拝する一般大衆があなたの言いたいことを読むことに必ずしも満足しなかったからだということにも、私は困惑を感じているのです。さらに、それよりももっと悪いことに、あなたがそれを自分で言っているのだということさえも、人々は必ずしも信じようとはしませんでした。これは別に私が、あなたの作品のもつ文学的な価値について、大がかりに見解を述べたいと思っている、ということではありませんよ。ただ私には、障害の問題に興味をもっている人であれば、少なくともあなた自身の書いた本を読まなければならないと思えるのです。それが、今日の私の立ち位置です。明日については、また様子をみましょう。

十一月四日

でも、今はあなたの職業人生に戻りますね。ヴォードヴィルの時代について話しましょうよ。言っておいたほうがいいと思いますが、私はあなたがヴォードヴィルの世界に入ったことを称讃しています。主な理由は、あなたの友人たちの実に多くの人たちがそれにひどく呆れ果てていたからです。それに私は、あなたがその友人たちに常に投げ返していた返事も称讃しています。「それ以外の方法で、どうやって私が生計を立てられるというのです?」。ご存じのように、皮肉な鋭さを見せるあなたのどんな言葉にも、私は夢中になるのですよ。だいたい彼ら彼女らには、批判する権利なんてありませんよ。あなたは、自分がしなければならないことをしていたのですから。映画『救い』が大失敗に終わったのち、オプションを契約をしていたあなたはお金に困っていました。一文無しだったというわけではありません。いまだいくらかの印税や、カーネギーの年金や、株式の運用資産がありました。あなたは家族を養っていました。あなたと先生、そして今はポリーもいます。それで、ヴォードヴィルに出演するチャンスがやってきたとき、あなたはそれに飛びつきました。きわめて型やぶりな転職ですよね。ええ、でもあなたは、しきたりに従うような人ではまったくありませんでした。

だから私はあなたを称讃します。それにまた、自らの物語を大勢の人々のもとに届けることで、あなたの庶民派としての思想を実践したことも称讃しています。もちろん、これはあなたの物語をいくぶん要約しなければならないことを意味しました。あなたの講演は、通常は一時間から一時間半の長さでした。ヴォードヴィルでは、二十分しかありません。より政治的な内容の多くを割愛しなければなりませんでした。でもこれは、あなたが喜んでしようと思った妥協でした。あなたは観衆のことが、彼らの温かさと熱狂が好きだったからです。あなたに寄せられるのは、講演会を訪れる教養ある群衆の偽善的な称讃ではありませんでした。娯楽と同時にいくらかの精神的な向上を好む普通の人々がもつ心からの称讃だったのです。

というわけで、私はヴォードヴィル中のあなたのことを考えたいのですよ。そこからより多くのことを、自然なかたちで知りたいのです。あなたと一緒にあなたのスクラップブックの全体に目を通して、批評やプログラムをざっと読みながら、あなたのコメントを聞きたいのです。「ええ、それはデトロイトでのことよ、あるいは、インディアナポリスだったかしら？　それにこれはデンヴァーに違いないわ。私たちはいつも西部で大喝采を浴びたものよ」といったふうに。

さて、ここに巡業地でのスナップショットやポストカードがいくらかありますよ。

パレス・シアター、ニューヨーク

あなたのマネージャーになったハーマン・ウェーバーは敢えてリスクを冒し、初舞台をニューヨークで予約しました。ヴォードヴィルの世界で充分長く経験を積んできた彼は、この世界では臆病者は決して金持ちにはなれないことを知っていたからです。あなたと先生と一緒に準備をしてきた彼は、今ではいい出し物を得たと感じています。適切なバランスも確保できたと思っています。適度に教育的ですが、説教くさすぎることもありません。それに二十分で収まるように時間も決めていました。それがヴォードヴィルの観客の注意が持続する時間の限界だからです。

幕が上がると、ウェーバーは劇場全体を見渡せるようにステージ左の袖に控えます。先生は右から出て、舞台前方の中央へと向かいます。彼女は、黒玉のビーズで縁取られた地味な黒のガウンを着ています。動きはゆっくりとしていますが、背筋は真っ直ぐです。二拍子ほど動きを止めた彼女は、観衆が自分を受け入れて完全に沈黙するのを待ちます。それからどちらかと言うと低音の、朗々たる声で話し始めます。「私の名は、アニー・サリヴァンです」。ウェーバーは、メイシーの名を出さないよう助言していました。ジョン・メイシーの名がかつて何かを意味していたとしても、それが今も何かを意味しているということではありません。ウェーバーがその名を出すことに反対したのは、ただそれが人々を混乱させるかもしれないと考えたからだけです。先生は続けます。「私が今夜ここに立っているのは、きわめて特別な人物を皆さまにご紹介するためです」。彼女の声は本当に大した財産だと、ウェーバーは思います。上流ぶって聞こえることなく、しかも明確に発音する方法を彼女は知っています。それに「R」の音を転がし、さらに母音を落として発音することで、自分がアイルランド系であることをさりげなく示す方法も知っています。アイルランド人は、ここニューヨークでは、まだかなり幅をきかせています。ほかの会場では、彼はその調子を和らげさせるつもりです。「私が初めて出会ったとき、彼女はごく幼い女の子でした。そしてとても不幸でした。両親も不幸でした。なぜなら両親も、暗闇の音のない世界に住む彼女の心に触れることができず、また私たちの誰もが当たり前のものだと思っている光や音楽を彼女に見聞きさせることができなかったからです」

ウェーバーは、前から六列目までの観客の顔をつぶさに確認します。全員が、物語を聞く準備ができているようです。というのも、少年二人を雇って、チケット購入者の列に事前にチラシを配らせておいたからです。チラシには「驚くべきこの物語をお聞きあれ！」とあり、続くテキストには、あなたの伝記のハイライト部分がシンプルな言葉でつづられていました。

オーケストラピットでは、先生の話に合わせてヴァイオリニストがソロで演奏を始め、メランコリックな雰囲気を高めています。ウェーバーは、これがうまくいくかには確信がありません。観衆の気が散ってしまうのではないかと疑っていたのです。でも先生は声を高め、音楽にうまくのせていきます。「それからある日、水を汲むポンプのところで……」と、彼女が続けます。ウェーバーは、再び劇場内を見渡します。観客たちは満足して、注意深く耳を澄ませています。たとえ物語が馴染みのないものであっても、筋を追うのは簡単で、心を奪うにも充分です。その話にはどこか、ちょっとした魔法のおかげで赤貧から大金持ちになったサクセスストーリー的な魅力があります。今では、弦楽器の全員がヴァイオリンの独奏に加わり、その音楽が高まるなか、先生が物語を勝利の結末へと導いています。「……それが彼女を、教養も教育もある女性へと変えたのです。さあ、皆さまにお会いいただきましょう」と、彼女は左手を上げ、その手を脇へとさっと払います。オーケストラがあなたのテーマソング「幸福の星」を奏で始め、そしてあなたが舞台袖から登場します。

あなたは今では四十歳を超えていますが、もっとずっと若く見えます。コルセットを上手につけることでいくらか助けられているのでしょうが、いまだにほどよくほっそりとしており、それに脚の線も綺麗です。もしそうでなければ、ウェーバーはあなたに先生と同様のロングドレスを着させたことでしょう。まだ白髪のない髪は短く、ほとんどボブスタイルですが、巻き毛があなたをある意味では古風に、と同時に天使のように見せています。ウェーバーがどんなことがあっても避けたかったのは、あなたが当時流行の奔放な現代娘「フラッパー」のように見えてしまうことでした。あなたは、いつものように微笑を浮かべています。ウェーバーは、あなたに初めて会った瞬間から、この微笑に気づいていました。その微笑は、ある種の喜劇俳優が浮かべる笑みのようではないとも言い切れないものですが、それほど満面ではなく、そしてもっと女性らしい笑みでした。また、あなたの目はいぶかしげな表情を浮かべていて、まるで物事の真にばかげたところを絶え間なく不思議に思っているように見えると、ウェーバーは思っていました。

ともあれ、今、そのあなたがやすやすとステージを横切り、先生と合流します。それから観衆のほうへと顔を向けます。顎をもち上げます。笑みを広げ、綺麗な歯を見せます。明快なソプラノの大きな声でこう言います。「こんにちは。私の名はヘレン・ケラーです」

ウェーバーは、観客がいっせいに驚きのため息をついた音を聞きます。貝殻のなかの海の音のようです。それからごく自然に拍手喝采が巻き起こります。このビジネスで長く生きてきたウェーバーは、拍手をどのように読みとるかを知っています。そして、これは本物の喝采です。単なるうわべだけの拍手ではなく、本物の、そして全身全霊の感情のほとばしりです。今まで自分がずっと息を殺していたことに、彼は気づきます。今、一息つきます。これはうまくいくだろうと思います。絶対に好調にいくだろう、と。

そして、あなたは、ヘレン？　あなたも、ステージの床板を通じて拍手喝采を感じています。心地の良い振動が脚の骨から背骨へと素早く上がってきます。温かくて良い香りのする空気の流れが自分の周りに押し寄せてくるのも感じますが、それは舞台裏のもっと冷たい空気とは対照的です。あなたは喜びを感じます。自分の名を口に出すことでなしえたことが嬉しいのです。その自らの名前は、これまで発声を必要としてきたあらゆる言葉のなかでも最も難しいものでした。あなたは様々な先生たちと発声練習を重ねてきましたが、この名前を変えられればいいのにねぇと、しばしば冗談を言い合っていたものでした。ヘレン・ケラー（Helen Keller）の「レ」や「ラ」の「L」の発音はあなたを大いに悩ませますし、最後の「R」の発音も楽な仕事ではありません。ですが、あなたはもう三十年以上もの間、これを練習してきたのでした。

ここから、あなたと先生は、いつもの決まった出し物を演じます。少なくとも三十年以上もの長きにわたってやってきた実演です。先生が指文字のアルファベットを実演して見せます。ウェーバーが観察していると、前から五列目までの客のうち、女性たちの数人が、さらには男性たちすらも、先生のジェスチャーを真似ています。先生がアルファベットの実演を一通り終えると、あなたは丸く杯状にした手を彼女の両手にゆるやかに添えますが、丸め方は充分にゆるくして、観客が先生のジェスチャーを依然として見られるようにします。それから、彼女はゆっくりといくつかの文字をつづります。なかには前へと身を乗り出し、彼女が文字をつづるのと同時に、声を出さないまま唇でその文字を形づくっている観客がいることに、ウェーバーは気づきます。

あなたは言います。「アップル」。「ベイビー」。「キャンディ」。あなたが口にする一つひとつの言葉を、観客はさらなる驚きの喘ぎ声と、新たな拍手喝采の渦で迎えます。ウェーバーには、観客たちが驚きのあまり首を振っているのが見えます。驚愕した人々の声がさざ波のように広がるのが聞こえます。

これはあなたにとって、品位を下げることなのでしょうか、ヘレン？　私にはわかりません。ある意味では、こうした実演はきわめて機械的なものなので、あなたは自分がしていることについて、考える必要すらないでしょう。でも、空中から感じる緊迫した興奮によって、あなたも興奮していますし、心底ゾクゾクしています。拍手喝采の渦が新たに起こるたびに立ちのぼる豊かな香りを、あなたはいっぱいに吸い込みます。ウールやタバコ、男性たちのヘアオイル、女性たちの化粧品、プログラムの紙といったものの匂いや、照明によって焼けた塵の匂い、そしてあちこちからするウィスキーの風味ある刺激臭を嗅ぎます。拍手が静まるのを待ちながら、あなたは先生に素早く言います。「素敵だわ。みんなが気に入ってくれているのね」

でも、先生はこう応じます。「ここの照明は、私の目を殺そうとしているわ」

ここで、彼女は声に出して言います。「これから、ケラー嬢がどのように唇を読みとるかを実演します」。彼女があなたの手を自分の顔の上にのせると、あなたはその口の周りに指を配置し、同時に親指を下に伸ばして彼女の喉の動きを感じられるようにします。彼女が説明します。「この方法で、ケラー嬢は通常の会話を理解することができます（イン・ディス・マナー、ミス・ケラー・キャン・アンダースタンド・ノーマル・カンヴァセーション）」。あなたは彼女の顔から手を下ろし、観客のほうへと向きを変えます。「イン・ディド・マニヤ」と、あなたは繰り返します。「メス・ケラア」と言ったところで休止すると、内気そうな笑顔を浮かべて自分自身を親指で指し示すものですから、ここでまた短い笑いの渦が巻き起こります。「キャン・アンダースタント・ナウマル・カンヴァゼイション」

このあとに続いた雷鳴のような拍手喝采は、これまでよりももっととどろき渡るものでした。これに注目したウェーバーは、観客の誰かを舞台に招き、その唇を読ませてみたらうまくいくだろうか、それとも時間がかかりすぎるだろうかと考えます。先生のほうは拍手が静まるのを待ちながら、あなたの手に素早く言います。「歯擦音と歯の鳴る音に気をつけて」

あなたは、少しの間、唇をしっかりと合わせ、再び笑顔に戻ります。「大丈夫よ、先生」と、あなたは応えます。

彼女は顔にあなたの手を戻して続けます。「四十七年前……」と彼女が言い、唇を読んだあなたが繰り返します。「慈悲は強いられて施すものではありません……」。「……人は自分の手の届くところよりももっと手を伸ばすべきです……」

実演をしながらも、ジョンはここに来ているかしらと考えていることに、あなたは気づきます。彼が今はニューヨークに住んでいることを知っているからです。彼が耳の不自由な女性彫刻家と暮らしていることすら知っています。ただ、赤ん坊のことは知りませんが、このときにはまだ、生まれていないのかもしれませんね。彼がこの舞台を見にきたということはありえます。むろん、先生にそれを訊ねるほどあなたは愚かではありませんし、いずれにせよ先生が彼に会うことができたであろうはずもありません。ただあなたは、ジョンだったら、これをどう思うだろうかと考えます。彼は非難し、こんなのは余興の出し物だと呼ぶでしょうか？　ですが、あなたはこうした考えを締め出します。こうした思いが自分の笑顔をしぼませるだろうと感じるからです。今や、振動の潮が足元から退き始めているのが感じられます。そこであなたは顔を上げ、宣言します。**「しつもんのお時間でぇす」**

　これにはリスクがあることが、ウェーバーにはわかっています。再び、時間的な要因があります。誰かが進んで申し出てくれるまでにあまりに長い時間がかかってしまうと、舞台が台無しになってしまいます。質問の口火を切らせるためにサクラを仕込んでおいたほうがよかっただろうかと、彼はいぶかります。「Q＆A」は、あなたの考えでしたね。あなたも先生も、講演時代から人々が訊ねる質問はすべて知っているので、ちゃんと対処できるとウェーバーに約束していました。ですが、彼がそれについてもっと考えを進める前に、第五列の男が手を上げ、立ち上がって質問しました。「ケラー嬢はおいくつですか？」

　先生はこれを指文字で伝え、つけ加えました。「彼は真っ直ぐ前にいるわ。目線を少し下げて」

　言われた通りにしたあなたは、眉を弓なりに曲げ、唇をすぼめます。そしてその観客のほうに警告するように指を振り回しながら、こう言います。**「紳士たるものは、ヴォードヴィルの舞台で人のとしをきいてはいけないと知っておくべきですよ」**

　一瞬、静寂が泡立ち、それから拍手喝采と笑いが炸裂します。その勢いに駆られたかのように、別の男が席から飛び上がり、叫びます。「ケラー嬢は結婚を考えていますか？」

「**イエス**」とあなたは言い、両手を胸に抱くと、目線を天井へと向けます。それから、まるでその考えが突然あなたの心に浮かんだかのように、憧れに満ちた表情を見せ、先生が「二時の方向よ」と教えてくれた右方向へとその顔を向けます。そして、まるで贈られた申し出を受け入れるかのように質問者のほうへと手を伸ばし、こう言うのです。「**この紳士は、私にプロポーズしていらっしゃるのかしら？**」。さらなる笑いと拍手が起こります。質問者が席に座ると、誰かが彼の背中をピシャリと叩いています。

左側の離れた席にいる女性が指を立て、訊ねます。「何か色彩感覚をおもちですか、ケラー嬢？」「**そうですね**」と、あなたはゆっくりと言います。「**ときおり、ブルーな気分になります**」。それからあなたは悲しみに沈んだ表情を顔に浮かべ、身体をうなだれさせます。「**そしてべつのときには、真っ赤になって怒ります**」。今度は顔をぎゅっと縮めて、しかめっ面をつくり、両手を拳骨にして腰にあて、威嚇するポーズを装って前に乗り出します。

これを歓迎する笑い声の大爆発のせいで、あなたはほとんどひっくり返りそうになります。舞台裏では、ウェーバーが我を忘れています。湿ったハンカチで目をぬぐいます。心中では、すでに電話のダイヤルを回し、北東部の巡業を予約し、ポスターを注文し、プレス関係者に対応しています。見上げると、舞台袖にいるのはもはや自分一人ではありません。ほかのパフォーマーたちも、見に集まってきていました。すぐ近くにいた奇術師が犬のトレーナーに言っています。「連中をすっかり夢中にさせちゃったよ。あの娘は天然だ」

舞台上では、先生の目があなたを観察しています。あなたの顔から、ポーズをとった手脚や背中へと目を走らせます。毅然とした笑みを保ち、騒がしい観客たちに感謝するように頭を頷かせていますが、指はあなたの手のひらの内側で素早く動きます。「こんなこと、いったいどこで学んだの、ヘレン？」

でもあなたは、彼女に答える必要はないと感じています。眉を上下に動かし、唇を横に引っぱって、もっと大きな笑みを浮かべます。こうしながらも、観客全員が打ち鳴らす拍手によって、自分に向けて勢いよく送られてくる温かくて快い空気の新鮮な流れを感じます。あなたは熱意を込めてつづり返します。「もっと質問がないかしら？」

ザ・リリック、シカゴ

「マイ・ダーリン！　人生でこんなに感動したことはないわ！」

これが、楽屋の入り口から発せられた言葉です。扉はたった今バタンと開けられたばかりで、戸口のスペースはその女性の声とその女性自身でふさがっています。どちらかと言うと恰幅のいい中年女性で、暗い色のアフターヌーン・スーツに、襟とカフスに襞飾りがついた薄く透き通ったブラウスを着ています。数ヤードの長さの真珠の首飾りを巻き、それを花綱飾りにして胸からウエストまでたらしています。まるで海が荒れるとでも思っているかのように、宝石でいっぱいの片方の手で戸枠をしっかとつかんでいます。頭をぐいと後ろに引き、両目を閉じて、荘厳な歓喜の表情を見せています。濃い色のたっぷりとした巻き毛のてっぺんに乗っているのは、たくさんの白い羽根飾りを柱のように立ててつくった帽子で、そのために数羽の鳩が彼女の頭の上に止まる特権を争っているかのように見えます。

この女性は、ショービジネス界のスター歌手ソフィー・タッカーです。でも、あなたはそのことを知りません。あなたは低い足載せ台の上に立ち、ポリーがそのドレスの縁をピンで留めています。マチネーの上演のあとに舞台から引っ込む際に裂けてしまったのです。戸口の女性はあなたにとって、雷鳴のような振動を胸にもたらし、強烈な花の匂いを空中に放っている何者かです。クチナシの花の香りだと、熟練したあなたの鼻は告げています。先生は両目の上に湿った布をのせてソファーに横になっていましたが、今は布の端を上げ、半ば起こした身体を両肘で支えながら、この侵入者を睨みつけています。先生もまた、それが誰かはわかりません。この女性は誰でもありえました。これがまさにあなたがヴォードヴィルを好きだったところです。楽屋に誰が現れうるかは決してわからないのです。もちろん、これがまたまさに先生がヴォードヴィルを嫌っていたところです。あなたは先生に触れられるほど近くにいるわけではありませんが、それでもなお彼女が苛立ち始めているのは感じとれます。

訪問客に先生の怒りを隠すため、あなたは最高に優雅な微笑を浮かべ、足載せ台から降りると、歓迎するように手を差し伸べます。「ハロ＝オウ」と、声に出して言います。空いたほうの手は、ポリーのほうに伸ばします。ですが、三人のうちで唯一この人物が誰かを知っているポリーは、ひざまずいていた足載せ台の前から立ち上がり、喘ぎ声を上げています。「ミス・タッカー！」。彼女は前に二歩踏み出すと、ためらい、振り向きます。先生は身体を起こしてこちらを睨みつけていますが、ポリーは再び振り返って、女子学生風の礼儀正しいお辞儀をします。

タッカー嬢は、あなたのほうに歩み始めています。進みながら、でっぷりとした両肩の上に羽織っていた床まで届く長いミンクのコートを素早く脱ぎ捨てます。ポリーが慌てて飛びついて、床に落ちる寸前になんとかそれをつかまえます。そして、両手のひらでコートを捧げもったまま、まるでアンティークの洗礼式用のガウンをもった幼な児のように立ちつくしています。

今やタッカー嬢は、あなたの手を両手に握りしめています。しっかりした握り方に加え、たくさんの指輪でその力強さがさらに強調されているため、あなたは犬が締めつけて遊ぶ玩具のようにキューキューという高い声を発さずにはいられません。でも、それを隠すように「おあいできてうえしいですわ（プウィーズド・トゥ・ミート＝ユウー）

（お会いできて嬉しいですわ（プリーズド・トゥー・ミート・ユー））」と口にします。

　彼女が素早く大きな笑い声を放つと、その突風が胸骨を激しく打つので、あなたは息を呑みます。それから、彼女も叫びます。「私も〝おあいできてうえしいですわ（プゥイーズド・トゥ・ミート＝ユゥー）〟、ダーリン！」。それから両腕を広く広げると、全身であなたの全身をギュッと強く抱きしめます。あなたは、彼女のスーツの豪華な布地と豊満な肉体と、そして目がくらむような香水に自分が包み込まれているのに気づきます。彼女のほうが背が低いので、帽子の鳩の羽根が鼻をくすぐって、くしゃみをしたくなります。

　先生はと言えば、このときまでには立ち上がり、顔をしかめながらまばたきをしています。先生の目は、自分で調合するために使っている最新の特許品の薬のせいで霞んでいます。それにしても、この侵入者が誰なのかはまったく見当もつきません。どこかのお偉い政治家の妻からギャングの情婦まで、何者でもありえそうでした。「奥さま（マダム）？」と、先生は有無を言わさぬ調子で言います。

　タッカー嬢の腕から解き放たれたあなたは、足元がいくらか不安定な状態に残されますが、いまだ微笑を浮かべています。タッカー嬢のほうは振り向いて先生の手を握り、上下に振ります。「ソフィーと呼んで」と、彼女は声を響かせます。「堅苦しい礼儀は無用よ、かわい子ちゃん（ドール）。実のところ、立ち上がる必要もないのよ。重荷を降ろしなさいな。あなたはクタクタに疲れて見えますよ」。それから、がっしりした両手を先生の両肩にのせると、ソファーへと押し戻します。

　通常は、誰も先生の身体をつかむことなどできません。先生は腰を下ろしますが、ぼやけて見えるこの見知らぬ人物を、口を開けたまままじっと睨みつけています。タッカー嬢は、先生の肩に重たい手をのせたまま、もう片方の手をあなたの肘に巻きつけます。そして大きな知的な顔をあなたから先生へ、先生からあなたへと向けて、こう言います。「ただ、あなたがたに言わなくちゃと思ったのよ。長いこと見てきたなかでも、最も素晴らしい舞台だったわ。そして信じてね、私はあらゆる舞台を見てきたの。それに最後の質問のあの部分！」。もう一度、底抜けの笑い声が響き渡ります。「血管が切れちゃうかと思ったわ。誰に台本を書いてもらっているの？」

彼女の手をぐいと振りほどいた先生が答えます。「あの答えは、全部自然に生まれたもので、下稽古もありません」

「もちろんよ、ダーリン！」と、彼女は言います。「自然に生まれたもので、下稽古もなし。そして私はシバの女王」とつけ加えた彼女は、曲げた肘であなたの肋骨を突いてきます。

この女性が誰なのかはいまだ見当もつきませんが、あなたにとって彼女は喜ばしい闖入者です。彼女が現れる前の楽屋は、不機嫌な雰囲気で張り詰めていました。先生の目がひどい悩みの種となっていたため、次のショーはもう続けられないと脅されていたのです。ポリーは前にも先生の代理を務めていますが、衣装をもってきていないと不平を言っていました。そして、あなたはと言えば、ヘレン、いつものようにその真ん中に立って、みんなの機嫌をとろうとしていましたね。あなたは苦にしていたに違いないと想像しますよ、ヘレン。つまり先生が年がら年中、視力が悪化していると不平を言っていることにです。でももちろん、彼女は失明しようとしている世界初の人物というわけではありません。それに実のところ、彼女はかつて盲目だったこともあるのですから、だったら、別に大したことないじゃないですか。あなたがこんなふうに考えているというわけではありませんよ、もちろん。あなたが苦にしているのは、先生の不平の言外の意味です。あなたのためにしてきた一切合切のために、自分は視力を失いつつあるのだというほのめかしです。最初は、あなたの教育のために彼女が全部の読み聞かせをしてきたこと、そして今は、一週間に十二回の舞台を務めるために、あの恐ろしい舞台照明を浴び続けなくてはいけないのだということを言っているのです。先生はただニューヨークにとどまって、自分とポリーだけでツアーに出たほうがいいと話したいと思ったことが、あなたには何度もありましたね。

でも、この女性の登場のおかげで、今日はそう言わずにすむことができました。あなたは彼女のほうへと微笑を送ります。「見にいらしてくださって、うれしいですわ」。あなたにとって最高に明確な発音を用いてこう言いました。

「まあ、私が見逃したりするはずないでしょ、ダーリン。冗談を言っているの？　お嬢さんがたは、全巡回先で大評判になりますよ」

「お気づきでしょうが」と先生が言います。「あなたのおっしゃっていることは、彼女には聞こえませんよ」

タッカー嬢は両手を高く上げます。「もちろん。承知していますよ。耳が聞こえず、目も見えない。なんという悲劇でしょう！」。それから彼女はまたあなたの肋骨を突くと、笑いながら大きくウインクをして見せます。

先生は、この様子は見ていません。目の前の乳白色の靄を通して細目をつくり、ポリーを睨みつけようとしていたからです。ですが、ポリーはいまだ一種の恍惚状態のまま、毛皮のコートを抱きしめています。タッカー嬢はあなたの両肩をつかむと、まるであなたが自分のものであるかのような笑みを浮かべます。「だけど、ごく小さな提案をしても気になさらないなら、老婆心から助言があるのよ。もっと大きくはっきりと声を出そうとしなくちゃいけないわ。あの呼吸音の混じった金切り声の類いもとても可愛くて女の子らしいけれど、第三バルコニー席にいる人たちにも聞いてほしいと思うでしょ。今、私が見せてあげますよ」。彼女はあなたの手をとり、自分の胸に押しつけます。「ね、両方の肺をいっぱいにして、ここから声を出すの。発声（プロジェクト）！　はっ・せーい（プロ＝ジェークト）!!」

　驚異的な声が彼女の身体からとどろいて、部屋中に響き渡ります。ポリーの両足が一瞬、宙に浮きます。先生は両手で耳を覆います。そして、あなたでさえも反応します。手のひらに胸踊るような振動を感じたのです。そのせいで顔の骨が振動します。歯も鳴ります。何か「ウォア！」というような声を思わず知らずに発してしまいます。そして微笑みます。

「今度はあなたの番よ」と彼女は言い、あなたの手をあなた自身の胸におかせます。「プゥオ＝ジェクト！」と、あなたはできる限り大きな声で叫びます。

「そう、それですよ」と彼女は言い、あなたの手を強く押します。「でも、横隔膜から話そうとしなさい。ここですよ」。こぶしで胴のその部位を突かれたあなたは驚いて、思わずお腹を二つ折りにします。するとあなたの美しく豊かな髪を間近で初めて見た彼女は、目を見開いて叫びます。「なんてことでしょう！　全部、本物なの？　かつらに違いないと思っていたのに」。そうして、あなたの髪のなかに指を深く沈めます。

　先生は再び立ち上がろうとしながら、噛みつくように叫びます。「ポリー！」

恍惚状態からやっと抜け出したポリーが、自信なさげに進み出ます。「お茶をおもちしましょうか、ミス・タッカー？」

「ソフィーと呼んで、かわい子ちゃん（ドール）」と、彼女は応えますが、こう続けます。「お茶ですって？　そんなもの、触れたこともないわ」。それから、あなたに言います。「あなたがすべきことは、ここの髪を少し後ろに送ってピンで留めることよ。さあ、見せてあげましょう」。彼女はあなたをぐるりと回転させ、鏡台の前の椅子に座らせます。熟練した手で、こめかみの後ろの髪の毛を一握りすくい上げ、もう片方の手でピンを挿します。それから指を優しく差し込んで、トップの巻き毛をふんわりとふくらませます。「ほら」と彼女は言い、鏡に映ったあなたに話しかけます。「ね？　こっちのほうがいいでしょ？」

先生は体を引きずるようにして再び立ち上がります。「マダム。お手間をおかけする必要があるとは、本当に思えませんから……」

タッカー嬢は否定するように指をひらひらさせて見せます。「どういたしまして、アヒルちゃん。全然、問題ないわ。お手伝いできて嬉しいのよ」。それから鏡に映ったあなたに向けて言います。「あなたの眉が愛らしいのは知っているわね。でも、あの照明の下では、眉はすぐに白く褪せて見えてしまうの。さあ、これを試して」。そして誰もが止める間もなく、あなたの前にある貧弱な道具入れから化粧道具をつかみとった彼女は、熟練した素早い筆遣いであなたの眉の上に線を引きます。「ほら、ずっといいわ。こんなふうに、どっちの側も少しだけ線を伸ばしてやる必要があるの。必要なのは、すでにあるものを目立たせることよ。顔色も同じこと。あの照明は、あなたを幽霊のように見せてしまうから」。突如として、頬骨に沿ってスポンジで紅がはかれ、唇にルージュが塗られます。どれもあなたには大きな驚きです。最初は衝動的に、先生の手へと手を伸ばしたいと思いましたが、それからあなたは心配をやめます。顔に触れるこの女性の両手は素晴らしく熟練しており、自信に満ちていますから、その手の下にいると安心していられるのです。結局のところ、あなたは手というものをよく知っています。彼女の手は大きく、指は丸みを帯びています。凝ったマニキュアと指輪をたくさんつけてはいるものの、その下にあるのはキビキビとした働き者の手だということがあなたにはわかります。話しかけてくるときの彼女の素早い息遣いを吸い込むと、その声の魅力的なヴァイブレーションが感じられます。指で小さくつついたり、つまんだりしなら、言葉での指示を動作で説明し、顔の上に触覚的な地図を残してくれるので、あなたには彼女が言っていることが正確にわかっています。「ただ、こんなふうに頬骨に沿って、こんなふうに上方向にブラシではくのよ……すぼめてね、かわい子ちゃん、それでいいわ……それからパウダーをここに少し……」

全部をするのに五分もかかりません。少し後ろに下がって立った彼女はタオルで両手をぬぐうと、最初は先生に、次にポリーににっこりと笑います。「どう？　すっかり違うでしょ。感謝など無用よ。お手伝いできて嬉しいわ、お嬢さんがた」と、彼女は結びます。「でも、もう大急ぎで行かなくちゃ。グズグズしていると好機を逃すもの、それは確かだわ」。彼女がとても賑やかな笑い声を立てたため、あなたは椅子のなかで飛び上がります。すると彼女は再びあなたの両肩を抱いて、二回ほど揺さぶります。「連中をうならせてやりなさいね、かわい子ちゃん！」。踵を返した彼女は後ろのポリーのほうに向かい、そしてポリーは反射的に、彼女の両肩にもとのようにコートをかけます。それから、いくつも投げキスをしながら、ソフィー・タッカーは行ってしまいました。

「ええ、私は一度だって」と、その声の反響と扉がバタンと閉まる音が収まったとたんに、先生が声を出します。「あんな厚かましい、あんな下品な……」。ですが実のところ、それ以上に何と言っていいかがわかりません。嫌悪感と腹立たしさによる発作で身震いした先生は、あなたにフェイスタオルを手渡してつづります。「顔を洗いなさい、ヘレン。こんなあなたを誰にも見てほしくありません」

ですが、あなたはタオルを落とし、指を注意深く顔にはわせます。あの女性が触ったあらゆる場所が、新しさに身震いしています。新しい顔のような感じです――むろんあなたの顔ですが、ただこれまでよりもっといっそう、あなた自身の顔のように感じられます。あの女性の常軌を逸した香りがまだ鼻孔に残っています。彼女の風変わりな帽子にくすぐられた感覚は、今も頬をかすめるようです。「いいえ、先生」と、あなたは辛抱強い声で応えます。「彼女が正しいかもしれないと思います。舞台のためには、こちらのほうがいいかもしれないと思うのです」。それからあなたは立ち上がり、先生の顔に指を走らせます。「さあ、ここにかけてください、先生。先生の顔にもしてさしあげられますわ」

オルフェルム劇場、ロサンゼルス

厳しい表情をした先生が、観客席の広い中央通路を重い足取りで歩いてきます。客席の照明は明るく、清掃係がブラシとカーペットクリーナーを手に忙しく働いています。金槌を打つ音が響き、舞台背景や支柱を運ぶ裏方の男たちが互いに大声で声を掛け合っています。先生は、舞台に上がる階段を苦労して上がり、それから彼女のいつもの重たいながらも間断のない歩調で舞台を横切ります。巨大なカンヴァス地の巻物を肩にのせて運んでいた屈強な男が、先生とほとんど衝突しかけます。男は立ち止まり、唇に罵り言葉を浮かべますが、彼女の顔に浮かんだ表情を見て沈黙します。彼女が通り過ぎるときには、頭から不器用に帽子をもち上げることとすらします。

舞台裏では、二人の奇術師が両袖に分かれて演技の練習をしています。やってくる彼女を見た一人が、ハッと驚いて二度見してしまったため、二人が空中に高く放り投げていた十二個のカラーボールが突如として雨のように落ち、あらゆる方向へとはずんでいきます。先生は、ボールを集め直すのを助けるために立ち止まることもなければ、その災難に何らかの責任があると考える素振りすら見せません。通り過ぎながら、彼女は声をひそめてつぶやきます。「人間のくず」

彼女があなたの楽屋の扉に近づいたとき、あたりには派手な着物を着た若い娘たちが散らばっていました。今ようやく、彼女は立ち止まり、扉にかかっている星のマークに優しく触れます。それから、ノブを回して入ります。

鏡台の前に横顔を見せて座っているあなたは、発声の練習をしています。先生は扉を引いて閉め、鏡に映った自分の姿と肩が触れ合うように座っているあなたを見つめます。「スリー・サウザンド・スリリング・ソーツ（Three thousand thrilling thoughts／三千件のスリリングな思考）」と、あなたは注意深く明確に発音します。それからつけ加えます。「スリー・トゥリーズ・スリュー・トゥルー（Three trees threw true／三本の樹木が特色を継承する）」。まるで頭のなかで自らに指示を与えるかのように一瞬休止したあなたは、また続けます。「ラヴズ・レイバーズ・ロスト（Love's labors lost／恋の骨折り損）」の語は、数回繰り返します。そして、こう結びます。「私の名前はヘルウィン・ケルワーです（My name is Helwin Kelwah）」。今や顔をしかめたあなたはもう一度試そうと、ひどい悩みの種である子音の発音の繰り返しから始めます。「ラ-ラ-ラ-ラ」と「L」の音を繰り返し、それからうがいをするように、喉の後ろ側で「R」の音を転がす練習をします。最後に音節を分けるようにしながら、再び自分の名を発音します。「ヘレン・ケラー、エルルルル（Errrr）」と、「R」の音を増やして繰り返します。「エルルル、ケラアアア（Kellerrr）、ヘレン・ケラアアア」

先生は、一心にあなたを見つめています。しばらくの間、ひどく熱中してあなたの練習を見ていたので、前に踏み出したときには、ほとんどこう言ってしまうところでした。「舌をゆるめなさい、ヘレン。もっと舌を平らにするのよ」。ですが、それから思い出します。そばに立ち止まると、片手をあなたの肩にのせます。あなたのほうでもすごく一生懸命に集中していたので、肩に触れられて初めて先生がいることに気づきます。びっくりしたときに出るいつもの大きな笑い声を上げ、それから声に出して言います。「せんせ（ティーチャ）！　びーくりしたわ（ユー・スプゥーイズド・ミー）」

何も考えずに、彼女はあなたの手をもち上げ、自分の顔にあてると話しかけます。「先生（ティーチャー）」と、先生は言います。「先生（ティーチャー）、びっくりしたわ（サプライズド）」。ですが、それからあなたの手を下ろし、こうつづります。「あなたに伝えなければならない痛ましい知らせがあるの。電報を受けとったのです」

なぜか、あなたにはすぐにわかりました。「お母さま？」と、あなたの手が訊ねます。それから彼女が答えないうちに、あなたは言います。「亡くなったの？」

先生はあなたの手をもち上げ、自分の顔に押しつけると、一度だけ頷きます。

あなたは手を膝の上に落とします。これがなぜ、思いがけないことではなかったのかは、あなたにはわかりません。本当なら、思いがけないことであるべきです。お母さんがとりわけ歳をとっていたわけではないのですから。まだたった、いくつでしたっけ――六十何歳かでしょうか？ それにとりたてて言うほどの深刻な健康問題もありませんでした。お母さんは、たとえば先生よりもずっと健康です。あなた宛ての最後の手紙では、自分の死について、何か直接的ではない言及がありました。何かこんなようなフレーズです。「……私がもはやこの世にいなくなったとき……」。ですが、何かしら現実的な警報を鳴らすには、これはごくありふれた言い回しにしかすぎませんでした。

「お母さまが、亡くなった？」と、あなたは考えます。まるでその言葉で自分自身をテストし、その言葉が驚きなのか、何かの間違いなのか、その答えを待つかのように考えます。不意に、あなたは右手を上げて顔に触れると、頬を叩きます。それは無意識の、意識的な考えなしに起こった動作です。頬を叩くのは、あなたにとってお母さんを表すサインでした。もう何十年も前、先生があなたに「母親（マザー）」という言葉を教えてくれる前のことです。

あなたのこの仕草を見た先生は、それが何を意味するかを承知しています。彼女はためらい、唇をゆがめてすぼめますが、それからあなたのもう一方の手を優しくとって、何かを言おうとします。ですが、あなたのほうが先に言います。「どうぞ少しだけ、一人にさせてください」

　ですが、彼女はあなたを一人にはさせません。あなたを一人で残したくないのです。あなたが彼女を必要としているかもしれないとも感じています。扉のほうへと下がり、そしてそれを開ける前に立ち止まります。そこに立ったまま、ドアノブに手をかけています。おそらく、ほかの誰かが飛び込んできて、あなたを見るのを防ごうとしているのでしょう。たぶん、あなたもそのことに気づいているかもしれないし、気づいていないのかもしれません。あなたは再び頬を軽く叩きます。「お母さん（マザー）」。ですが、そのジェスチャーは名前以上のことを意味していました。ほかの人々を表すあなたのサインはどれも、その人が習慣的にしている動作の身振りでした。お父さんは新聞を読んでいるし、イヴ叔母さんはボンネットのひもを結んでいる、という具合です。ですが、お母さんを表すサインは、彼女があなたにしてくれた身振りです。ですからその身振りは、ひとつの誘いでした。今それをしてほしいという、お母さんに対する嘆願です。それは、「心地の良さ」と「慰めが必要だ」ということを意味し、またほかにも多くのことを意味していました。おそらくそれは、あなたがベビーベッドに寝ているときに、お母さんが自分にしてくれるのを見た最後の身振りだったのでしょう。彼女は身を乗り出して、あなたの熱を測ろうと手を下ろし、それからそのひんやりとした手のひらで、あなたの紅潮した頬の熱を和らげてくれたのでしょう。あなたの脳に刻まれた深いしわのなかに、このイメージは半ば埋もれています。お母さんの若い顔は心配のあまり青ざめ、下ろした髪は乱れています。そして、この記憶とともにしまい込まれているのは、彼女の声の記憶です。「シーッ、ベイビー、ママはすぐここにいますよ」という記憶です。あなたは、こうした記憶が自分の頭のなかのどこかにあることを知っています。ですが、あなたの目と耳があなたの頭のために機能していたときからは、もうあまりにも長い時間がたってしまっていて、そうした記憶をどうするべきかがわからないのです。それであなたは、気持ちを落ち着かせてくれたその存在を、その温かみと穏やかさと心地の良さの感覚を、再び呼び起こす方法として頬を叩くことを学んだのです。叩くあなたの手の下の頬の肌は、お母さんの手を思い出し、それを再創造するのです。

不意に、あなたは荒いため息を吐きますが、それはむせび泣きの前触れなのかもしれません。そのために先生は、あなたのほうへと歩み始めます。あなたを両腕で抱きしめることができるように、と思ってのことです。でも、あなたはもうそれ以上の音は立てません。彼女は目を細めてあなたの表情を見つめますが、なんとか見分けがついたのは、ただあなたのいつもの姿、真っ直ぐに用心深く立つ姿勢だけです。それから、あなたは再び頬を軽く叩きます。あなたは過去へ戻ろうとしています。あなたの脳みそが最も長期にわたって保ってきた記憶をしっかりとつかみ、そして言語を獲得する前の、すべての存在がどれもまだ無原則なでたらめの感覚であったときのあなた自身に戻ろうとしています。あなたが幻（ファントム）だったときまで戻るのです。その頃のお母さんについての思い出は、彼女の身体の、その温かさと柔らかさの思い出です。すがりついたお母さんのスカートのゆったりとした襞を憶えています。主婦としての日々の仕事の間中、あなたは自由気ままにふるまう従者のように、お母さんのあとを追い続けたものでした。ジャムづくりの日々には、お母さんが盗み食いを許してくれた熟れすぎたベリーの果実とドロッとした甘い湯気のために、酔っぱらった気分になったことを憶えています。庭で隣に並んで膝をつき、お母さんが大切にしていた花々の絹のごとく滑らかで良い香りのする花びらに、自分のがさつな手で優しく触れたことも憶えています。今では、あなたはこうした記憶を言葉にすることができます。イチゴ、砂糖、バラの花といったものですが、それでも最初の感覚の強烈さが、いまだその記憶に染みついています。あなたはその感覚をすべて再び心ゆくまで味わいます。鼻孔が広がり、指が丸まります。もっと最近の記憶もあります。お母さんがどれほど旅行を愛していたかも憶えています。講演旅行や、今ではヴォードヴィル巡業の同行者としても、お母さんはいつも頼りになりました。彼女はしばしば、子どものように興奮し、そしてあなたと同じくらい疲れを知りませんでした。彼女はどの都市よりもサンフランシスコを愛していました。最後に一緒にその街にいったときには、あなたがたは湾を周遊するボートツアーを楽しみ、彼女は目にする光景を有頂天になって描写してくれましたね。「水面には黄金の太陽の光が……丘には青い霧が……」。その頃までには、リウマチのせいでお母さんの指は硬くなり、つづり方も遅くなっていました。同様に点字で手紙を書くことも難しくなりました。むろん、彼女の点字がこれまでもそれほど速かったというわけではありませんけれど。ですが、どういうわけか、そのようにして書かれた手紙は、彼女とのコミュニケーションをよけいにいっそう貴重なものにしました。あなたはお母さんからの手紙をまるで叙情的な詩であるかのように読みました。そのなかの四語か五語の言葉からなるフレーズを、まるでバラの花びらや果実のように集めていましたね。

あなたは、この瞬間に感じている悲しみが、実は長い間そこにあった古い悲しみなのだと悟ります。ある意味では、あなたは何年も前にお母さんを失っていました。あるいは、お母さんがあなたを失っていました。「失った」と、あなたは考えます。その言葉は何を意味しているのでしょう？　あなたはためらいます。あなたは、この思案を続けたいかどうかに確信がありません。

そして、私もこの考えを追い続けたいかどうかに確信がありません。なぜでしょう？　あなたが脳のなかで秤にかけているのは、あなた自身とこの思案です。お母さんについてのあなたの思いと、お母さんの喪失をめぐる思案です。あなたにとってのお母さんの喪失。お母さんにとってのあなたの喪失。なぜならあなたも書いていたように、それが彼女の感じていたことだったからです。お母さんは、あなたの目と耳が不自由になったという事実を決して乗り越えることができませんでした。あなたがどれほどのことをなしとげても、あなたがなしとげたことをどれほど目撃しても、そのすべてをもってしても、お母さんにとっては、かつて目も見えて耳も聞こえたあなたという完璧な子どもを失ったことに対する埋め合わせとしては充分ではありませんでした。これは、あなたの側による単なる憶測ではありません。あなたとお母さんは、実際にそのことについて話しましたね。彼女は事実、あなたに直接その言葉を語っています。「私は決して乗り越えられませんでした……」。いいえ、これは私には想像することのできない、想像するつもりもない会話です。なぜならそれは、私が私自身の母親と決して交わしたことのない対話を想像するようにと私に強いるからですし、そして今では母は亡くなっていますから、二度と交わさないであろう会話だからです。私の母はそれについて、私についてそんなふうに感じていたのでしょうか？　私の盲目は、私の母が決して乗り越えられなかった喪失だったのでしょうか？　私もあなたと同様に、母自身の人生における多くの失望に対して、その埋め合わせをするように期待されていたことを知っています。彼女の残りの人生は完璧なものではなかったから、私が完璧であることが期待されていたのです。それから私にも欠陥があることが、不完全だということがわかりました。これは書くのがとても難しいのですよ、ヘレン。考えるのさえとても難しいので、あなたがどうやってこれについて考えられたのかが私にはわかりません。あなたは私よりタフですし、そしてたぶんあなたは正しかった。たぶん、徹底的に話し合ってしまったほうが、言葉にしてかたをつけてしまったほうがいいのでしょう。それに、あなたとお母さんにとっては、私にはない何かがありました。先生という存在があったのです。

ええ、先生はそこにいて、いまだ扉のところに立ってあなたを見つめています。彼女にはあなたの顔は見えず、身体の影になった形が見えるだけですが、そのあなたは身動きもせずに真っ直ぐに立ち、見たところ何かに警戒しているようです。そして、彼女もまた、あなたが何を考えているかがわかっています。ですが、時間が彼女の重荷になり始めています。上演をキャンセルすることになるのなら、誰かにそれを知らせなければなりません。彼女は、そうしたことについて考えないような自己中心的な人物ではありません。彼女は腕時計を見ます。ですが、あなたはそうしたジェスチャーにはもちろん気づきませんから、その仕草はたいしたヒントにはなりません。

もう一度、あなたは頬を軽く叩きます。でも、それがこの身振りをとるであろう最後のときだということを、あなたは悟っています。その身振りが呼び起こすであろう反応を返してもらうことは、今やもう不可能になってしまったからです。それでもあなたはいずれにせよ、その身振りをとるのです。最後にもう一度、再び過去に戻ることを願いながら。ですが、何かがあなたを止めます。突如として、先生が部屋にいることに気づきます。彼女はそこの扉のところにいます。彼女があなたを見つめて、待っているのが感じられます。「何を待っているのでしょう?」とあなたは考え、それからこう思います。「一分たりとも私を一人にしておいてくれないのかしら、こんなときでさえも?」

あなたの唐突な怒りが、最初にひとつの考えを、次にもうひとつの記憶を呼び起こします。その考えは、お母さんにはあなたの視力と聴力の喪失を決して乗り越えることができなかったという事実にもかかわらず、そのお母さんこそが、あなたに教師を見つけようと言って譲らなかった人だったということです。残りの家族は、お父さんさえも、あなたを施設に入れてしまう心の準備ができていました。そして、その施設はおそらくパーキンス盲学校のような慈悲深い教育施設ではなく、望まれていない子たちを収容する場所でしょう。そこであなたは確実に活気を失い、病に屈することになったでしょう。まあ、そのようなところであなたに何が起こっただろうかなんて、誰も考えたくはないでしょうけれど。ですが、お母さんは彼らに立ち向かい、あくまでも希望を抱き、最後の手段を試すべきだと主張したのでした。

記憶のほうは、ずいぶん昔に起こった出来事の記憶です。それが起こったときには、あなたはおそらくその場にいなかったのですが、のちに妹のミルドレッドから教えてもらいました。彼女は、その話をイヴ叔母さんから聞いていました。それは、お母さんが外にある炊事場から家に入ってきたときのことです。その炊事場で、彼女は丸一日かけて、ラードをつくる根気のいる仕事に携わっていました。見た目の瀟洒な外観にもかかわらず、アイヴィー・グリーンはまだむしろ無骨な場所で、ある種の仕事は一家の主婦によって監督されることになっていました。ですがそのときも、彼女は自分が女主人なのだという心持ちなどは、ほとんどもてませんでした。衣服は薄汚れ、疲労困憊を感じていました。着ているのは、一番古いドレスとゴワゴワになったエプロンだけ。髪は乱れてたれ下がり、顔は赤らんでいました。髪も肌も服も、彼女のあらゆる部位が獣脂の薄い膜で覆われていました。しばしば感じていたことですが、彼女はこのときも、自分はこんなふうな人生を送るように育てられてきたのではないのに、と思っていました。そして、その思いは、あなたとは無関係だったのですよ、ヘレン。その思いはただ、彼女が最もつまらない不愉快な仕事ですらそれをするのが自分の義務なのだと考えている一方で、彼女自身はそれとは異なる期待をもって育てられてきたという事実と関係があっただけです。お母さんが、あなたのお父さんに対して恨みを抱くのはそうした瞬間でした。彼の颯爽とした魅力的な容貌と洗練されたマナーは、彼が結婚後の彼女に提供するであろうライフスタイルをゆがめて伝えることになったからです。

というわけで、彼女はこれやあれやの恨みを心に抱きながら、ともかく今はただ、すぐに服を脱ぎ、自身をゴシゴシと洗って綺麗になりたいと思っていました。部屋に向かうとき、お母さんは階下のホールで先生に会いました。先生はパリッとしたシャツブラウスを着て、丁寧に髪を整えており、そしてあなたの先生として、たくさんの配慮を受けていることからくるむしろ傲慢な雰囲気を漂わせていました。先生は話しかけませんでしたが、ですが何かしらがその表情に見えました。おそらく、唇がわずかにカーブしたのでしょう。あるいは、眉が弓形になったのでしょう。相手を軽視する表情は、常に簡単に先生の顔に現れましたから。先生自身は、あなたの教育という点ではお母さんを盟友だと考えていましたが、それ以外は特別な敬意も共感も抱いていませんでした。お母さんは、こうしたことに敏感でした。あらゆる方面から、それを感じていたからです。夫の母親と二人の成人の息子たちからの絶え間ない監視のもとで、常にそれを感じながら生活していましたし、この家族の人々にとっては、ヴァージニア州の上流家庭で受けた彼女の教育やアダムス家との親類関係などは、ほとんどまったく重要ではありませんでした。そして今、ここにはこの傲慢なヤンキー娘が独特の気取った態度と軽蔑心を見せて立っています。というわけで、先生がその瞬間に何をしたのか、あるいは何をしそこなったのかにかかわらず、駆り立てられたお母さんは突然立ち止まり、背骨を真っ直ぐに伸ばして、こう言わずにはいられなかったのです。「ええ、私は異様に見えるに違いありませんよ。ラードづくりは世界で一番重要な仕事というわけではありません。でも、しなければいけない仕事なのです」

あなたはこれをその現場にいたかのように思い出します。お母さんが感じた憤慨があなた自身の憤慨であるかのように感じられます。今、あなたは、先生がそこにいることを知っています。そこで彼女が自分を見ているのを感じることができます。彼女は何を見ているのでしょうと、あなたはいぶかります。あなたが何を考えているのかが、彼女にはわかっているのでしょうか?　今度だけは、彼女がわかっていることを望みます。あらゆる場合にそうであるように、ここでも先生が中心にいます。もう何十年も前のことですが、先生は、あなたとお母さんの間に自分を割り込ませましたね。先生とあなただけで、両親も誰も介入しないこと――それがあなたに教えることのできる唯一の方法なのだということを、彼女はまずお母さんに納得させ、のちにあなたにも納得させせました。今のあなたは、それは本当にそれほど必要なことだったのだろうかといぶかります。彼女は本当のところ、あなたにほかのすべての人たちとの関係を絶つようにさせる必要があったのでしょうか？　あなたは、あなたの内側で何かがねじれ、引き裂かれるのを感じます。でもその痛みは、お母さんが娘のあなたを救うために犠牲を払ったときに感じたであろう心の痛みに比べれば、単なる余震のような痛みにすぎないことを、あなたは知っています。

あなたは手を頬から引き剝がし、先生のほうへと差し出します。先生は、もうこちらのほうに進み出ています。「大丈夫なの、ヘレン？　キャンセルしたほうがいい？」

あなたの手は驚くほど冷たいです。指は慎重な正確さをもって動きますが、これはまったくあなたらしくありません。「いいえ」と、あなたは言います。「いいえ、続けられますわ。これはしなくてはいけないことなのです」

というわけで、あなたはその夜も舞台を続け、そのあともおびただしい数の夜の舞台を務めます。ですが、ヴォードヴィルに出られる日々は限られています。ヴォードヴィルの仕事が、大学を出たばかりの若い女性としてあなたが計画していたキャリアからはかけ離れたものであることを、あなたは常に知っていました。当時のあなたはとても若く、とても真面目で理想主義的でした。自分が考えたことを人々に語るだけで、世界を変えられると思っていました。今は、すべてが変わっています。この仕事は風変わりで、かつての望みとの共通点もありません。でも、それでもあなたはヴォードヴィルを愛し、それがもたらしてくれる経験を光栄なことだと感じています。ですが、ときおりあなたは自分がどのようにしてここにたどり着いたのかが、よくわからなくなります。そして、それがどれぐらい続きうるのかもよくわかりません。ひとつには、あなたの出し物は、必ずしも大観衆を引き寄せないからです。一度見た人は、二度見る必要はないのです。また、巡業には浮き沈みがあり、ヴォードヴィル自体もすたれつつあります。映画と、もっと下品な「笑劇（バーレスク）」にとってかわられつつあるからです。仲間のパフォーマーの多くは、ナイトクラブや、あるいは合法・違法を問わず劇場での出演を果たそうと、ヴォードヴィルをやめていこうとしています。あるいは、自身の出発点であったサーカスの付け足し的な余興に戻る人たちもいます。あなたはハリウッドに行ったことがありますが、そこに戻りたいという願望はありません。笑劇（バーレスク）はどうでしょう?　あなたのなかの一部は、先生にそれを提案してみたいと思いますが、それはただ彼女の反応を探ってみるためだけの提案です。執筆活動に戻りたいと思いますが、それには時間と静けさが必要であり、そのどちらも今のあなたにはもはや充分にはありません。ですが、あなたには、後悔する素質はありません。あなたは必要とされることをなし、立ち止まることなく続けていくのです。

十一月十一日

ヘレンへ

ついさっき、郵便物をチェックしていて、あなたからの手紙を見つけたときの私の驚きを想像してみてください。ええ、そのときの私は、有線テレビの読み上げ装置（世界で最もお気に入りのものというわけではありませんが、それが私のもっているものなのです）を使って差し出し人の住所を読んでいました。すると、「ヘレン」、そして「ケラー」、それから「インターナショナル」と読めたわけです。実際には、「インターナショナル」にたどり着くまでに一秒ほどかかりました。「ケラー」と読んだところで、平静でいられなくなったのです。まったく信じられないわという気持ちのせいで、私の脳は一時的にシャットダウンしていました。今までずっと、これほどたくさんの手紙をあなたに書いてきて、そして今やっとやっと……と、思ったわけです。「そんなことがあるかしら？　本当に彼女が……？」

でも、もちろん、あなたの手紙ではありませんでした。それはただ、あなたの名前のついた組織からのものです。手紙はこう続いています。「ヘレン・ケラーの魂は生き続けています」。まるで、私がこれを知る必要があるかのようです。テキストをざっと読んで、あなた自身の言葉からの引用をいくつか見つけました。「世界は確かに苦難に満ちあふれています。ですが、同時にまたその苦難を克服する行為に満ちあふれているのも確かです」（奇妙な言い回しです）。そして「生涯を通じ、私は存在することの必要要素として盲目を受け入れることを拒否してきました」（これが意味しているのが何であれ）。終わりに向かうにあたってこの手紙は、「ヘレン・ケラーは、寛大なご寄付を非常に誇りに思うでしょう」と請け合い、私にそうするようにと求めてきます。

私が最初に感じた衝動は、この手紙をゴミ箱に投げ捨てるというものでした。私はすでに、多くの盲人組織や慈善活動に寄付をしています。全米盲人連盟、アメリカ盲人援護協会、盲人のための録音図書館「レコーディングス・フォー・ザ・ブラインド」、盲導犬育成団体「シーイング・アイ」と「盲導犬の家族」などです。そして、手紙の結びの一行も特に助けにはなりません。「あなたの寛大なお志によって、さらに何百万人もの盲人の激しい苦悩を救うことができるのです」。「激しい苦悩」ですってよ、ヘレン？　あなたは私に、これが激しい苦悩であると言っているのですか？

ですが、あなたの名前が手紙に書かれているという単純な事実のせいで、私はこの手紙を通読しました。この組織がほかのこうした組織のどれとも違うということがわかりました。この組織は、かつて「第三世界」と呼ばれ、今、ここアメリカでは「伝統的な社会」と識別されている地域において、新たな失明を防止するために働いているのです。「伝統的な社会」とは、いい言い回しでしょう、ヘレン？　この言葉には、階層制に基づく価値判断という文化的な鈍感さはありませんからね。あなたの組織の人々は、実に流行の最先端をいっていますよ。その「伝統的な社会」とは、インドネシアやバングラデシュ、ブラジルやモロッコ、ネパールなどを意味しています。私たちはここで、白内障や、寄生虫による糸状虫症や、トラコーマ（先生の罹患した眼病ですね）といった治療可能ないし予防可能な病気について話しているのです。写真を掲載したパンフレットがありますが、拡大光学装置を使っても、私には見ることができません。でも見る必要があるというわけではありません。想像することはできますから。浅黒い肌の子どもが笑みを浮かべ、西洋から来た宣教師か医師の白い手を握っている写真でしょう。この人たちは、眼薬を処方し、ビタミン剤を与え、手術を行ない、公衆衛生を改善し、あるいはシンプルで比較的費用のかからない処置であれば何であってもほどこすのです。

あなたの組織が最新の募金活動の策略をすべて承知していることを知って、あなたも嬉しく思うことでしょうね。ここには、了解した項目にチェックを入れられる四角い枠があります。「私の遺言書にヘレン・ケラー・インターナショナルの名を忘れずに入れます」とかね。それから差し込み頁があって、こう教えてくれます。「近年の株式市場の不安定性にもかかわらず」、私は依然として「現金のかわりに適正な価値評価を受けている株式を寄付することによって、相当な節税を実現すること」ができるそうですよ。あなたの組織の人々は、とても有能で思いやりがありますね。料金前納の封筒すら用意されています。洗練されたやり口です。

あなたに敬意を表さなければなりませんね、ヘレン。まるでピアノを弾くように、あなたは私を好きなように弾きこなすのです。私がアメリカの盲人のための運動に支援をするならば、国外の盲人たちも支援すべきだということが、あなたにはわかっているのでしょう。ですが、私は操られているように感じますよ。あなたとあなたの組織の人々が私のツボの所在を全部心得ていて、情け容赦なくそのツボを押してくるような感じがするのです。先進諸国の国民としての私のあふれんばかりの罪悪感がどこにあるのかが、あなたがたにはわかっているのでしょう。そしてたった一回の外食か、あるいは何かしらの道楽に費やす金額をもってすれば、もう一杯のお米のご飯が豪華な贅沢にもなるような何百万人もの人々の生活を向上させられるのだという議論に対して、私が抵抗できないということもわかっているのです。

言うまでもないでしょうけれど、小切手を封筒に入れましたよ。

ＧＫ

追伸：もしこれが私に対する何らかの類いの個人的な合図だと受けとめるよう期待されているのだとしたら、私はこれは受けつけませんから。私としては、合図はもう少しはっきりしたほうが好きなので、次はそうお願いしますね。

十一月十二日

ですが、これで私たちは、あなたの職業生活の最終局面にやってきましたね、ヘレン。アメリカ盲人援護協会（ＡＦＢ）のための資金調達者（ファンド・レイザー）としてのキャリアです。二十代半ばでそうした役目を初めて果たしたあなたは、ほぼ残りの人生を通じて、おおむねその仕事を続けてきました。私がまず第一に好奇心をもって知りたいと思ったのは、あなたがろう者のための組織よりもむしろ盲人のための組織のスポークスパーソンになろうと決めたのはどうしてなのかということです。あなたは結局のところ、聴覚障害は、それがコミュニケーションを損なうあり方ゆえに、視覚障害より大きな苦悩になると自分は考えていると、一度ならず言っていましたし、著作でそう書いてすらいます。それに加え、ろう唖教育と縁の深いＡ・Ｇ・ベル博士との長い親交をもってすれば、ろう者の大義のために連合するほうがあなたにとっては自然だったでしょう。ですが、聴覚障害の分野は常により複雑でした。サインランゲージ（手話）対スピーチ（発話）などといった全面的な問題もあります。たぶん、あなたはただそうした世界に乗り込みたくなかったのでしょう。あるいはたぶん、あなたはただ単純に、人々が通常は盲人に対してより同情的だということを知っていたのでしょう。人々は、盲人のほうが哀れみをかける対象としてより相応しいと考えているのです。あるいは、おそらく、ＡＦＢのほうが最初にあなたのところやってきたからかもしれませんし、そして彼らはあなたが何年にもわたってヴォードヴィルの主演者であったことや、今では先生とポリーの両方を支えていること、そしてあなたがた全員があるイメージを、ある生活様式を維持する必要があるということを踏まえたうえで、それなりの給与を申し出ることをわきまえていたからなのかもしれません。

そこが、先生が資金調達（ファンド・レイジング）の仕事の時代をより好ましいと思っていたところでした。あなたは、再び正しいタイプの人々と交際している自分に気がつきます。慈善家や産業界の指導者たち、教育者、市民活動の指導者といった人たちです。先生にとって、これはヴォードヴィルを乗り越える大きな進歩でした。結局のところ、彼女がテュークスベリー救貧院の苦難を乗り越えて進んできたのは、カーニヴァルの演者やダンスホールの踊り子たちと同等の人たちと親しく交わることに時間を費やすためではなかったのですから。

　でも、あなたは、ヘレン？　あなたは幸せではありませんでした。あなたはヴォードヴィルが好きで、それを諦めることを悲しく思っていました。ある意味では、ＡＦＢのための資金調達の仕事は、講演旅行の日々に後退していくような気がしました。あなたは、昔ながらの偽善的な口調に戻らなければなりませんでした。気づいてみると、かつての講演会と同じように、教会のホールや市立公会堂にいます。今ではまた、経営者たちのオフィスや政府の機関もしばしば訪れるようになっています。そして、今のあなたは、その仕事がもっと得意になっていました。ヴォードヴィルで過ごした年月があなたのスピーチを改善し、あなたのメッセージを洗練させました。資金調達、つまり寄付金集めのためのあなたの標準的な宣伝文句は、初期の講演に見られた高度な生真面目さと、ヴォードヴィルの演技で得た職業的な洗練度を結合したものでした。

　ですが、それでも、あなたは人にお金を求めるのが好きではありませんでした。ときどき、その気持ちがあなたのもとにやってきて、そしてあなたは言うでしょう。「私は、盲人が適切な教育によって何をなしうるかの一例として私自身を押し売りしています。ですが、その私は何者なのでしょう？　手を差し出して助けを嘆願している、もう一人の盲目の物乞いにほかならないじゃありませんか」

「ええ、ええ、もちろんあなたは正しいですよ」と、先生は言うでしょう。ですがあなたは、先生の手が注意散漫で無関心であることを感じ、彼女があなたのこうした言葉に無感覚になっていることを知るのです。

目的が手段を正当化することは、あなたも知っていました。そして、ヴォードヴィルの出し物のもつ問題は、あなたが個性とユーモアのセンスをもった一人の完璧な人間であることを人々に見せるということにおいてはいくらかの価値がある一方で、それは誰に対しても特別な社会的行動を起こさせなかったということだと認めていました。この寄付金集めの仕事はほかの人たちの利益になるのだと、あなたは自分に言い聞かせました。そこで、自分の表向きの人格に最終的な洗練をほどこし、慈悲深い聖人となりました。あなたほどには幸運でない多くの人々のために金銭的支援を懇願するために、自分自身の人生の物語を使ったのです。

あなたの新しいメッセージは、こうでした。「適切な教育と機会があれば、どんな目の不自由な人も最後には私のようになれるのです」。それで、人々はこのメッセージを信じたのでしょうか？　いいえ、もちろん、信じてはいませんでした。だってあなたは、ひとつの奇跡、比類のない特別な人物、尋常でない存在だったからです。あなたの物語は、決して繰り返されることはないでしょう。その上、あなたが盲目について話す間中、人々に考えることができたのはただ、聴覚障害のことだけでした。人々は、あなたの耳が不自由であることを意識しました。なぜなら、あんなにも長きにわたって熱心に取り組んできたあとですら、あなたのスピーチはいまだしばしば理解しがたかったからです。あなたにとって最も流暢ではないコミュニケーション方法を使うように強いられていたために、あなたの存在は自らのメッセージと矛盾することになったのです。最大限の教育をもってすらも、あなたや、あるいはほんのわずかでもあなたのように障害のある人は、健常者にはなれないのだという印象を人々に残すことになったのです。あなたは、あなたの言葉を繰り返してもらうために、いまだ先生を必要としていました。そこで、人々は先生に焦点をあてました。先生に同情しました。彼らが寄付してくれるお金は、先生に報償を与えるためでした。あなたがたのような例外的なケースを除いては、絶対に見込みがないだろうと彼らには思えたことで、先生があなたを助けるために自らの人生を犠牲にしたことに対する報償だったのです。

私はあまりに辛辣で、あまりに冷笑的にすぎますか？　あなたは肩をすくめますね。「あなたは、その半分だって知らないでしょう」と、あなたは私に言うでしょう。その仕事が好きでも嫌いでも、あなたは結局この仕事を四十年間やり続けることになりました。ええ、慈善的な寄付行為の心理学についてあなたが学んだことを、私がこれから長々と話すのは確実ですよ。

その後

ここに、私に思い浮かぶ最後のシーンがあります。

一九二六年、あるいは一九二七年でしょうか？　こうしたことを突きとめるのは、とても難しいです。カンザスシティか、クリーブランドか、ミネアポリスでのことですが、どうぞ、お好きなところを選んでください。歓迎会のガーデンパーティー（ということは春か夏ですね）が、あなたのスピーチのあとに行なわれました。でなければ、このパーティーのあとにスピーチをするのでしょう。翌日にも別のスピーチがあるか、さもなければライオンズクラブかキワニスクラブかジュニアリーグと一緒の昼食会があります。工場だか精錬所だか鉱山だかを所有する人物から相当額の小切手を仰々しく受けとる予定です。それから、列車に乗り込んで、デモインかデンヴァーかデトロイトに向かい、もう一度同じルーティンワークを始めることになるでしょう。

ともあれ、その歓迎会のガーデンパーティーです。帽子を被ったご婦人たちがいます。お茶や、ケーキや、サンドウィッチが並んでいます――中身まではわかりませんけれど。先生は、中年の女性たちとおしゃべりをしています。彼女たちは先生を称讃し、褒め称えています。ここが、先生がこの寄付金集めの仕事の好きなところです。あなたのスピーチのテーマが教育である以上、先生は著名な教育者として尊重されます。講演旅行とヴォードヴィルの巡業の間は、あまりに多くの人々が先生を雇われたお手伝いと間違えていました。そのことを考えると、ポリーがどこに行ったかが気になってきます。あたりを見回し始めますが、今はまたもう一人の中年女性が近づいてきて、両手で先生の手を握りしめます。「感動して涙が出ましたわ!」。その女性は大げさにまくしたてます。「あなたの物語、あなたとその可哀想な子どもが、あのポンプのところで……」

先生は微笑んで、首を振り、自分の手を相手の女性の湿った手から救い出そうとします。「あまりにご親切すぎますわ。手柄を独り占めすることはできません」と彼女は言いますが、そうした言葉を贈られるときには、それを受け入れることに完全に満足しています。それから、何を期待されているかはわかっているので、有名なポンプの話を繰り返します。その物語の言葉は、彼女の唇から機械的にこぼれ出るのです。それが起こったときにはあんなにも素晴らしい話だったのに、今の彼女は、ほかの多くの物語からこのひとつの出来事を見分けることがほとんどできません。暗誦しながら、そのときの自分が本当にどのように感じていたかを思い出そうとします。ですが、なぜかその物語の言葉は記憶を消し去り、むしろその記憶にとってかわるのです。六歳だったあなたのイメージと、埃っぽい庭と錆びたポンプのイメージは、呼び起こすことができます。彼女は言います。「……そしてそれから、彼女の顔に知性の光が初めて輝き……」。でも、こうした言葉は何を意味しているのだろうと、先生はぼんやりと考えます。知性の光。あなたの顔を当時のままに心に思い描き、その顔を輝かそうとします。ちょうどあなたの頭のなかに、蠟燭か電球でもあったかのように。でも、それが実際にそのときに表れたものだったのだろうかと、彼女はいぶかります。というのも、その瞬間に彼女ができたことはただ、あなたがポンプの横のその場所で落としたマグカップのことを心配することだけだったからです。それがぶつかって粉々に壊れ、こうしてまたもや割れてしまったもうひとつの茶碗のことを、あなたのご両親に報告しなければいけないからです。

物語が終わると、その中年女性は目をキラキラと輝かせます。「奇跡ですわ」と、一息つきます。「奇跡です、本当に！」

先生は唇をきつく閉じます。これが標準的な反応です。ですがときおりは、ただ一度だけでもこう言いたいと思うのです。「奇跡など、これとは何の関係もありませんよ」。こうした気分のなかで、彼女はその女性のつけた高価なジュエリーが昼間にしてはかなりケバケバしいのを見てとります。頭上の緑ごしに木漏れ日が落ち、宝石をきらめかせますが、それが彼女の目を痛めます。まぶたを降ろしてマッサージをします。そして、「ええ、本当に、奇跡です」とつぶやくのです。

この女性は、あなたについてもしばらくまくし立てます。舞台の上であなたがどれほど美しく見えたかとか、あなたの輝く瞳についてです。

「お金で買える最高の品」と、先生が独り言のようにつぶやきます。

「ごめんなさい、何とおっしゃいました?」と、女性が訊ねます。

ですが、今度は無遠慮な男性的な女性がこの女性を肩で押しのけて、先生と話そうとしています。彼女は自分の娘を指し示します。グループのはずれにいるほっそりとした娘で、柳の葉っぱに夢見心地で指をはわせています。母親は自分の娘が仕事をもち、キャリアを積むことを望んでいます。若い女性には経歴が必要だと思っているのです。近代社会に合致した考えです。そこでこの母親は、自分の娘が教育者としてのキャリアをもちうると先生が思うかどうかを知りたがっているわけです。

先生の目は、どんどん悪くなっています。ですが、礼儀正しくあろうとして、日光に目を細めながら少女のほうへと目を向けますが、緑色を背景とした淡い色の柱のように見えるだけです。もちろん、たとえ姿を見ることができたとしても、教職に就くための才能がどのように視覚的に現れるのかはまったくわかりません。先生は、母親がただその娘のために家を買い、夫を見つけ、彼女に適していそうな最良の人生を送らせてやるほうがいいのではないかと思います。

「もちろん、教えることが私の健康を害しました」と話し始めた先生は、ハンカチのなかに上品に咳をします。女性は心配気な表情を見せ、肘を支えようとしますが、先生は手を振って断ります。「この頃では、事情は異なります。養成学校もあり、科学的な手法もあります」と言いますが、先生自身はこうしたものには、ただ軽蔑の気持ちを抱いているのにほかなりません。先生は、教えるということは天性のものであり、ひとつの芸術だと考えています。「私の手法は、直観と観察を基礎としていました」と言いますが、でも次の点についてはつけ加えそこなっています。「そして、なんとか生きていくための物理的な急務でした。なぜなら私の世界には、ほかに生計を立てる手段がなかったからです」

数分後、専門家としての先生の意見をいっぱいに浴びせられたその女性は、何か言い訳をして立ち去ります。ようやく一人残された先生は、周囲の様子に気を配れるようになりました。

ええ、わかっていますよ、ヘレン。私が先生に対してあまりに厳しすぎると、あなたは思っているのですよね。私が彼女のことを、人を操作し、支配する人物として表し、また自分の身勝手なニーズに合うようにあなたの人生を形づくり、大衆の称讃の栄光がもっぱら彼女の上に輝くようにあなたのメッセージをつくり変えていると言っているのだと思っているのですよね。でもね、実際のところ、私は先生を称讃していますし、その称讃は、彼女の教育への並外れた貢献に対する称讃だけにとどまらないのですよ。私が彼女を称讃するのは、彼女があなたのなしえたことよりももっとずっと多くの困難に打ち勝ってきたからです。これについては、あなたは決して完全には理解できなかったと思うのですけれどね。そして、もし彼女の初期の人生の闘いが、彼女を辛辣で、打算的で、自己中心的な人物にしたのだとしても、それはまた彼女を鉄の意志をもった実際的な人物にしたのです。それはあなたが決してそうなる必要のなかったものですが、それがあなたの人生に計り知れないほどの恩恵をもたらしてくれたのです。

今、そこにいる彼女を見てみましょうよ。彼女はあたりの光景をざっと見て、彼女の悪化した目がいまだわずかながらも感じとれる細々としたことを吸収しています。緑の芝生とご婦人がたの淡い色のドレスの生地がはためく様子が、彼女のある記憶を呼び起こします。彼女はたぶん四歳か五歳で、マサチューセッツ州のフィーディング・ヒルズの家で暮らしていた時代に戻ります。父親が賃金労働者として働いていた畑に、夕食を運んでいるところでした。いつもの習慣通りに、畑の所有者であるテイラー氏の家の前の芝地をつっきったところで、ある光景が彼女の目を釘づけにしました。そのときは、彼女はまだ見ることができたわけです。トラコーマのせいで目はすでに曇り始めていたかもしれませんが、まだ見ることはできました。彼女が目にしたのは、あたりで繰り広げられていたパーティーで、イチゴ祭りの集まりでした。そして、ちょうど今のように、輝く芝生の上に、軽やかなパーティードレスと凝った飾りの帽子を身につけたご婦人がたが散らばっていました。当時の彼女は、そのようなものを一度も目にしたことがありませんでした。そのように美しいご婦人がたも、そのように素晴らしいドレスも。ご婦人がたの衣装はとても美しくて、子ども心にも、その美しい色彩と質感の衣装を自分のゴワゴワとした無骨な服と同じ衣服だと認めるのは難しかったでしょう。彼女にできたことは、ただじっと見つめることだけでした。まるで彼女がほんの小さな音を立てたり、あるいは動いたりすれば、すぐに消えてしまうであろう魔法の場所に歩み入ってしまったかのようでした。

ご婦人がたの一人が彼女を見つけ、イチゴとクリームの入った皿をもってきてくれました。彼女はすぐに草地に腰を下ろし、その甘く美味な果実をスプーンでひたむきにすくい、次々に口に運んでいきました。その婦人にお礼を言うこともほとんどできませんでしたし、ましてその婦人のまばゆいばかりの顔に視線を上げることもできませんでした。動物のように、自分に与えられた恵みに何ら疑問をもつこともなく、ひたすら休むことなく食べ続けました。休止すれば、この恩恵が取り消されるかもしれないと思っているかのようでした。そして、飢えから食べている彼女は、本当の意味でそのご馳走を味わうことはありませんでした。なぜなら当時の彼女はいつもお腹をすかせており、あまりの空腹ゆえに、味を細かく識別することができなかったのです。お腹いっぱいまで食べるのがどんな感じのすることかを彼女が知るまでには、あるいは好き嫌いが言えるようになるまでには、あと十数年がかかることになります。

大人になり、半世紀がたった今、その記憶は、そのあまりの品位のなさゆえに、かつての自分をひどく恥ずかしく思わせます。そして自分を恥じることで生まれるこの刺すような痛みは、もうひとつの記憶を思い起こさせます。彼女は十四歳で、テュークスベリー救貧院からパーキンス盲学校へ向かう列車に乗っていました。そのときにはもう完全に盲目で、州の職員の男の人に付き添われていましたが、彼女には彼の名も思い出せませんし、おそらくは告げられることもなかったのでしょう。正面の席に女性が座り、会話をしてくれました。その男は、この子は盲目で、極貧の状況に育ったと説明し、今から学校に連れていくところだと話しました。するとその婦人は、彼女にリンゴとバターを塗ったパンをくれました。またもや彼女は以前のように、何も考えることなく、貪るように食べました。ですが、彼女はそのときはもっと年長になっていたので、その婦人がなぜそうした贈り物をくれたのかを理解しました。突如として、自分が着ている更紗の服に激しい羞恥心を感じました。それは、彼女がこれまでに所有していたなかで最もいい服でした。黒い花が散りばめられた赤い服でした。あるいは、盲目の彼女はそう説明されていました。テュークスベリー救貧院ではお産中に亡くなる妊婦がたくさんいますが、この服はそんな一人の遺体から剝がした衣服から、収容者の誰かが彼女のためにつくってくれたものでした。その婦人が食べ物をくれるまで、彼女はその服に誇りを感じていました。でも今や彼女は、その婦人がその服を、憐れみをもって見ていることを理解しました。同じ瞬間に、自分の不細工な靴も椅子の下に大急ぎで隠す必要を感じました。なぜなら、婦人の靴はおそらくは上品で、ピカピカに輝き、ぴったりフィットしているだろうとわかっていたからです。婦人の贈り物を受け入れることで、自分自身がすっかり変わってしまったことに気づきました。一瞬前には、彼女は自分を誇りに思っていました。自分の着ている服を自慢に思い、パーキンス盲学校へ、そしてその先に約束された人生へと向かう途中にあることを誇りに思っていました。ですがその婦人にとっては、彼女は単に哀れみの対象であり、社会の恥辱のひとつの源にすぎませんでした。彼女は世界の完璧な構造のなかのひとつの穴であり、その婦人が食べ物という小さな贈り物を与えることで覆い隠してしまいたい、つぎをあててやりたいと望んだ穴だったのです。

そういうわけで、ヘレン、これがその理由なのですよ。あなたがこの慈善的な仕事をすることに異議を唱えて、自分を物乞いと比較するとき、だからこそ先生はその異議を却下するか、あるいは鋭い口調でこう言うのです。「あなたは、こうしたことについて何もわかっていないのですよ」

先生は、この記憶もまた振り払います。今の彼女は疲れていて、立っていることにもうんざりし、また話すことにもうんざりしています。顔に微笑を浮かべることにもうんざりしています。あたりを見回しながら、「ヘレンはどこかしら?」と考えます。「まただわ！　一瞬でも背を向けていると、「ヘレンはどこかしら?」と思わねばならないのだわ」。彼女は、集まった人々や手入れのいきとどいた芝生、見事な花々でいっぱいの、でもどこか植え込みすぎに見える花壇、帽子に木漏れ日をいっぱいに浴びた婦人たちを次々に見ていきます。そうしながら思います。「駒鳥の卵の殻の青（ロビンズ・エッグ・ブルー）色が黄色で縁取られ……象牙色のレースのついたモスグリーンが……」。これはもう、今では先生の第二の天性です。彼女は見えるものの細部を、自分に感知できるもののすべてを、当然のこととして言葉に変えて吸収し、あとであなたに伝えられるように胸の内にしまっておくのです。

ついに、先生はティーテーブルの周りに集まった一群のなかにポリーを見つけます。自分でもっとケーキをとろうとしています。ですが、あなたは一緒ではありません。「まただわ！」と再び思い、ポリーに苛立ちを感じます。ですがこの場合は、あなたが自分でもっとケーキをとろうとしていなかったことに安堵します。

先生はポリーを呼びつけ、あなたを探させようとします。「さもなければ、なぜ彼女にお給料を払っているのでしょう?」と、内心で不満を言います。それから、あなたが庭の一番遠くに、石の水盤の近くにある石のベンチに一人で座っているのに目をとめます。ドレスの色であなただとわかるのです。アイリスの花の濃い青です。パステルカラーの衣装だらけのこの場所で、その色がどれほどあなたを際立たせているかに、先生は早くから目をとめていました。あなたのほうに向かいながら思います。「こんなこと、二度とさせては駄目だわ。主賓がこんなふうに一人でいるなんて」。でももっと近づくと、水盤のなかに鳥がいることに気づきます。鳥はパタパタと舞い、水をはね散らかせています。午後遅くの日光が、鳥の飛び散らかす水しぶきの水滴をとらえ、キラキラときらめかせています。あなたがとても静かに座っているのがわかります。背骨をひどく真っ直ぐに起こし、顔を水のなかの鳥に真っ直ぐに向けています。それから、とてもゆっくりと、あなたは膝から両手を上げ、水盤のほうに伸ばすと、まるで焚き火で手を温めようとするかのように手のひらを鳥に向けて差し出します。

これを見て、大股で歩いていた先生は立ち止まります。彼女の苛立ちと疲労感は、突如として驚きに変わります。これだけの長い年月が過ぎてさえ、あなたに感じる驚きです。あなたを見つめたまま、彼女はその場に釘づけになり、不思議に思いながら立っています。「どうして、こんなことができるのでしょう? 鳥がそこにいると、どうしてわかるのでしょう?」

実際、あなたは確かに鳥がそこにいると知っているのです。それが旋回し、水盤に止まりにきたときに起こした微風をあなたは感じていました。だから、あんなにも静かに座っていたのです。怯えさせて飛び去らせたくないのです。あなたは用心深くしていましたし、鳥が飛び立った微風はまだ感じていません。それで鳥がまだそこにいるのだと確信しています。あなたは、それがベニスズメだといいと思っています。ベニスズメ、あるいはコウライウグイスであってほしいと思っています。石の水盤のなかに赤い鳥がいてほしいのです。火の粉のひとひら、とあなたは思います。そのフレーズは、どこからきたのでしょう？　誰かの詩です。オリヴァー・ウェンデル・ホームズではなかったでしょうか？　子どものときに記憶した何か。火の粉のひとひら。あなたは、このフレーズが好きです。「ひとひら」が素敵だと思います。家の壁から薄く剝がれ落ちるペンキの破片のことを考えます。そうした破片を拾い上げたこと、その破片はひどくもろく、手荒に触れるとバラバラの粉になってしまうことに気づいて驚いたことを思い出します。「ペンキ？」。そのときのあなたはそう思い、その小さな破片の感触と、バケツのなかのネバネバとして粘性の高いペンキの感触を思い出して比べました。どの家のことだったのでしょう？　おそらくはアイヴィー・グリーンです。レンサムで家を構えた頃までには、あなたはもう充分に知識があり、そうしたものに注意を払うことはなくなっていました。

石の水盤のなかの火の粉のひとひら。火の粉のひとひらが、水浴びをして。火と水、正反対だわ、とあなたは思います。火は水によって消されるのでしょうか？　その薄い破片は溶けて、湿ったペンキのしずくに戻るのでしょうか？

あなたは両手を上げて、水盤のほうに手を伸ばします。まるで球面を抱くように、まるで鳥とその鳥の周りの空間をとらえたいと望んでいるかのように、両手をお碗のかたちにします。ですが、鳥をとらえようとはしません。あなたはただ、鳥がその身体を揺さぶって振り落とす水のしぶきをとらえようとしているだけです。鳥は少し水に浸かり、そして頭を水中に突っ込みます。尾羽をバタバタと打ち鳴らし、両の翼を綿毛のようにふくらませます。こうした動きの間中、あなたは静かに両手をかざしています。あなたの手のひらの肌は、新しい動きが起こるたびに跳ね散る水のしずくのパターンを読みとります。手のひらを打っている水は涼しく、日光は暖かいです。鳥が日光のなかへと跳ね散らかす水しぶきが虹をつくっているのではないかと思います。そうだといいと望みます。あなたは、光がその水しぶきを少なくとも金色に輝かせているに違いないことは知っています——きらめく金色の靄と、そしてその中央には、点のような赤く熱い命があります。

先生はこの様子をすっかり見ています。そしてそれが彼女の心をうずかせます。手を伸ばして、あなたを抱きしめたいと思います。ですが、彼女は身動きせずに立ちつくし、見つめたまま待っています。あなたが何を考えているかについては、正確にはわかりません。それは何か言語について、何かの語呂合わせや言葉遊びだろうと想像します。先生は、あなたのあらゆる気分と癖を知っています。あなたがこの寄付金集めの仕事を退屈だと思っていることも知っています。それはあなたの精神を枯渇させ、プライドを傷つけます。あなたにこの契約をさせたのは間違っていたという可能性を、彼女は考慮します。あなたが作家としての生活に戻りたいと願っていることも知っていますが、初期の著作の受け入れられ方に、あなたがひどく失望していたことを彼女は目撃していました。あなた自身はできる限り彼女から隠そうとしていましたが、すべてはゴーストライターによって書かれたものだと繰り返し非難されることで、あなたがどれほど打ちのめされていたかも彼女は知っていました。それは初めからもう一度、『霜の王様』裁判を繰り返すことでした。あの事件がどれほどひどくあなたを傷つけたかを、彼女はもちろん知っています。そして彼女自身、依然としてそれに怒っているのです。

先生はため息をつき、依然としてあなたを見つめています。もし彼女があなたの腕に触れれば、あなたが不平も言わずに立ち上がり、パーティーに戻りながらこう言うだろうとわかっています。「ごめんなさい、先生、時がたつのを忘れていたのだと思うわ」。ですが、彼女は、あなたにもう少し孤独と平和の時間をあげたいと思います。ここにいる人々がこうしたことをどんなふうに解釈するかを、あなたを何か神秘的な存在に変えようとするこの人たちの気持ちがどれほど強いものであるかを、先生は知っています。あなたはただ夢想にふけり、誰もがするように休憩をとっているだけです。ですが、人々には、あなたがすることは何であっても、普通のことだと認める気持ちがないのです。

ほかの人たちがあなたという存在をどのように理解するかには、様々に異なるかたちがあります。先生はそれを調和させることに苦労しています。あなたを大きくなりすぎた子ども、あるいはよく訓練されたペットとして片づけてしまう人々もいます。あなたのことを超人的な人、あるいは聖者として考える人々もいます。あなたが何者であるかを正確に知っているのは、今なお生きている人のなかではもう自分だけなのだと感じるときが、先生にはあります。「私は人々に、ヘレンを神童に仕立て上げさせることは許しません」と、彼女はしばしば言っていました。あなた自身にすらそう言ってきましたが、彼女が何を意味していたのかを、あなたは決して理解しませんでした。あなたは、「神童」という点が重要なのだと思いましたね。ですが先生は、あなたがただの一人の人間であるということを、明白に、そして単純に知っていたのです。ただ、たまたまあなたは、見ることも聞くこともできないという障害をもつことになりましたが、その障害に耐えて生きていくことが何とかできました。でも、それは、すべての人間がそれぞれのあり方で自分なりにやっていくことなのです。ええ、確かにあなたは、大部分の人々より頭が良くて、確かにもっと精力的です。著しく公平で、そして立ち直りの早い快活な気質がありますす。先生は、ときおり私のように、あなたのそうした気質をやや理解しにくいと思い、苛々することすらあります。ときどき、彼女は私のように、その気質を共有したいとさえ願います。彼女もまた、自分自身が気分の揺れ動きに悩まされることがもう少し少なければいいのにと、また憤りや制御できないほどの怒りに襲われることがもう少し少なければいいのにと願っているのです。ですが、この事実だけは残ります。あなたは、奇跡ではありません。

ここに、まさにここに、彼女があなたに与えた最も大きな贈り物があるのです。ね、あなたが思っているよりも、私は先生をよく理解しているのですよ。おそらくは、あなたが理解していたよりも、もっとよく理解してすらいるのです。彼女は、慈善事業という居心地のいい中道を選びました。それによって、人々はあなたを壇上にのせて崇拝することになりますが、ですが、この人たちがあなたをのせたその壇は、高すぎもせず、また不安定すぎることもありません。寄付をすることで、彼らは自分がいいことをした心持ちになり、したがってあなたのことをあまり深刻に見なくなりますし、あなたから、何か寄付の相手として以上のものを、あるいはそれ以下のものを見いだすこともしないのです。

彼女は今、あなたを見ています。鳥はいまだ、あなたの両手がつくる空間にゆるやかに抱かれることに甘んじています。小さな微笑が先生の顔を柔らかくゆるめ、すぼめた唇の苦々しいシワを滑らかにします。これだけの長い年月が過ぎてさえ、そしてその長い年月の間の仕事や心配事や古くからの憤慨がもたらしたたいへんな疲労感があってもなお、あなたはまだ彼女を微笑ませることができるのです。「何を考えているの、ヘレン?」と彼女は声に出してささやき、昔のゲームをするのを自らに許します。彼女は訊ねます。「あなたのその頭のなかで何が起こっているの?」。なぜなら、そこが驚きや不思議が住まう唯一の場所であることを彼女は知っているからです。あなたは、これまで生まれてきたほかのすべての人間の誰もと同じように奇跡的なだけです。彼女は、このことを自分に毎日思い出させてくれる存在として、あなたがそばにいることに感謝します。「鳥に話そうとしているの? 鳥は話し返してくれるの?」。ですが、この問いかけの可能性はあまりにありふれたものですし、あまりに日常的です。あなたのような想像力をもつ者は、こうしたありきたりの可能性を超えることでしょう。「今度は何なのでしょう、ヘレン？」と、彼女は思います。「次は何が起こるのでしょう？」

第四章　手の記憶

次は、ヘレン？　次に何がくるのか、あなたにはわかっていますよね。あなたは言うでしょう。「それは嫌よ。それ以外なら何でもいいわ。繰り返させるのはやめて」

この手紙は、嵐の日に書いています。間違いなく風速四十マイルには達しています。おかげで落ち着かない気分で、不安で、いくらか恐怖すら感じています。大きな枝が落ちて、送電線が切れることだってあるでしょう。コンピュータの電源を落として、プラグを抜いておいたほうがよさそうです。一人でなければよかったのに、とも思います。誰かと話したいのですが、電話をしたい相手が思いつきません。

ねぇ、ヘレン、私自身もこの件に分け入りたくはないのですよ。私はちょうど今、先生についてある種の理解に至ったばかりです。それなのに、ここで彼女を始末してしまう心の準備ができているでしょうか？　いえいえ、できていませんとも。でも、これは私たちが通らなければならない道です。そして通ることになるのは、あなたもわかっていますよね。子どものときに「死」という言葉を初めて習った瞬間から、先生の死を目撃しなければならないことはわかっていました。それにある意味では、少なくともこの二十年もの間、あるいはもっと長きにわたって、先生は自分が今にも死にそうだとあなたに信じ込ませてきました。ですから、あなたはその間中ずっと心の準備をしていました。何ごとかが起こると――つまり彼女が病院に送られたりすると、あなたは「これがそれに違いないわ。終わりなのだわ」と思うのです。ですが彼女は回復して退院し、しばらくは大丈夫です。一九三六年の夏のどこかの時点で、あなたは彼女の休養のためにロングアイランドの浜辺にコテージを借りましたよね。ある日、とても気分の良かった彼女は水辺まで散歩して、泳ぎたいぐらいだわと言います。でも、水が足首にあたったその瞬間にどさりと倒れ、そして救急車が呼ばれました。あなたは、もう絶対に今度こそ終わりに違いないと確信しました。ですが、今回もそうではありませんでした。彼女は快方に向かいました。秋がきて、みんなでフォレストヒルズの家に戻ったのです。

そんなわけで実際の終わりがきたときには、あなたの心の準備はできていませんでした。それもまた、ただのもうひとつの危機であり、最後の危機ではないように見えたのです。一切が終わったあとにあなたはこう書いていますね。「彼女の呼吸を何とか取り戻そうと、八時間も苦闘しました」。でもそれは、「これがその終わりの始まり」と確信をもって言えるほど、ある特定の時間に始まったというわけでもないでしょう。それに、その八時間という時間は秒単位で展開し、どの瞬間もそれが最後だと見えながらも、また次の瞬間がやってきて、同じことを休みなく繰り返すのです。あなたの身体と脳みそは、最後の激動の瞬間のために緊張したままずっと身構えているのですが、気づいてみると、それが何時間も何時間も、ただ次から次へと続いていったのでした。

先生が呼吸をしようと苦闘し、喘ぎや咳に苦しんでいるのを、あなたは彼女の発作的な動きや痙攣から感じとっていました。彼女のあばら骨は、人間のそれとは思えないように跳ね上がります。まるで何かの生き物が胸のなかに閉じ込められていて、彼女の骨という檻に対してまっしぐらに体当たりしているかのようです。

首と両肩をずっとさすりながら、先生がすっかり痩せこけてしまったことに改めて打ちのめされます。でも、それはいつからだったのでしょう？　これは正確には、いつ始まったのでしょう？　あなたにわかっているのはただ、彼女に触れるたびに何かしら馴染みのない印象を受ける不和な瞬間が何度もあったということだけでした。そこにあるのは、中年になって肥満した彼女の肉づきのいい、むくんだ身体ではありませんでした。それにまた、若かったときの彼女の筋骨逞しい張り詰めた身体でもありませんでした。若かりし彼女の肌の下にも、今と同様に骨が感じられたものでしたが、その瑞々しい身体がもっていた引き締まった弾力性は、今はもうまったくありません。関節は弛緩し、骨の表面そのものが皮膚の薄い層を通してゴツゴツと粗く感じられます。まるで骨がもう徹底的にすり切れてしまったかのようでした。

その間の多くの時間、彼女はもはやあなたに話しかけることもできませんでした。彼女の両手は、自分の口や喉をつかむか、あるいはあなたやポリーのほうへと、あるいは薬のほうへと差し伸べるのに忙しかったからです。でも、先生が何を求めているのかは、あなたには必ずしも確信がありませんでした。ときおり、あなたは質問を繰り返しました。「何かおもちしましょうか、先生?」と、手につづるか、声に出して言うのです。でも、大半は何も言いませんでした。先生の手をひたすらさすりながら、我慢できないように跳ね上がる彼女の身体をなだめようとし、その手を温めようとしていました。

ときおり彼女の手が、あなたに話しかけようとするかのように引きつりました。指を曲げて伸ばし、一文字か二文字をつづるのですが、そこでくじけてしまいます。あるいは、あなたは顔を近づけて、彼女の生気のない温かい息の匂いを嗅ごうとします。気も狂わんばかりの喘ぎとは違う、ゆったりとした息遣いを感じたあなたは、彼女の唇に素早く手をやるのです。ですが、それも一音節か二音節だけで、意味をなしません。そのたびに、あなたは思いましたね。「これが最期? 最期なの?」。そしてそのときは、最期ではありませんでした。そのときはまだ。

それから、彼女の意識が戻った瞬間もたくさんありました。それが八分から十分ほど続き、実際に一緒に話もしています。あなたは、自分が何かこんなことを言ったのを憶えていますよね。たとえば、「光と平和の輝かしさのなかに、生が今一度始まりつつありますよ」といったような。あなたが話していたのはもちろん、彼女の死についてです。あなたが言い表そうとしていたのは、あなたが来世を信じているということであり、そして死とは、失ってしまった愛する者たちとの再会を意味するというあなたの信仰だったのでしょう。あなたはまた、来世では自分が再び見ることも聞くこともできるだろうと信じていましたね。少なくとも、あなたはそう言っていました。ただ私は、それは健常者たちに理解可能な言葉を使って、あなたが予期していたその「奇跡」を表現する方法にすぎなかったのだろうと思っています。あなたにとって重要な点は、みんなが再び一緒になれるということでした。みんなの姿を実際に目にして、その声を聞くことで、何が変わるというのでしょう？　ですが、先生自身が自らの盲目を決して本当には受け入れていなかった以上、あなたはたぶん、視力の回復を約束することが先生の心の救いになると思ったのでしょう。

先生がずっと会話を続けられればよかったのにと、あなたが思っていたことは知っています。でも、彼女がそうできなかったことはかえって幸いだったのかもしれません。長時間にわたって酸素を奪われると、人はときおり、ばかげたことをするようになります。わめき散らし、そんなつもりはなかったことを言い出すのです。その言葉は、それを聞いた人のもとにずっととどまり、苛み続けますが、その意味を解けることは二度とありません。私の父は、そんなふうに死んでいったのですよ、ヘレン。父が言ったことを、あなたに話すことはできません。つまり、その言葉を書き記す気持ちになれないのです。それについては考えないようにしています。父が父自身でなかったときに言った言葉から、何か究極的な最期のメッセージを導き出したくないのです。「最期の言葉」とは、特別扱いされる最期の言葉とは、たいていの場合は、誰も聞く必要のなかった言葉なのかもしれないと思うのです。

たとえば先生は、最後の数時間の多くを、弟のジミーについてわめきたてることに費やしましたよね。子どものときに二人でテュークスベリー救貧院に送られ、そこで亡くなった小さな弟のことです。彼女が弟について話してくれていたことを、あなたは思い出そうとしました。彼女は来世のことも、そしてどんな類いであれ神と関係することも一切信じていませんでしたが、信じられなくなったのは弟の死のせいだと言っていました。

あなたは言いましたね。「ええ、ジミーはそこにいますわ。あなたとジミーは、再び一緒になるのです。あなたとジミーと、そして……」

ですが、彼女はただこう言うだけです。「見て、ジミー、あの人たちは私に花をもってこさせたわ」。それから、こう言います。「あの人たちから毛布をもらうわ。あんたは氷のように冷たいもの」

そして、あなたはこれに対して、裏切られたような心の痛みを感じました。どうして彼女は、もう死んでから六十年もたつ弟のことを考えなくてはいけないのでしょう？　あなた以外の誰かや何かのことを、なぜ考えなくてはいけないのでしょう？

ですが次の瞬間、彼女の手はあなたの手のなかから飛び出し、ゼーゼーという咳の新しい発作が再び始まります。命をもちこたえさせるために、呼吸を取り戻そうとしているのだとあなたは思いました。でもたぶん、本当のところは、それは死ぬための闘いだったのでしょう。自殺しようとしている人が波間に飛び込んでも、両肺が勝手にふくれ上がり、何度も何度も水面に浮かび上がり続けるのと同じようなものです。彼女もまた死ぬために、その異質の世界へと歩み入り、この世界に存在するのをやめるために闘っていました。ところが彼女の身体のほうは、死に向かおうとする自らの欲求に気づくことなく、呼吸を続けて肉体を生かし続けろという命令に従い続けるのです。

そのため、その闘いは一秒一秒と続いていき、その秒が積もって分になります。それが何時間にも及びました。あとで計算すると、八時間という時間です。それから、何か新しいことが起こりました。彼女の身体はいくぶん静かになりましたが、これまでにない頻度で震えていました。あなたは彼女の沈んだ胸に手をおきます。今では規則正しく呼吸しています。彼女の胸は、あなたの手の下で抑制されたリズムで上下しています。ですが、息を吐くたびに内部でカタカタというような音があり、ハタハタとはためくような振動がありました。まるで碗のかたちに丸めた両手のなかにコオロギを抱えたときのような感じです。数秒の間、この新しい振動はいびきかもしれないとあなたは思いました。たぶん危機は去り、先生は眠りに落ちたのかもしれないと思ったのです。ですがその振動はもっと激しくなり、いびきとは異なる場所で起こっています。あなたは両手で彼女の手をとり、自分の手のひらのなかに優しく落ち着かせます。一瞬、彼女の手はあなたの手のなかでそっと休みました。まるで話す準備をしているように、まるでこれからその言葉を指でつづろうと、心のなかで言葉を考えているかのようでした。それからその手が、あなたの両手の内に崩れ落ちました。失神した彼女の手には最初は温かさが感じられましたが、その温もりはあなたの手の温もりから遠ざかっていきます。その温もりが彼女の腕から身体へと吸い上げられていくのが感じられました。触れずとも、その身体がもはや呼吸をしていないことが、もはや何も感じていないことが、もはや彼女ではないことが、あなたにはわかりました。

あなたは彼女の手に、あるいはかつては彼女の手だったものにしがみつきました。それは今やただの見知らぬ、冷たい、五本の指をもつ物体にすぎません。でもあなたの手は、五十年前のその手を憶えていました。ある夏の日、たぶん八歳か九歳のとき、彼女はあなたを鶏小屋に連れていき、あなたに触れさせようと卵を拾い上げました。あなたにとっては新しいことではありません。鶏の卵にも、七面鳥の卵にも、木登りをしたときに巣のなかで見つけたコマドリの卵にすらも、以前に何度も触れたことがあったからです。ですが、促されて触れてみると、その卵が動くのが感じられました。それは震えて、彼女の手のひらの上で転がりました。それから、彼女は殻の上のある場所にあなたの指を軽く押しつけました。すると、内側から激しく叩かれているような感じがして、それから先端のとがっていない針状のもので指先が刺されるような小さな痛みを感じました。あなたはほとんど手を引っ込めかけましたが、踏みとどまりました。殻が粉々に割れ、ベタベタとした破片が落ちるのが感じられます。すると身もだえする湿った生き物が身を震わせて殻から現れ、彼女の手のひらのなかで体を広げました。それから、彼女はそれをあなたの手に移しかえてくれました。足のかぎ爪のはかない力が感じられました。それがよろよろとふらついているので、あなたはそれがバランスを見つけるまで優しく抱えてやりました。最初は頼りなく、それから次第に力強く揺れるようになったそのかたまりは、フワフワとした柔らかなボールのようになりました。その場に釘づけになったあなたは、碗状にゆるやかに丸めた両手のなかで、その生まれたばかりのヒヨコが温かさと柔らかさを増し、しっかりと実在していくのを感じました。口を開き、目を閉じたあなたは、言うに言われぬ驚きと緊張のあまり、背を丸め、両肩を耳の近くまで突き上げていました。

ヘレン、先生はあなたにとって神のようだったに違いありません。彼女は、彼女の両手のなかで命を生み出しました。それなのに、その彼女がどうして死んでしまい、あなたを一人残していくことができたのでしょう?

それから、誰かが遺骸の手からあなたの手を引き剝がし、あなたを別室に連れ出しました。遺体の準備を整えるためです。あなたはこうしたことが起こったことは知っていますが、思い出すことはできません。あなたはどこに連れていかれたのでしょう？　寝室でしょうか？　そこで何をしていましたか？あなたには記憶がありません。その部分は空白です。次に憶えているのは、その部屋に連れ戻されて、彼女の顔に触れたことです。でも、それはもはや絶対に先生の顔ではありませんでした。それは誰の顔でもなく、ただ冷たく、異様に滑らかで硬質な表層があるだけでした。そして、部屋にはある匂いがありました。ユリの花と香料と消毒液の匂いに覆われていましたが、あなたの鼻は匂いの層をはいでいき、その匂いが何であるかを知りました。あなたの身体は、原始的な嫌悪感から一瞬ひるみました。それから、本能的に彼女のほうに手を伸ばしました。あらゆる生きた人間が認知し、恐れ、逃げるものから彼女を守るためにです。でも、あなたの手が見いだしたのはただ、冷たくて微動だにしないもの、生きた肉体をちぐはぐに模倣したもの、あなたが触れてももうまったく見分けのつかない何かでした。あなたはたじろぎ、ポリーか、あるいはそこにいたほかの誰かに手を伸ばしました。あなたの指は慌ただしく言葉をつづりました。「先生ではないわ」。最初は、先生を知っていた者であれば誰にとってもばかばかしいほど明らかなことに違いないとあなたが感じていた事実の単純な申し立てでした。ですが、その申し立てが確たる返事をもらえなかったので、あなたはもう一度言いました。「先生ではないわ。どこに……」。意識的に促したわけではありませんが、あなたの頭脳は素早く回転し、推理を進めていきます。先生はまだどこかにいる、たぶん病院か別の部屋に運ばれたのであって、今、このベッドに仰臥しているのは先生とは何の関係もないのだという結論を得ようと、ただ全力を尽くすのです。誰かの両手が両肩におかれ、それから手に言葉がつづられます。ですが、あなたはその誰かの慰めなど望んでおらず、そんな言葉も聞きたくありません。その手を振りほどいたあなたは、指を折ってこぶしを握りました。真実であるとは知っていたけれど、語ってほしくなかった言葉から自分の手のひらを閉ざそうとしたのです。頭を振り、口をだらりと開き、音を漏らします。深いうなり声が、あばら骨の下から癇癪を起こすように湧き上がり、それが突き刺すような叫びへと高まります。それは耳にできるどんな恐ろしい声よりももっと高く、もっと甲高くなります。「せんせいじゃないわ！　せんせいじゃないわ！　ぜったいにちがうわ！」

それから次に憶えているのは、自分が屋根裏の書斎に、先生が常に嫌っていた隙間風の入る部屋に座っているということでした。あなたはスカートのざらざらしたツイード地に自らの手をこすりつけていました。顔ではなかったあの顔、人の身体だったことも彼女の身体だったことも決してなかったあの遺骸の感触をこすり落とそうとしていたのです。手のひらの皮膚がヒリヒリと痛むまでこすり続けました。それから、モリス式安楽椅子の木の肘掛けをこすりましたが、それは手のひらの皮膚にささくれを起こさせ、硬いタコをつくらせ、感覚を麻痺させるのを望んでのことでした。同時にあなたはまた、自分がその感触のもうひとつ前の感触を消そうとしているのだとわかっていました。彼女があなたの手に何か最期の言葉をつづろうとして、結局はそれが果たせなかったときの彼女の手の感触です。

ですがあなたに思い出せたのはただ、あの命の温かさが、彼女の手を間違えようもなく彼女の手にしていたあのエネルギーが、彼女の腕から身体の核へと流れていく感覚でした。その核の部分で彼女のエネルギーは小さな塵の粒へと凝縮し、消えてしまい、疲れ切って無用となった肉体だけをあとに残したのです。それがなぜなのかを、あなたは知りたいと思いました。あなたはなぜ、その魂をとどめ、身体のほうを放棄することができなかったのでしょうか？　彼女がなぜ肉体を手放したかったのかは、あなたも理解しました。その肉体は、彼女にとって常にあれほどの苦痛をもたらしていたからです。でも、それにしても、なぜ……？

そしてそれから、喪に服している誰であっても抱くあの考えがあなたの心にも浮かびました。これはただのひとつのテスト、もうひとつの試練、何かまたあなたが甘受し、耐えねばならないことなのだという考えです。ええ、そういうことなのに違いないと、あなたは自分自身に言い聞かせました。これはもうひとつの挑戦であり、克服すべきもっと大きな不幸でした。そして確かに、あなたはこれを克服することができました。なぜなら、あなたは、不可能を克服することに全人生を費やしてきたのではありませんか？　それこそが、誰もがずっとあなたに語ってきたことではないでしょうか？　そして、あなたがこの新しい不可能を可能にしたとき、その私的な式典も公的な式典もすべてきちんとやりとげ、所定のすべてのやり方であなたの悲しみを表明すれば、そのときには何らかのかたちで、あなたのための褒美として、彼女が戻ってきてくれることでしょう。葬儀の間も、式典の間も、ワシントン大聖堂で行なわれた追悼の礼拝式の間も、あなたはずっとこうした思いで何とか自らを支えていました。誰もがみんな、様々な式典でポリーを傍らに伴ったあなたのイメージを記憶しています。ポリーは公然とむせび泣き、ほとんど立っていることもできないほどでした。目を濡らしてはいましたが、あなたのほうは辛いなかにも落ち着きを見せてポリーを支え、彼女の手のなかにずっと慰めの言葉をつづっていました。それが、人々の目にしたものです。ですがそれは、誰もがそう思っていたような単純な自制心でもなければ、不幸に耐える精神力でもありませんでした。頭のなかで、あなたはこう言っていましたね。「大丈夫よ、先生。私にはできます。この不可能も可能にできます。何としてでも。ただ私を見ていてください！　私を見ていて！」

一月二十七日

ですが、あなたは生き続けます。まったくもって驚くべきことですよ。物心ついて以来ずっと、あなたは「先生がいなければ、私はどうやって生きていくのかしら?」と思っていたのですから。そして、そう思っていたのは、あなた一人ではありませんでした。あなたのことを知っていた誰もが、同じ問いかけをしていました。「ヘレンは、先生がいなかったら、どうやって生きていけるのだろう?」。それでもなお、今、あなたは生き抜いています。毎朝目を覚ますと、これはただのもうひとつの悪い夢なのだと、子どもの頃から見てきた悪夢の別ヴァージョンなのだと確信しましたね。それから、これが悪夢などではないことを発見するか、少なくともその悪夢が続いていることに気がつきます。そこで、ベッドから起き上がります。仕事をします。責務を果たします。人々と会って食事をともにします。文通を続けます。人前で元気な姿を見せ続けようとします。上を向いて歩み続けます。それから、夜になってベッドに入り、不思議に思うのです。「もう充分じゃないかしら? 私はまだ、自分の力をちゃんと証明していないのかしら?」

もうひとつ驚くべきことは、ポリーの存在です。彼女は、一九一四年以来、今では二十二年間にわたってあなたとともにいました。あなたは彼女を知っています。彼女の気分の一部始終も彼女の限界もよく知っています。ですが、その間中ずっと、彼女と二人だけの暮らしがどのようなものになるか、本当の意味で想像したことはありませんでした。あなたは常に彼女を先生の助手として考えていました。彼女は、先生が自分には骨が折れすぎると思った仕事のかわりを務めるために雇われました。あなたはポリーのことを、自分の味方として、先生を看護し、扶助するための協力者として考えていました。ポリーとの日々の接触のほとんどは、先生に対処する仕事の周辺で展開していました。先生の精神状態をチェックし、体力を保ち、医者の命令に従ってもらえるように甘言を用いるといったことです。長年の間に、ポリーの任務が拡大したのはもちろんです。ジョンがかつてそうしていたように、彼女も先生と交替であなたの通訳をするようになりました。舞台で先生のかわりを務めることさえありました。最初はヴォードヴィル時代のいくつかの舞台で、それからのちには寄付金集めのための行事ではもっと頻繁に。ですが、あなたはそれを永遠に続く取り決めとは思っていませんでした。漠然としたかたちですが、先生が亡くなったときにはポリーの仕事も終わるものだと常に思っていました。そうした理由から、彼女との間に自主的な関係をつくりあげる必要性を感じたことは、これまで一度もありませんでした。

ですが、今、ポリーはここにいて、あなたのもとにとどまることが期待されているようです。あなたがたは、気づいてみたら、無人島で難破していた二人の知人同士のようです。二人がともどもに、自らの落ち着きを維持しようと懸命に努力し、相手をパニックや絶望から遠ざけようと熱望していました。あなたがたは、これは乗り切ることができる、最後には誰かが救助に来てくれると互いに言い合います。そして、あなたがたはそれに成功し、ある種の避難所を建て、果実を集め、もりで魚を射止めることを学びます。ですが、同時に、あなた自身はこう思わずにはいられません。「これで本当にいいのかしら？この人が本当に、私の残りの人生を共有する人だということがあるのかしら？」

あなたはこのことを誰にも決して認めようとはしませんけれど、あなたと先生は、二人っきりのときにはポリーを笑いものにしていたものでした。先生はあなたに、ポリーが舞台で通訳をするよう求められたとき、彼女の出身地であるスコットランド地方の発音（先生がそもそも彼女を雇ったのは、これが理由でした）をやめて、高い調子の英語のアクセントを使うことや、話しながら頭を前後にしきりに揺する滑稽な仕草をすることを話してくれました。それはまるで、あなたにとって話すことが肉体的な努力であるのと同じほどに、ポリーにとっても肉体的な努力であるかのようでした。先生からこの説明を聞いたときには笑い転げてしまいましたが、あなたはこれがおそろしく意地の悪いことで、ポリーが知ったら屈辱を感じるだろうとわかっていました。あなたは、ポリーに大いに同情心を抱いています。彼女の気取りの大半が、自分の能力が不十分だと感じている自信のなさからきていることもわかっています。ですが、彼女を友人として考えたことは一度もありませんでしたし、先生のかわりとして考えたこともないのは確かです。とはいえ、これはもちろん、先生のかわりになれる人が存在しえたということではありません。

それでも、今、あなたは生き続け、そしてポリーと一緒にいます。

それであなたは続けます。英国に船旅をして、数ヵ月をグラスゴーにいるポリーの兄弟と過ごします。いくつもの学校や施設を訪問します。いくらか講演もします。英国王エドワード八世の退位を気にかけるようになります。離婚歴のあるアメリカ人女性と結婚するからといって、退位せねばならないのは間違っていると思うのです。ドイツの状況にも注意を払います。彼らは、一九三三年にあなたの本を燃やしました。こうしたことのすべてがあなたを憤慨させ、悲しませます。あなたは「トーキング・ブックス(本のレコード)」のフランス語版の開始を支援するためにパリに行きます。あなた自身は、「トーキング・ブックス」に好感をもっていません。なぜなら、音声を吹き込んだ書籍の普及は、点字の書籍のための資金に影響を与えることになり、耳も不自由な盲ろう者を不利な立場におく恐れがあるからです。ですが、これは政治的に必要な妥協です。こうした意見の表明を行なうときにはいつも、あなたは自分自身に仰天します。こうしたことが自分にとって、本当に重要なことであるわけでもあるまいし、と思うからです。それとも、本当に重要なことなのでしょうか？　あなたは、夢のなかを歩いているようなものです。周期的に起こることですが、ふと気がつくと、自分があれやこれやに興味を示したり、意見を表明したり、生き生きとした調子で色々なことについて談話したりしているのです。あなたは思いますね。「奇妙なことだわ。私は本当にこれに関心があるのかしら？」

あなたは再び執筆活動を始めすらします。日誌ですが、書籍として発表しようと決めました。日々の記録と、そのなかであなたが名を挙げている様々な人々について興味深い叙述を加えて展開するつもりです。奇妙な読み物へと向かっていると、私としては言わずにはいられませんよ、ヘレン。でも、それがあなたにする必要のあったことなのだという点は認めます。先生の健康問題にあまりに心を奪われていましたから、あなたが何か実質的なものを最後に出版してからもう七年以上がたっていました。

あなたはこうしたことの一切を、まるで足元の氷をテストするかのように、試験的に進めていきます。氷が最も厚いとわかっている岸辺から小さな歩みを始めます。足元の不安定さのどんな些細な兆しにも気を配ります。それから、自分がどれほど遠くまできてしまったかに驚きます。自らの進展ぶりを認め、こう言います。「大丈夫、先生がいなくても、これはできます。こうした人たちに会うことができます。講演もできます。本も書けます。こうしたすべてのことを、私はまだすることができます。先生がいなくても」

あなたはこのことも誰にも認めませんが、実はこのこと自体に怒りを感じています。先生はいつも、あなたが先生ぬきに本を完成させることは不可能だと信じ込ませてきたからです。でも、いずれにせよあなたは、その本を完成させるのです。もちろん以前とは異なります。ポリーには編集技術はありませんが、校正刷りを読むことはできます。そして、ネッラ・ブラディ・ヘニーがいます。先生の伝記作者であり、あなたの本を手がけていたダブルディ社の担当編集者だったネッラは、一緒に仕事をしやすい人物です。実際のところ、ネッラは崇敬の念をもってあなたに従います。先生は一語一語の言葉を議論したものですが、ネッラがそんなことをしないのは確かです。というわけで、本は完成します。たぶん、先生の貢献があったほうがより良いものになったでしょうが、あるいはそうでもなかったかもしれません。ですがあなたは、自分が何日も苛立っていることに気づきます。先生は、これはもっとずっと難しいことなのだと、物事を進めるには自分が必要不可欠なのだと、ずっとあなたに信じ込ませていました。もちろん、その怒りについては誰にも話しません。そう感じているゆえに自分自身を憎みます。そして、これまでの自分の全生涯を新しい見方で解釈し直している自分に気づいて、そのこともまた憎みます。色々な人々が、先生についての本を書くべきだと示唆してきます。でも現在の自分の気分であれば、先生について書くであろうどんな本でも世界に衝撃を与えるだろうことがあなたにはわかっています。こんな考えは悪意に満ちていると感じます。罪悪感を感じます。ですが、その考えはただ変わらずにそこにあって、あなたの内部の、先生についてのほかのすべての感情がかつてあった場所に穴をあけます。かつてあった――そう考えるときが、あなたが先生の不在を認め、そしてあなたの心の傷を再び新たにする瞬間です。

怒りとともに、ある種の安堵もありますが、あなたはそれについても語りません。これまでのあなたの生活のきわめて多くの部分が、先生の世話をし、先生のことを心配し、先生のためにすべてが正しくあるようにとりはからうことに集中してきました。子どもの頃から、その不安が、あなたを冷たい恐怖のうちに目覚めさせることがままありました。「先生が今度は本当に病気になったら、どうなるのだろう？　先生が本当に怒ったら、どうなるのだろう？　どうなるのだろう、先生がもし……？」。この不安は、今でもまだ生じます。古い習慣は、容易には滅びません。ただ今は、その不安が生じても、自らを慰めることができます。先生はもう二度と怒ることもないし、病気になることもないし、あるいはかつて起こったどんなことも再び起こることはありえないのだと思い出せばいいのです。でもそれを信じるのは難しいと、今でもあなたは思っていますね。とりわけ、夜遅く一人でいるときには。それは、あなたがた二人の結びつきをいまだにとても力強く感じているからです。まるで、あなたのあばら骨の下のほうに鋼のケーブルがとりつけられているかのようです。生きていたときの先生は、このケーブルを強く引っ張ったものです。そのつながりはいまだにありますが、向こう側から引っ張られているという感じはありません。

それからあなたは、多くのことがより簡単になっていることに気づき始めます。常にあった心配事がなくなっているだけではありません。今はあなたが決断をする人です。たとえば、ヨーロッパからフォレストヒルズの家に戻ったときにあなたが言った最初の言葉は、「この家は売らなくてはいけませんね」でした。部屋から部屋へと歩いていると、先生の存在が感じられるからです。彼女の匂いさえ感じます。彼女の衣服や個人的な持ち物はすべて片づけたにもかかわらずです。そしてその彼女は、幸せな存在ではありません。彼女はその家を好きだと思ったことは一度もなかったからです。そこであなたは決断し、実現します。アメリカ盲人援護協会（ＡＦＢ）の理事の一人が、コネチカット州のウェストポートにある家をあなたに貸して、それからそこに別棟を建ててくれます。これは相当に豪華な家で、あなたが必要としているよりも大きく、大勢の客を接待に招くためか、あるいは少なくとも大家族向けに建てられています。ですが、あなたのための素晴らしく日当りの良い書斎と広い庭があり、あなたが一人で歩き回れるようにと手すりも設置してくれました。あなたはこの一切を丁重に、感謝して受け入れます。慈善的な後援を受けることに対してあなたが示した初期の抵抗心を考えると、これはいくらか驚くべきことです。寄付金集めに努めたあの長い歳月があなたの決心を弱めたのだと、私には思えます。もし先生が今もそばにいれば、何もかもがもっとずっと複雑になったでしょう。彼女が人から金品を受けとることに反対だったというわけではありませんよ。カーネギーからの年金について、あなたがたの間に生じたあらゆる問題を思い出してください。ですが、最後の数年間には、彼女はAFBという団体とその関連組織に不信感を抱き始めていました。そんな彼女でしたら、その贈り物には過度の付帯条件がつけられてくるだろうと感じたことでしょう。そして、ひとたびその贈り物の家を受け入れるよう説得されたなら、今度はその設計を監督したがったでしょうし、建設の選択肢についても痛烈に批判したことでしょう。ポリーもこうした不平不満はいくらかもっていますが、ですがそんなものは先生が起こす大騒ぎと比べればものの数には入りません。

今ではあなたが責任者の立場にありますから、心ゆくまで旅行をするようになります。先生と一緒の間は、旅行はほとんど不可能となっていました。日本への長期の講演旅行にも出かけます。先生はヨーロッパでさえほとんど我慢できませんでしたから、奇妙な食べ物やら公共の浴場、そして床にじかに敷くおかしな寝具などで知られる日本は問題外だったでしょう。日本から戻ると、あなたはアフリカに旅し、それからヨーロッパに戻って、さらにまた北アメリカ中の全域をあちこち周ります。そして突如として、一九四〇年、それから一九四一年がやってきます。時間がますます速く過ぎていくようだと、あなたは認めます。あるいは、たぶんそれはただ、あなたがいまだに大半の時間、夢のなかを歩いて過ごしているということなのでしょう。あなたはまだ毎朝起きると（あるいはたぶん、数ヵ月に一回起こるだけになっているかもしれませんが）、自らに訊ねます。「あといったいどれぐらい、私はこれを一人で続けなくてはいけないのかしら？　もう充分ではないかしら？　もう先生が戻っていらしてもいい頃ではないかしら？」

戦争中は、軍の病院を慰問します。実際のところ、その仕事を楽しんでいますね。そして病室に登場するあなたのあとを大勢の記者やニュース映画のカメラが追い回すというきわめてやらせ的な演出にもかかわらず、あなたは行く先々で人々を沸かせます。あなたは、こうした兵士たち全員のことが心から好きです。彼らはとても勇敢で、生意気で、傷つきやすく、そして一途です。あなたは明確に母性を感じます。あなたはとてもきびきびとして活発で、しかもおせっかいです。盲目になった兵士には、点字を読む方法を教えます。二つの切断手術を受けた兵士とは、抑うつ状態について議論します。ヴォードヴィル時代のおどけた仕草を用いて、彼ら全員を笑わせます。彼らから、最もお気に入りのジョークを引き出します。ポリーは、いかがわしいジョークは何であっても通訳することを拒否しますけれど、この問題を克服するために、あなたは彼女が背を向けたとたんに彼らの唇を読みます。彼らの枕を叩いてふくらませてあげます。毛布の端をたくし込んであげます。あなたが帰ると、医者たちも看護師たちも、あなたがもたらしたすべての良きことに感嘆します。患者たちをしつけるあなたの才能に驚嘆します。「才能ですって？」と、こうした論評が新聞紙上に引き合いに出されると、あなたは内心で嘲笑します。「先生を生き続けさせるために、こんなにも長い年月を過ごせば、誰だってフローレンス・ナイチンゲールになりますよ」

それから戦争が終わります。一九四五年、あるいは一九四六年のことです。あなたは、一年から相当な日数が減らされているのではないかと疑い始めます。時間がこんなにも早く過ぎ去ることを、ほかにどうしたら説明できるでしょう？　一日自体も短くなっているようですが、夜は二倍に長くなって見えます。人々はあなたに、先生についてのあなたの本のことを訊ね続けます。「もう十年もたちますよ」と、彼らはまるでそれが理由であるかのように言います。あなたは言います。「覚え書きをまとめているところですよ」。ですが、そのかわりにあなたはヨーロッパに行き、戦争で傷ついた人々を慰問します。戦争による荒廃にはぞっとします。あなたはこう思います。「先生がここにいて、こんな状況を見なくてすんだのは良かったのだわ」。なかなか眠りに落ちることのできないあなたの脳はこの考えに執着し、そしてその考えを進めていくと、最後にはこう思います。「でも今や、その戦争も終わったのだから、先生がまたここに……」

それからあなたはウェストポートの家が焼け落ちたという知らせを受けとります。これはあなたより、ポリーにとってもっと大きな打撃です。あなたにとっては、それはただの家でした。レンサムの家以降は、あなたにとってはどの家も重要だったことはありませんでした。でもこれは、ポリーがこれまで住んだなかで最も素晴らしい家でした。彼女はそれを自分の家として、自分の宝物でいっぱいの家として考えていました。アテネのホテルの部屋で、あなたはむせび泣くポリーの肩を優しく叩き、その知らせの電話を切らせました。これがポリーにとっての最後の始まりだったのだと、あなたはのちになって断ずることになるでしょう。ですが、その瞬間は、あなたはただ当惑し、混乱しています。「私たちがそこにいさえしなかったのに、どうして家が燃え落ちたりすることがあるのでしょう？　これにはいったいどんな意味があるのでしょう？」と、あなたは考えます。「これは先生からの合図なのかしら？」

一月二十九日

これは先生からの合図なのかしら？　いい質問ですね。あなたは、そんなことがあると信じますか、ヘレン？　ここに主要なことではないものの、ある観測があるので、ちょっと一休みして、これについて考えてみましょうよ。あなたの人生には、火にまつわる多くの出来事があったことに気づいたのです。私に数えられる限りではね、ヘレン、平均的な人生に比べると相当に多くの数です。

私たちがすでに検討したように、ピーター・フェーガン事件ののち、あなたの妹の家で起こった火事がありました。それに先生が日誌を燃やした火もありましたね。

ジョンがボストンのフラットのベッドで煙草をすったために起きた火事もありました。建物に実質的な損害はなく、怪我人も出ませんでした。ですが、煙のせいで、あなたと先生が手放さなくてはならなくなった衣服や品物がありました。

そのずっと以前には、先生が来る数ヵ月前に、アイヴィー・グリーンの家でボヤがありました。水をこぼして服を濡らしたあなたは、居間の暖炉の近くに立って服を乾かそうとしました。火の粉が飛び散り、エプロンに火がつきました。幸いにも、使用人が近くを通りがかりました。あなたが怪我をする寸前に、彼女が毛布であなたを包んで火を消しました。ですが、危機一髪のところでした。眉にやけどを負い、髪がいくらか焦げました。このときのことを憶えていますか、ヘレン？　髪の毛が燃える匂いや、服の表面を襲う炎の軽い羽根のような感覚、それからドサリと頭上に投げかけられた毛布の重たいウールの感触は憶えていますよね。

こうしたたくさんの火の記憶から、私はいったい何を導こうとしているのでしょう。先生は火が好きでした。私たちがすでに明らかにしたように、彼女は充分な暖かさを一度も得られないタイプの人々の一人でした。それにしても、彼女はとりわけ火が好きでした。レンサムの家での最初の数年間はあちこちを改装しましたが、そうして出た建築の廃材を燃やすために焚き火を起こすのを好んでいました。夏の夕べの夕食のあと、あなたがた三人は、そしてたまたま滞在していた誰も彼もが、焚き火の周りに何時間も座っていたものでした。ときおり、ジョンがあなたに何か読んでくれるか、暗誦をしてくれたことでしょう。あるいは、あなたが心に浮かんだことをただ次々に語っていくこともあったでしょう。どんどん夜がふけていきますが、先生は炎のなかにものを投げ入れては、長いスティックで火を起こし続けます。徐々に、どの客もベッドへと消えていきます。それからジョンも大きなあくびをして見せて、あなたたち二人にお休みのキスをします。その頃まではあなたもまたあくびをしているでしょうが、それでも彼女とともにとどまろうとします。彼女は、ほとんど何も語りませんでした。彼女が火を見つめているのが感じられました。顔の上と、そして髪のなかに火の熱が感じられるからです。彼女がスティックで燃えさしをかき立てるたびに、煙があなたの鼻孔を刺激しました。「何を考えていらっしゃるの?」と、あなたは眠たげに訊ねます。彼女は一度も答えませんでした。あなたも、答えは一度も期待していませんでした。「さあ、行きましょうよ」と、彼女の腕を引っ張りながら言います。「明日もする仕事がありますわ」

「全部、燃やし尽くさせて」。何かを言うとしたら、彼女はこう言うだけでしょう。

「もう、行きましょうよ、先生」とあなたは言い、立ち上がり始めます。「もう遅いです。水をもってきますね」

「いいえ」と、彼女が言います。「燃やし尽くさせて」

一月三十日

「何を燃やし尽くすのでしょう？」と、今、あなたはいぶかっています。それはメッセージなのでしょうか？　家に戻る定期船のデッキに立って、あなたはその出来事を理解しようとしています。海は荒れています。顔に吹きつける風はすがすがしく、水しぶきで湿っています。デッキにはほとんど人がいません。下のキャビンにいるポリーはベッドに横たわり、むせび泣いています。あなたは注意深く自分の心を探ってみますが、彼女の悲しみを共有していないことがわかります。あなたにはその家に特別な愛着がありませんし、それに一般的に言って、物質的なものに対する特別な執着もありません。心地良いものや便利なものは楽しみますし、感傷的な意味をもつ品もいくらかはありますが、それ以上には、自分自身に対してもさほど関心はありません。したがって、もしこの火事があなたの心を乱していると考えられているとしたら、その考えが的外れであるのは確かです。

あなたがウェストポートの火事で失った価値ある品々をここに列挙しますね。

あなたの蔵書。これは個人の点字の蔵書としては、世界で最も大規模なもののひとつと考えられていました。

あなたの衣装。ですが、最もお気に入りの服の大半は旅行に持参していました。

ウィリアム・ジェームズから贈られたダチョウの羽根。

かつて書斎に掛けられていたホメロスのレリーフ彫刻。

あなたの一番いいガーデニング用手袋。

あなたのトホガン〔雪用のソリ〕。

髪の毛が一房入ったロケット。おそらくあなたのお母さんの髪でしょうか？

あなたの最初のお人形だったナンシーの一部だった布の断片。

あなたの最初のブライユ式点字器と尖筆。

あなたの最初のタイプライターのレミントンと、その交換可能なカートリッジ。十歳のときから使っていたもの。

スコットランドからもち帰った羊飼いの杖。

ベル博士から結婚祝いとして先生に贈られた置き時計。

マーク・トウェインから贈られた銀製のウィスキー・フラスコ。

先生のワイヤー縁の曇りガラスの眼鏡。

あなたの最初のガラスの義眼の一組。先生がいつもあまりに青すぎると言っていたもの。

クリーヴランド大統領以来、歴代のアメリカ大統領から送られた手紙類。

色々な国の女王陛下から贈られた手紙類。
○○○からのラブ・レター？
先生がパーキンス盲学校を卒業したときにつけていたピンクのサテンのサッシュ。

あなたのお父さんがつけていた南部連合軍の軍服の黄色いサッシュ。

パーキンス盲学校で学んだローラ・ブリッジマンが編んだレース。

読書のときにあなたが好んで座ったモリス式安楽椅子。

あなたのお母さんのレシピをしまった箱。
あなたが植えようと計画していたチューリップの交配種の球根が入った箱。
葉っぱや鳥の足跡の化石の痕跡を含む砂岩のかけら。
レンサムの家の壁から外した石の破片。
この地に根づいたと思っていたあなたの感覚。
我が家というものに対するあなたの感覚。
他人に知られたくない家庭内のすべての秘密。
そして、先生についてあなたが書いていた本の草稿。

その草稿のうち、どれぐらいの分量ができていましたか、ヘレン？　「覚え書きぐらい」と、ヨーロッパから戻ったあなたは家の残骸を見て歩きながら即座に言います。「寄せ集めの細々としたものですわ。本と呼ぶにはまったくまだ充分ではなかったのは確かです」。誰もあなたを信じません。人々は、あなたがまたもや自制的なだけだと思います。みんなは、あなたがひどく冷静なことに驚きます。あなたはかつてあなたの家だった残骸の周りを超然と進んでいきます。まるでこれが何かただの考古学的な発掘現場にすぎないかのようです。おそらくあなたはショック状態にあるのだろうと、人々は思います。あなたがポリーよりもずっといい状態を保っているのは確かです。彼女は絶え間なくむせび泣いています。実際のところ、航海中もずっと、絶え間なくむせび泣いていました。ときおり、彼女は灰と瓦礫のなかから何かを拾い上げます。壁紙の黒焦げになった断片や、ある特定の部屋のものだったと識別できるペンキの塗られた板きれとかです。そして悲しみの叫びを発しますが、それがあまりに甲高く、空気をつんざくかのように響くので、あなたでさえをもピクリとさせます。

別棟のガレージは燃えずに残っていました。救い出された品々がわずかに集められていました。ポットや鍋といったものが大半です。ほかに燃えにくいものもありましたが、その多くはゆがんで変色しています。炎から偶然に生き残った家具もいくらかありますが、そのほとんどは煙と放水によって修理できないほど損傷を受けています。奇跡的に、本とほかの紙類の断片があります。ネッラ・ヘニーは、愛情をこめて灰を徹底的に調べ上げ、そこにあったすべての紙類を集めていました。彼女は、点字の紙がいっぱい入った箱をあなたに見せます。あなたはぼんやりとその紙の束をさぐり、数枚のシートの一、二行を読みます。

ネッラはどうしていいかわからず、心配そうにあなたの近くでうろうろしています。「これしか見つけられなかったのです」と、彼女は申し訳なさそうに言います。「この全部が何なのかは、私にはわかりません。ただ、あなたが使っていらした紙のようで、本のページではないように見えます」

「ええ」と、あなたが言います。

「大半はあなたの机の上にあったもので、窓が吹き飛ばされたときに散らばったのに違いないと思うのです。あなたがいつも覚え書きやメモを、机の端においたあの箱のなかに入れていらしたのを憶えています。それで、私は思ったのです。これは間違いなく……」。あなたはネッラが好きです。彼女のことを長らく知っています。そして彼女は、ほかの誰もと同じように先生のことを理解し、また称讃していました。ですが、あなたはときおり、彼女があなたについて、そしてあなたの作品について、あまりに恭しすぎると感じます。彼女がしてくれるすべてのことを評価していますし、彼女が良かれと思ってそうしてくれているのはわかっていますが、そのせいで彼女を真の友達と考えることが難しくなっています。

彼女は言います。「その本の草稿に違いないと思ったのです」

「その本」と、あなたは思います。まるで本当にそのようなものがあったかのようです。彼女に何と言うべきかが、あなたにはわかりません。あなたがもし、彼女のおかげで大部分の草稿が救い出されたと言えば、彼女はあなたがその本を仕上げて見せてくれることを期待するでしょう。おそらく、実は先生についての本には取り組んでいなかったということを、彼女に告げるのが最善のことなのでしょう。あなたが最もしたくなかったのは先生についての本を書くことであり、そしてあなたがそれを書いているふりをしていた唯一の理由は、ただみんなに自分のことを一人にしておいてほしかったからなのだと告げるのです。ですがあなたは突如として、ＡＦＢの関係者の数人がそこにいることを意識します。この自称・後見人（ガーディアン）の人々は、理事とも呼ばれている人々です。でも「ガーディアン」という言葉が監獄の監視者と関係があると知ってからというもの、あなたは彼らのことをこう呼ぶようになっていましたね。ともあれ、そのガーディアンたちのなかには、点字を読むことができる者もいます。あなたはネッラを近くに引き寄せ、誰からもあなたの手が見えないようにします。「このどれも誰にも見せていませんね?」

「ええ、もちろん、誰にも!」と彼女が言います。ネッラはとても敏感な人で、そしてとても忠実です。「絶対にそんなことはしませんわ。そこにあるのが何かも知りませんでした。あなたに最初に見てほしかったのです」

「良かった」と、あなたは言います。「ありがとう」。ですが、それ以上は何も言いません。

彼らは家を再建します。前よりももっと小さい、もっと質素な住居でも、あるいは公園が近くにありさえすれば、どこかのアパートメントでもあなたは満足したことでしょう。ですが、ポリーは前とまったく同じ家の再建を望み、ただキッチンだけは最新のものにしてほしいと求めました。前のときからは十年がたっているので、以前よりもっとお金がかかり、時間ももっとかかります。ですが、その家がひとたびできてしまうと、あなたにはただ、先生についての本を書くことしか残されていません。

その本を書いている間中、あなたは火の夢を見ます。子どもの頃に一度訪れたことのある鋳物工場の窯炉の息を呑むような熱を感じます。その火があなたの顔の前で真っ赤に燃え、毛穴から汗を絞り出し、蒸発させ、また血液を皮膚の表面へと引っ張り出すかのように感じます。それが鼻孔と喉から水分を吸い出すのが感じられ、あなたにはもう、その熱以外の匂いも味も感じられません。熱があまりに強烈なので、あなたは怖くなり、そしてあなた自身の身体の奥底へと逃げ出したい衝動に駆られます。ですがそれはまた、あなたをゾクゾクさせて引き寄せます。あなたはこうした夢にゾッとして目を覚まし、そのときにはもう逃げ出す準備ができています。ですが、どこへ、どんな方法で？　でも、そう思うことで、あなたはそれが夢であることを知るのです。「ただの夢だわ」と、自分で自分を安心させます。ですが、その恐怖の感覚が再びあなたをとらえます。結局はベッドから起き上がり、机に行き、彼女についての文章を書くのです。彼女について書くことは、ただ事態を悪くするだけですが、あなたは自らを止めることはできません。

あなたは、吹き出物やら湿疹やら、色々な皮膚病に苦しめられ始めており、それを掻きむしったり、つついたりすることで余計に悪化させています。それから髪の毛も抜け始めますが、これは一部には今ではあなたが七十歳を超えており、そして髪の毛は人の身体が失い始める多くのもののひとつだからです。ですが、これはもちろん、あなたが日中のあまりに多くの時間を、髪をねじったり、引っ張ったりして過ごしているからでもあります。あなたがそんなことをするのは、昔から常につきまとっていた予感があるときだけです。あなたがそんなことをしていると、それをいつ何どきでも見つけた先生から、

「髪の毛を気にかけすぎるのはやめなさい、ヘレン！」と言われるだろうという予感です。そしてこれはまた、先生はもうそんなことは言わないし、できないし、もうそうしたことは何もしないのだということを、今一度あなたに思い出させる瞬間です。そしてそのせいで、あなたはさらにいっそう髪を強く引っ張ることになるのです。

あなたが二階で仕事をしている間、ポリーとネッラは下の階のテレビでマッカーシー公聴会を見ています。自分がさほど興味をもっていないことを、あなたは少し恥ずかしく感じています。夕食をとりながら、彼女たちはあなたに詳細を説明し、そしてあなたは失望や怒りを表明します。あなたは内心、誰もあなたを指し示そうと思わなかったことに腹立たしい気持ちがあります。確かに共産党に加わったことは一度もありませんでしたが、あなたは社会主義者であり、かつてはあらゆるタイプの急進派と付き合っていたものでした。ＦＢＩには、あなたについてのファイルがあります。なかには、海外の盲人たちを援助するあなたの仕事はいくらか疑わしいけれど、全面的な調査に値するほどのものではないと考える人々もいます。いずれにせよ、あなたを公然と非難することは、公聴会の審理の評判をただいたずらに落とすだけでしょう。結局のところ、あなたはヘレン・ケラーであり、目と耳の不自由な優しい老齢の婦人にほかなりません。それでも、少なくとも記者たちの誰かしらが、この卑しむべき出来事の全体について、あなたにインタビューに来るべきだと思います。ポリーから誰かに電話をかけさせることも望みましたが、彼女は拒絶しました。ポリーの身体には政治的な骨子がないので、そんな些細な考えだけですら彼女を怖がらせます。そして、いずれにせよ、あなたの時代のジャーナリストたちが政治的な点であなたのことを考えるならば、彼らはあなたをルーズベルトの民主党員として認めるだけでしょうし、それは安全かつ中立的に見えたことでしょう。

そこであなたはため息をついて、そして仕事に戻ります。

先生について本を書いている間に、あなたはもうひとつの夢を見ます。その夢のなかのあなたは再び子どもに戻り、そして水のなかに落ちます。それは滝、それもひどく強力に流れる滝の底の水のようです。あなたは泳げますが、落下する水の力で身体が押し流され、危険な流れの周りを渦巻くように回転させられている感じがします。ですが、その流れはあなたを下流に運ぼうとはせず、そのためにあなたは、滝のように激しく落ちる水流のなかにとどまります。それから、この流れにあらがう努力があまりにも大きすぎると思ったあなたは、自分が本当に溺れてしまいそうだと感じますが、まさにその瞬間に、二本の力強い手があなたの胴周りをしっかりと抱いて上へと引き上げ、水の力から自由にしてくれるのです。その両手が触れた最初の感触で、あなたにはそれが先生だとわかります。そして先生が自分を助けてくれようとしていることを知った安堵に身を任せます。

それから、気づいてみるとあなたは、地面の上に横たわってただ喘いでいます。まだ滝の震動が感じられ、それから喘ぐときに空中に向かって吹き出す水が、しぶきとなって自分の顔に跳ね返ってくる冷たさを感じます。でも、先生に触れようと手を伸ばしたあなたはびっくりします。自分はまだびしょ濡れで、水のしずくがたれているというのに、彼女の服も両手も温かく、完全に乾いているからです。それから、話しかけようと彼女の手をつかんだあなたは、ある感じを受け、そしてそれを事実として理解します。理由はなぜかはわかりませんが、先生はあなたのことがわからないのです。彼女の指は優しいですが、あなたがいくらつづっても、あなたの言葉がわかりません。そこで声に出して何かを言おうとしますが、口のなかは砂でいっぱいで、両の肺も吸い込んだ水で弱っているように感じられます。彼女はまるであなたが見知らぬ子どもか、あるいは迷い犬でもあるかのように頭を軽く叩いていますが、やがてあなたから離れていこうとし始めます。「先生」と、あなたは言います。あるいはそう思います。というのも、あなたには、彼女とコミュニケーションをとる方法がないからです。「何をしていらっしゃるの？　どこにいらっしゃろうとしているの？」。彼女を追いかけるために起き上がろうとしますが、濡れた服が重たくて、その場から動けません。

この夢から覚めたあなたは、火の夢を見ればよかったのにと願います。

本ができあがり、家の外へと送り出され、ネッラが原稿を印刷所に入れると、夢は止まります。あなたの皮膚はきれいに治り、髪さえもあなたを悩ますのを止めます。あなたは思います（あなた自身に対して？　それとも先生に対して？）「ほら、もうできたわ」。ですが、こう思うあなたの考えはどこに向かうのでしょうか？　先生への挑戦でしょうか？　「先へ進みましょうよ。家をもう一度焼き払ってもいいわ。本はすでにできています」と思うのでしょうか。いいえ、これは正しくないですね。あなたは家が焼け落ちたことが先生に関係があるなどとは信じていませんし、あるいはそう思っているふりすらしていませんもの。

あなたはそれが、彼女があなたに書いてほしいと望んでいなかった本だと知っています。それは、あなたが書きたくなかった本です。ですがまた、それはあなたが書かねばならなかった本です。だから、あなたはそれを書きました。それだけのことです。

ひとたびそれが印刷されると、誰かがあなたのために点字版を一冊つくってくれます。あなたは礼儀正しく喜びを装います。まだ自分の蔵書を再建しようとしているあなたは、むしろ自分が所有したいと思うほかの本を百冊ほども考えることができます。ですが、あなたのために点字の本をつくってくれる人々は基本的にボランティアなので、礼儀正しくあらねばなりません。あなたはとりあえず、その本をほかの本と一緒に棚におきます。それから真夜中に書斎に入り、棚から引き出します。その本がそこにあって、あなたのほかの本に触れてほしくないのです。書棚の別の場所をいくつか試しますが、何かほかのものに手を伸ばすときに偶然にそれに触れてしまわない場所を見つけることはできません。そこで外にもっていき、ゴミ箱に入れます。そして家のなかにはもう点字を読める者も、あるいはその本があるかを点検しようと気にかけたり、またなくなったことに気づく者も誰もいないことを嬉しく思います。

まだ暗い中庭のゴミ箱のそばに立って待ちながら、荒い呼吸をします。震えています。寒い夜ですし、身につけているのは寝間着とスリッパだけです。でも震えているのには、寒さ以上の理由があります。あなたは待ちます。でも、そのゴミがその後どうなるかは、自分には見当もつかないのだと悟ります。日常の仕事のすべてはポリーが引き継いでおり、あなたは現状を何も把握していません。今は、とあなたは考えます。誰かが来て、ゴミを回収するのでしょうか？　誰かが燃やすのでしょうか？　だったら自分で燃やしたいと思いますが、ただ、ほかの人の注意は引きたくはありません。自然に燃えてしまえばいいのに、と願います。あなたは待ちます。でも何も起こりません。誰も来ません。

寒さがあなたの心を鋭敏にします。この十五年以上の間で、自分が初めて完全に目覚めているのを感じます。というわけで、ついにあなたは、先生はもう決して戻ってこないのだという確信を自らに認めることを許します。この本を書くことが、それを確実にする方法だったのだと悟ります。その場所に立ちながら、あなたは息を吸っては吐き、その冷たい空気に縁取られて自らの温かな身体が浮かび上がるのを感じます。それから冷たい空気のなかで手を動かし、ゆっくりと慎重に、一文字ずつ休止をとるようにして文字をつづっていきます。そうすることでその文字が、氷か、あるいは石に変わるのを期待しているかのようです。あなたは言います。「もしあなたが戻ってこようとしないなら、私があなたのところに行きますわ」

一月三十一日

ですが私としては、あなたの死について考える前に、死と来世に対するあなたの意識について考える必要があります。私はあなたの本『私の宗教』を読みましたが、本当の意味では理解していないことを認めなければなりませんし、そしてそれはただ私自身に信仰心がないからだけではないと思うのです。ひとつには、どうしてあなたがあらゆる宗教人のなかから、神秘主義者のスウェーデンボルグの信奉者になったのかを理解することに確信がもてません。一部には、彼の書いたものをあなたのために点字にする骨折りをしてくれた人がいたという事実に関係があるのだろうとは思います。これは、盲人にとってはいつも問題となる点です。ですが、ほかにもあらゆる種類の宗教的なテキストが読めただろうにと思います。ひとたび点字が世間に受け入れられると、人々はすぐに宗教的な書物を転写しました。というのも、盲人は常に神の存在を信じない方向に向かう傾向があると思われてきたからです。それにしても、スウェーデンボルグですか、ヘレン？　私にとっては、彼の書いたものはすべて調子を弱められたキリスト教のように見えますし、きわめて「ニューエイジ」的なものに思えます。天使やら魂やらが大勢あたりをうろつきまわっている例のやつです。あなたの本は、スウェーデンボルグの信仰のこうした面にほとんど触れていませんけれど、それが彼の教義の重要な部分だということを知っていますよね。聖書を寓話（アレゴリー）として読み、散文的な出来事や人々を抽象的な概念に変換すべきだとする考え方は、あなたの本質にあてはまるようです。こうした類いの翻訳プロセスは、容易にあなたのもとにやってきたでしょう。専門家たちは、たとえ通常は盲人の意識を劣ったものとして中傷する人々でさえ、それでも私たち盲人が目の見える人々よりも抽象概念によりうまく対処できることを認めています。なぜなら、私たちは、信じるために見ることを必要としないからです。

私はあなたの信仰のそうした細々としたことはひとまず脇においておかなくてはいけないと感じていますが、ひとつの点は例外です。その本では、あなたは、なぜ誰もが死を恐れなければならないかがわからないと言っています。あなたは死を、亡くなった愛する者たちとの再会と和解を意味するものとして理解しています。そして、あなたが信じていたすべてのことと同様に、あなたはこれについても、単なる口先だけの言葉を記したわけではありません。先生についての本『先生』を書き終えると間もなく、あなたはポリーにその話題を切り出しましたね。あなたはすでに、ポリーのことを心配し始めていました。彼女は五歳下でしたが、身体的にも、あるいは精神的にも、あなたほど健康ではありませんでした。血圧が高く、心臓もよくありません。ある日、あなたは言いましたね。「その時がきて、あなたが本当にもう最期だと感じたら、私のためにしてほしいことがあるの。手に入れてほしいの……錠剤でも丸薬でも、何でもいいわ。私のためにそうしてくださる?」

彼女は言いました。「何ですって? 何のことを話しているの、ヘレン?」

あなたはため息をつきます。今一度、先生を失ったことに新たな心の痛みを感じます。先生であれば、直ちに理解したでしょう。「錠剤ですよ」と、あなたは繰り返します。「丸薬、ある種の薬。何か……。あなたがいなくなったあと、私は自分が生きていきたいと思わないのよ」

彼女の手が、あなたの手のなかで跳ねます。彼女は「H」をつくり、それから「E」を始めますが、あなたの名前を全部記すことすらできません。「何でしょう?・」と、あなたは静かに言います。そんなふうな過度のうろたえぶりにも、ふりをされることにも本当にうんざりしています。「それのどこがいけないの?・」

もう一瞬言いよどんだのち、彼女は何とか言葉をつづります。「ヘレン、それはつまり……」

「自殺?・」と、あなたは言います。「罪かしら?・」。ポリーの兄弟の一人は聖職者です。そして、あなたがたは本当の意味で一度も話したことはありませんが、彼女の宗教的な信条は伝統的なもので、自ら思考を重ねた類いのものではないということをあなたは知っています。あなたは言います。「生き続けることは、よりいっそうの罪じゃないかしら?・」。あなたは無理に笑います。「私が生き続けるだろうということは、あなたにもわかりますね。おそらく何年かは。私がどれほど健康かを知っているのだから」。それは本当です。あなたは鼻風邪にすらめったにかかりませんでした。あらゆる肉体が老化するように、あなたの身体からも失われたものがありました。三十歳の頃に両眼を失いましたし、歯は長い年月をかけて順々に失いました。六十代で胆嚢を失い、七十代で髪の毛と足の指先の一部を失いました。あなたはそうしたことをどれも、ある種、奇妙で面白いことのように思います。自分がどのように壊れていきつつあるかの冗談を言うのも好きです。ですが、ポリーは、それをグロテスクで悲惨なことだと思います。彼女は、自分が死ぬ運命にあることについて否定的です。あなたの死について論じたくないのも確かです。

「でも、ヘレン」と彼女は言い、それからやめます。彼女にこんな話をするのは間違いでしたよ。あなたとしたことが、うかつなことです。今やあなたは冷静に見えるように、現実的で割り切った人間に見えるように懸命に努力しています。あなたはただ、こう言いたいのです。「自分がどれほど役に立ちうるか、もうわからないのです。講演もどんどん骨が折れるようになっています。それに執筆は、ええ、私にはただ、もうそんなに多くは書きたいことがないのです」。ですが、ポリーにはわからないだろうことは、あなたにもわかっています。「もう忘れて、ポリー」と、そのかわりに言います。「私が言ったことはなかったことにして」

ですが、もちろんポリーは忘れません。理事会に報告します。あなたの妹と弟に手紙で伝えることさえ考えますが、そうしたほうがよければ理事会がそうするだろうと判断します。それから数週間、訪れる誰も彼もが、あなたに気分を訊ねます。「憂鬱なご気分ですか?」。「自殺をしたいですか」とは訊きませんが、それがみんなの意味していることなのはわかっています。あなたを精神科医に連れていくことについての議論さえあります。ですが、どのように精神科医とコミュニケーションをとるかという問題を、彼らには解決することができません。あなたの声に出す言葉を理解できるのは、今では慣れている人々だけになっています。相談ごとを通訳するために誰かを同伴すれば、それは守秘性に反するでしょう。当然ながら、指文字を学ぶ気持ちがある精神科医を見つけられるとは、誰にも思えません。というわけで何も進展はありません。あなたは絶えず陽気に見えるように努力し、そして彼らのほうは、あれはただの一過性のものだったのだと考えます。

ですが、私は性急すぎますね。あなたの人生の最後の三十二年間を、何もなかったかのようにはしょっています。でもね、あなたのすべての伝記作者がそうしているのですよ。先生が亡くなったときにあなたの人生も終わったのだという考えは、あなたを知る人々の心のなかにあまりに強く刻まれているため、あなたがその後の時代にしたすべてのことを無視するのが容易になってしまっているのです。あなたの仕事は、先生の亡くなったあとに変化しました。新しく自由に旅行ができるようになったことで、あなたはより世界的な名士になり、障害者のための代弁者として、いっそう国際的な存在になりました。ほかの障害をもつ人々とも、もっと多くの時間を過ごしました。あなたと先生が盲人のための資金集めをしたのは本当ですが、あなたが盲人たちやほかの障害のある人々とともに一緒の時間を過ごし始めたのは、先生の死後のことでした。寄付金集めのためのスピーチと市民団体の指導者たちとの会談に加えて、あなたは学校の子どもたちや、職業訓練所や擁護施設の作業所の大人たちを訪問するよう努力しましたよね。

これはもちろん、単なる広報活動的な戦略でもありえました。ですが、私は、あなたの訪問には効果があったと感じています。あなたが病院にいるところや、あの負傷した兵士たちを慰問する様子を想像するのが私は大好きです。白い水玉模様の入ったネイヴィーブルーの生地であつらえたドレスを着て、あふれんばかりの花で飾られた帽子（あなたはいつも、豪華な帽子が気に入っていましたね）を被っている姿を想像します。ポリーの腕に支えられ、病棟をきびきびと移動するあなた。美人コンテスト向けの最高の笑顔を見せるあなた。立ち止まって、こちらで握手をしたかと思うと、そちらで誰かの肩を叩いているあなた。フラッシュがポンとはじけます。ニュース映画のカメラが音を立てて回ります。あなたは点字と格闘している十九歳の盲目の少年のベッドのところで立ち止まります。彼の隣にポンと座ったあなたは、ふざけて彼をヒップで押しのけて自分のスペースを空けさせます。彼が点字の行に沿って手をすべらすと、あなたはその手の甲に触れます。大げさに渋い顔をつくり、首を横に振って、声に出して「チッ、チッ」と舌打ちします。それから、彼の重たい手をページからもち上げます。**「リラックスして！」**と大きな声で言い、彼の手首をもってその腕を力強く振ります。

あまりに激しく振るので、彼の痩せた身体の全身がぐらつきます。ベッドから転げ落ちるほどの危険に瀕しています。もっと威厳のある人物として期待するよう前もって教えられていた見知らぬ婦人からこんなふうに扱われて、その若者は神経質な笑い声を立てます。ですが、周りに集った仲間たちの笑い声を聞いて、彼も心から笑い始めます。それからあなたは、どのように点字を読むかを見せます。彼の手をあなたの両手の上におんぶするようにのせさせると、行の上をやすやすと、すべるように動かします。彼の指の先っぽに触れて、こう言います。「**ゆび先はもっともかんかくがするどいのよ**（ダ・ティップ・イズ・マザト・ゼンジティヴ）」

　あなたの後ろの壁のそばに立っていたポリーが「指先は最も感覚が鋭いのです（ザ・ティップ・イズ・モウスト・センシティヴ）」と繰り返しますが、部屋の誰一人としてその通訳を聞く必要はありません。若者は再び試みます。その一行を声に出して読みます。その顔に触れたあなたが唇を読みます。あなたは首を、そして上半身の全体を大きく縦に振り、「いいわよ」という身振りを大げさに示します。彼の両肩に腕を回し、その頬に大きな音を立ててキスをします。両手を頭の上に高々と上げて拍手します。ほかの若者たちも加わり、そしてそうすることができる者は足を踏み鳴らして口笛を吹きます。

　あなたは、みんなに微笑みかけます。頭上のきつすぎる照明は、あなたのガラス玉の眼を明るくキラキラと輝かせます。あなたという人は、小さくて可愛らしい七歳の女の子と躁状態のおばあさんとの掛け合わせです。誰もが惹きつけられます。みんながあなたの周りに集まり、すし詰めになります。車椅子の者は前に出て、ほかの者たちは松葉杖や歩行器をつけてどんどん前へと寄ってきます。動けない者たちは、あなたのほうへと目や耳をさっと向け、もっともっと多くのことをあなたから得ようと熱望します。「**ゆび先**」ともう一度言ったあなたは、若者の指先を素早くそのページに走らせ、行から行へと導きます。「**ね、見えるでしょ？**」と、あなたは言います。それから言葉を止めて、彼の手を下ろし、失敗したとばかりに自分の額をピシャリと叩いて言います。「**ごめんなさぁい。わすれていたわ**」。そして若者のあばら骨に肘でジャブを入れると、賑やかに大笑いします。ほかの若者たちも加わって、歓声を上げ、足を踏み鳴らします。

彼らを訓練しているとされる人たちのなかには、障害者を子どものように扱って過保護にする人たちもいることをあなたが茶化しているのだと、彼らみんなにはわかっています。そうした保護が人を甘やかす危険なものだということに気づいているのです。盲目の若者がもう一人います。片方の目の手術を受けたばかりで、黒い眼帯をしています。その顔の上に両手を走らせたあなたは、眼帯を見つけて叫びます。「あぁら、かいぞくね！」。みんながクスクス笑います。あなたは、目の見える人に導かれてスペースをぬって進むのがどんなものかを実演して見せます。あなたが目の見える人役です。彼を引っ張って、ベッドとベッドの間の通路を無謀な速度で行進させ、「左、みぎ、左、みぎ」と繰り返します。最後に彼の向きを急にぐるりと変えさせたため、彼は食事のお盆がいくつものったカートにガシャンとぶつかります。お盆を拾うように彼を屈ませると、あなたが曲げた腕に掛けていた大きなハンドバッグが前へと揺れ、彼の頭の片側にドシンとぶつかります。そこで彼は横によろめいて、椅子をひっくり返すことになります。このドタバタ喜劇風の災難が起こるたびに、あなたは大げさに同情的な身振りをとって大騒ぎを繰り広げます。「ひどいとっちらかりようだわ！　たぶん、あなたはおうちにいるべきよ」。そう言いながら、彼の肩をポンポンと叩くのです。

別の若者が車椅子のアームを乱打して、はやしたてています。「ほんとだよ、どこ見て歩いてんだよ、おめぇはよ！」。あなたは風のように去ってしまいます。ただ驚きの感覚を残します。あなたが彼らの想像していた人物では全然なかったからです。そして、あなたが彼らに語ったことは、ほかのすべての人々から押しつけられていたメッセージとはまったく異なっていました。あなたは彼らに、身体の能力を欠くことは、勇気や不屈の精神や決断力といった高潔な心や感情とはほとんど何の関係もないことであり、より関係があるのは、彼らのためにデザインされたわけではない世界のなかで生きる術を見つけるという実務的な問題なのだということです。あなたは、障害者として生きることになる彼らの人生の重大な局面で、自らを受難者だと考え始めてしまう恐ろしい段階の直前で、彼らをつかまえたのです。彼らはみんな、いまだ奇妙に不確実な驚きの状態にあります。自らの一部が失われた、あるいはもはやかつてのようには機能しないのだという事実があるにもかかわらず、なおも自分は自分なのだということを発見して驚きを感じている状態です。でも残念なことに、彼らの多くは、今や自分は決してもとには戻れない受難者なのだと思い込む段階に入ろうとしています。受難者ぶる段階を経験するためには、戦争の負傷者でなければならないと言っているわけではありません。私たちは、誰もがこれを経験します。子どものときから、あるいは生まれ落ちた瞬間から障害をもっていた私たちですらそうです。ただ、おそらく「経験する」という言い方は、完全に正確というわけではありません。そこには、絶え間なく寄せられる選択肢（オプション）があると言ったほうがいいでしょう。その選択を避けることは難しく、そしてそれは誘惑的ですらあります。なぜなら、健常者たちは、とても寛大に褒め称えてくれるからです。「ああ、あなたはとても勇気がありますね。本当に感動しましたよ！　私なら、ただもう諦めてしまったことでしょう」。これに騙されるのは実に簡単です。そして、こうした称讃を与えている間中はずっと、この人たちは本当のところは私たちをほとんど助けてくれませんし、こちらとしては、そのことに気づくのも難しいのです。称讃の言葉が階段にスロープをつけてくれるわけでもないし、朗読者を雇ってくれるわけでもありません。そして自分を受難者だと思う者は、そうしたことを求めることなく、自らの運命を受け入れてしまうのです。障害者となった退役軍人は、特にその状況にリスクがあります。なぜなら、そこには愛国心という要素があり、彼らが基本的には志願して障害者になったという事実があるからです。彼らの周囲の友人たちも家族も、もっと広くコミュニティ全体も、彼らの人生の悲劇的な犠牲を嘆き悲しむことなしに、彼らを見ることはできません。ですが、この日の若者たちのうちのいくらかは、おそらくは盲目の若者のうちの一人と、ほかの者たちの一人か二人は、あなたの訪問から何かほかのことを記憶にとどめることでしょう。それは、彼らにこんなふうに言わせるであろう何かです。「ぼくの人生は犠牲になったわけじゃない。確かに、ぼくは目が見えない、聞こえない、歩けない。あるいはどんな障害があったとしても、それでもぼくはまだ生きている」

あなたがこうしたことをもっとできたらよかったのにと思いますよ、ヘレン。あなたは、確かに何かにとりかかっていたのですよ。

二月十三日

昨日、ある大学院生が私のところに話しに来ました。私の生徒ではありませんが、ときおり話しに来るのです。彼は車椅子を使っているので、私たちは障害に関する話題について話しがちです。この頃では、障害をもつ人々が、誰が誰よりももっと障害があるかといった議論をするのをやめたと知れば、あなたは嬉しく思うことでしょう。私たちは、それぞれの人の障害は、どのようにスペース内を動けるか、コミュニケーションをとれるか、情報にアクセスできるかといったことに関係する一連の問題を伴うものとして理解しています。それぞれのもつ問題は異なっていますし、解決法も異なりますが、どちらの問題が悪いかを比べようとするのは無意味です。障害をもっていない人々は明らかにこうした議論をいまだにしていますが、私たちはしません。そのような議論がどれほど不和を生じさせうるかがわかっているのです。

というわけで、いずれにせよこの学生は、車椅子に乗っている人のほうが、目の見えない人よりももっと大変だなどと言って私を納得させようとしていたわけではありません。ただ、彼がひどい一日を送ったことを聞いてほしかったのです。週末に雪が降りました。キャンパスの周囲の通りの雪かきはされていましたが、かいた雪がカーブの縁石をふさいでいました。ところが、送迎のライトバンがそこに彼を降ろしました。その学生には幸運なことに、筋骨逞しい男たちが近くを通りがかり、彼と車椅子を多少きれいな舗道に運ぶのを手伝ってくれました。もちろん、これは助けになりましたが、同時にまた彼には屈辱的なことでもありました。それから、彼がこの建物に着くと、いつも使うエレベーターが運転休止になっていました。これは建物の反対側の端にあるエレベーターまで、はるばる建物をつっきっていく必要があることを意味します。そのためにはいくつものドアを、それもどれも自動ではないドアを開けて、往来する学生でいっぱいの狭い廊下を通り抜けていくことになります。さらにその上、書架に車椅子を入れることのできない彼は、図書館員と一悶着を起こしていました。図書館側は、自分たちは「アメリカ障害者法（ＡＤＡ）」に違反していないと主張します。なぜなら、彼らは誰かを書架に行かせて、彼がほしい本を何でももってこさせると言っているからです。彼のほうでは、それは自分で書架に入って書棚で本を探すのと同じじゃないと主張します。学内の障害者支援室も助けにはなりません。彼らは、この学生は傲慢で厄介だと考えます。なぜなら事態が間違っていれば、いつでも率直に意見を述べる準備が彼にはできているからです。彼の側では、彼らが自分にひどく怒っているのは、「障害者週間」の車椅子レースへの参加を断わったことや、また大学とサインランゲージの通訳者たちとの契約に対して、抗議の申し立てを学長室にするよう組織したことが理由だと思っています。それに、彼には気にかかっているほかの問題もあります。彼が教えているクラスの学生たちに関することや、個人的に雇っていた介護助手がやめてしまったこと、さらに両親も……。でもまあ、あなたにも、これで事態はわかったと思います。

そういうわけで、彼は私にぶちまけに来て、私は耳を貸しました。私のほうでは、そのような気分ではまったくなかったと認めないわけにはいきません。彼は私に障害者支援室に手紙を書いてほしがっていました。私はしぶしぶながら同意しました。しぶしぶだったのは、彼の不平が正しいと思わなかったからというわけではありません。私自身も、この人たちとの間に問題を抱えていたからです。ただ私と彼らの関係は限られていました。この人たちは、障害をもった教職員に支援を提供することを、自分たちの「使命」とは考えていません。彼らが広範囲にわたる研修をあれほど受けてきたにもかかわらずです（この人たちは、障害をもつ人々に対処するために恐ろしくたくさんの訓練を受けているのです）。これはその間も、障害のある教職員の存在を誰も想像だにしなかったことを意味しています。彼らの恩着せがましい態度はすぐに不快になりますから、私は可能な限り彼らを避けているわけです。

ですが、私の本当の告白は、実はここのところにあります。彼の図書館の問題に対する私の最初の反応は、「それであなたは何を期待しているの？　彼らはただあなたのためだけに、図書館全体を建て直そうとはしないでしょう」というものでした。これは、世代の問題なのですよ、ヘレン。つまり、私が学校に通っていた頃には、アクセスについての連邦の命令はありませんでしたし、障害者支援室もありませんでした。大学という新しい環境に適応する際の障害の数々を取り除くために必要だったものの大半は、自分で何とか確保せねばならなかったし、そのための支払いも自分でしていました。当局の誰か、教授ないし大学のカウンセラーなどにこうしたことを話さなくてはいけないときはいつも、ひどく論争を招きそうなことばかりで、実に気詰まりな仕事でした。これは必要な情報であり、不満や弁解などではないのだと示すために、正確な言葉を注意深く選んで話さなくてはいけないといつも感じていました。そして、ほかの人たちがそれについて本当に知っている必要がない限りは、私は絶対に問題を提議したりしませんでした。ある程度は、もし私が自分の障害についてうかつに話せば、こういう反応を招いてしまうだろうと常に感じていたからです。「なるほど、君にとってそんなに大変ならば、たぶんその科目は途中放棄し、学校も退学し、家にいるべきだよ」。ですが、今のこの青年には、そうした不安感はありません。彼は午後中の全部を費やして、そのフロアのありとあらゆるオフィスを一人で車椅子で訪れています。そして、誰もが、障害があってもなくても同じように、彼の怒りを共有し、彼を助けたいと思ってくれると期待しているようでした。

まあ、それが昨日のことでした。それから、昨晩、私はあなたの夢を見たのですよ、ヘレン。悪夢でしたよ、本当に。ただその印象は、恐ろしいというよりも憤慨させられるものでした。夢のなかで、私はあなたの写真展を開いている美術館に行きました。どんな写真かについては、すでに感覚がありました。私が「感覚」と言うのは、この言葉が実質的というよりはもっと一般的だからです。まるで、その写真の説明を聞くか読むかして、頭のなかで印象を形づくったかのように。写真はどうやらすべてカラーで、だから見たいと思ったのかもしれません。前にお話ししたように、私は色彩は感知できるのです。私の印象は、その写真は初期の鮮明なテクニカラーのあのケバケバしい強烈な色彩をもっているに違いないということでした。自然界では見られない色彩、あるいは孔雀の羽根や宝石の色のように、自然のなかでもきわめて稀にしか見られない色です。あなたが日暮れに、クライスラービルの高い棚状のでっぱり部分でポーズをとって、美しいアールデコ様式のアーチ状の枠に収まっている写真を想像しました。虹色に輝くイヴニングガウンを着て、アメリカ兵とジルバを踊っているところを想像しました。展示作品として、これが私の期待していたものでした。

私がチケット売り場に現れると、売り場の人々は盲目の人には入館が許されていないと言いました。「私たちには、音声による説明もないし、点字の説明板もありません」と言うのです。

私は目の見える人を同行させ、説明書を読んでもらったり、イメージを描写してもらうことができると言いました。そうすれば、チケット一枚のかわりに、二枚のチケットが売れるでしょうとも言いました。彼らは大観衆を期待しており、スペースが限られているから、私の連れと私は来館者の流れを妨害するだろうと言いました。

この夢の最も現実的だったところは、美術館の人々の態度でした。冷淡というよりは、ただ当惑していたのです。私の抗議にまごついていて、まるで彼らが私を排除しようとするのはきわめて自然なことなので、私だってそれを受け入れるべきだとでもいうようでした。確かに、これは不公平でした。生きるということは不公平なことです。目が不自由であるということは、不公平なことです。この人たちに、責任があるわけではありません。

現実の生活では、私はこの不公平を受け入れます。私には写真は見えません。車の運転もできません。こうしたことには何とか対処します。ですが、私のなかの一部は、ある物事については強い嫌悪を感じるのです。たとえば先日、私はある講演を聴きにいきました。講師は、ある小説家の作品についての論点を説明するためにスライドを使っていました。最初のうちは、図版のどういう点が彼の議論に関係しとか「その人物のローブに青が選ばれていることは、きわめて示唆的です」といったふうにです。ですから私にも何が重要なのかがわかりました。ですが、最初の数枚のイメージのあとは言葉の描写をやめてしまい、ただ図版を次から次へと見せるだけになりました。私が言いたいのは、視覚的なものが目の見える人にとってどれほど大きな意味をもっているかは、私にもわかっているということです。二十分もこの世界で過ごすだけで、誰にだってそんなことはわかります。一枚の写真が一千語の価値をもつことは私も知っていますが、ですが文学的な議論という文脈においては、言葉を見つけるためにいっそうの努力がなされるべきだという気がするのです。

ほかの人々が信じているかもしれないことに反して、私は再び自分の目が見えるようになることを切望してはいません。自分の目が見えないことを受け入れていますし、治癒をいたずらに期待して多くの時間を費やしたりはしません。自分がもし視力を取り戻したら、その視力をどう使うかについて正直なところわかりません。ただ人々にはときおりは、観衆のなかには、あるいは読者や聴衆のなかには盲目の人がいるかもしれないということを思い浮かべてほしいと願うだけです。それだけです。

あの夢は、ヘレン、あなたからきたのだと思っているのですよ。そして私がそこから引き出すメッセージは、昨日の大学院生への私の反応が、夢のなかの人々の反応と同然だったということです。なぜ盲目の人は、美術館を訪れてはいけないのでしょうか？　そして、なぜ車椅子の院生のために図書館を再建してはいけないのでしょうか？　確かに、新しい図書館を建設しようとするならば、彼のことを念頭において、そして私のことも念頭において設計しなくてはいけないでしょう。

それにまた、夢のなかのあなたは私に、不満を言ったり、頭にきて怒ったり、抗議を申し立てて、もめ事を起こしても大丈夫だと言ってくれているようです。キーキーなる車輪には、油をさせということでしょうか？　あるいはもっと正確に言えば、檻の柵はうんと大きく鳴らしなさい。そうすれば、やつらはあなたを黙らせるためだけに、あなたを檻の外に出してくれるでしょう、ということでしょうか。

　これはあなたらしくありませんね、ヘレン。でも、私は好きです。

三月八日

　昨年の夏、ケープコッドへの短い旅行中に起こった出来事を思い出します。ある日、浜辺で、片脚の一部を失った女性がいました。彼女は若々しく、三十歳頃だろうと、ニックが教えてくれました。彼女は、歩行器を使って水のなかへと歩いていきました。ウエストの上ぐらいまで水につかったとき、一緒にいたおそらく夫と思われる男性が歩行器を外し、そして彼女はしばらく一人であたりを泳ぎ回りました。水泳を終えると、男性が歩行器を戻し、そして彼女が立つのを助けました。浜辺へと戻った彼女は義足をつけ、それから二人は身の周りのものを集め、歩いて去っていきました。

　想像できると思いますが、彼女はかなりの感動を生み出しました。ですが、その感動は、控えめな静かなタイプの感動です。一見したところ、その女性がそのように生まれついたのか、もっと近年に脚を失ったのかを見分けるのは難しいです。周囲の人々は同情と畏敬の念をもって、それについて思いをめぐらしていました。あるいはそれが正確には何であれ、障害をもたない人々が障害をもった人の生活を考えるよう強いられたときに襲われる感じ方をしていました。恐怖、嫌悪、怯え――それが何なのかは私にはわかりません。それは複雑なものです。ですが、私にとっては、そして私はそれがあなたにとってもだと確信していますが、事態は進歩しているように見えます。切断手術を受けた人が浜辺に来て――それも驚くなかれ、女性ですよ。そのような出来事が人目を引かないですむほど世界が充分に進化したとは言っていません。浜辺の誰もが彼女を凝視しているのは感じとれました。ですが、たぶん来年には、そこまで凝視しないでしょう。

人間であるためには、色々なあり方があります――それこそが、あなたが世界に語りかけたことでした。外面上は、かなり当たり障りのない声明のようですが、実のところ、これはまったく画期的です。それは人々に、彼らが正常なものとして、当然のこととして考えているすべてのことを疑うよう強いるのです。これは、いまだに語られる必要のあるメッセージです。あなた以後の私たちみんなが言い続けていることです。私たちはそのことを、彼らの関心のなかに、彼らの世界のなかに、押し入っていくことによって主張しているのです。

私は、彼らの多くについて、私が知っている健常者たちについて、本当にひどく心配しています。もし彼らの誰かがこれから身体障害者になることがあれば（なかには、ただ老化というプロセスでそうなる人もいます）、ひどく厄介なことになるでしょう。彼らがただ恐れを捨て去ることができたなら、と私は考えます。私にもまた恐れはあります。聴力を失うのが怖いのです。ですが、もしそれが起こったならば、あるいは起こったときには、それで何とかやっていくことができるだろうとわかっています。それで何とかやっていくのは、私にとってさほど馴染みのない概念ではありません。でも健常者にとっては、それで何とかやっていくのは、ただ考えるだけでも恐ろしいことです。足を一本失えば、視力を失えば、聴力を失えば、人生はどうなるのだろうかと彼らは心配します。人生は人生ですよと、あなたも私も言います。欠陥があって、何らかのかたちで制限されていても、ほかの多くの点で、私たちは豊かで多様です。

私は、自分たちが健常者に啓蒙的な見識を与えるために存在するといったふうに感じるのは好みません。ですが、私がより寛容になっている瞬間には（そういうことは滅多にないのですが）、それは何かするだけの価値のあることだと感じます。健常者たちは、多くの助けを必要としているのです。

三月二十二日

進歩ということについて話していると……。昨晩、テレビをつけたら、『ジェパディ（危険）！』が終わるところでした。『ジェパディ！』をご存じですか？　クイズ番組なのですが、解答者たちはまず答えを与えられ、そこから質問文を導き出すことになっています。チャンネルを回したところ、たまたま番組の終わりの「ファイナル・ジェパディ・ラウンド」の場面だったのです。ここでは、解答者たちが最後の質問に賞金のすべてを賭けなければなりません。カテゴリーは「有名な女性」で、そして与えられた答えは、これです。「その女性は、ラドクリフ・カレッジを一九〇四年に卒業し、婦人参政権論者、講演者、ヴォードヴィルのパフォーマー、そして作家として活動を続けました」

正解の質問文は、あなただったのですよ、ヘレン。「ヘレン・ケラーとは、どんな人物でしょう？」

今回だけは、ただ盲ろう者だったという事実だけではなく、自分がなしとげたことで人々に記憶されているのですよ。このことを、あなたもお知りになりたいだろうと思いましてね。これはひとつの進歩ですよ。
「進歩？」と、あなたは言います。「あなたはそれを進歩と呼ぶの？」
えり好みするのはやめましょうよ、ヘレン。ときには、もらえるものはもらっておかなくてはいけません。

四月十八日

ある学生が今日、もしあなたが今生きていたら、あなたの人生はどんなふうだと思うかと、私に訊ねました。いい質問だと思いました。もしあなたが盲ろう者でなかったなら、あなたの人生はどのようなものになっていたか、などというありきたりの質問よりはるかにずっといいです。

あなたなら、今、どうしているでしょうか？　当然ながら、私はテクノロジーについて考えました。想像の世界で、あなたをコンピュータの前に座らせます。点字用のインターフェースとスキャナー、高速インターネット接続、プリンター、そして点字の打ち出し機を備えています。あなたは無限の資料に自由にアクセスし、誰の助けも介在もなしに、世界中の人々や機関とコミュニケーションをとることができるでしょう。どれほどたくさん執筆できたかを考えてみてください。調査研究も、時事問題に遅れずについていくことも、どれほど容易になったでしょう。日々の文通だって、どれほど簡単に処理できることか。専用の音声合成出力機のついたラップトップパソコンをもつこともできるし、会話のうちの自分の発言は全部自分で入力できます。それを自動通訳機として、どこにだってもっていけるのです。

あなたは結婚しているか、あるいは「同棲相手?」がいるのでしょうか?　こんなことを言うのは申し訳ないのですが、確率はそれに反しています。統計は、今日の障害をもつ女性の圧倒的大多数が一人暮らしをしていることを示しています。障害をもった男性は、いくらかうまくやっています。私は、その点では珍しい例外です。あなたもその珍しい例外になるでしょうか?　あなたのように親しみのある人だと、人生に誰もいないことを想像するのは私には難しいです。ですからたぶん、あなたはこの確率に打ち勝つことができたでしょう。あなたに誰かがいるとして、その人のライフワークがあなたを世話したり扶養したりすることではないのも確実です。

今日、障害をもつ人々がテクノロジーについて多くの矛盾する感情をもっていることは、指摘しておかなければなりません。私たちの多くは、これに依存しすぎることを嫌っています。なぜなら電力は止まることがあるし、バッテリーは切れるし、機器は水を被ったり、床に落ちたりもしますから。何かに頼っていて、それが壊れると、自分自身が本当に無力だと思います。それにまた、認識の問題もあります。機械に対する私たちの依存が、私たちを完全な人間ではなくなるような、機械の一部であるような気持ちにさせるという恐れです。ほかの人たちにあまりに頼りすぎるときにも、同様の問題があると主張する人たちもいます。私たちは、このことを、あなたの人生の例から学んだのですよ、ヘレン。助手でも、先生でも、配偶者でも、盲導犬でも、それが本当に責任のある唯一の存在だと感じられるようになってしまうことを人々は心配しているのです。今日、もしあなたが生きていれば、こうしたすべての問いかけについて、あなたも議論に加わらなくてはいけません。

こうしたテクノロジーの一切にともなうもうひとつの問題は、経済力です。障害があるということは、いまだに高くつくのですよ、ヘレン。州と合衆国連邦機関がこうした器材の一部を提供することはありえますが、役人たちはその障害者の雇い主がその代価を支払うべきだと主張するかもしれません。私としては、あなたが自営業者に、フリーランスの物書きになることができたと思いたいです。あなた自身はそうなりたいと望んでいましたが、実際の人生ではなれませんでしたから。でも、州の機関はこれに躊躇して、実現不可能だと考えるかもしれません。新聞または雑誌のための社内ライターとしての職を得て、特集記事や、たぶん書評や、あるいはある種の意見コラムなどを書くことはできるかもしれません。編集部はあなたに、どんな種類のトピックスに取り組んでほしいと思うでしょうか？　あなたに自由な権限を与えるのでしょうか、それともあなたの障害に関する問題や、あるいは健康についての一般的な話題に限るのでしょうか？

多くの作家のように、学究的世界で手堅い仕事を探すかもしれませんね。あなたにそうした知的な傾向がある以上、これがあなたの仕事かもしれません。大学は、進歩的な思想と寛容さの安息所であると思われています。でも人々は、今日、目も耳も不自由な教授を受け入れるでしょうか？　いえ、まだまだですね。どちらか一方だけの障害しかない私たちとの間ですら、すでに充分に困難な時間を過ごしていますから。

いずれにせよ、あなたの政治的な関心は、より幅広い公共的な討論の場に関わりたいという気持ちを促すだろうとは思います。生前のように、ＡＦＢのような組織のために働くこともできますが、寄付金集めの遊説を行なう有名人であるよりは、あなたはむしろ責任をもつ立場に就こうとするでしょう。障害者の教育や住居、あるいは雇用の問題に関する連邦の委員会や機関のどこかに任命されるかもしれませんね。一世代前にそうであったかもしれない状況よりは、名ばかりの意思表示といった度合いは低くなっていますよ。いわゆる「クリップジョブ」、つまり障害者に仕事を与えるという唯一の目的のために生み出された仕事で我慢する必要もないでしょう。あなたなら実際に、何かしらの権限をもち、特定の任務を達成することになるでしょう。

私はあなたが「アクセスポリス」の一員になっているのを想像するのが好きです。アクセスポリスとは、企業や公的な施設が障害者に関する取り決めにしかるべく従うことを確実にするために検査する人々のことです。あなたが抜き打ち検査にやってくる姿を思い描きます。予告なく突如として現れて、戸口の広さを測ったり、点字のメニューを調べたりする姿です。違反者には召喚状を書き上げ、ラップトップパソコンに猛烈な勢いでタイプし、音声出力器にこう言わせるでしょう。「この階段にはスロープをつけたほうがよろしいでしょう、ミスター。さもなければ、我々はお宅の施設を閉鎖しますよ」ってね。

もしあなたが今日生きていたら、以前のあなたほどに愛すべき存在ではないほうがいいでしょうね、ヘレン。こうした検査官の通達は、今もまだ歓迎されていません。健常者のひどく多くの人々が、なぜ私たちの誰もがただ家にこもって暮らしていないのかと、いまだに不思議に思っているのです。ですから、あなたが戻ってくるつもりなら、私はもう数十年はお待ちしますよ。

五月四日

私が見たいと思っているのは、こういう夢です。

夜明けです。あなたは、水の上を動いています。水の上を歩いていると言っているのではありません。そうではありません。ただある種のモーターがついた筏(いかだ)のようなものに乗って、水面をすべるように進んでいます。夢ですから、論理的な細部は重要ではありません。あなたは、あなたの世界の人々の儀式用の衣装を着ていますが、これは何を意味しているのでしょう? 説明するのは難しいです。輝く霞に包まれているかのようです。岸のほうに進んでいくにつれ、その衣装は身体の周りで形と色を変えていきます。岸辺に大勢の人々がいます。この人々は喝采しているか、あるいは近づいてくるあなたを見つめながら畏敬の念をこめて沈黙を守っています。喜びのあまり静かに涙する人もいます。あなたの両眼のきらめく光が人々に見えるほど充分に近づくと、あなたは右手をゆっくり、堂々と上げます。この万国共通のジェスチャーは、「私は平和をもたらすためにやってきました」を意味しています。

私はあなたと一緒にその筏の上にいます。ほかの人たち、あなたの追従者たちの少人数の一団と一緒です。私たちはかなり残念な一群です。お互いに愚痴をこぼしたり、不平をもらしたり、不満を言ったり、言い争ったりしています。一人が言います。「塩水が車椅子によくないって知っている?」。するとほかの人が「ねえ、前の人、座ってよ! 通訳者の前に立ちはだかっているじゃない」と言います。あなたには、もっと相応しい一団がありますよね。でもあなたは、私たちに背を向けて、そして私たちが実際よりも威厳があるように装います。

あなたはまだ右腕を上げたままで、手のひらを岸辺の群衆に向けています。微笑んでいて、まばゆいばかりに輝いています。背中の後ろで、空いたほうの手で私たちに合図します。目の見える者たちが、残りの者たちにあなたの言葉を伝えます。「微笑んで」と、あなたは言っています。「そしてこんなふうに手を振って。平和を示す私の身振りはまた、批判や攻撃から私の身を守ってくれるのだということを憶えておいて」

違いますか? あなたは、そういうふうに考えていたのではありませんか? たぶん、違うのでしょうね。ですが、それはともあれ、あなたの残してくれたもの、あなたの来世について考えてみた今、私はあなたの最期の日を想像する準備が整ったように感じています。

一九六八年六月一日

あなたを起こしたのは、エヴェリン・サイドの手でした。綺麗に磨いた滑らかな長い爪のおかげで、すぐに彼女だとわかります。それであなたが最初に考えたのは、「エヴェリン一人。とすると、私はまだこちらの世界にいるのだわ」ということでした。

エヴェリンはあなたの手につづっています。でもあなたは、彼女の言葉に注意を払いません。彼女が単に何か「朝ですよ。お目覚めの時間ですよ、お寝坊さん」といったような類いのことを言っているだけだとわかっているからです。彼女に微笑みかけます。あなたは、エヴェリン・サイドが好きです。彼女は、以前からＡＦＢのために働いていました。おそらく、まだそこから給料をもらっているのでしょう。ですが、以前はオフィスで働いていました。今は、フルタイムであなたの世話係を務める一人です。彼女と夫は、あなたの家のガレージの向こうにあるアパートメントに住んでいます。理事たちのなかには、彼女はその仕事に相応しくないと考えている人もいます。でしゃばりすぎるし、教養がないというのです。ポリーは彼女を軽蔑し、「あのふしだら女（リトル・トランプ）」と呼んでいました。ですが、あなたはエヴェリンが好きです。彼女がまとっている多くの香り、ヘアスプレーや化粧品や香水、さらに煙草という目眩（めまい）のしそうな取り合わせが涙やくしゃみをしばしば誘発しますが、それがまた彼女をあなたにとって特に生き生きとした存在にしているのです。

エヴェリンについての最もお気に入りの記憶は、あなたが八十歳になったときに、年に一度の定期検診のために医師のもとに付き添ってもらったときのものです。新しい医者で、とても若く、またひどく差し出がましい人でした。あなたには本当の意味で悪いところなど何もなかったのですが、何か医学的な助言を与えるのが自分の義務だと感じた彼は、あなたにお酒はやめなさいと言いました。あなたは、これまでお酒をたくさん飲んだことは一度もありません。夕食の前にときおりカクテルを一杯飲んで、そこでやめることがごく簡単にできました。あなたには、この医者がただ自らの権威を主張するためだけにそう言ったのだとわかりました。そこで背筋をぴんと伸ばして、きわめてゆっくりとエヴェリンの手につづったのです。彼女には充分な勇気があるので、この言葉をそのまま正確に伝えることがわかっていたからです。「お若い方、私は八十歳です。もしときおりマティーニを一杯飲みたいと思えば、私はマティーニをいただきますよ！」

あなたがた二人は、列車で家に帰る間中、ずっとこのことで笑い合っていました。エヴェリンはその話を何度も繰り返し話して楽しみ、医者のまごついた反応を語ることを重視しました。彼女は権威に対して健全な軽蔑心を抱いており、それがまさに理事会が彼女のことを好まない理由です。そして、それはまた、あなたが彼女を好きな理由でもあります。

エヴェリンの夫は、とても美味しいマティーニをつくります。それに、あなたが冬に飲むのを好むマンハッタンもです。

でも、今は春です。六月一日です。どういうわけかあなたは、訊ねることなしにその日付けを思い出します。あなたは、毎月の最初の日が好きです。そして、六月はあなたの誕生月です。あなたはいまだ、自分の誕生日について、子どものように無邪気な興奮を憶えているのです。

エヴェリンは今、あなたが立つのを支えています。洗面所へと足を引きずって歩く間中、肘を支えてくれています。今日はいつもより身体が軽く感じられます。関節もいくらかゆるんでいます。今はひ弱になり、かつてよりも痩せてしまい、背骨もわずかに曲がっています。ときおりベッドから起き上がるときに目眩がすることがあるので、皆はあなたが転んで、怪我をするのではないかと心配しています。ですが全般的な虚弱さは別として、あなたには本当の意味で悪いところはどこもありません。側近の人たちのなかには、あなたが過去数年間に小さな脳卒中を何回か起こしたと思っている人々もいます。でもそのどの発作も、たいしたダメージには至りませんでした。単に一時的な停電のようなもので、回路がいくつか切断されますが、また新しい回路ができるのです。あなたは、いくらか正気を失ったのでしょうか？　私が思うに、あなたはただそれまでの活動から退いて、自身の考えにふけるようになったのでしょう。以前に常にそうであったほどには反応が早くなくなり、話し好きでもなくなります。追憶にふけることを楽しむのは容易なことだと、あなたはかねてから思っていました。今では、過去は現在の何よりもただもっと鮮明で、もっと興味深く感じられます。それに過去に戻って、ある瞬間を追体験するときには、その当時は気づかなかったことや、注意しなかったことがたくさんあることを発見します。当時は理解していなかったこともたくさんあるのは言うまでもありません。そのせいで、あなたは自分がかつてどれほど色々なことに気づいていなかったのかに、ほとんど恥じ入る気持ちになります。たぶん、そのように人生をすべて再体験することが、あなたを生き続けさせ、ここにとどめている理由なのでしょう。

自分のような高齢になれば、誰であってもこれが普通なことに違いないと思います。六月の二十七日には、八十八歳になります。自身で予測していたよりも、ずっと高齢です。両親のどちらも、ここまで長命ではありませんでした。どうしてこんなことになったのかと、あなたは不思議に思います。自分自身をほとんど恥じています。あなたを生かし続けるために、多くの努力をしてくれている人々が大勢います。そのすべてのエネルギーをもっと良い方向に使うことだってできたのにと、あなたは思うわけです。

　洗面所の扉の前で立ち止まったあなたは、エヴェリンのほうを振り向いて声に出して言います。

「わたぁしはだいじょおぉぶ（アーム・アウ・ワイト）」

　エヴェリンの手は躊躇します。最初は、あなたが「私は大丈夫（アイム・オーライト）」と言ったのだとわかるまでにいくらか手間どったのと、それからあなたを一人にしていいものか検討したからです。「ＯＫですよ」と、あなたはしっかりと指文字をつづります。

　もう三十秒ほど考えたのち、彼女はあなたにつづり返します。「ＯＫ」

　洗面所で小用をすませ、手と顔を洗い、歯を磨きます。お風呂は、確か寝る前に入りました。洗面所から出ると、エヴェリンがクローゼットから出てくるのに出会います。彼女が立ち止まって、あなたを見ているのを感じます。おそらく彼女は、あなたがこの数日間のなかで、最も軽やかで、最も元気そうに見えることに気づいているのでしょう。手にはハンガーがいくつかあります。もう片方の手であなたの手をもち上げて自分の唇にあてた彼女は、こう言います。「今日は暖かいですよ」

　とてもゆっくりと意識的に頭を頷かせたため、あなたの全身がピョコンと上下に動きます。「あたたぁい（ワーム）」とあなたは繰り返し、微笑します。「暖かい（ウォーム）」は、あなたがかつて声に出して話すのを学んだ最初の言葉のひとつでした。そのことをエヴェリンに語ることもできましたが、それは彼女を混乱させるだけだろうとわかっています。

「ええ、暖かい」と、彼女の唇があなたの指に言います。「暖かいですよ。春(スプリング)です」

「はる(スプウィング)」と、あなたは声に出して繰り返し、微笑して頷きます。この子どものような片言の会話は、ときおりあなたを悩ませます。あなたが相手を見下して話しているのだと思われるのではないかと心配になるのです。あなたがエヴェリンをばかだと思っているということではありません。実のところ、彼女には生まれつきの鋭い知性があることをあなたは知っています。ですがまた、彼女が朝一番にあなたとコミュニケーションをとることに苦労していることも知っています。その仕事に向けて彼女の指が温まるまでには、数時間がかかるのです。

あなたの手は、彼女のもっているハンガーからハンガーへと動き、触った瞬間にそれぞれのドレスを識別します。あなたは半袖の綿のドレスを選びます。それは白地で、ええ、あなたも憶えていますよね、緑色(グリーン)の葉と蔦(アイヴィー)の模様の入った服です。「アイヴィー・グリーン」とあなたは思い、微笑し、ほとんど声に出して笑いそうになります。それが、あなたがその服を買った理由なのでしょうか？　何年も前の特別な機会のために、公の場に姿を見せるために買ったことは憶えていますが、どんな機会だったかは思い出せません。今ではもう人前には出なくなっています。ドレスは古いものですが、おそらくこれまで二度か三度しか袖を通したことはないでしょう。

椅子の背にそのドレスをかけたあなたは、下着を出すために化粧ダンスへと足を引きずっていきます。気温を肌で感じるためにバルコニーに出ようかと考えますが、それは長い旅のように思えますし、そのような用向きのためにエヴェリンに付き添いを頼むのは浅はかだと思います。彼女があなたのベッドを直していることに気づいているからです。そこでナイトガウンを脱いで、服を着ます。

髪を整えるために鏡台の椅子に座りますが、整えるべき髪はもうさほど多くはありません。ポリーは、家の近くに出るときですらも、あなたにかつらをつけさせたものでした。かつらは大嫌いでしたね。ちくちくするし、落ちるのではないかといつも心配でした。そんなばかげたものを我慢する必要がもはやなくなって、あなたは嬉しく思っています。あなたの髪は、今や赤ん坊の髪のように細く、絹のように柔らかいですし、空に浮かぶ絹雲の筋のように白くフワフワとしています。その髪全体を入念にとかし、ほつれた髪の房を全部集め、細く編んだ髪を小さなお団子にすると、ハーフサイズのヘアピンで留めます。

一週間かもう少し前に、ある女性がここに来ました。あれは誰だったのでしょう？　誰かのお嬢さんではなかったでしょうか？　あなたが以前知っていたか、あるいは一度会ったことのある誰かの娘です。でも、思い出せません。彼女が来たときですら、彼女が誰で、そしてどのようにしてあなたを知ったのかに確信がありませんでした。あらゆるタイプの人々が、ただあなたのもとにやってくるのです。その日は体調が悪く、あなたは寝ていました。彼女は二階に上がってきて、それからなぜかベッドの上に腰を下ろし、長い髪を留めたピンを抜きました。それで、あなたはその髪の間に手を通すことができたのでした。でもなぜ、そんなことをするのでしょう？　あなたは不思議に思います。本当に起こったことなのでしょうか？　指のなかに、彼女の髪の記憶が残っています。彼女はヘアピンを一本残していきました。手の込んだ装飾的なタイプのピンです。そのピンはそこ、あなたの鏡台の上にあります。あなたはそれを拾い上げ、指で触れます。ということは、それは実際に起こったことに違いありません――なんとも奇妙なことですけれど。

エヴェリンが後ろに立ち、両手をあなたの両肩においています。あなたはヘアピンをもち上げたまま、その出来事について訊ねたい気持ちになっていますが、どう質問を始めたものかさえわかりません。幸いにも、彼女はあなたを見ておらず、かわりに鏡に映った自分を見て、唇に引いた新しいルージュの色合いを点検しています。そこであなたはヘアピンをもとあったガラス皿に戻します。金属がチリンと音を立てたので、エヴェリンが視線を下ろしてあなたを見ます。あなたを見た彼女が思わずハッとしたのが感じられます。淡い色のドレス、雪のような白髪、そして始終室内で過ごしているゆえの青白い顔色のせいで、あなたはこの世のものとは思えないほどひどく霊妙に、ほとんど透き通っているかのように見えます。それから彼女は微笑んで、あなたのほうに屈み込み、手につづります。「素敵ですよ」

「ありぃがと（ダンキュー）」と、あなたは声に出して応えます。

　彼女は自分の顔にあなたの手を導いて言います。「朝食にいらっしゃれますか？」。その声は、そうする必要があるよりもずっと大きな声です。あなたは大声と同じように、ささやく声もうまく読みとれるのですが、それが彼女のやり方なのです。あなたは彼女の手をとり、頷く動きを繰り返します。それから彼女はあなたを助け起こし、階段を降りる間中、注意深く支えてくれます。

　この家がどれほど奇妙に見えるかという思いに、あなたは改めて打たれます。必ずしもまったく馴染みがないというわけではありませんが、特徴がないのです。ひとつには、馴染みのある匂いがまったくしません。なぜなのかはよくわかりません。それに、階段の一番下で大型のグランドファーザー・クロックに軽くぶつかったとしても、あるいはソファーの背に沿って手をはわせたとしても、どちらも自分の所有物であるという感じがまったくしません。こうした品はあまりに遅くに自分の生活に入ってきたので、いかなる愛着も育めなかったのだとあなたは思っています。火事でなくしたほとんどの家具は学生時代から使っていたものか、あるいはどのようにして所有するようになったのかについて特別な思い出がありました。火事のあと、新しいものを選んだのは全部ポリーでした。どれも真新しく、すべてが調和していました。まるでホテルに住んでいるようです。あなたはホテルが好きです。旅についてあなたがいつも好んでいたことのひとつです——探索すべき新しい環境、という日々の挑戦です。とはいえ、ここの何もかもが、自分にはどれほど見慣れないもののように見え、まごついてしまうかについてのコメントは差し控えたほうがいいことをあなたは学んできました。なぜならその品々はすでに二十年もここにあり、したがってそれに対するどんな意見も、人々の間にあなたの記憶力に対する心配を引き起こすからです。それにあなたは、身の周りのものにほとんどつながりを感じないことが結局は一番いいのだと思っています。そうであれば、そのすべてをあとに残していくことがより容易になるからです。

エヴェリンはあなたをキッチンまで誘い、テーブルの席に着かせると、朝食の配膳をします。ゆで卵、全麦パンのトースト、オレンジジュース、トロ火で煮たプルーンとコーヒー。誰もがもうメニューについて意見を聞かないことが、あなたの注意を逃れることはありませんでした。必ずしも、あなたが何かほかの食べ物を頼みたいというわけではありません。実のところ、この傾向はポリーが始めたもので、とりわけ彼女の生涯の最後の十年かそこらに顕著になりました。ポリーはあなたの栄養面について非常に神経質になり、おせっかいをやくようになっていたのです。あらゆるタイプの食物を不健康であるとか、あるいはもっとしばしば相応しくないとか言って非難しました。それは、あなたの外見についての彼女の強迫観念に付随していました。ポリーは、あなたがプラザでお茶をするときのようにドレスをきちんと着用しない限り、外出を許すことは決してありませんでした。あるいは、あなたには、そんなふうに見えていました。それが彼女の自信のなさと関係があることを、あなたは知っていました。つまり、あなたの友人たちの多くが常に自分のことをあなたに相応しくない付き添い人だと考えていると、彼女本人が感じていたことからくる自信のなさです。結局のところ、ポリーは高校の教育しか受けておらず、政治的ないし哲学的な特別な信条ももっていませんでした。それで、彼女は世話係という任務を最大限に活用し、あなたがどのように見えるか、あるいはどのような食事をとっているかについては、誰も自分を批判できないよう確実にしようとしていたのです。

ですが今は、決めるのは理事会です。彼らは、実際に栄養学の専門家に相談していました。エヴェリンともう一人の介護者のウィニフレッド・コーバリーは、毎日の献立の完璧な計画表をもっており、それを文字通りに守ることに注意を払っています。朝食は比較的簡単です。少なくとも、重さを量ったり、サイズを測ったりするものは何もありません。ときおり、自分が科学実験の被験者のような、ラボの実験用動物のような感じがします。誰かが実験の記録をとっていて、そこで発見したことを発表しようとしているのではないかと疑うのです。

ですが、常にそうしてきたように、あなたは今も自分の前に出されたものをちゃんと食べます。今では味覚の多くも失ってしまったようだと、あなたは思います。何もかもが、もはやさほど風味もないようです。ですが機械的に嚙み、飲み、呑み込みます。ほかのことすべてと同様に、エヴェリンに対して礼儀正しくありたいからです。本当は、ただトーストとコーヒーがあるだけで満足でしょう。そのことを誰かに伝えられればいいのに、と思います。皆が自分にちゃんとした食事をとらせることにこれほどやきもきしないでくれれば、自分はもっと早く消えていけるかもしれないのだと誰かに言えたらいいのに、と思います。でも、自らを芝居がかって見せているように聞こえないように、そのコメントをどう言い表せばいいのかが、あなたにはわからないのです。

エヴェリンは自分用にコーヒーを一杯ついで、同じテーブルに着きます。彼女がたたんだ紙を開いて、振り広げると、『タイムズ』紙の気配が伝わってきます。「見てみましょうね」と、彼女は声に出して言い、咳払いします。彼女の目は一面をざっと調べ、そしてあなたの手のほうに手を伸ばして、見出しを読み始めます。

読んでいるときには、エヴェリンの指のつづりは良くなります。一九六八年五月は、世界の多くの地域にとって忘れがたいときでした。今日はフランスの状況についての多くのニュースがあります。あなたにとっては、ひどく信じられないことのようです。学生運動、大規模な労働組合活動、政府の失脚の可能性。それが本当に起こっているなんてことがあるのでしょうか？　それも、よりにもよってフランスで。あなたは様々な点で一九六〇年代がきわめて建設的で刺激的な時代だと思いました。公民権運動や反戦抗議運動の時代です。新しい女性運動があるということさえ知りました。誰かがあなたの初期のフェミニストとしての著作を読んでくれているかしらと、あなたは思います。その時代にはまた同様に悲劇もありました――戦争や暗殺です。かつてケネディ大統領に会ったことのあるあなたは、彼をとても魅力的だと思っていました。暗殺された兄のあとを継ぎたいと弟のロバート・ケネディが願ったことにも心が動かされました。自分もそうした出来事の一端をもっと担えればよかったのにと願いました。少なくとも、編集者に手紙を書くなり、嘆願書に署名をするなり、何かができればよかったと願ったのです。ですが、あなたは、この世の事物に過度に興味をもつことに対して、自らを戒めます。今はこの世界の一切をあとに残して、自分は去るときに違いないと思うからです。

エヴェリンからは、見出し以上にそう多くのことは得られないこともわかっています。ポリーなら、あなたに記事全体を読んで聞かせたでしょう。ただし、彼女はニュースをいわば配給制にしていて、何かあなたがしたくないことをさせるための褒美として用いていました。あなたがものすごくたくさんの手紙をタイプしたり、スピーチの練習をすごく長時間すれば、記事を三十分読んでくれるのです。先生はと言えば、新聞全体にざっと目を通し、あなたが最も興味をもつとわかっている記事をいくつか探してくれたものでした。それから、そのそれぞれの物語の数段落をあなたに読み聞かせ、ある種の個人的なニュースダイジェストをあなたのためだけに編集してくれたのです。

裏口が開いて、ウィニー・コーバリーが入ってきます。扉からそよ風が来るのと、エヴェリンが振り向いて挨拶するのが感じられます。あなたはウィニーも好きです。エヴェリンよりももっと思いやりがあり、もっと母性的です。彼女は訓練をつんだ看護師で、十年ほど前にポリーの最期の世話を助けるために初めてあなたのもとに来ました。それからそのままとどまり、今では介護の仕事をエヴェリンと分かち合っています。彼女は裏口のそばの備品用の納戸のなかのフックにカーディガンをかけながら、エヴェリンと当たり障りのないおしゃべりを交わします。納戸から出ると、不意に立ち止まって、あなたをじっと見つめます。エヴェリンは彼女の表情を観察して、そして言います。「ええ、わかっているわ」

ウィニーはあなたをじっと見続け、全身の様子を把握します。「ドレスのおかげに違いないわ」

「あるいは、お天気かも」。エヴェリンがそう言いながら、何か憧れるかのように扉のほうをちらりと見ます。「素晴らしい朝だわ」

ウィニーが近づいてきます。アイヴォリー石鹼とシナモンのうがい薬という組み合わせの匂いを、あなたは吸い込みます。彼女は屈み込んで、あなたの手につづります。「今日はとてもお元気そうに見えますよ」

あなたは微笑して頷きます。空いた手で、あなたは自分の顔をトレースする日課を真似て、彼女の顔の至るところを軽く叩きます。「あなたもよ」と、声に出して言います。三人で笑います。ウィニーが肩をすくめて、言います。「まぁ、それにたぶん良くお休みになれたのでしょう」

あなたにも調子のいい日もあれば、悪い日もあります。ある日々には、あなたを見る彼女たちの目には、最期が近いのは確実なように見えます。また別の日々には、たとえば今日のような日には、永遠に生き続けられそうに見えるのです。あなたには、これをコントロールする術はありません。あなた自身は、今日は昨日よりも気分がいいと気づくことすらありません。二、三週間ほど前、あなたは軽い鼻風邪をひきましたが、あるいはたぶん流感だったのでしょう。エヴェリンとウィニーはあなたのあらゆる変化にとても気を配っているので、あなたが気づく前ですら、あなたの鼻水に気づきました。彼女たちの変わらぬ用心深さのおかげで、その風邪がより深刻な事態に変わることはありませんでした。あなたが一人住まいの普通の八十七歳の老女なら、あるいは通常の老人ホームで暮らしていたとしても、結果は異なっていたかもしれません。

それから二人は、あなたの介護のための細部の計画について、週に一度の協議を始めます。相談するのは土曜日で、二人がともに通ってくる数日のうちの一日です。する必要のある仕事のリストを一緒につくり、どちらが担当するかを決めます。今それが行なわれていることを知っているあなたは辛抱強く座ったまま、トーストの最後の残りをもぐもぐと食べています。こんなにたくさんの世話を受けるのは決まりの悪いことですが、それが彼女たちの仕事だとわかっていますから、異議は唱えません。彼女たちはあなたを注視しながら、避けられないことがくるのを待っていると同時にそれを恐れています。その恐れが現実になってしまったら、自分たちが責められるだろうと恐れているのです。責めるのは不当だと、あなたは知っています。彼女たちがどんなに注意深くあろうとも、まさか誰もあなたが永遠に生き続けられるとは本当には思っていないはずです。

こうしたことすべてについて、あなたはより鋭く意識しています。今のあなたには世話をするべき人はいませんが、ほかの者たちの世話を長い年月にわたって続けてきたあなたには、彼女たちの心のなかにどんなことが起こっているかがわかるのです。先生の世話も長かったですが、次のポリーは、最後の十年間、ひどく手のかかる人でした。今は誰もいません。ペットを飼っていればよかったのにと思います。理事会は犬を禁止しました。大きな犬だとあなたを押し倒すかもしれないし、小さい犬だとあなたがつまずくだろうと恐れているのです。以前はいつも犬を飼っていましたが、犬が家にいなくなってからほぼ二十年がたっています。これまで猫が特に好きということはありませんでしたが、今はうちとけることだってできたのに、と思います。たぶん理事会も鳥なら、カナリアかインコなら飼わせてくれるでしょう。それなら問題ないはずです。エサをあげて、鳥籠を掃除し、部屋のなかを飛び回らせ、指に止まらせることもできるでしょう。

少女の頃に記憶を戻すと、先生が一度、二、三羽の鳩をもち帰り、あなたの部屋に放して、「飛行」について理解させてくれたことがありました。鳩たちが閉じ込められたスペースであちこちにぶつかりながら狂ったように飛び回ったときの、羽ばたく翼が生み出す軽い風のワクワクする印象を今でも感じることができます。そして先生があたりをグルグル回りながら、両腕を振り回して飛ぶような仕草をするときに、スカートが舞い上げる微風も憶えています。あのときは、先生自身がただの大きな子どもでした。

かつてフォレストヒルズの家で、スズメが開いた窓から書斎に飛び込んできたことがありました。一九二〇年代後半のことです。あなたは盲目の友人といましたね。少女時代から知っていた誰かですが――何という名前でしたっけ？　家にはほかに誰もいませんでした。あなたは犬を部屋から追い出して、扉を閉めました。友人は鳥がどこにいるか物音を聞くことはできましたが、その飛行の軌道を感じて、スカーフを投げかけ、鳥をすくい上げて戸外に戻してやったのはあなたでした。あなたの両手は今も、その軽い骨をもった鳥の体の驚くべき小ささと、怯えた心臓が打つ速い鼓動を思い出せます。

エヴェリンとウィニーは、あなたをじっと見つめています。あなたの大きな両手は、何か小さな壊れやすいものを抱くように、お碗のようなかたちをつくっています。ゆっくりと、あなたはその両手のお碗を顔のところまで上げ、指関節に唇を寄せています。

「今度は何かしら?」と、エヴェリンは言いますが、苛立っている様子はありません。

ウィニーは肩をすくめ、首をゆっくりと振ります。

「まぁ、私たちが知っておく必要のあることではないと思うわ」と、エヴェリンは言いながら、椅子を後ろに引いて立ち上がります。

それから、彼女はあなたが立ち上がるのを助け、二人で一緒に部屋を出て、郵便物を処理するために書斎に行きます。あなたが最後に何か公の場に姿を見せたり、文章を発表したりしてからどれほどの時間がたっているかを考慮に入れると、いまだにびっくり仰天するほど大量の手紙を受けとっています。世界には、あなたの死のニュースを明日聞いたとして、「まあ、もうとっくに亡くなっていたと思っていたわ」と言うであろう人々が大勢います。ですが、あなたの存命を知っており、コミュニケーションをとりたいと熱望している人々も明らかにいまだ大勢いるのです。

この仕事は、エヴェリンが本当に優れているところです。手紙にざっと目を通す彼女は、それぞれの手紙を適切なカテゴリーに分類します。主に金銭的な援助を求める手紙があります。あなたには自由に使える多額の現金が手元にあるという思い違いをしている人々は常に大勢いました。こうした手紙を、国内の機関向けと国際的な機関向けに転送するよう、二つの山に分けます。それから、個人的にあなたを象徴する品を望む多くの依頼があります。あなたの写真やサインやその類いです。こうした手紙の多くは、あなたをテーマとした期末レポートを書いている学校の児童からやってきます。それから何かのプログラムや問題のためにあなたの支援を求めている人々や機関からの手紙も相当数あります。このリストにあなたのお名前を添えて、こちらの住所にお手紙をお戻しいただけませんでしょうか……といったものです。

エヴェリンは、最も一般的な依頼用には、標準的な返事を記したカードを印刷してあります。これは先生やポリーが決して許そうとしなかったことです。とりわけポリーは啞然としたことでしょう。彼女はひどく心配性で、とりわけ後年には、人々が彼女の事務的な能力に批判的になることを恐れていました。そこで彼女はやってくる手紙の一通一通にすべて、あなたが個人的に返事をするようにさせました。そしてあなたですらも、エヴェリンの革新には最初は抵抗しましたね。ですが、あなたは八十七歳で、ほとんど八十八歳です。十歳のとき以来、人生において毎日少なくとも一ダースの手紙を、それどころかそれ以上の数の多くの手紙をしばしば書いてきました。これはつまり、あなたはこれまでに三十万通から四十万通の手紙を手書きか、あるいはタイプで記し、封をして送ってきたことを意味します。疑いなく、一人の人物の生涯にとってはもう充分です。

エヴェリンはあなたに、必要なところに署名をし、それから封筒に入れ、封をして、切手を貼る仕事をまかせます。一方で、数は少ないながら、より複雑な返事を要する依頼に応える手紙をタイプします。彼女は、あなたの書いた文章とスピーチから選んだフレーズのリストを編集してありますから、それを選んで引用するのです。こうして書かれた文章を読み上げられると、あなたは微笑んで頷きます。「まったく私のてがみのように聞こえるわ」

日常生活のルーティンは、レンサム時代からそう大きく変わっていませんが、ただ、登場人物の配役だけが変わっています。あなたは今、自分がネッラ・ヘニーのことを考えているのに気づきます。彼女のあなたに対する過度の崇敬ぶりが、彼女を本当の友として考えることを難しくしていましたが、それでもあなたは彼女のことを長年、とても気に入っていました。一時は、ポリーがいなくなった場合には、彼女があとを引き継ぐべきではないかという考えが提案されましたが、しかしネッラの夫のキースのことを考慮しなければならず、それ以上はその考えが進められることはありませんでした。それから、ポリーがその計画の噂をかぎつけて腹を立て、ネッラに敵愾心をもつようになりました。そして、『奇跡の人』の印税についても何か不和がありました。ポリーがあなたの法的な代理人を務めたいと望んだことで、さらなる問題がありました。こうしたことはすべて、ポリーの人生の最後の数年のうちに続いて起こり、彼女は誰に対してもますます疑い深くなりました。こうしたことを思い出すと、あなたは自分もポリーの被害妄想のいくらかに感染してしまったのかもしれないと思います。あるいはそうでなければ、ポリーに賛成しておくほうが、ただより簡単だっただけなのでしょう。ネッラがあなたについての日誌をつけ、すべての会話と会合の詳細を書き記していることを、あなたは知っていました。そして秘かにですが、いつもそのことに悩んでいました。おそらく、彼女は本を書こうと計画していたのでしょう。そこで彼女がそばにいるときはいつも、あなたは自意識過剰になりました。ポリーが亡くなる前でさえ、あなたはネッラに会うのをやめました。今は、彼女が訪ねてきてくれないのを寂しく思います。エヴェリンとウィニーのことはとても好きですが、彼女たちは知的な話し相手ではありません。自分が読んでいる本や世界の出来事について彼女たちと論ずることはできません。それに、彼女たちは先生のことをまったく知りません。ですから、あなたの生涯の巨大な部分、つまりあなたが何者であるかの部分が、彼女たちには話すことができないのです。ときおり、あなたはおそらくネッラに手紙を出すか、短い挨拶の言葉を送るべきだと思いますが、なぜかそのための時間を見つけることができません。

知らないうちに、もうランチタイムになっています。エヴェリンと一緒にキッチンに戻り、ウィニーを探します。ですが、遅れが生じていました。ゴミ処理機に問題があり、配管工に来てもらう必要があったからです。そのためウィニーは、週の食料雑貨の買い出しからたった今戻ってきたばかりでした。彼女たちがこうしたことを相談している間中、キッチンの戸口に立っていたあなたは、ポリーの脳卒中の発作を思い出します。あなたは、そのことを思い出したいですか、ヘレン？　自分に向けて肩をすくめていますね。別に問題ないわ、と思うのですね。だってあなたには、もっと悪い思い出があるのですから。

一九五〇年代の後半のことでした。あなたとポリーは書斎でスピーチの予行演習をしていました。それから、昼食のためにキッチンに行きました。スピーチのことで気をとられていたあなたは、ポリーがひどく奇妙なふるまいをしていることに最初は気づきませんでした。彼女はコンロの火口に火をつけましたが、その上に何もおいていませんでした。ガスの匂いを嗅いだあなたは、点火装置からガスが小さく吹き出すのを感じました。ですが、コンロに近づくと、ポットも鍋ものっていないのに気づきました。ポリーは、冷蔵庫の扉を開けたまま、そこに立っていました。あなたは火を消して、彼女の近くに行きました。彼女は訊ねようとするあなたの手を払いのけ、コンロに戻って再び火をつけます。ですが今度は、小さな深鍋を取り出して炎の上においています。「スープなのね」と思いますが、今日のあなたがたはランチに何を食べたいかを相談していませんでした。

ですがポリーはまた、鍋に何も入れずに行ってしまいました。空っぽの鍋を火から外したあなたは、缶詰を保存してある戸棚に向かいます。自分だけで料理をすることはないので、缶詰には点字のラベルはありません。ですが、スープの缶詰とトマトの缶詰を見分けることはできました。それにポリーには、限られた種類のものしか買わない傾向がありました。チキンヌードルとトマト、マッシュルームのクリーム煮の缶詰だけです。缶をでたらめに選び、引き出しから缶切りを見つけて缶を開けました。チキンヌードルの匂いがしたので、そのことを声に出して伝えようとしたとき、足の下に突然の衝撃を感じました。ポリーが何かを落としたのです。いえ、椅子のひとつをひっくり返したのです。

あなたは缶と缶切りをおき、コンロの火を消し、彼女のそばに急いで行き、椅子を起こしました。ですが、彼女に触れたとき、その全身が震えていることに気づいて驚きました。ポリーの神経は何年もずっと悪いままで、それはあの火事以来のことだと、あなたは推測していました。血圧についても大きな心配がありました。あなたがた二人は何週間にもわたって、この新しいスピーチの準備のためにひどく根を詰めて働いていましたし、ポリーにはあなたのようなスタミナはありませんでした。「ここに」と、あなたはなだめるように言いました。「ここに座って。昼食は私がつくるわ。チキンヌードルスープよ。それにあのチーズをいくらか加えて……」

でも、彼女は座ろうとしません。新鮮な空気を吸いに外に出たいと言うのです。そこで彼女が扉のほうに行くのを助け、裏階段から石づくりのテラスに降りるのに注意深く付き添います。まだ冬で、寒く、乾燥していました。あなたがたのどちらも、コートを着ていません。ですが、少したつと、ポリーの呼吸は少し楽になったようです。唇に触れると、話していることがわかりました。外でランチをとろうといったようなことを、何か言っています。彼女の手をしっかりととると、あなたは言いました。「ポリー、外は五度もありませんよ」

でもそれから彼女の口にあてたあなたの手は、彼女がよりにもよって最も奇妙なことを口走っているのを感じました。あまりに奇妙だったので、その言葉はあなたに激しいショックを与えます。それが現在の懸念を忘れさせ、何も手のつかないような奇妙な心持ちへと陥れます。「ジョン」と、ポリーは言ったのです。

彼女はきわめてはっきりと、その名を言いました。今ちょうど彼の姿を束の間見かけて、戻ってくるように呼びかけているかのようなその言い方に、あなたは驚きしか感じられませんでした。あなたの現在の取り巻きにはジョンという名の人物は一人もいませんでしたし、たとえ世界中のどこを探そうとしてみても、あなたにはジョン・メイシー以外のほかの「ジョン」を思いつくことはできませんでした。ポリーはほとんどジョン・メイシーのことを知りませんし、何年も彼のことを話したこともありませんが、ですが彼女は彼のことを確かに識別することはできたでしょう。「ジョン」と、あなたは声に出して言いました。あるいは言おうとしました。底冷えのする空気が、あなたの声帯を縮ませていましたから。まるまる一分もの間、あなたは空いたほうの手を自分の前でグルグルと振り回し、その人をつかまえようとしました。

気も狂わんばかりのその動作がいくぶんポリーの意識を戻させたようで、それから彼女は自分が手洗いに行きたいのだとあなたにわからせることができました。そこで、背中を支えて屋内に連れ戻り、キッチンを横切って化粧室へと行きます。そして今、あなたはその化粧室の右手に立っているところです。彼女がひどくふらついているので一人でおいておくことはできず、それに彼女はガードルを下ろすのに苦労していました。二人だけで家で仕事をしているときですら、彼女は絶対にそれをはくと常に主張していたのです。あなたがたは今ではあまりに長く一緒に過ごしてきていましたから、あなたとしては行儀作法にこだわる必要もなく、そこであなたは彼女の両手を自分の両肩におかせてバランスを保たせながら、下穿きを引き下ろすのを手伝いました。彼女が用を足すのをシンクにもたれて待っていましたが、その骨折りと恐怖心からあなたは息を切らしていました。用を足し終えると、彼女はあなたのほうに手を伸ばしました。彼女が身を整えるのを手伝ったあなたは、それから彼女の顔の上に少し水をはねかけさせました。

ポリーはさっきよりはいつもの彼女に戻ったようで、二人でキッチンに戻りましたが、入り口のしきいをかろうじて越えたところで両脚がくずれ落ちたようです。腰に手を回して彼女をつかまえたあなたは一緒に床にすべり落ち、落下の衝撃を弱めました。それから手探りで彼女の脈をとったあなたは、脳卒中か、あるいは何かしらの発作を起こしているのだと気づいたのです。応急処置の訓練を受けたことは一度もありませんでしたから、思いつけたのはただ、彼女を静かに寝かせ、安静にさせることだけでした。冷蔵庫の向こう側の壁には電話があります。そこまで行かれれば、オペレーターにダイヤルして、こう言うことは確かに可能だと思いました。「こちらは、ヘレン・ケラーです。急病人です。助けをお願いします」。理解してもらうには、これで充分です。ですが、もちろんあなたには、オペレーターの質問や指示を聞くことはできないでしょう。ポリーは、意識と無意識の間を漂っているようでした。自分はただ部屋を横切って電話をかけにいくだけだからと告げようとしましたが、彼女はあなたを自分から離れさせまいと必死です。彼女を電話のところまで引きずっていって、話をさせることができるかしらとも考えましたが、これも同様に見込みはなさそうでした。

ですから、あなたは彼女と一緒に座って待ち、そしてようやく午後の郵便配達人が開いたままの扉に気づいて、様子を見にきてくれたのでした。あとになって計算してみると、あなたは生死をさまよう状態の彼女と一緒にその床の上でほぼ二時間半を過ごしていました。

今、あなたはキッチンの戸口に立って、その出来事の細部までをも完璧に思い出します。「ジョン?·」と、思います。「なぜ彼女はそんなことを言ったのでしょう?·」。それは、あなたには決して理解できなかった部分です。そして今はもうその問いに対する答えを得ることは決してないだろうと知っています。ポリーはそのときの脳卒中からは回復しましたが、それについて訊ねる機会は一度もありませんでした。それは、最終的に彼女に死をもたらす一連の発作の始まりにすぎませんでした。あなたは悲しげに頭を振ります。この後悔の気持ちを抜きにポリーのことを考えることはできません。ポリーをどうにかもっと近しく感じられればよかったのにと思います。あんなにも長い年月をともに過ごしてきたのですから。彼女にとって自分が、もっと良い友人となる道を見つけられればよかったのにと願います。あなたは今でもまだ彼女を裏切っています。なぜなら、彼女の人生におけるこの恐ろしい出来事を思い出しながら、あなたが結局のところ望んでいるのはただ、誰かほかの人物についての、彼女が決してなりえなかったかたちであなたにとって重要だった誰かについての何かを知ることだからです。

エヴェリンはまだそばにいて、あなたが頭を振っているのに気づくと手に触れます。「歳はとるものじゃないわ」と、あなたは言います。「ひどく厄介なことばかり」

「何ておっしゃったの?·」と、ウィニーが知りたがります。

エヴェリンは肩をすくめ、「何か——でも、わからないわ」と言います。なぜなら、あなたの手は、二、三のでたらめな文字をかろうじてつづることができただけだったからです。

ウィニーが食料雑貨を片づける間、二人で昼食の相談を再び続けます。エヴェリンは、冷蔵庫にテープで貼られた献立の予定を確認します。ですが、彼女は郵便物の作業を早く終わらせて、帰りたいと思っています。土曜は半日勤務になっているからです。あなたは、相談が続いていることを知っています。そんなことはあまり気にかけないように、と言えたらいいのにと思います。実のところ、お腹はまったく空いていません。たった今、朝食をすませたばかりのような感じです。冷蔵庫と食器棚が開け閉めされているのが感じられます。一瞬ののち、あなたは片脚で床を踏みならし、声を上げて言います。「**ホットドッグがたべたいわ**」

二人とも振り向いて、あなたを凝視します。「何ておっしゃったの?」と、ウィニーが訊ねます。

「ホットドッグが食べたいって、おっしゃったのだと思うわ」と、エヴェリンが言います。

ウィニーがあなたのところに来て、手のなかに質問をつづり、あなたもつづりを戻します。「ええ、ホットドッグよ」

ウィニーがこれをエヴェリンに伝えると、二人とも突然笑い出します。そしてそれを感じたあなたも笑いに加わります。ホットドッグは、まさにポリーが家のなかにもち込むのを禁止していた類いのものでした。ポリーの亡くなったあとの最初の数年は、あなたがたみんなは、ポリーが軽蔑していた食べ物を家にもち込むことに、いたずらっぽい喜びを味わっていました。ホットドッグや、ポテトチップス、冷凍のTVディナーなどです。あなたがた三人がある晩、キッチンのテーブルの周りに座って、虹色の「ポプシクル」のアイスキャンディとチョコレートクッキーの「マロマーズ」というご馳走を楽しんだことを思い出すのが、あなたは大好きです。

笑い声が収まると、ウィニーが声に出して言いながら、あなたの手につづります。「でも、ホットドッグはないのです」

「ブルーバード・カフェかどこかにお連れすることもできるんじゃない」と、エヴェリンが言います。「お天気はいいし、新鮮な空気は彼女のためにもなるでしょう。ご覧なさいな。とてもお元気なご様子だわ。それにいずれにしろ、ちゃんと朝食を召し上がっているし」

おそらくあなたは、エヴェリンの議論がどう進んでいくかを知っていたのでしょう、こうウィニーにつづります。「私、ちゃんと朝食をとりましたよ」

「どこに問題があるの」と、エヴェリンが言います。「小さなホットドッグをひとつ食べたとしても、死んだりはしやしないわ」

彼女は、こうした言葉をあとで撤回するのでしょうかね、ヘレン？　二人で身を寄せ合って、爪を噛みながら検死の結果を待つことになるのでしょうか？　ヘレン・ケラーが亡くなったのは、介護人たちが食事の節制計画の処方に従うのを怠ったからだということを、世界に明らかにするための検死結果の？　いえいえ、もし検死が行なわれたとしても、人々に最も興味のある部位はあなたの頭脳でしょうから、胃のなかの内容物はさほど注意をそそらないでしょう。

というわけで、あなたとウィニーは、ブルーバード・カフェに行くことに決まります。車まで行く途中で、あなたは言います。「ねぇ、メーテルリンクはかつて私のことを、青い鳥（ブルーバード）をつかまえた女の子と呼んだのよ」。以前にその話をしたことがあるかもしれないと思いますが、たとえ話していなくても、このように有名人の名を親しげに口にするのは、いくらかうぬぼれているように感じられます。

ウィニーが訊ねます。「彼女は何ておっしゃったの？」

「何か、メイター……か、何かかしら」と答えますが、エヴェリンとしては一刻も早くタイプライターに戻って仕事をすませ、帰りたいと思っています。「でも、わからなかったわ」

ブルーバード・カフェの外で、ウィニーは日射しを浴びたピクニックテーブルの席にあなたを注意深く座らせます。それから注文のためにカウンターに行きます。空気がいい気持ちです。これに関しては、エヴェリンは正しかったです。最後に外に出てからもう数日以上がたっていると、今さらのようにあなたは思い出します。お天気が悪かったからでしょうか？　まだ鼻風邪から回復中だったからでしょうか？　思い出すことができません。そのかわりに、鼻から深く空気を吸い込み、太陽に温められた空中の色々な香りを味わいます。あなたは、両方の肘をしっかりとテーブルについて座っています。前腕は地面と垂直になっています。温度を感じとるときにするやり方で、空中で指をクルクルと回します。ゆるい指輪を揺すって振り落とそうとしているか、あるいは蝶々を手招きしているように見えます。あちこちを走り回る小さな子どもたちに悩まされている母親たちが数人います。子どもたちの足音の振動を感じたあなたは、微笑を浮かべます。あなたの敏感な鼻は、子どもに特有な色々な匂いを嗅ぎとります――風船ガムや湿った髪、おむつの匂いなどです。小さな女の子が立ち止まって、あなたをじっと見つめています。目を大きく見開いて、はにかんだように手を口にあてています。彼女の目には、あなたが真っ直ぐに自分を見つめ、微笑みかけてくれているように見えます。髪を覆うものを何もつけていないので、あなたの両耳は頭骸骨から突き出て、バラの花びらのようにはかなく見えます。そして日光が、その耳を通してピンク色に輝いています。その子にとっては、あなたは優しそうな幽霊か、あるいは妖精の女王のように見えることでしょう。彼女はあなたに向けて微笑みます。それから、頭を後ろに引き、喜びの歓声を上げ、スキップをしながら行ってしまいます。その子の歓声があなたの顔の骨のなかにわずかな興奮を伝え、そしてそのおかげで、あなたはさらに微笑みます。

ウィニーが、黄色いマスタードを端から端まで波打つように塗ったホットドッグをもってきてくれます。あなたは両手で慎重にもち上げ、鼻の下で前後に揺らします。素早く上品にその匂いを嗅ぎ、湯気を吸い込みます。パクリと噛みついて、歯でソーセージの皮を突き破ると、肉汁が小さくほとばしる感触を楽しみます。

「美味しいですか？」と、ウィニーが訊ねます。

「ムムム……」と、あなたは声を出して言います。

二口目を食べると、ウィニーとおざなりのおしゃべりを少しして、家族のことを訊ねます。彼女が義理の姉妹や不可解な健康問題について何か話していたことを思い出します。その話題に食いついたウィニーの手は、医者が言ったことや処方の内容をあれやこれやと語ります。あなたは彼女の言葉には注意を払っていませんが、彼女の両手の温かさと動きを楽しみます。ときおり、両手のなかにつづりをしてくれる手は、小さな動物、カニや何かのように感じられます。その考えがあなたを喜ばせます。つづりをするカニ。つづりをするミツバチ……。

あなたは車に戻る途中に立ち止まり、不釣り合いにもゴミ箱近くの格子垣に巻きついている満開のスイカズラの花の素晴らしい香りを味わいます。花の房の周りを丸めた両手で抱え、顔を押しつけ、両肺いっぱいに香りを吸い込みます。潤いのある香りが喉の奥に集まり、そしてあなたは有頂天になってその香りを呑み込みます。

今度だけは、そのホットドッグとそのスイカズラが、過去のホットドッグと過去のスイカズラの記憶を呼び起こさないことに、私は気づきます。あなたは現在のこの瞬間の充足感のうちにその香りを楽しみ、味わい、それからその記憶を解き放つのです。

家に戻ったあなたは少しの間、立ち止まって、庭にジグザグに設置された木の手すりに触れます。かっては、一人で長い散歩をするために使ったものでしたが、それが許されていたときからはもう長い時間がたっています。

通り過ぎる微風を感じるために鼻をもち上げ、バラの花の痕跡が感じられないかとその微風を追いかけます。ですが、香りのかわりに、一連の言葉だけがやってきます。ソルファテール、ジャックミノ、ニフェトス、ガブリエル・ドレヴェ、パパ・ゴンティエ、ペルル・デ・ジャルダン。これらの言葉は何なのでしょう？ どんな意味をもっているのでしょう？ どれもバラの名前です。あなたが子どもの頃、お母さんが育てていたバラです。あなたは微笑み、そして自分で自分に拍手を送ります。こうした言葉を自分がずっと憶えていたことが、そして温かな土埃のなか、傍らに膝をついて座っているあなたにお母さんが注意深くその名をつづってくれたときの感覚を思い出せたことが、心から嬉しかったのです。こんなにも美しいエキゾチックな言葉たち。その言葉は、今もまだあなたをゾクゾクさせます。庭仕事を許してもらえなくなってからももう何年もたちます。庭仕事は、あなたのかつての日課のひとつでしたのに。今、あなたは土を掘り起こし、自分の指でその土を砕き、ふるいにかけたいと切望します。

こうしたことのいくらかをウィニーに話したいと思いますが、自分の両手が突如として、ただの一語も形づくれなくなっていることに気づきます。この堕落ぶりを埋め合わせるために、木の手すりを軽く叩きます。彼女が自分の意味することを理解してくれないかと望んでのことです。「ちょっとだけ庭の周りを歩き回ってもいいかしら？」

ウィニーはためらって、「たぶん、あとで」と言います。「お昼寝を先にして、それから考えましょう」

テラスに立って、ウィニーが扉を開けてくれるのを待ちながら、片方の腕をできる限り上へともち上げますが、今では高くは上がりません。肩関節が硬くなり、腕が重いからです。それでもなんとか前腕をゆっくりと空中で前後に振ることはできます。屋根の上でオーケストラを指揮しているか、あるいは遠洋定期客船を停泊地に誘導しているかのようです。

　この身振りは、何を意味しているのでしょう？　もしこれが映画ならば、テラスは突如として影のような姿でいっぱいになります。最初はかすかな灰色がかった姿をしていますが、それが馴染みのある人々の特徴を徐々に呈していくでしょう。みんながそこにいます――あなたのご両親、先生、ジョン・メイシー、そしてさらに何百人もの人々。また、飼っていた犬も全員います。用心深く座っている犬も、立ち上がって尾を振る犬もいます。この幻たちは透き通って見えますが、テラスにぎっしりとすし詰めになり、肩と肩とを並べています。誰もが若く、健康で、喜びに満ち、そして胸がはりさけそうなほど美しいです。あなたが腕を上げると、彼らもあなたの身振りを真似、微笑しながら手招きします。ウィニーは瑠璃色のカーディガンを着ています。その鮮やか色と、あなたの周りの鉢植えの植物の様々な色のおかげで、青ざめたあなたは、むしろすでにその影の群衆の一人になっているように見えます。いまだ実体のある生き生きとした世界の一員のようには見えません。ですが、そこでウィニーがドアを開けて、あなたを室内へと導きます。

　ウィニーは一緒に階段を上がり、ベッドの上にあなたを座らせると、しゃがんで靴を脱ぐのを手伝ってくれます。「読んでらっしゃる本をおもちしましょうか?」と、訊ねます。あなたは微笑みます。これは、あなたがウィニーの好きなところのひとつです。エヴェリンは、こう訊ねるのをいつも忘れます。ですが、あなたは首を振ります。古代ローマの抒情詩人カトゥルスを再読しているところでしたが、それは今のあなたが読みたい気分の本ではありません。ウィニーは点字を読めないので、何かほかの本を探してもらうことはできません。「**いいえ**」とあなたは言い、彼女の手を軽く叩きます。「**ありがとう**（サンキュー）」

ベッドに横になり、ゆっくりと身体を伸ばすと、眠りにつくために慎重に手足を配置します。二時間ほどたって、戻ってきたウィニーが、今とまさに同じ姿で横たわっているあなたを見つけることでしょう。仰向けで、両腕を身体に沿わせておき、まぶたを閉じ、口の両端をわずかに上げ、わずかに小さな微笑を浮かべています。それがあなたの顔の自然な表情なのです。あなたは穏やかに眠っていらっしゃるように見えたと、ウィニーは語るでしょう。それが誰をも安心させますし、ウィニーないしエヴェリンにその責任があると見なすようないかなる可能性も防ぐのです。明らかに、あなたは痛みも苦闘も恐れも味わうことなく亡くなったのです。

あなたには最期の準備ができています。ですが、私はそうではありません。まだできていません。私にとっては、まだ欠けていることがあまりにもいっぱいありますし、いまだ知りたいと思っていることがあまりにもいっぱいあります。ですが、私が主に知りたいのは、なぜこれが私にとってこんなに重要な意味をもつのかということです。それもこんなにも大勢の人がいるのに、ですよ。なぜ、私なのでしょう、ヘレン？　それに、なぜあなたなのでしょう？　そしてなぜこんなに切迫感があるのでしょう？少なくともひとつの答えを私にくれない限り、あなたはここを去ることはできませんよ。

五月二十八日

今晩、仕事から家に戻ったとき、自分がなぜか説明がつかないほど悲しいと感じていることに気づきました。ニックは夕食に戻ってこないことになっていましたが、そのせいではありません。実のところ、一人で過ごすのを楽しみにしていたか、あるいはそこまで思っていないにしても、一人に不満はありませんでした。誰かに電話をして話すことも考えました。悲しいと感じていることについて話すためではなく、ただ別の人間の声を聞くためです。ですが、話したいと思う人は誰もいませんでした。それでベッドに横になり、あなたの日誌のテープを聞きました。一九三六年から三七年の、先生が亡くなった二ヵ月後に書き始めたものです。そして、その三十分後には、気分がずっと良くなっていました。

これはどういうことでしょう、ヘレン？　私はただ疲れていたのです――それだけなのです。今週末はずっと会議に出て過ごし、そこであなたについての論文を発表しました。かなり好評だったと思いますよ。でも、話すことは常に難しいです。それに、あなたのことを文学上の人物として考えることに人々が慣れているとは思えません。ともあれ、そのことに私は疲れていましたし、旅行も疲れるものでした。それから、昨日は一日中、そして今日の大半は、その会議に関するEメール書きと、出張中にたまっていた仕事に追いつくための通常業務に費やしました。さらに午後には卒業生の送迎会がありました――授賞式やら両親たちとの会話やら、パンチやらクッキーやらです。送迎会に出られたのは嬉しかったですよ。さよならを言いたかった学生たちもいましたから。ですが、この会もただ私の悲しい気分を増すだけで終わりました。私が大勢のグループのなかでうまくやっていけないと聞いても、あなたは驚かないでしょう。

というわけで家に戻ったときには、疲労困憊して神経質になり、悲しく感じていたのです。ですが、あなたの言葉を聞き、そして前より気分が良くなりました。一部には、今はあなたのことを私の仕事だと考えている事実（ヘレン＝仕事）と関係があります。それで、あなたの日誌を読むだけでも、あなたのことを気にかけているだけでも、気分が良くなるのです。自分の仕事に戻ることで、再び自分が自分自身に戻る感じがするわけです。

ですが、ここには何かほかのこともあると思います。そして、それを認めるのが怖いのです。私はこれまでずっと二年おきに、日誌や日記をつけようとしてきたのですが、きちんと続けることは一度もできませんでした。自分がばかげて感じられることにいつも気づくからです。ところが、私があなたと一緒に進めてきたこの風変わりで不自然な文通は——もう、どれぐらいたつでしょう、一年半ほどでしょうか？——今では私にとって、もっと自然なものに見えています。そして、あなたの言葉を聞いていると、私が今この瞬間に考えていることとは何の関係もないその日誌でさえ、あなたが半ば私と会話をしてくれているように感じられるのです。あなたの言葉には、私の心を落ち着かせる力があります。

私の心を落ち着かせる？　これではわけがわかりませんよね、ヘレン。これは、私が大勢の人々のグループのなかではうまくやれないという事実に関係があると思います。私はここのところ多くの時間をその大人数のグループのなかで費やしてきました。最初は会議と、それから今日の送迎会です。自分でもこの点を認めますが、私は一匹狼なのです。他人との協調性がありません。これは作家であることのひとつの条件かもしれませんね。あなたも書くために孤独を必要としていましたし、しばしばあなたに許されていた孤独よりももっと多くの孤独を切望していました。私の場合には、人間同士の接触という単純な努力が私を消耗させ、すり減らすのだということがわかっています。

これは盲目であることに付随する事象なのでしょうか？　そうではないと思いたいです。私は、「障害者に特有な個性」を暗に示すものは何に対しても神経質になります。ご存じのように、何かをその障害に付随するものとしてしまう考え方に向かえば、私たちは不幸に直面することになりますから。ですが、人と人との触れ合いという点では、私たちには除外される面があることを私は否定できません。私が大勢の集まりのなかで感じるストレスの一部は、目の見える人々が自分たちにできると主張しているようなかたちでは、部屋を見回すことも、誰かの目をとらえることも、またある種の意味のある眼差しを人に送ることもできないのだという事実からきているのだろうと思います。私は、誰かがこちらに近づいてきてくれるまで受け身で待たなくてはいけないのです。それにまた、人々と話しているときにはときおり、私の顔の表情やボディランゲージが、目の見える人々が言語を用いずにコミュニケーションをとるときにしているのと同じであるかどうかに確信がもてません。ときおり、何かを言うように強いられているように感じて、出し抜けにその言葉を言ってしまいますが、そうすると自分が無遠慮であるか無作法に見えるように感じます。別のときには、私は自らを抑制しますが、それから事後に何かそれを別のかたちで言葉に表現するよう強いられているような気がしてきて、それでメモやEメールのメッセージを書くことになります。でも、その言葉はそうした前後関係から出てきたものであるため、こうしてあとで書いたメッセージは、私の言いたかったことを誇張しているか、あるいはまったくの的外れのどちらかだと感じることになるのです。

こういった点については、あなたはいくぶん物事をより容易に行なっていたと私は思います。あなたは通常は、どんな集まりでもその中心でした。あなたは有名人であり、人々があなたに会いにきました。でもときおりは、こうしたことは表面的なことで、終わることのないレセプション向けの雑談だとこぼしていましたね。より小さなグループでは、あなたはもっとうまくやりました。ジョン・メイシーがどこかで描写していたことですが、ときに自分の周りの人々が笑っているのを感じたあなたは、誰かがそのジョークを繰り返して聞かせてくれる前ですらも、笑い始めたそうですね。あなたは、ほかの人々が笑っているからというだけの理由で笑うわけです。ああ、ヘレン、人々に属したいというあなたのこの切なる願望はすごいです。

私は、盲目でない誰かに、こうしたことについて話すことができませんでした。実際のところ、私は、盲目である誰かにさえも、こうしたことを話せるか確信がありません。むろんこれは、盲目の人々全員の普遍的な経験ではありません。とりわけ、私を知っている大部分の人々は、私がこんなふうに感じていると知って驚くでしょう。私は、自分についての真実をとてもうまく隠すのです。でもおそらくは、私自身の傷つきやすさを隠すために発揮しているこの努力は、ただ問題を増すだけでしょう。この理由から、今、私はこのことをあなたに語ることができたのだと感じます。あなたの人を惹きつける社交的な個性は、あなたを守るための表面的な着色にすぎなかったのだと、私は思うようになっています。私たちは、私たちがともに思っている以上にもっと似ているのかもしれません。それに私は本当のところ、あなたについてのいったい何を知っているのでしょう? あなたは、私がつくり出したものです。実体をもたない、受け手側の存在です。

ですが、あなたは成果を上げていますし、私もそれを否定しません。あなたは、今晩、私とともにいました。あなたの存在はささやかで、温かくて、家庭的でした。ともかく、私はその存在を感じました。私たちは一緒に夕食をとりました。私の皿の隣に、あなたの言葉を読み上げているテープレコーダーをおいていました。私たちは、アスパラガスとズッキーニと赤レンズ豆のグリル焼きにタラゴンの葉をそえ、クスクスと一緒に食べました。あなたが生涯で一度も食べたことがあるとは思えないメニューです。でも、あなたはいつだって新しいものを試す気持ちがありましたよね。そして、私たちは一緒に、まずまずの会話をしました。あなたは犬が子犬を産んだことや、日本への旅行のために買おうとしていた服について話していました。そして私のほうは、自分の性格の欠点について思いをこらしていました。首尾一貫した会話ではありません。無理な推論や、ほとんど無関係な方向に脱線する発言がいっぱいありました。ですが、私がよく知るほかの人々とのディナー中に交わしてきた会話と違ってはいませんでした。そして、さっき言ったように、その会話は、私をもっと私自身らしく感じさせてくれたのです。

というわけで、お礼を言いますね、ヘレン。

五月三十日

昨日、私は思い切って、あなたにEメールのメッセージを送りました。HKeller@afterlife.com宛て、つまり「アフターライフ（来世）ドット・コム」というドメイン名のあなた宛てのアドレスに送ったのです。内容は重要ではありません。基本的には、私がこれまでずっとあなたに書き送ってきた手紙と同じメッセージです。かつてA・G・ベルがあなたに言った言葉が思い出されます。彼は電信柱の上にあなたの両手をおき、頭上の電線がうなるように振動しているのを感じさせましたね。そして、一日に百万回も交わされている電話の通話はどれも、実のところは、博士が別室にいる助手のワトソン氏に「こっちに来てくれ。用事があるんだ」と告げた最初の通話の反復にすぎないのだと言いました。

ちょうど今、真夜中を過ぎた頃ですが、この件名のメールを受け取りました。「一日と十二時間以内に、メッセージを送信できませんでした」

メッセージのなかにはこうあります。「自動送信：自動生成（失敗）」

あなたのアドレスには「永続的に致命的なエラー」があり、したがって私が送った「メッセージは、コンピュータのキューから削除されます」とあります。

喪失感、失われたチャンス、コミュニケーションの失敗を感じます。三十六時間の間、私があなたに送った言葉はそちら側にありました。その「そちら側」がどこであろうと、一千億件ものほかのメッセージと一緒に、オンライン上で待機していたのです。ですが私のメッセージはアドレスが間違っていて、私の一番の願望は心得違いで終わりました。私の言葉は、人間の想像力が脈打たせるわずかなうなりは、今はメッセージキューから削除され、辛抱強く待っていた列から押し出され、消され、あとかたもなく失われてしまうのでしょう。

五月三十一日

昨晩、私はあなたの手を夢に見ました。ある手を、赤ん坊の手を夢に見た私は、それがあなたの手だとわかったのです。どうしてわかったのかは、わかりません。それは単に夢がもつ真実でした。その手が私の心を打ったのは、明らかに赤ん坊の手であるのに、大部分の赤ん坊の手ほどは丸々としていないことでした。指には、より筋肉質な明確さがありました。大部分の赤ん坊の手よりももっと使いこまれた手で、よく使いこなされたろう者の手のようでした。そしてそれは、盲人の手のようでもあるのだろうと思います。ですがもちろん、それがあなたの手であったときの年齢では、あなたはおそらくまだ目も耳も不自由ではなかったか、あるいはたぶん、ちょうどそうなったばかりの頃だったでしょう。おそらくは、十八ヵ月、あるいは十九ヵ月のあなたの手だったのでしょう。そのイメージをもう一度心のなかに思い描いてみると、それもありえるように私には思われます。

イメージ？　ええ、私は夢でそのイメージを見たのです。指を、その長さと優美さを見ました。滑らかな乳白色の爪を見ました。正確を期するなら、あなたの手を見たというよりももっと、あなたの手についてのこうしたことをすべて知っていたと言うべきでしょう。ですが、ともかく私は、それがどんなふうに見えるかについての一般的な感覚を確かにもっていたのです。白から淡い金色といったその色相までもです。そして、皮膚の肌理（きめ）といった質感もありました。とても滑らかで、潤いに満ちていました。もっと見ていたいと思いました。夢を見ているときにしばしばそうするように視線を上へと動かし、腕を、そして顔を見たいと思いました。ですが、夢では概して起こるように、自分ではそんなふうにはコントロールできません。そのかわりにイメージは薄らぎ、あるいはぼやけていきました。手は形を失い、そして夢を見ている私の心は、色と明るさと輝きの感覚にあふれました。夏の日光の色でした。そして、私は温かさと幸福感を感じました。

　あなたの手が、ヘレン、差し伸ばされてきます。私のほうに差し伸ばされているのでしょうか？　いいえ。そうでないことには確信があります。私の左側に向けて伸ばされています。見ていると、手のひらを下にして、指を伸ばしていますが、死に物狂いという感じではありません。何かを指し示していたのでしょうか？　手を差し伸べて接吻を受けようとしていたのでしょうか？

　私はそのイメージを、その感覚を、あなたがそれを何と呼びたかろうが、その印象を呼び起こせるとわかっています。すさまじいまでの温かさを、大きな慰めとなる、でも同時に身を切るように痛切なものを感じます。心を動かされ、涙を誘われます。鼻梁が広がり、眉尻が下がるのが感じられます。手を差し伸べること。私もまた手を差し伸ばしています。あなたのためになのでしょうか？

ときおり、私はあなたの存在をひどく強力に感じるのです。手を伸ばすと触れるような、あなたがすぐ後ろに立っているような感じです。ときには、香りすらもします。ラベンダーやローズマリー、そしてレモンバームです。香りが漂ってくるのですが、もう一度嗅ぐと、どこかへ消えてしまいます。ほかのときには何かしらか起こり、それで私は自分で自分にふざけて、「ヘレンがここにいるわ」、あるいは「ヘレンがここにいたわ」と言うのです。ヘレンのせいよ、ヘレンのしでかしたことよ、と。昨日は、「写真屋さんがあなたをつくった」というあの引用を読むために、先生の手紙を捜していました。その本を開くと、その引用がちょうどまさに今開いたページにありました。あるいは先週には、瞬間的な停電がありました。変圧器にリスが入り込んでしまったか、何かがあったのでしょう。あなたについて書いていたいくつかの段落がコンピュータから消えてしまいました。何とかもう一度書くことができましたが、もう一度読み返してみると、その部分はないほうがいいとわかりました。私はこうした話を人にして、こう言っています。「ヘレンには、本当に脱帽だわ。こうしたことについては、彼女はたいてい正しいから」

今、あなたの手を夢見ています。

あなたと話したいです。あなたは、私を通して話をしたいのですか？　私たちがこんなふうに対話をしているのは、そういうことなのでしょうか？　いいえ、そういうことだとは、私はかりそめにも思っていませんよ。あなたが私に手を差し伸べてくれているとも思っていません。ある種の目もくらむほどの啓示や、神託のような言葉、あるいは生きるための指針を、あなたがくださるのを待って私はもちこたえます。そして、あなたが私に言うべきことはただこれだけです。「この手紙に貼る切手をいただける?・」。あなたは、誰宛てに書いているのでしょう？　なぜ、私宛てに書こうとしないのでしょう？

あなたの手を夢に見ましたよ、ヘレン。手は、あなたにとってかけがえのないものでした。それは、あなたが世界へ通じる道でした。あなたの内面の世界を外へと導く道でした。あなたの手。

そこにいますか、ヘレン？　あなたは、これを全部わかっていますか？　空気は、あなたの存在によって電気を帯びています。私の首の後ろの髪は、その電気によって逆立っています。あなたはここにいます。ここがたとえどこであろうとも、あなたと私を取り巻くように私が編んだこの言葉の世界にいるのです。今、私はあなたに何を言いたいのでしょう？　今はコンピュータ・スクリーンに、手のひらをぴったりと押しつけています。最初は冷たくて、それから温かくなります。液晶の反対側にはあなたの手があって、押し返しているのでしょうか？　平らにした私の手のひらの皮膚は、どんどん温かくなっていきます。ほら、まさにそこですよ、ヘレン。そこがその場所です。そこに、あなたの言葉をつづってください。私に話しかけてください。

あなたは言います。「もうやめて、ジョージナ。私を解放して」

ですから、私はそうします。

一九六八年六月一日

あなたはベッドに横になり、ゆっくりと身体を伸ばすと、眠りにつくために慎重に手足を配置します。

あるいはおそらくは、自分の身体を注意深く配しているのは、ウィニーがあとであなたを見つけるときのためだということをあなたは知っているのでしょう。身体がどんどん軽くなっていき、眠りと覚醒の間のあのとても快い感覚をともなった浮遊感が感じられます。あなたは浮き上がり、ベッドから空中へと浮遊します。あなたのほかならぬ実体が密度を失っていると感じます。あなたを構成するほかならぬ原子同士が互いからバラバラになって、あらゆる方向へと散らばっていきます。そのプロセスを助けるために両肺を空気でいっぱいにすると、自分の周囲にも下にもすべてに空気が感じられます。あらゆる側から一度にあなたの上に温かな微風が吹いてくるようです。ですが、それは微風よりももっと柔らかで、まるで好奇心からあなたの匂いを吸い込もうとしている犬の温かな息のようです。

あなたは、以前に複葉飛行機に乗ったことを思い出します。一九二〇年代のことに違いありませんが、いずれにせよ、人々が複葉飛行機に乗った時代のことです。あなたは、その出来事を目新しい経験として記憶しています。大半の人々よりも先にあなたが体験した多くのことの一例です。ですがそれは、今のこれとは違っていました。顔に吹きつける空気の奔流は、もっと強烈でした。それに全身を完全に包み込む機械の振動がありました。匂いもありました。ユーカリ油や埃が落ち去る匂いがし、それが上昇するにつれ、どんどんかすかになっていきました。でも、今はどんな匂いもなく、あなたを包むものも何もありません。あなた自身の皮膚すらもないのです。重力のある世界が自分の周りから離れていく感覚だけがあります。水のなかを泳いでいるようです。ただ、あなたの身体は泳ぐための努力は何もしておらず、そしてあなたを取り囲むものは乾いていて、何の抵抗もないだけです。そして、これを描写する言葉をあなたは見つけられませんが、この感じにはどこか馴染みがあり、すでに知っていることのようです。何か、あなたが全生涯を通じて、ずっと探してきたものであるかのようです。指と爪先にゾクゾクするうずきがあります。なぜなら、あなたは彗星のように、光を発する筋のなかに自らの実質であったものをたなびかせ始めているからです。あなたの手。常にあなたにとって何よりも大切だったあなたの手――あなたの内とあなたの外をつないでいたあなたの手――それがまず最初にいくものなのでしょう。でも、その手がいってしまう前に、あなたが逝ってしまう前に、あなたのその手は言葉を形づくるか、言葉を感じ始めます。「そう、これが光というものなのだわ」。そして最期の瞬間に、またしてもそこから別の言葉を連想して、あなたの口の両端がわずかに上がり、わずかに小さな微笑を浮かべるのです。あなたが連想するその言葉は、ひとつのこと以上を意味するのでしょう。そこには別の語呂合わせがあり、別の謎があり、そしてそれから……

六月一日、現在

こんな夢を見ました。

私たちは一緒にいて、大西洋で泳いでいます。ケープコッドのどこかだと思います。水が必ずしも温かくはないので、夏のかなり遅い時期に違いありません。でも、水中にとどまるのが難しいほどには冷たくはありません。私たちは遮断機を越えて外海に浮いています。私は背泳ぎをしています。顔に日光を感じ、それが水面を温めているのを感じます。あなたのほうへ犬かきで泳いでいきます。あなたも仰向けに浮いています。おそらく同じことを考えているのでしょうから、あなたに話しかける必要はありません。私たちはおおよそ同じ年齢、だいたい今の私の年齢です。若くはないですが、体調もいいし、健康で、しなやかで、頑丈です。私たちの下の海が、まるで巨大な身体が呼吸しているかのようにふくらみ、それから沈みます。あなたが頭を上げて、両耳から水を振り落とす音が聞こえます。あなたの手が私の腕に触れますが、私の手に何もつづろうとはしていません。まるでそれが合図であるかのように、私たち二人とも、岸へと向かう波に乗ります。

浜辺を歩いて、タオルがあるところに行きます。身体を拭きます。私たちは、びっくりするほど、ありふれています。控えめな黒い水着を着た二人の中年女性。誰も、私たちに少しの注意も払いません。身体を乾かすのにちょうど充分な時間だけ、日なたにしばらく座っています。一団の子どもたち、ティーンエイジャーが歓声や金切り声を上げながら走り過ぎていきます。その足音の強い振動と、走るときに跳ね上げた砂がぶつかる刺激が感じられます。

突然、一塊の雲が太陽の前をよぎります。触れるほど充分近くにいるわけではありませんが、私はあなたが身震いするのを感じます。そして、あなたが何を考えているかがわかります。

私は言います。「悲しい気持ちにならないで、ヘレン」

あなたは言います。「私は大丈夫」

そして、私はあなたが大丈夫だと知っています。頭上で、雲がもう通り過ぎています。何でもなかったのだということを私は知っています。ただの小さな軽い雲が、十秒ほどの間、いくらか涼しさをもたらす程度に太陽を遮って通り過ぎていっただけです。

あなたは、私の手を軽く叩きます。あなたの手は、私には完全に馴染みがあります。幅広い、関節の大きな手ですが、手のひらと指の先の皮膚は信じられないほど滑らかで、そしてその指はびっくりするほどのスピードと柔軟さで動きます。あなたが私の手を軽く叩いたとき、姉妹のような感じがします。あるいは母親のような感じでしょうか？　私にはわかりません。私たち、あなたと私は友人同士です。互いの物語も心の状態も限界も知っています。互いに触れようとしない話題もありますが、二人で果てしなく熟考する話題もあります。多くの点で似ていますが、異なる点もいくつもあります。充分に長い間、友達だったので、その友情は、すべてについて互いが同意する以上にもっと重要になっています。「友達」。私は、私の裸足のアーチの部分にその言葉をつづります。

それから、もう言葉を交わすことはなく、私たちは立ち上がります。身の周りのものを集め、タオルをたたみ、浜辺をゆっくりと歩き始め、水しぶきを背中に浴びます。互いを導く必要はありません。人は、海がどこにあるかを知るために、そしてそこからどう歩き去るかを知るために、目が見える必要も耳が聞こえる必要もありません。隣に互いの存在を感じます。私たちを案内するために砂丘の上に鋼のケーブルが張られています。歩みを進めるときには、ただその上に手をすべらせるだけです。

私の口のなかにはある味があります。どこに行こうとしているとしても、戻ったらビールを一杯飲めたら素晴らしいと思っています。実のところは、ビールがものすごく好きなわけではありませんが、その冷たさと清鮮な苦みゆえに飲みたいと思います。ビールの味が好きですか、ヘレン？　そんなことも知らないのはおかしな感じがします。今、あなたは私より数歩前にいるので、あとで聞かなくてはいけないでしょう。ばかげた質問なので、急ぐことではありません。それにどのみち、この対話が続くだろうということが私にはわかっています。

というわけで、次に互いに連絡をとるときまで、私は変わることなく、

あなたの友です。

ＧＫ

参照文献についての覚え書き

ヘレン・ケラーの人生に実際に起こった出来事と、彼女の個性や特別な好みについての感覚を得るために、本書では彼女自身の著作を大量に参照した。二作目の著書『The World I Live In（私の生きる世界）』（一九〇八年）は、彼女にとって目と耳の不自由な日常の生活がどのようなものか、現象学的に最も鮮明な印象を与えてくれた。『Midstream: My Later Life（ミッドストリーム（流れの半ばにて）――私の後半生）』（一九二九年）は、アンドリュー・カーネギーとの出会いや、ハリウッドでの経験、そのほかの出来事について私が描き出した物語の数々の源泉となっている。

また、ケラーの素晴らしい伝記作者たちの多くからも恩恵を受けた。ネッラ・ブラディ・ヘニーの『Anne Sullivan Macy: The Story Behind Helen Keller（アン・サリヴァン・メイシー――ヘレン・ケラーの背後の物語）』（一九三三年）は、サリヴァンの初期の人生について記録し、また二人の女性と著者の間に交友関係があった時期のプライベートな会話と書簡から選ばれた資料の数々を収録している。ジョゼフ・P・ラッシュが二人について書いた伝記『Helen and Teacher（ヘレンと先生）』（一九八〇年）は、ケラーの人生について最も包括的かつ詳細な記録に裏づけられた作品として今も評価される。キム・ニールセンの『The Radical Lives of Helen Keller（ヘレン・ケラーの急進的な生活）』（二〇〇四年）は、しばしば見落とされてきたケラーの政治的な活動を分析するものだ。多くの文献を参照したが、以下に筆者にとって特筆すべき文献を列挙する。

特筆すべき参照文献

Henney, Nella Braddy. *Anne Sullivan Macy: The Story Behind Helen Keller* (New York: Doubleday, Doran, & Co., 1939).

Keller, Helen. *The World I Live In*. Edited by Roger Shattuck (New York: New York Review of Books, 2004).

———. *Midstream: My Later Life* (Westport, Conn.: Greenwood Press, 1969). 〔ヘレン・ケラー『わたしの生涯』の「濁流を乗りきって」「闇に光を」の章に収録、岩橋武夫訳、角川文庫、一九六六年〕

Lash, Joseph P. *Helen and Teacher: The Story of Helen Keller and Anne Sullivan Macy* (New York: Delacorte Press, 1980). 〔ジョゼフ・P・ラッシュ『愛と光への旅――ヘレン・ケラーとアン・サリヴァン』中村妙子訳、新潮社、一九八二年〕

Nielsen, Kim. *The Radical Lives of Helen Keller* (New York: New York University Press, 2004). 〔キム・E・ニールセン『ヘレン・ケラーの急進的な生活――「奇跡の人」神話と社会主義運動』中野善達訳、明石書店、二〇〇五年〕

日本語版特別解説

伊藤亜紗

本書は、Georgina Kleege, *Blind Rage : Letters to Helen Keller*, 2006, Gallaudet University Press の全訳である。

著者のジョージナ・クリーグは、現在カリフォルニア大学バークレー校英語学科で教鞭をとる作家、研究者である。また視覚障害の当事者で、その経験をもとにいくつものユニークな著作を世に送り出している。本書は、その中でも特に当事者としての立場が色濃く出た作品だと言えるだろう。これが本邦初の訳書の出版となる。

彼女は中途の弱視で、十一歳のときに視覚障害と診断されている。現在でも光や色、動きを感じることができるが、目の前にいる人でも顔かたちは分からない。特徴的なのは、彼女の両親が著名な視覚芸術の作家であったということ。つまり生理的には視覚情報へのアクセスが限られていた一方で、文化的には視覚の世界にどっぷりつかって育ったのだ。（このあたりの事情は、*More Than Meets the Eye : What Blindness Brings to Art*, 2018, Oxford University Press に詳しい。）

実際、彼女の美術に対する造詣は深く、その知識は研究者のものである。たとえば、シャルダンの作品のタイトルを言われれば、それがどのような絵であるかのみならず、それについてディドロのような十八世記の批評家が、あるいはプルーストのような後世の小説家が、どのように評していたか、ぱっと蘇るのだそうだ。美術館にもよく立ち寄っていて、解説を聞きながら作品を触らせてもらうことを楽しんでいるそう。「世界中の美術館の名作には私の手の痕がついているわ」と彼女は笑う。

こうした知識が買われて、彼女は各地の美術館の鑑賞プログラムや展示企画、あるいは作品制作に関わっている。例えばバークレーの対岸にあるサンフランシスコのジューイッシュ現代美術館では、二〇一七－一八年にかけて開催された展覧会にあわせて、触覚を通じた鑑賞プログラムの開発を行った。二〇一八年にはニューヨークにて「パラモダニティーズ」というダンスプロジェクトに参加し、自ら舞台にまで立った。その合間に、シンポジウムや講演会などに多数登壇している。

その活躍ぶりは、この分野では「引っ張りだこ」と言っていいレベルだと思う。私自身、アメリカの研究者に「目の見えない人の世界を研究している」と自己紹介して、何度言われたことか。「まあ、それなら早くジョージナに会わなくちゃね」。

実際に会ってみると、彼女は物静かな中に茶目っ気たっぷりの、びっくりするくらい背の高い女性だった。主観的な思い込みかもしれないが、それは何というか、私が彼女の本から受けていた印象とぴたりと合うものだった。

彼女の視点は、出来事の襞にじっくりと分け入る繊細さと、私たちの思い込みを一瞬で破壊するパンチ力をあわせもっている。良質な小説を読んだあとのような深い感動と、破壊的なパンクロックを聞いたあとのようなくらくらする目眩。普通なら相入れないふたつの印象が、彼女の作品には、そして彼女自身には、仲良く共存しているのである。

本書は、全体としてジョージナからヘレン・ケラーへの手紙という形式をとっている。もちろん、ヘレンからの返事は来ない。彼女はもう半世紀以上前に亡くなっており、手紙はジョージナから一方的に送られるのみだ。視覚に障害のある著者から、同じく視覚に障害があり、かつ聴覚にも障害を抱えていた「先輩」に宛てた、魂の文通。ふつう、この設定から予想されるのは、同じ苦労を分かち合う同胞同士の、親密で愛に満ちたやりとりだろう。

しかし、その予想はさっそくタイトルで裏切られる。原題の「盲目の怒りBlind rage」は、「我を忘れるほど激しく怒ること」を意味する慣用句だが、本を開けばすぐに、Blindとはジョージナ自身のことであり、その激しい怒りの矛先はヘレンに向けられていることが分かる。特に本書の前半は、読んでいて胸が締め付けられるほど辛辣な激情で煮えくりかえっている。

なぜジョージナは怒るのか。それは彼女自身が、そして多くの障害者たちが、ヘレン・ケラーという存在によって苦しめられてきたからだ。三章で語られる、障害学の会議でジョージナがケラーの名前を出したときの、当事者たちの重苦しい沈黙。「ケラーは悪霊だ」とジョージナは言う。

「どうしてヘレン・ケラーのようにできないの?」。ジョージナや多くの障害者たちは、幼い頃からそう言われて育った。目も見えず、耳も聞こえないケラーが、ラドクリフ・カレッジ（現ハーバード大）を卒業し、多数の記事や著作を発表し、世界的なスポークスマンとして活躍することができたのに、なぜあなたはその程度の努力もできないの? まわりからすれば励ましのつもりだったのかもしれないが、ヘレン・ケラーという模範的障害者像を押し付けられることが、ジョージナにとって、そして多くの障害者にとって重荷になっていたのだ。

だがこの怒りは、同時にヘレン自身の怒りであることが明らかになる。なぜならジョージナを苦しめていたのは、ヘレンそのものというより、周囲の人が作り上げた、そしてヘレン自身もそれに一役買っていた「ヘレン・ケラー神話」だったからである。いつも慈愛に満ち、人々に感動を与える聖なる存在であった彼女は、その役割を完璧に演じるために、怒りのようなネガティブな感情が表に出ることを自ら禁じていた。どんな侮辱や不合理を前にしても、微笑みとともにそれを受け入れるヘレン。その作られた笑顔の下には何があったのか。

つまり、ジョージナの怒りの対象である「ヘレン・ケラー神話」を解体するためには、ヘレンを怒らせることが必要なのだ。前半の口調やトピックの選び方が攻撃的なのは、そのための挑発だろう。ヘレンは、いったい何に対して怒っていたのか。一章で語られる、十一歳のヘレンにかけられた盗作疑惑や、それにまつわるパーキンス盲学校における擬似裁判は、ヘレンが十分に怒ってよい理不尽な出来事だ。

二章では、ヘレンを聖人としての地位から引き摺り下ろすのに格好の話題、すなわち性の問題が語られる。多くの伝記作者たちは沈黙したがるが、ヘレンは恋愛と無縁だったわけではない。アン・サリヴァンとその夫であったジョン・メイシーとの関係、秘書であったピーター・フェーガンとの結婚未遂事件……。こうした秘密を暴く過程で明らかになるのは、ヘレンを好ましい人物に仕立て上げていった、サリヴァン先生や彼女自身の母親という存在の大きさだ。

例えば三章で語られる、アンドリュー・カーネギーとの面会シーン。カーネギーはヘレンに年金を贈ろうとしているが、ヘレンは慈善を受け入れることは屈辱的だと考えており、他方でサリヴァン先生は経済的な安定のためにこれを受け入れたいと考えている。当然ながらカーネギーとヘレンは声で会話をすることはできないので、あいだに先生が仲介者として入り、カーネギーの言葉をヘレンに分かるように指文字に翻訳して伝えていく。ところが先生は、自分にとって都合の悪い情報はヘレンには伝えない。あるいはカーネギーがヘレンに好印象を持つように発言の内容を曲げて伝える。ヘレンもまた、そうした先生の意図を感じ取っている。この一連のくだりは、まるでサスペンス映画のようにスリリングだ。

興味深いのは、神話の向こうにいる生身のヘレンに出会おうとするこうした試みが、とりもなおさず、言葉や写真といった公式の記録には表れない、ヘレンの微細な身体感覚をさぐる試みでもあることだ。ヘレンがいかに空気の流れから周囲の人々の緊張の高まりや緩みを感じとっていたか。先生のわずかな手の動き方や体温の変化から、いかに的確に隠された思惑を読み取ることができたか。いかにヘレンの鼻が敏感で、話す人のわずかな息の匂いや湿った髪の匂いを感じとっていたか。そうした触覚や嗅覚がとらえるヘレンの世界を、ジョージナはすくいあげ、生き生きと描き出していく。

なぜジョージナは、ここまで生き生きと、触覚や嗅覚を通して見えてくる世界を描き出すことができたのか？　言うまでもなくそこには、彼女自身が視覚障害者であることが関係しているだろう。健常者はつい、言葉や写真を通してヘレン・ケラーという存在を理解しようとし、その結果、ヘレンの神話的イメージにだまされてしまう。けれどもジョージナは、視覚が制限されていることによって、ヘレンが語らなかったこと、その言外の意図や表情の下にあるニュアンスまでをもリアルに想像することができる位置にいる。

ここで本書のジャンルについて説明しておく必要があるだろう。原著によれば、本書は「創造的ノンフィクション（creative nonfiction）」の形式で書かれている。日本ではあまりなじみのないジャンルだが、これは資料にもとづいた正確な事実を、対話や情景描写といった文学的な技法を用いてありありと提示するものだ。もとよりフィクションとノンフィクションの区別はあいまいである。一切の事実を含まないフィクションはないし、一切の創造を含まないノンフィクションもありえない。「創造的ノンフィクション」は、自覚的にその中間を目指すものと考えるべきだろう。ひとことでいえば、「ありえたかもしれない現実」を描き出すジャンル、と言うことができるかもしれない。

重要なのは、ジョージナが見せてくれるものが、まさに彼女だからこそ捉えることのできた「ありえたかもしれない現実」だと言うことだ。随所に見られる繊細な嗅覚や触覚の描写は、だから、ジョージナ自身の世界の描写でもある。ジョージナは、神話の向こうにいる生身のヘレンの世界を描き出しながら、同時に自らの世界を描き出してもいる。いつしか、怒りの対象だったはずのヘレンと、ジョージナが重なっている。

これが本書の最後、先生の死、そしてヘレンの最期を描くところでジョージナに起こっていることだ。激情は去り、ジョージナはヘレンと和解する。ジョージナはヘレンを夢に見、その存在をすぐ近くに感じる。「私たち、あなたと私は友人同士です。互いの物語も気持ちも限界も知っています。互いに触れようとしない話題もありますが、二人で果てしなく熟考する話題もあります。多くの点で似ていますが、異なる点もいくつもあります。充分に長い間、友達だったので、その友情は、すべてについて互いが同意する以上にもっと重要になっています。」

怒りから、そして愛へ。これほどまでに激しく、かつ綿密に練られた本が、他にあるだろうか。それは単に美しいだけではなくて、私たちの目を覚ます重要な指摘を含んでいる。日本は、いまだに盲学校の廊下に「好かれる人になりましょう」などと書いてあるような社会だ。生きていくのに介助が必要だからといって、湧き上がる怒りを隠し、自分の言いたいことを我慢しなくてはならないとしたら本末転倒だ。

怒りとは何か。それはもしかすると、希望へと続く扉を開ける力なのかもしれない。

二〇二〇年七月

（東京工業大学科学技術創成研究院 未来の人類研究センター准教授）

ジョージナ・クリーグ（Georgina Kleege）

カリフォルニア大学バークレー校の英語講師。専門は、クリエイティヴ・ライティングと障害学（ディスアビリティ・スタディーズ）。2003年、同校の英語学科におけるクリエイティヴ・ライティングのクラスに加え、障害者をめぐる文学表現および障害者自身による文献を研究するコースで教鞭をとる。最初の著作である『Sight Unseen』（Yale University Press, 1999）は、盲人としてのクリーグ自身の自叙伝的な記述とともに、文学、映画、言語学における視覚障害に関わる描写について文化的な批評も含んだエッセイ集。障害学のみならず、視覚と関わる文化、教育、公衆衛生、心理学、哲学、眼科学を学ぶ学生の必読書とされる。

『Blind Rage: Letters to Helen Keller』（Gallaudet University Press, 2006）では、障害者の象徴として名高いヘレン・ケラーの生涯と遺産を描き出すためにフィクションとノンフィクションの境界を越える取り組みを行なった。本書『目の見えない私がヘレン・ケラーにつづる怒りと愛の一方的な手紙』はクリーグの初の邦訳書となる。クリーグの最新作『More Than Meets the Eye: What Blindness Brings to Art』（Oxford University Press, 2018）は、視覚障害とヴィジュアルアートの関係に関心を寄せた著作で、盲目であるということが美術作品のなかにいかに表されているか、視覚障害をもつアーティストの制作にとって、その障害がどのように影響を及ぼしているか、また盲人や視覚障害のある人々がアートにアクセスしやすくできるよう、美術館や博物館に何ができるかをテーマとしている。クリーグはこれまで、こうしたテーマで講演を行なうほか、ニューヨークのメトロポリタン美術館やロンドンのテート・モダンをはじめとした世界中の美術機関で顧問も務めてきた。2013年にはカリフォルニア大学バークレー校の芸術・人文科学学部において、また2016年には同校の全キャンパスにおいて最優秀教員賞を受賞している。

中山ゆかり（なかやま・ゆかり）

翻訳家。慶應義塾大学法学部卒業。英国イースト・アングリア大学にて、美術・建築史学科大学院ディプロマを取得。訳書に、フィリップ・フック『印象派はこうして世界を征服した』、フローラ・フレイザー『ナポレオンの妹』、レニー・ソールズベリー／アリー・スジョ『偽りの来歴——20世紀最大の絵画詐欺事件』、サンディ・ネアン『美術品はなぜ盗まれるのか——ターナーを取り戻した学芸員の静かな闘い』（以上、白水社）、デヴィッド・ハジュー『有害コミック撲滅！——アメリカを変えた50年代「悪書」狩り』（共訳、岩波書店）、ルース・バトラー『ロダン　天才のかたち』（共訳、白水社）、フィリップ・フック『サザビーズで朝食を』『ならず者たちのギャラリー』、マーク・エヴァニア『ジャック・カービー　アメコミの“キング”と呼ばれた男』（以上、フィルムアート社）、そのほか美術展図録など。

目の見えない私が
ヘレン・ケラーにつづる
怒りと愛をこめた一方的な手紙

2020年8月30日　初版発行

著　ジョージナ・クリーグ
訳　中山ゆかり

装幀　名久井直子
装画　fancomi
編集　薮崎今日子（フィルムアート社）
DTP　沼倉康介（フィルムアート社）

発行者　上原哲郎
発行所　株式会社フィルムアート社
〒150-0022 東京都渋谷区恵比寿南1丁目20番6号 第21荒井ビル
TEL 03-5725-2001　FAX 03-5725-2626
http://www.filmart.co.jp

印刷・製本　シナノ印刷株式会社

ISBN978-4-8459-1919-2　C0098

〈本書のテキストデータを提供します〉
視覚障害その他の理由で活字のままで本書を利用できない方のために、テキストデータを提供いたします。ご自身のメールアドレス、お名前、ご住所を明記し、左下のテキストデータ引換券（コピー不可）を同封の上、下記の住所までお申し込みください。
〈宛先〉
〒150-0022
東京都渋谷区恵比寿南1丁目20番6号 第21荒井ビル
株式会社フィルムアート社　テキストデータ係

『目の見えない私がヘレン・ケラーにつづる
怒りと愛をこめた一方的な手紙』
テキストデータ　引換券